Für den Faschismus bauen

Herausgegeben von Aram Mattioli und Gerald Steinacher

Kultur – Philosophie – Geschichte
Reihe des Kulturwissenschaftlichen Instituts Luzern
Herausgegeben von Aram Mattioli und Enno Rudolph

Band 7

Für den Faschismus bauen
Architektur und Städtebau im Italien Mussolinis

Herausgegeben von Aram Mattioli und Gerald Steinacher

orell füssli Verlag AG

© 2009 by Orell Füssli Verlag AG, Zürich
www.ofv.ch
Alle Rechte vorbehalten

Dieses Werk ist urheberrechtlich geschützt. Dadurch begründete Rechte, insbesondere der Übersetzung, des Nachdrucks, des Vortrags, der Entnahme von Abbildungen und Tabellen, der Funksendung, der Mikroverfilmung oder der Vervielfältigung auf andern Wegen und der Speicherung in Datenverarbeitungsanlagen, bleiben, auch bei nur auszugsweiser Verwertung, vorbehalten. Vervielfältigungen des Werkes oder von Teilen des Werkes sind auch im Einzelfall nur in den Grenzen der gesetzlichen Bestimmungen des Urheberrechtsgesetzes in der jeweils geltenden Fassung zulässig. Sie sind grundsätzlich vergütungspflichtig.

Lektorat: Marion Elmer, Zürich
Umschlagbild: Meilenstein an der Autostrada Milano–Laghi bei Lainate (Piero Puricelli, Autostrade, 1925)
Umschlaggestaltung: Andreas Zollinger, Zürich
Druck: fgb · freiburger graphische betriebe, Freiburg

ISBN 978-3-280-06115-2

Bibliografische Information der Deutschen Bibliothek: Die Deutsche Bibliothek verzeichnet diese Publikation in der Deutschen Nationalbibliografie; detaillierte bibliografische Daten sind im Internet abrufbar über http://www.dnb.d-nb.de

Inhaltsverzeichnis

Vorwort   9

Architektur und Städtebau in einem totalitären Gesellschaftsprojekt   13
Aram Mattioli

Diktatorischer Städtebau in der Zwischenkriegszeit. Besonderheiten Italiens mit Blick auf das nationalsozialistische Deutschland und die Sowjetunion   45
Harald Bodenschatz

Der Umbau Roms zur Metropole des Faschismus   65
Wolfgang Schieder

Die Città universitaria in Rom, die Mostra d'Oltremare in Neapel und die E42. Städtebauliche Strategien im Italien des Faschismus   87
Vittorio Magnago Lampugnani

Die neuen Städte in den Pontinischen Sümpfen.
Zu Stein gewordene Architekturpolemik des Faschismus — 111

Daniela Spiegel

Autostrade. Straßenträume im faschistischen Italien, 1922–1935 — 137

Silvia Hess

Ein Experiment mit der rationalistischen Architektur.
Der Bahnhof Santa Maria Novella von Florenz — 161

Jonas Briner

Dante und der Duce. Zu den politischen Motiven der Umgestaltung
historischer Städte in der Toskana — 189

Klaus Tragbar

Julisch Venetien. Faschisten als Brandstifter und Bauherren — 211

Rolf Wörsdörfer

Die Totenburgen des italienischen Faschismus.
Beinhäuser und politischer Gefallenenkult — 233

Alexander de Ahsbahs / Gerald Steinacher

Die «Città nuova» von Bozen. Eine Gegenstadt für eine
Parallelgesellschaft — 259

Harald Dunajtschik / Aram Mattioli

Zwischen Monumentalbauten und Kleinsiedlungen. Faschistische
Siedlungspolitik in Libyen und Südtirol 287
Roberta Pergher

Eine koloniale Visitenkarte für Italien. Architektonische und
städtebauliche Strategien auf den Inseln des Dodekanes 309
Eliana Perotti

Unterwegs zu einer imperialen Raumordnung in Italienisch-Ostafrika 327
Aram Mattioli

Faschistische Moderne in Afrika. Auto und Architektur in Asmara 353
Simone Bader

Zur Rezeption der italienischen Architektur im «Dritten Reich» 373
Christoph Cornelißen

Bildnachweis 396

Autorenverzeichnis 403

Vorwort

Von der Architektur und dem Städtebau des faschistischen Italien geht seit einigen Jahren eine seltsame Faszination aus. Seit dem Ende des Kalten Krieges wurde der «Fascismo di pietra» (Emilio Gentile) vor allem in Italien zum Gegenstand intensiver Forschungen, die unseren Kenntnisstand zum Thema wesentlich erweitert haben. Nur wenige Bereiche der faschistischen Gesellschaftsgeschichte können als derart gut erforscht gelten wie die Architektur und der Städtebau in den bleiernen Jahren der Mussolini-Diktatur. Ausgelöst durch erfolgreiche Ausstellungen (wie jene über die Gründungsstädte und die «Case del Fascio») und ein oft wenig reflektiertes Medienecho brach sich in Italien aber auch eine neue Begeisterung für die architektonischen und urbanistischen Zeugnisse der Mussolini-Diktatur Bahn. Diese Euphorie ist im deutschsprachigen Raum vor dem Hintergrund der nationalsozialistischen Barbarei kaum nachvollziehbar.[1] Gefragt, was vom italienischen Faschismus heute bleibe, antwortete Maurizio Gasparri, ein Spitzenpolitiker der postfaschistischen Alleanza Nazionale, von 2001 bis 2005 Kommunikationsminister in der Regierung Silvio Berlusconi: sein «modernisierender Aspekt» und der «Wille, eine Entwicklung in das Leben des Volkes zu tragen». Beides manifestiere sich bis heute in zahlreichen Bauwerken, angefangen bei Straßen und Brücken über sanierte Altstädte bis hin zum EUR-Viertel in Rom und den Neugründungsstädten in den trockengelegten Pontinischen Sümpfen.[2]

Solche Meinungen sind in Italien, wo ein rechtsgerichteter Geschichtsrevisionismus seit Jahren wunderliche Blüten treibt, sehr verbreitet, nicht nur unter Politikern und Laien.[3] Weitgehend unbemerkt von der deutschsprachigen Öffentlichkeit fand im Oktober 2008 in Rom ein semiwissenschaftlicher Kongress statt, auf dem ernsthaft über die Architektur der dreißiger Jahre und ihre Zukunft «begründenden Werte» («valori fondanti») diskutiert wurde. Bei der Medienpräsentation vor der Veranstaltung bezeichnete Giano Accame, ein «maitre à penser» der italienischen Rechten, das frühere «Foro Mussolini» im Norden der Hauptstadt nicht nur als «architektonisches Meisterwerk». Der Monumentalkomplex, zu dem etwa das «Stadio dei Marmi» mit seinen sechzig Athletenstatuen und der allabendlich angestrahlte, zu Ehren des «Duce» errichtete Obelisk, aber auch das heutige Außenministerium der Republik Italien sowie Turn- und Schwimmhallen gehören, müsse mit Blick auf die Tatsache, dass der Faschismus den Sport der Massen erfunden und die «Gleichstellung» von turnenden Knaben und Mädchen ermöglicht habe, einer positiven Neubewertung unterzogen werden.[4]

Wissenschaftlich unhaltbar sind solche bizarren Einschätzungen deshalb, weil sie die im Faschismus realisierte Architektur konsequent aus ihren hochpolitischen Entstehungskontexten herauslösen. Sie analysieren sie nicht auf ihre Funktionen für das Regime und nehmen sie damit letztlich nicht als eine «Art Macht-Beredsamkeit»[5] ernst. Gerade für die Diktaturen des 20. Jahrhunderts empfiehlt es sich, von einer systematischen, zentral gesteuerten Architektur- und Städtebaupolitik auszugehen, in der es stets um weit mehr als um bauliche Realisationen und Ästhetik ging. Das Beispiel des faschistischen Italien (1922–1943/45) ist dafür besonders instruktiv, weil es sich um die erste Diktatur des 20. Jahrhunderts überhaupt handelte, die nach dem Ersten Weltkrieg im großen Stil architektonische Ambitionen und städtebauliche Visionen entwickelte – mit sichtbaren Folgen bis in die Gegenwart. Macht und Architektur standen hier in einem symbiotischen Verhältnis zueinander. Mit öffentlichem Bauen und vor architektonischen Kulissen wurde bis in verschlafene Grenzprovinzen hinein Politik gemacht. Wie von der Doppelstrategie der Machteroberung, der öffentlichen Inszenierung der faschistischen Herrschaft, ihrer charismatischen Fundierung und der Art der Kriegführung in Abessinien ging auch von der faschistischen Architektur- und Städtebaupolitik eine Vorbildwirkung auf andere Diktaturen aus, über die wir noch vergleichsweise wenig wissen.[6]

Der vorliegende Sammelband vereinigt die Beiträge, die auf einer interdisziplinären Tagung an der Universität Luzern vorgetragen und diskutiert wurden. Diese zielte auf eine reflektierte Bestandsaufnahme der neuesten Forschungen und versuchte, Wissenschaftler unterschiedlicher Disziplinen miteinander ins Gespräch zu bringen. Nicht auf Vollständigkeit bedacht, sollten mittels möglichst aussagekräftiger Fallstudien übergreifende Problemstellungen definiert und neue Perspektiven auf das öffentliche Bauen im faschistischen Italien entwickelt werden. Besonders wichtig war uns, neben Repräsentationsbauten, Monumentalanlagen und städtebaulichen Großprojekten auch die bislang eher stiefmütterlich behandelte Funktionsarchitektur (Sportstadien, Bahnhöfe, Straßen etc.) gleichberechtigt in die Betrachtung miteinzubeziehen. Anders als in vielen früheren Darstellungen wurde der faschistischen Architektur- und Städtebaupolitik in den 1919 Italien zugeschlagenen Grenzprovinzen und jener in den Überseeterritorien besondere Beachtung geschenkt. Denn gerade in diesen Gebieten wurde der öffentliche Raum oft stark faschisiert. Unter der Annahme, dass Architekten und Städteplaner nur allzu häufig der «Suggestion der Macht» (Friedrich Nietzsche) erliegen, sollte auch geklärt werden, unter welchen Bedingungen diese im «Ventennio nero» entwarfen und wie groß ihre gestalterischen Freiräume unter den Bedingungen der Diktatur waren. In manchen Aufsätzen wird explizit über die politischen Funktionen des faschistischen Bauens nachgedacht, in dem es stets um mehr als um die symbolische Selbstdarstellung des «neuen Italien» ging. Wie sich gezeigt hat, unterschieden sich die Funktionen von Region zu Region. Und schließlich wird die faschistische Architektur- und Städtebaupolitik in einigen Beiträgen (Aram Mattioli, Harald Bodenschatz und Christoph Cornelißen) in einer komparativen Perspektive beleuchtet und akzentuiert.

Der Sammelband setzt die von der Fachzeitschrift *Geschichte und Region / Storia e regione* jüngst publizierte Themennummer «Faschismus und Architektur – Architettura e fascismo»[7], in der die faschistische Baupolitik in Südtirol im Zentrum stand, in einer gesamtitalienischen Perspektive fort. Die Tagung, die am 17./18. Oktober 2008 im Hotel Radisson in Luzern stattfand, wurde von der Universität Luzern durch einen namhaften Beitrag ermöglicht. Die Drucklegung des Bandes erfolgte mit substanzieller Unterstützung der Abteilung «Deutsche Kultur und Familie» und des «Ladinischen Kulturamtes» der

Autonomen Provinz Bozen – Südtirol sowie der in Bozen ansässigen «Stiftung Südtiroler Sparkasse». Ein Dank geht auch an den Tiroler Geschichtsverein, Sektion Bozen, für die Unterstützung des Projekts in Südtirol. Wir möchten all diesen Organisationen danken, die mit ihrer großzügigen Förderung diese italienisch-schweizerische Koproduktion erst ermöglicht haben. Für die sorgfältige Redaktion des Bandes sind wir Mag. Harald Dunjatschik, Silvia Hess BA, lic. phil. Raphael Fischer und lic. phil. Marion Elmer zu herzlichem Dank verpflichtet.

1. März 2009
Die Herausgeber

---

1 Scharf gesehen und analysiert vom Berliner Architektursoziologen Harald Bodenschatz, Metafisica, Futurismo, Razionalismo, Mediterraneità … Die Architektur des italienischen Faschismus und ihre unkritische Rezeption, in: Bauwelt, 98, 2007, Nr. 6, S. 8–10, sowie Ders., Zunehmende Begeisterung für die Neustädte Mussolinis in Italien, in: Die alte Stadt, 35, 2008, Nr. 1, S. 78–81.
2 Nicola Rao, Neofascisti! La Destra italiana da Salò a Fiuggi nel ricordo dei protagonisti, Rom 1999, S. 247.
3 Aram Mattioli, Die Resistenza ist tot, es lebe Onkel Mussolini. Vom Umdeuten der Geschichte im Italien Berlusconis, in: Mittelweg 36, 17, 2008, S. 75–93.
4 Edoardo Sassi, Foro Italico, la destra riscopre lo «spirito del Ventennio», in: Corriere della Sera, 14. 10. 2008, S. 15.
5 Vgl. Friedrich Nietzsche, Götzen-Dämmerung oder Wie man mit dem Hammer philosophirt, Leipzig 1889, Streifzüge eines Unzeitgemässen, Abs. 11, online unter www.textlog.de/8102.html [1. 3. 2009].
6 Diese Vorbildwirkung wird von Wolfgang Schieder, Faschistische Diktaturen. Studien zu Italien und Deutschland, Göttingen 2008, besonders herausgearbeitet und betont.
7 Geschichte und Region / Storia e regione, 17, 2008, Nr. 1, zum Thema: Faschismus und Architektur. Architettura e fascismo, hg. von Aram Mattioli u. Gerald Steinacher.

Architektur und Städtebau in einem totalitären Gesellschaftsprojekt

Aram Mattioli

> *«Tutta la nazione deve diventare un cantiere, una officina.»[8]*
>
> BENITO MUSSOLINI, 26. MÄRZ 1923

«Gute Architektur ist nicht nur in Demokratien entstanden»,[1] hat der Basler Weltarchitekt Jacques Herzog jüngst angemerkt. Mit dieser Feststellung hat Herzog, der zusammen mit seinem Partner Pierre de Meuron das fulminante Nationalstadion in Peking entworfen hat, nicht Unrecht. Das Bauerbe der Neuzeit wäre ohne den oft sehr ausgeprägten Selbstdarstellungswillen von Autokraten und Diktatoren tatsächlich ärmer. Es gäbe kein Schloss Versailles, keine Prachtboulevards in Paris, keine Moskauer Metro, keine City von Asmara, keine alle Rekorde brechenden Wolkenkratzer in Dubai und vielleicht auch keinen so großartigen Sporttempel in Peking, der in der Fachwelt als «Bird's Nest» bekannt ist. Ob es allerdings legitim ist, für Autokraten und Diktatoren Prestigebauten zu entwerfen, ist nach den Olympischen Spielen von Peking strittiger denn je, nicht nur in den Feuilletons, sondern auch in der Szene der Architekten selber.[3] Freilich wirkt gute Architektur stets auch außerhalb des reinen Machtkalküls; sie ist nie nur politische Handlangerin und besitzt eine künstlerische Eigenlogik, die repressive Verhältnisse unterlaufen oder gar dezent in Frage stellen kann.[4] Umgekehrt gibt es für Diktatoren kaum ein besseres Mittel, ihre Regime in Glanz zu tauchen, als spektakulär bauen zu lassen. Architektur versorgt Unterdrückungsregime ja nicht nur mit Gebäuden, Versammlungsplätzen und Infrastruktur, sondern auch mit Zuckerfassaden und Legitimation. Nicht selten mutiert der gebaute oder umbaute Raum hier zu einem «Instrumentum regni».

Just in diesem Spannungsfeld bewegte sich auch die Architektur im faschistischen Italien. Sie unterschied sich von jener im nationalsozialistischen Deutschland und der in anderen Diktaturen unter anderem dadurch, dass sich neben traditionalistisch eingestellten Baukünstlern auch Avantgarde-Architekten entfalten konnten, deren Exponenten zum Teil atemberaubende Bauwerke entwarfen, die bis heute als Zeugnisse der italienischen Moderne bewundert werden. Zu diesen «signature buildings» gehören etwa der Wohnblock Novocomum und die «Casa del Fascio» in Como, das blaue Postgebäude in Sabaudia, der Flugzeughangar von Orvieto, Giuseppe Vaccaros Postpalazzo in Neapel, die Fiat-Tagliero-Tankstelle in Asmara, das Gebäude der Gioventù Italiana del Littorio in Bozen oder die Bahnhöfe von Florenz und Trient.

Mussolinis Architektur- und Städtebaupolitik im internationalen Kontext

Wer einen Blick dafür entwickelt, dem stellt sich das heutige Italien als ein reich bestücktes Freilichtmuseum faschistischer Urbanistik und Architektur dar.[5] In keinem anderen gesellschaftlichen Bereich hat sich das «Ventennio nero» derart unübersehbar und dauerhaft materialisiert wie im «Fascismo di pietra» (Emilio Gentile), dem faschistischen Bauerbe. Das hat seine Gründe. Die Faschisten verwandelten Italien und einen Teil seiner Überseeterritorien ab 1922 in eine Großbaustelle – länger, nachhaltiger und mit sichtbareren Folgen als die Nationalsozialisten Deutschlands.[6] Benito Mussolini hielt sich schließlich nicht nur doppelt so lange an der Macht wie Adolf Hitler. Während des Zweiten Weltkriegs wurden Italiens Städte von den alliierten Luftwaffen zudem nicht großflächig in Schutt und Asche gelegt. Da sich die Republik Italien überdies zu einem pragmatischen Umgang mit der architektonischen Hinterlassenschaft der Diktatur entschloss, blieb viel nach 1945 fast im Originalzustand erhalten. Oft nur von den einschlägigsten Inschriften und Symbolen gesäubert und leicht umbenannt, wurden die meisten im «Ventennio nero» errichteten Bauwerke weiter benutzt. Einige von ihnen wurden nach 1945 von Architekten zu Ende gebaut, die bereits unter Mussolini mit der Aufgabe betraut worden waren.[7]

Das faschistische Italien war die erste Diktatur, die in der Zwischenkriegszeit eine systematische Architektur- und Städtebaupolitik einleitete und mit hohem Einsatz von Geld und Manpower am Laufen hielt. Mussolini setzte das öffentliche Bauen als einen Motor gesellschaftlicher Veränderung ein. Keine Stadt, keine Provinz, nicht einmal die Kolonien blieben davon unberührt. Einige Prestigeprojekte sorgten international für Aufsehen. Die südlich von Rom, auf dem trockengelegten Agro Pontino aus dem Boden gestampften Neustädte galten in vielen Ländern Europas als eine bewundernswürdige Leistung italienischer Ingenieurskunst. Dahingegen stellte die Kahlschlagsanierung von Roms Zentrum, die selbst vor dem Abriss mittelalterlicher Ensembles und Straßenzügen nicht Halt machte, ein Vorbild für das Moskau Stalins wie das Berlin Hitlers dar.[8] Mussolini setzte die Architektur gezielt ein, um zu verführen, zu beeindrucken und einzuschüchtern.[9] Er ging damit viel weiter als die meisten Staatsführer nach der Französischen Revolution. Das war kein Zufall. Denn die faschistische Bautätigkeit war zentraler Bestandteil einer totalitären Gesellschaftsutopie. Durch Architektur sollte diese Gestalt annehmen, durch Architektur der «neue faschistische Mensch» mitgeformt werden.[10]

Bereits Jahre vor dem NS-Regime führte der italienische Faschismus einen «neuen politischen Stil» (George L. Mosse) zur Meisterschaft. Sich der Möglichkeiten des visuellen Zeitalters bewusst, setzte er optische Überwältigungseffekte systematisch als Instrument der Massenmanipulation und Konsensbildung ein.[11] In diesem System wurde die Macht, insbesondere jene des Diktators, permanent öffentlich inszeniert – und den Italienern immer auch durch gebaute Ideen vor Augen geführt.[12] Überdies besaß die Architektur hier eine «liturgische Funktion»[13]. Ihren falschen Zauber entfalteten die öffentlichen Massenspektakel am wirksamsten vor architektonischen Arrangements und römisch-imperialen Dekors, deren Sinn selbst Analphabeten[14] verstanden. Bei einem aufwändig inszenierten Staatsbesuch wurde Adolf Hitler im Mai 1938 nicht nur das Bauerbe der Antike und Renaissance gezeigt. Auf einem «itinerario trionfale» durfte «il Führer» im Golf von Neapel einem Marinemanöver beiwohnen und in Rom repräsentative Bauten des «neuen Italien» (das Foro Mussolini, das Stadio dei Marmi, die Via dell'Impero und den Palazzo, der die Mostra della Rivoluzione Fascista beherbergte) besichtigen. Für den deutschen Staatsgast wurde eigens die Stazione Ostiense gebaut – passend zum großen Bahnhof, der ihn erwartete.[15]

In der formierten Öffentlichkeit des Mussolini-Regimes etablierte sich die Architektur nach 1925 als eines der massenwirksamsten Medien neben Rundfunk und Film.[16] Früh schon erkannte der «Duce», dass Architektur Macht und damit ein Herrschaftsmittel ist.[17] Mit seiner Architektur- und Städtebaupolitik wollte er die zurückgebliebene Infrastruktur des Landes auf den neuesten Stand bringen und die visionäre Gestaltungskraft, Leistungsfähigkeit und «Modernität» des faschistischen Regimes unter Beweis stellen.[18] Gebaute Herrschaftszeichen sollten von den Errungenschaften der «Revolution» erzählen und diese spektakulär in Raum und Geschichte einschreiben. Durch steinerne Botschaften sollte unmissverständlich signalisiert werden, dass in Italien nun alles anders und besser sei.

Die Architekturszene in der Diktatur

Im faschistischen Italien standen Macht und Architektur in einem symbiotischen Verhältnis zueinander: Die überwiegende Mehrheit der italienischen Architekten ging mit der Diktatur einen «faustischen Pakt» (Deyan Sudjic) ein.[19] Schon 1923 wurden diese dazu verpflichtet, dem staatlich kontrollierten, streng hierarchisch aufgebauten Nationalen Faschistischen Architekten-Syndikat (Sindacato Nazionale Architetti[20]) anzugehören, das sich nicht so sehr als Berufsverband, sondern als loyales Glied des faschistischen Staates verstand.[21] Öffentliche Bauaufträge erhielten seit 1925 nur noch Architekten, die in einem «Albo» genannten Berufsregister eingetragen waren.[22] Bei nationalen Architekturwettbewerben wurde ab 1932 neben dem Eintrag im «Albo» die Mitgliedschaft im Partito Nazionale Fascista (PNF) vorausgesetzt. Zu diesem Zeitpunkt waren die meisten Architekten bereits in die Staatspartei eingetreten.[23] Bedenkenlos akzeptierten sie diese politischen Bedingungen für ihr künstlerisches Wirken und verwandelten sich dadurch in eine Art Staatskünstler. Viele von ihnen wollten sogar ausdrücklich für das faschistische Gesellschaftsexperiment bauen.[24] Es ist kein Fall bekannt, dass einer der arrivierten oder jungen Architekten aus politischen Gründen die Emigration einem weiteren Verbleib im Land vorgezogen hätte. Begünstigt wurde ihre kooperative Haltung dadurch, dass die Diktatur mit Aufträgen, Karrierechancen, finanziellen Zuwendungen und Prestige lockte und Wohlverhalten üppig belohnte. Neben Karrierestreben und Opportunismus gab es in der Zunft der Architekten bis 1940 viel Übereinstimmung mit den zentralen Zielen des Faschismus. Um auf den Trümmern der Vergangenheit eine «neue Ordnung» aus der Taufe zu heben, unterstützten viele von ihnen selbst Mussolinis aggressive Expansionspolitik.[25] Giuseppe Terragni (1904–1943), vielleicht der Talentierteste unter den avantgardistischen Architekten, zugleich auch glühender Faschist, meldete sich 1941 freiwillig für die achte italienische Armee an die russische Front.

Mussolini betrachtete die Architektur als «höchste unter allen Künsten», die alles enthalte,[26] und zusammen mit dem Film als die politisch bedeutsamste. Freilich behielt sich der Diktator alle Grundsatzentscheide bei architektonischen und urbanistischen Großprojekten vor und gab damit die direkte Kontrolle über zentrale Bauvorhaben nicht aus der Hand. Nach Vorlage der Pläne genehmigte er solche jeweils höchstpersönlich.[27] Bei der Präsentation von Projekten griff er im Palazzo Venezia zuweilen sogar in Detailprobleme ein.[28] Mit Vorliebe bestimmte er die Bauleiter von Großprojekten selbst. Diese rekrutierte er aus einem Kreis loyaler Architekten, die sich durch ihre bisherige Tätigkeit für die Übernahme neuer Bauprojekte empfohlen hatten.[29] Dazu gehörten Architekten wie Gustavo Giovannoni, Alberto Calza Bini, Armando Brasini, Marcello Piacentini, Enrico Del Debbio, Giovanni Muzio und Angiolo Mazzoni, denen das faschistische Regime zahlreiche Gelegenheiten zur baukünstlerischen Entfaltung bot.[30]

Insbesondere Marcello Piacentini (1881–1960), das Haupt der «Scuola romana», wuchs immer mehr in die Rolle *des* «architetto del regime» hinein, ähnlich wie einige Jahre später Albert Speer im «Dritten Reich». Piacentini stand für eine neoklassizistische Imponierarchitektur, die der Gegenwart angepasst war, sich aber einem als «italienische Tradition» apostrophierten Bauen verpflichtete.[31] Mit seinem Plädoyer für eine «moderne nationale Baukunst», die visuelle Anleihen bei der Vergangenheit machte, lag er ganz auf Mussolinis

Linie. Piacentini wurden nicht nur in der Kapitale Rom (Città universitaria, E42), sondern auch in Bergamo (Torre dei Caduti), Brescia (Piazza della Vittoria), Turin (Via Roma), Mailand (Palazzo di Giustizia), Neapel (Banco di Napoli), Reggio Calabria (Museo Nazionale della Magna Grecia), Genua (Arco della Vittoria, Grattacielo dell'Orologio) und in Bozen (Monumento alla Vittoria, Città nuova) repräsentative Bauvorhaben anvertraut.[32] Dank seiner Nähe zum Diktator besetzte er in der universitären Architektenausbildung eine Schlüsselstellung und saß in zahlreichen Wettbewerbsjurys und Gremien, die über öffentliche Auftragserteilungen entschieden.

Italiens Architekturszene wurde während des Faschismus nicht gleichgeschaltet, sondern durch eine Politik des «ästhetischen Pluralismus»[33] gleichsam an der langen Leine gehalten. Eine offiziell dekretierte faschistische Staatsarchitektur hat es nie gegeben. Im Unterschied zum «Führer» des nationalsozialistischen Deutschlands verstand sich Mussolini weder als oberster Kunstrichter der Nation noch als Architekt.[34] Abgesehen davon, dass ihm eine römische Bauweise in einer zeitgemäßen Form vorschwebte und er eine Vorliebe für grandiose Gebäude, Paradeachsen, Aufmarschplätze, Obelisken, Arenen und Gedenkstätten an den Tag legte, gab der «Duce» nie apodiktisch vor, was den faschistischen Architekturstil ausmache. Wie der futuristische Architekt Antonio Sant'Elia teilte er allerdings die Meinung, dass auch Italien ins Zeitalter der Beschleunigung und der Maschinen eingetreten sei, was nicht ohne Folgen bleiben könne: «Wir fühlen, dass wir nicht mehr die Menschen der Kathedralen, der Paläste und der Versammlungssäle sind, sondern wir sind die Menschen der großen Hotels, der Bahnhöfe, der breiten Straßen, der riesigen Tore, der überdachten Märkte, der erleuchteten Tunnels, der schnurgeraden Autobahnen, der heilsamen Stadtsanierungen.»[35] Vage schwebten dem Diktator «Bauwerke für unsere Zeit» («costruzioni del nostro tempo») vor, die sich modern und römisch-imperial zugleich präsentieren sollten.[36]

Im Gegensatz zu NS-Deutschland war die Kunst-Avantgarde im faschistischen Italien nicht als «entartet» stigmatisiert.[37] Mit dem Razionalismo konnte sich südlich der Alpen gar eine avantgardistische Richtung entfalten. Wie zuvor schon die Futuristen um Antonio Sant'Elia wollte der Movimento italiano per l'architettura razionale[38] ab 1926 zu einer radikalen baukünstlerischen Erneuerung Italiens beitragen. Mit «Spirito nuovo» umschrieben seine jungen Protagonisten einen funktionalen Stil mit einer stark reduzierten Formensprache, die wie die Architektur des Imperium romanum mit wenigen Grundtypen auskam, sich trotzdem aber von modernen Ideen wie denen von Le Corbusier inspirieren ließ.[39] Die Mitglieder des «Gruppo 7» sagten dem Neoklassizismus ebenso den Kampf an wie dem «falschen Neuen», dem sie vorwarfen, ohne nationale Verankerungen auskommen zu können. «Italien fällt es zu», hieß es im Manifest des Gruppo 7, «dem neuen Geist die höchste Entwicklung zuteil werden zu lassen und ihn bis zu den äußersten Konsequenzen zu treiben, bis dahin, den anderen Nationen wie in den großen Epochen der Vergangenheit einen *Stil* zu diktieren»[40]. Die Rationalisten wollten ganz ihrer Zeit angehören, und ihre Kunst wollte das sein, was die Gegenwart von ihnen forderte.[41] Schon dieser bedingungslose Gegenwartsbezug brachte sie in eine Nähe zur Diktatur. Hauptvertreter der rationalistischen Bewegung waren Carlo Enrico Rava, Giuseppe Pagano, Adalberto Libera und Giuseppe Terragni, der für seine ästhetisch radikalen Bauten bis heute bewundert wird.[42] Eine ähnlich hohe Wertschätzung genießt Pier Luigi Nervi, dessen kühne Stahlbetonkonstruktionen aus der Zeit des Faschismus als Ausdruck moderner Baugesinnung gelten.[43]

Das Regime nutzte die Rivalität zwischen den verschiedenen Architekturrichtungen – insbesondere die zwischen dem «Novecento», der «Scuola romana», dem «Futurismo» und der «Architettura razionale» – geschickt für seine Zwecke aus.[44] Herausgefordert, eine geeignete Repräsentation für den «Stato nuovo» und die «faschistische Zivilisation» zu finden, gaben Architekten und Stadtplaner an den Reißbrettern ihr Bestes. Sowohl die Traditionalisten um die «Scuola romana» als auch die avantgardistischen Strömungen glaubten an ihre Chance, sich als jeweils einzige Vertreter der faschistischen Staatsbaukunst zu etablieren. Lange Zeit blieb der Wettstreit unentschieden. Mussolini schwankte zwischen den einzelnen Richtungen und bevorzugte einmal diese und dann die andere. Bald stellte sich eine Art Arbeitsteilung ein.

Während die Traditionalisten für staatliche Repräsentationsbauten, Monumente und Brücken bevorzugt berücksichtigt wurden, ließ man die «Razionalisti» und Neofuturisten Funktionsbauten wie Bahnhöfe, Postämter, Parteisitze, Gebäude der Vorfeldorganisationen (OND, ONB, ONC etc.) und auch Wohnsiedlungen für einfache Leute errichten.[45] Nach der Proklamation des «Impero» am 9. Mai 1936 und der immer stärker imperial aufgeheizten Atmosphäre, die auch im Zeichen der Annäherung an das «Dritte Reich» stand, erhielten die Rationalisten immer seltener Aufträge für öffentliche Prestigebauten.[46] Offensichtlich entsprach der neoklassizistische Monumentalstil den gesteigerten Repräsentationsbedürfnissen des «zweiten Imperium romanum», das die faschistische Propagandamaschine nach dem Abessinienkrieg unablässig beschwor, weit besser.

Hauptmerkmale der faschistischen Architektur- und Städtebaupolitik

Betrachtet man die Architektur- und Städtebaupolitik im «Ventennio nero» als Ganzes, so stechen fünf Hauptmerkmale ins Auge. Während der faschistischen Diktatur erlebte Italien *erstens* einen beispiellosen Bauboom, der das Antlitz des Landes einschneidend und dauerhaft veränderte. Niemals zuvor wurde in Italien so viel in so kurzer Zeit gebaut. Dies galt für Repräsentations- und Funktionsbauten sowie Infrastrukturvorhaben[47] gleichermaßen. Allein zwischen 1928 und 1944 entstanden unter der Leitung der «Azienda autonoma statale della strada» 12 000 Kilometer neue Straßen in Italien und immerhin 7000 Kilometer in den mit militärischer Gewalt «pazifizierten» oder eroberten Kolonien Libyen und Äthiopien.[48] Symbolträchtig modernisiert wurde das italienische Straßennetz durch die ersten Teilstücke der Autostrade, den ersten Autobahnen Europas überhaupt, die sich einer Initiative des Mailänder Unternehmers Pierro Puricelli verdankten.[49] Mit den Arbeiten für das erste Teilstück von Mailand nach Varese wurde im Juni 1923 begonnen; es wurde bereits am 20. September 1924, einem der offiziellen Staatsfeiertage, dem Verkehr übergeben. Sternförmig von Mailand ausgehend folgten bald weitere Teilstrecken, die unter anderem den Bau von imposanten Brückenbauwerken notwendig machten. Auffallend ist die Bedeutung, die der besseren verkehrsmäßigen Erschließung von Ausflugszielen beigemessen wurde, damit gut betuchte Bürger aus Mailand, Turin und Rom die oberitalienischen Seen, Florenz, Viareggio, Ostia und Pompeji schneller erreichen konnten.[50] Die hohe symbolische Bedeutung der Autostrade zeigt sich darin, dass die ersten Teilstücke von König und «Duce» eröffnet wurden, oft an einem 28. Oktober, dem Jahrestag des «Marschs auf Rom» von 1922, der einen zentralen Platz unter den Staatsfeiern des faschistischen Italien einnahm.[51] Dabei feierte das Regime die Autostrade als genuin italienische Erfindung, als Symbol von Fortschritt und «Modernität».

Auch der Bau von Wohnhäusern, Bahnhöfen, Postämtern, Kinos, Brücken, Flugzeughangars, Fabriken, Sportstadien, Schwimmbädern, Werk- und Wartungshallen, Ferienkolonien zur Tuberkulose-Prophylaxe[52] und von Sitzen der Parteiorganisationen (wie der «Case del Fascio», den Einrichtungen von «Dopolavoro» und «Balilla»[53]) nahm einen beispiellosen Aufschwung. Diese «Bauvorhaben von ungeheurem Ausmaß»[54] unterschieden sich in Zahl und Funktion von allem, was man in Italien seit 1861 gekannt hatte. Die Bauintensität lässt sich nicht allein damit erklären, dass das noch stark agrarisch geprägte Land gegenüber den Industrienationen Westeuropas einen infrastrukturellen Entwicklungsrückstand aufwies. Schon in den ersten Jahren nach der Machtübernahme legte Mussolini einen unübersehbaren Ehrgeiz an den Tag, dem «Stato nuovo» über das öffentliche Bauen einen prägnanten Ausdruck zu verleihen. Insbesondere in den dreißiger Jahren entwickelte sich die Architekturpolitik zu einem zentralen Politikfeld auf dem italienischen Weg zur totalitären Gesellschaft.

Für das umfangreiche Programm öffentlicher Bautätigkeit zeichneten gleich zwei Ministerien verantwortlich: das alte Ministero dei Lavori pubblici und das im Frühjahr 1924 neu geschaffene Ministero delle Comunicazioni, das um wichtige Aufgabenbereiche erweiterte ehemalige Ministerium für Post und Fernmeldewesen. Das Ministero delle Comunicazioni stand zehn Jahre lang unter der Leitung von Costanzo Ciano, einem der mächtigsten Minister Mussolinis überhaupt, der dem «Duce» bei dessen Tod im Amt nachgefolgt wäre. Ciano war immerhin für die Handelsmarine, die Post, die Telegrafie, das Radio und die staatlichen Eisenbahnen zuständig. Früh erkannte der neue Minister, von Haus aus nationalistisch und monarchistisch gesinnt, die Bedeutung von Kommunikation und Verkehr für die beginnende Ära gesteigerter Mobilität. Beim neuen Ministero delle Comunicazioni handelte es sich um ein dynamisches, strategisch bedeutsames Infrastrukturministerium, das über einen stattlichen Haushalt verfügte.[55]

Tatsächlich legte Cianos Ministerium auf dem Gebiet der öffentlichen Infrastrukturbauten eine beispiellose Aktivität an den Tag, und zwar in den alten Kernprovinzen des Königreichs ebenso wie in den nach dem Ersten Weltkrieg angeschlossenen Grenzregionen und in den Kolonien. Eines der Hauptziele war die Modernisierung der staatlichen Eisenbahn, die sich im «Ventennio nero» endgültig zum Massenverkehrsmittel entwickelte, auch weil man darauf achtete, dass sie für ärmere Schichten erschwinglich blieb. Innerhalb weniger Jahre wurden neue Zugverbindungen wie die «Direttissima» zwischen Rom und Neapel (1927) und jene zwischen Bologna und Florenz (1934) in Betrieb genommen, die die Reisezeiten zwischen diesen Zentren des Landes durch direktere Linienführungen, Brücken und Tunnels erheblich verkürzten und dadurch die Binnenmigration erleichterten.[56] Besondere Aufmerksamkeit schenkten die Planer und Ingenieure des Ministero delle Comunicazioni dem Bau von Bahnhöfen und Postgebäuden. Sie stellten «Vorzeigeprojekte des Regimes» dar und wurden im In- und Ausland als «Werbeträger» für technischen Fortschritt und staatliche Effizienz eingesetzt.[57] Bei diesen Palazzi handelte es sich oft um repräsentative Solitärbauten an prominenter Lage.[58] Politisch bedeutsam waren Bahnhöfe und Postämter deshalb, weil es sich um Orte handelte, in denen die Bürger im Alltag unmittelbar mit ihrem Staat in Berührung kamen.

Abb. 1: Postpalast in Form eines stilisierten «M». Piazza della Vittoria, Brescia, 2008.

Es ist denn auch kein Zufall, dass während des Faschismus zahlreiche neue Bahnhöfe mit imposanten Großhallen errichtet wurden – in bisher vernachlässigten Randgebieten ebenso wie in den urbanen Zentren des Landes. Eine Schlüsselrolle spielte dabei Angiolo Mazzoni, seines Zeichens Chefingenieur der Ferrovie dello Stato (FS) und seit 1926 Mitglied des Partito Nazionale Fascista. Allein Mazzoni realisierte bis zum Zusammenbruch des Faschismus Bahnhofsneubauten in Bozen und am Brenner, in Venedig, Littoria, Reggio Emilia, Trient, Siena, Reggio Calabria, Montecatini Terme und Messina. Daneben entwarf dieser gewiefte Staatskünstler unzählige Postämter wie die in Nuoro, Ragusa, Ferrara, Grosseto, Massa, Bergamo, Palermo, La Spezia, Littoria, Pola, Agrigento, Pistoia und Trient. Mazzonis spektakulärste Bauten waren sicher der Postpalazzo von Sabaudia und der Bahnhof von Trient[59], denen man – rein ästhetisch betrachtet – eine avantgardistische Handschrift nicht absprechen kann. Sie stehen für die italienische Zwischenkriegsmoderne. Außer Angiolo Mazzoni entwarfen auch Giuseppe Vaccaro, Adalberto Libera und Mario Ridolfi in Neapel und Rom aufsehenerregende Postpalazzi im avantgardistischen Stil.[60]

Einen besonderen Eifer legte der Faschismus überdies beim Bau von Sportarenen, Stadien und Schwimmbädern an den Tag. Alle größeren Städte Italiens erhielten eine entsprechende Infrastruktur. Mussolinis Regime war der erste Staat in der Moderne, der den Sport gezielt zum Zwecke der Propaganda und als Mittel der sozialen Kontrolle, aber auch im Hinblick auf die «Nationalisierung der Massen» (George L. Mosse) einsetzte.[61] In aller Welt sollten Italiens Sportler die «Überlegenheit der faschistischen Zivilisation» bekunden. Nach 1930 etablierte sich Italien tatsächlich als eine Sportgroßmacht. An den Olympischen Spielen von Los Angeles (1932) belegte das Land immerhin den zweiten Platz im Medaillenspiegel hinter den Vereinigten Staaten von Amerika. Den Radrennsport dominierten in diesen Jahren Profis wie Alfredo Binda, Learco Guerra und Gino Bartali, die alle wichtigen Rennen, darunter auch den Giro d'Italia und die Tour de France, für sich entschieden. Am 29. Juni 1933 gewann der Boxer Primo Carnera, 2,04 Meter groß und 122 Kilo schwer, den prestigeträchtigen Weltmeistertitel im Schwergewicht.[62] 1934 und 1938 wurde die frenetisch angefeuerte «Squadra azzura» zweimal hintereinander Fußballweltmeister.[63] Mit Italiens Amateurmannschaft gewann Nationaltrainer Vittorio Pozzo 1936 in Berlin auch olympisches Gold im Fußball. Angesichts der internationalen Erfolge italienischer Sportler sprach die Propaganda immer mehr von der «Italia suprema e imbattibile», vom «unübertroffenen und unschlagbaren Italien».[64] Parallel dazu setzte der Starrummel um einzelne herausragende Sportler ein, die wie der Ballkünstler Giuseppe Meazza zu Idolen der Massen aufstiegen.

Erfolgreich instrumentalisieren ließ sich insbesondere der Fußball. Als eine kampfbetonte, proletarische und virile Sportart, in der es auf ein funktionierendes Kollektiv genauso ankommt wie auf Einzelkönner, welche ein Spiel überraschend entscheiden können, bediente er wesentliche faschistische Ideologeme. Ab Mitte der zwanziger Jahre entwickelte sich der «calcio» zum italienischen Nationalspiel schlechthin – und zu einem wahren Publikumsmagneten. Im Mailänder San-Siro-Stadion verfolgten 1927 35 000 Zuschauer das Spiel der italienischen Nationalelf gegen die Tschechoslowakei, weit mehr als je zuvor. 1931 strömten sogar 50 000 Menschen in die gleiche Arena, um das Länderspiel Italien gegen Österreich mitzuerleben.[65] Der vom Regime massiv geförderte «calcio» verlangte nach Stadien mit gesteigerten Fassungskapazitäten. Tatsächlich setzte unter dem Faschismus der Bau der ersten italienischen Großstadien ein, die Namen von faschistischen Organisationen oder «Helden» erhielten. 1927 eröffnete man in Bologna das modernisierte Stadio Littoriale[66], das 50 000 Zuschauer fasste und in dessen Inneren man ein Reiterstandbild des Diktators[67] platzierte. 1929 kam in Rom das Stadio Nazionale del Partito Nazionale Fascista hinzu, 1932 in Florenz das Stadio Comunale Giovanni Berta[68] und 1933 in Turin das Stadio Municipale Benito Mussolini, die jeweils Platz für 55 000 Zuschauer boten. Im Hinblick auf das nach Italien vergebene Weltmeisterschaftsturnier 1934 entstanden innerhalb weniger Jahre acht Großstadien. Diese modernen Sportarenen dienten nicht lediglich einem populären Freizeitvergnügen. Voll besetzt sollten sie eine geschlossene Nation im Zeichen des Faschismus konstruieren.[69] In diesem Kontext ist das imposante «Foro Mussolini» am nordöstlichen Rand Roms zu sehen.[70] Es umfasste einen weitläufigen, landschaftlich schön gelegenen Komplex von Sportstätten, darunter das von Enrico Del Debbio entworfene, 1932 anlässlich des «Decennale» eingeweihte «Stadio dei Marmi» mit seinen 62 pseudoantiken Athletenstatuen aus weißem Marmor, die die Ideologie vom «neuen faschistischen

Menschen» augenfällig zelebrierten. Gleichzeitig war das «Foro Mussolini» ein Stein gewordener Ausdruck für das Bestreben, den Sport in den Dienst von Mussolinis charismatischer Diktatur zu stellen.⁷¹ Über Leibesertüchtigung und vormilitärische Aktivitäten sollten die jungen Italiener unter anderem fit für die künftigen Expansionskriege gemacht werden.

Abb. 2: Eingeschalte «Torre della Rivoluzione». Piazza della Vittoria, Brescia, 2008.

Die emsige Bautätigkeit bewegte sich *zweitens* in einer unauflösbaren Dialektik von Zerstörung und megalomanem Neuentwurf. Was architektonisch als wertlos galt, machten die faschistischen Stadtplaner rücksichtslos platt; was in ihren

Augen als denkmalwürdig galt, hob man umgekehrt optisch hervor, so etwa den Kapitolshügel und das Augustusmausoleum in Rom. Die Kahlschlagsanierung der Hauptstadt, die innerhalb weniger Jahre zur Kapitale des Faschismus umgebaut und erweitert wurde, ist das beste Beispiel dafür. Am Tiber entstand eine Metropole, die durch eine radikale Umgestaltung des «Centro storico», ein Netzwerk neuer Straßenachsen und die Angliederung von neuen Quartieren ein urbanistisches Profil erhielt, das nur noch wenig mit der «ewigen Stadt» des liberalen Italiens gemein hatte. Unter der «Herrschaft der Spitzhacke» (Antonio Cederna) machte man ganze Renaissance- und Barockquartiere dem Erdboden gleich und trug sogar barocke Kirchen ab. Mit der am 28. Oktober 1932 eingeweihten Via dell'Impero schuf das Regime über den stümperhaft freigelegten und fortan zerschnittenen Kaiserforen eine Straßenverbindung zwischen Piazza Venezia und Kolosseum.[72] Die Via dell'Impero sollte die Kontinuität zwischen antikem und faschistischem Rom ins Stadtbild einschreiben, unter Inkaufnahme nicht wieder gutzumachender archäologischer Zerstörungen. Die Faschisierung des Stadtbildes ist dem Regime in der Hauptstadt nachdrücklicher gelungen als in allen anderen Städten des Landes.[73]

Der rücksichtslose Umgang mit der alten Bausubstanz aus Renaissance und Barock blieb jedoch nicht auf die Metropole am Tiber beschränkt. Mussolinis Stadtplaner drückten auch Teilen der «Centri storici» von Turin, Brescia, Bergamo, Genua, Triest oder Mailand ihre Handschrift auf: meist durch die Neugestaltung von zentralen Straßenzügen und Plätzen. Dem Regime ging es darum, in den alten Stadtkernen sichtbare Präsenz zu markieren. Das geschah unter anderem mit imposanten Gebäuden, Türmen und Rednerkanzeln, welche, um neu geschaffene Plätze angeordnet, die geeignete Kulisse für Aufmärsche und Versammlungen schaffen sollten.[74] Barbarisch verfuhr Marcello Piacentini mit einem dicht bewohnten Altstadtviertel in Brescia. Ab 1928 ließ er dieses mittelalterliche Quartier, das einst um die Kirche Sant'Ambrogio entstanden war und seit Jahrhunderten vom Handel lebte, niederreißen. 167 Gewerbebetriebe und 250 Geschäfte mussten geschlossen werden, 2400 Bewohnern blieb nur die zwangsweise Umsiedlung. Um die neue Piazza della Vittoria schufen 2500 durchgängig beschäftigte Bauarbeiter bis 1932 ein dichtes Ensemble faschistischer Protzbauten, darunter einen Postpalast, ein Kaffeehaus mit Namen «Impero», eine mit Reliefs verzierte Redekanzel und eine Loggia dei Mercanti mit einem wuchtigen Liktorenturm («Torre della Rivoluzione»).⁷⁵ Ein neues Gesicht verpasst erhielten auch ans Meer grenzende Teile von Bari und Taranto. Hier waren es prachtvolle «Lungomari», gesäumt von repräsentativen Palazzi, die vom städtebaulichen Ehrgeiz des Faschismus Zeugnis ablegten.

Abb. 3: Turmhochhaus. Piazza della Vittoria, Brescia, 2008.

Mussolinis Gesellschaftsideal orientierte sich *drittens* an der populären Idee einer «neuen Agrikulturzivilisation»⁷⁶, die nicht als Widerspruch zur gleichzeitig verfolgten Industrialisierungspolitik verstanden wurde, wohl aber einen neuen Typ der agrarischen Kleinstadt hervorbringen sollte. Dadurch hoffte das Regime, die sozialen Auswirkungen der Urbanisierung, die im industriellen Norden und in der Hauptstadt Rom immer schneller voranschritt, dämpfen zu können.⁷⁷ Spätestens seit Mussolinis «Discorso dell'Ascensione» vom 26. Mai 1927 verfolgte das Regime eine Agrarstaatsutopie, die letztlich auf vier

Pfeilern ruhte: auf der «campagna demografica», der Steigerung der Gesamtbevölkerung; der Neulandgewinnung durch Meliorationen; der Binnenkolonisation («conquista della terra»), die die Emigration ins Ausland überflüssig machen sollte, und der Gründung von agrarischen Mustersiedlungen.[78]

Die sichtbarste Gestalt nahm die ruralistische Gesellschaftsutopie in den fünf Gründungsstädten («Città di fondazione») auf dem meliorierten Agro Pontino an. Nach 1927 ließ das Regime die ausgedehnte, Malaria-verseuchte und über Jahrhunderte als unbezwingbar geltende Sumpflandschaft südlich von Rom «bonifizieren» und die gewonnenen Flächen an Kriegsveteranen zur Bestellung übergeben. Allein da stampfte das Regime in den dreißiger Jahren 5 Kleinstädte und 18 Dörfer aus den trockengelegten Pontinischen Sümpfen. Dabei handelte es sich um am Reißbrett entworfene, teilweise im rationalistischen Stil gebaute Planstädte mit radiozentrischer Grundstruktur und orthogonalem Straßensystem.[79] Für diese Siedlungen vermied man die Bezeichnung «Città». Stattdessen nannte man sie agrarische Gemeindezentren («Centri comunali agricoli»). Mit den Planstädten Littoria (1932), Sabaudia (1934), Pontinia (1935), Aprilia (1937) und Pomezia (1939) sollte auf dem Agro Pontino nicht nur ein spezifisch faschistischer Stadttypus kreiert, sondern der Welt auch die kulturschöpferische Kraft des Faschismus unter Beweis gestellt werden. Besondere Bedeutung räumte man jeweils der Gestaltung der zentralen Piazza ein. Hier befanden sich das Rathaus mit Liktorenturm und der Sitz der faschistischen Einheitspartei. Am zentralen Platz von Aprilia waren erstmals alle Gewalten des Staates konzentriert: das Rathaus, die «Casa del Fascio» und die katholische Kirche.[80] Die Besonderheit dieser überschaubaren Agrostädte bestand darin, dass sie als eine Art Versorgungszentrum für das Umland konzipiert waren. Die Ansiedlung von Industriebetrieben war hingegen ideologisch unerwünscht.[81]

Zu den faschistischen Gründungsstädten ist auch die «Città nuova» von Bozen zu zählen, die jedoch im Unterschied zu jenen auf dem Agro Pontiono als Beamten- und Arbeiterstadt mit einer großen Industriezone konzipiert wurde.[82] Die Gegend um das 1928 eingeweihte Siegesdenkmal wollte Marcello Piacentini zum neuen Mittelpunkt von Groß-Bozen machen. In nicht einmal 20 Jahren verwandelten die Faschisten den Südtiroler Ort von einer noch stark ländlich geprägten Kleinstadt mit 33 920 Einwohnern (1922) zu einer italienisch geprägten Mittelstadt, in der 1939 bereits 67 500 Menschen lebten. Tausende von Italienern wurden in Neubauten angesiedelt, die auf enteigneten Wiesen und Obstgärten hochgezogen wurden. Kurz vor dem Zweiten Weltkrieg war aus dem altösterreichischen Bozen das von den Faschisten erträumte Bolzano mit einer italienischstämmigen Bevölkerungsmehrheit geworden. Die Bozner Neustadt mit ihrer «Zona monumentale» war als weiträumige und monumentale Gegenstadt konzipiert, als urbanistischer Versuch, die Altstadt grandios zu übertrumpfen.[83]

Rom behandelte die Provinz Bozen nach 1927 als eine Art inneritalienisches Kolonialgebiet, das auf die demografischen und wirtschaftlichen Bedürfnisse des Zentrums ausgerichtet werden musste.[84] Der Bautätigkeit kam dabei eine entscheidende Rolle zu. Schließlich konnte die vom Regime forcierte Peuplierungspolitik nur unter der Bedingung gelingen, dass zunächst in mindestens einer Stadt des Alto Adige genügend Wohnraum und Arbeitsplätze für italienische Neusiedler geschaffen werden konnten. Tatsächlich verwandelten die Faschisten Bozen seit den späten zwanziger Jahren in eine Großbaustelle, da sie der Provinzhauptstadt die Rolle eines Brückenkopfs zudachten, von dem aus schließlich das ganze Gebiet südlich des Brenners «italianisiert» werden sollte. Bis 1939 wuchs die Zahl der Italiener in der Provinz um 60 500 auf 80 800 an, wovon 48 000 allein in Bozen lebten.[85] Einige Tausend von ihnen kamen nach 1935 in der Peripherie Bozens unter, in den Mietskasernen der Arbeiterwohnsiedlung «Littorio», andere auch in den «Semirurali»-Häusern des «Rione Dux», die architektonisch angeblich Mussolinis Geburtshaus in Predappio nachempfunden waren.

Der Ehrgeiz, faschistische Musterstädte zu gründen, wurde auch in anderen Teilen des Königreichs ausgelebt. So entstanden zwischen 1928 und 1940 Mussolinia (heute: Arborea), Fertilia und Carbonia[86] auf Sardinien, Arsia (heute: Rasa[87]) und Pozzo Littorio (heute: Podlabin) in Istrien, Torviscosa in der Provinz Udine und Guidonia in der Nähe Roms. Torviscosa, die einzige «Città-fabbrica» unter ihnen, wurde auf melioriertem Neuland aus dem Boden gestampft, ebenso die Bergbaustadt Arsia. Die Gründungswelle blieb nicht auf das metropolitane Italien beschränkt. Auf dem Dodekanes kam es mit Porto Lago (heute: Lakki) und Kos zur Neugründung respektive zur Neuerrichtung von zwei Städten. Um die alten Stadtkerne von Tripolis und Rhodos wurden überdies Parallelstädte für italienische Siedler gebaut.[88] Diese Gründungen zählten in der Regel nicht mehr als wenige Tausend Einwohner. Sie sollten überschaubar bleiben und waren als faschistische Alternative zu den als gefährlich erachteten Metropolen konzipiert. Sie waren Ausdruck der versuchten, aber letztlich gescheiterten Deurbanisierungs-Politik, in deren Kontext auch die landesweite Gründung von rund sechzig Dörfern («Borghi») zu sehen ist.

Abb. 4: Relief an der Rednerkanzel («Arengario»). Piazza della Vittoria, Brescia, 2008.

In den Diktaturen des 20. Jahrhunderts war der Städtebau stets mehr als gebauter oder umgebauter Raum, er diente vor allem der Repräsentation und Legitimation der Herrschaft.[89] Er sollte die Tatkraft des Regimes unter Beweis stellen und gleichzeitig von einer grandiosen Zukunftsvision zeugen. Die Besonderheit von Mussolinis Gründungsstädten zeigt sich unter anderem darin, dass sich das nationalsozialistische Deutschland abgesehen von Salzgitter und der Stadt des KdF-Wagens bei Fallersleben, dem späteren Wolfsburg, dabei nicht besonders hervortat.[90] Vergleichend betrachtet können die faschistischen Gründungsstädte am ehesten mit dem urbanistischen Ehrgeiz verglichen werden, den Stalins Sowjetunion und nach dem Zweiten Weltkrieg auch die osteuropäischen Volksrepubliken (Eisenhüttenstadt, Nowa Huta) entwickelten. Allerdings handelte es sich bei den sozialistischen Planstädten oft um Siedlungen, die – anders als in Italien – um schwerindustrielle Großbetriebe herum entstanden.

Die Faschisten setzten die Architektur *viertens* intensiv als Instrument nonverbaler Kommunikation ein, insbesondere zur Selbstdarstellung des Regimes. Sie bedienten sich dabei einer expressiven, stark an die römische Antike angelehnten Symbolik, die den «Liktorenkult» ins Bild setzte und seiner einfachen Botschaften wegen auch vom einfachen Mann auf der Straße auf Anhieb verstanden werden konnte. Darüber hinaus legten sie eine auffällige Vorliebe für gebaute Monumentalkomplexe an den Tag. Das «Foro Mussolini» und das E42-Viertel in Rom[91], aber auch das Gelände der Mostra d'Oltremare in Neapel, die Innenstadt von Asmara[92] und die «Città nuova» von Bozen sind Beispiele dafür. Sie inszenierten die Auferstehung alter Pracht und ließen das Individuum im Schatten dieser auf Überwältigung zielenden Beeindruckungsarchitektur als klein und bedeutungslos erscheinen. Neben den Sportarenen in den Großstädten ließ das Regime insbesondere Gedenkstätten und Denkmäler von nationaler Bedeutung im Kolossalstil ausführen. Nicht restlos alles kam zur Ausführung. Im Hinblick auf das Zehn-Jahres-Jubiläum der faschistischen Machtergreifung entwarf Pier Luigi Nervi, einer der Großen der italienischen Moderne, ungefragt einen 250 Meter hohen Flaggenturm, der als höchstes Bauwerk des damaligen Europa auf dem Monte Mario in Rom hätte errichtet werden sollen. Nach Nervis Willen hätte ein Weiheraum im Unterbau auch der «Aufbewahrung der Zimelien des Faschismus» dienen sollen.[93]

Dieser Hang zur Monumentalität wurde in den nach 1918 Italien einverleibten neuen Grenzgebieten ungeschminkt ausgelebt, besonders markant im Südtirol und im Trentino, aber auch in den Provinzen Görz und Triest entlang der ehemaligen Frontlinien des «Großen Krieges».[94] Man muss von einer «Obsession von Seiten des Faschismus» (Patrizia Dogliani) sprechen. Dem «Duce» ging es darum, den durch den Sieg bei Vittorio Veneto erkämpften neuen Grenzverlauf symbolisch zu markieren und die ehemaligen österreichisch-ungarischen Territorien als rechtmäßig zu «Großitalien» zugehörig erscheinen zu lassen.[95] Bei dieser Grenzwache der besonderen Art spielte freilich das architektonisch unterstützte Gedenken an die rund 500 000 gefallenen Soldaten[96] des «Großen Krieges» eine Hauptrolle. Tatsächlich entstanden in den Grenzräumen zu Österreich und Jugoslawien[97] mit seinen «border minorities» innerhalb weniger Jahre eine ganze Reihe faschistischer Gedenkstätten, Heldenfriedhöfe und Kriegsdenkmäler.[98]

Den Anfang machte das am 12. Juni 1928 eingeweihte Siegesdenkmal in Bozen, das Marcello Piacentini als wuchtiges Monumentaldenkmal ausführen ließ.[99] Das Ungetüm aus Marmor, im Volksmund treffend «Liktorentempel» genannt, war als faschistisches Gesamtkunstwerk konzipiert, für das nur die wertvollsten Baustoffe Verwendung fanden. Nation und Faschismus werden im Siegesdenkmal zu einer unverbrüchlichen Einheit verschmolzen. Provokativ zelebriert das Siegesdenkmal die vermeintliche Überlegenheit der italienisch-faschistischen Zivilisation über die deutschsprachigen Südtiroler.[100] Andererseits wurde es als eine Heldengedenkstätte für die «gefallenen Söhne des Vaterlandes» ausgeführt. In den Nischen des Innenraums platzierte man Büsten der irredentistischen «Märtyrer» Cesare Battisti, Damiano Chiesa und Fabio Filzi. Bezeichnenderweise kam das «Monumento alla Vittoria» in Form eines Triumphbogens zur Ausführung, einem Typ der Repräsentationsarchitektur, der im antiken Römischen Reich verbreitet und besonders durch den 1806 von Kaiser Napoleon I. in Auftrag gegebenen Arc de Triomphe in Paris wiederbelebt worden war. Ein Triumphbogen erhob sich auch über der ein Jahrzehnt später in Asiago erbauten Gedenkstätte, in deren Umgebung im «Großen Krieg» besonders erbitterte Kämpfe[101] getobt hatten.

In Europa war der Erste Weltkrieg der letzte Konflikt, der einen markanten, lange über den Waffenstillstand vom November 1918 hinaus wirkenden Heldenkult hervorbrachte.[102] Italien bildete dabei keine Ausnahme.[103] Das Besondere an der italienischen Entwicklung lag darin, dass es den Faschisten gelang, die Erinnerung an den «Großen Krieg» zu vereinnahmen und den schwer errungenen Sieg von 1918 in ihrem Sinn umzudeuten. Mehr und mehr stilisierten sie den Ersten Weltkrieg zur ersten faschistischen Feuerprobe. Der «Heldentod für das Vaterland» verwandelte sich so in einen für die «Größe des neuen Italien». Ein entscheidender Schritt dazu war ein Gesetz vom 12. Juni 1931, welches die Aufhebung der vielen kleinen, bis ins Jahr 1922 dezentral angelegten Soldatenfriedhöfe und die Zusammenlegung der exhumierten Toten in einigen Nekropolen erlaubte.[104] 1935 wurden das Mausoleum für Cesare Battisti in Trient sowie die Gedenkstätten auf dem Monte Grappa, von Pocol, Fagarè und Montello im Piave-Gebiet eingeweiht. 1938 schließlich, zwanzig Jahre nach Kriegsende, wurden die Monumentalfriedhöfe von Caporetto, Asiago, Rovereto, Oslavia und Redipuglia dem italienischen Volk feierlich übergeben.[105]

Auffällig an diesen faschistischen «Pilgerstätten» (Alexander de Ahsbahs), die Heerscharen von Besuchern anzogen, war ihre Weitläufigkeit und kraftvolle Monumentalität. Es handelte sich um keine traditionellen Soldatenfriedhöfe, sondern um Kultstätten, die den «Heldentod» für das Vaterland glorifizierten und die Lebenden aufforderten, mit einem Lächeln auf den Lippen in den Tod zu gehen, wenn dies die imperiale Macht erforderte, die der «Duce» für Italien in Afrika, auf dem Balkan und im Mittelmeerraum beanspruchte. Die monumentalste dieser Anlagen entstand nach den Plänen des Architekten Giovanni Greppi und des Bildhauers Giannino Castiglioni in Redipuglia, einem Ort in der Provinz Görz.[106] An den Hängen des Monte Sei Busi errichtet, der im Ersten Weltkrieg hart umkämpft war, ist diese europaweit größte Grabanlage für über 100 000 Gefallene als riesiger Appellplatz arrangiert. Die «Via Eroica» führt zum Sarkophag des Herzogs von Aosta, des Kommandeurs der 3. Armee, empor. Vor dem 1931 hier bestatteten Mitglied des Königshauses, der für seine starken Sympathien für den Faschismus[107] bekannt war, nehmen in den 22 Stufen einer Riesentreppe die Offiziere, Unteroffiziere und Soldaten der 3. Armee selbst im Tod noch militärisch Aufstellung. Bezeichnenderweise prangt tausendfach der Schriftzug «Presente» («Hier!») über den Grabstellen der Gefallenen. Noch im Jenseits, so die Botschaft des monumentalen Monuments, erfüllen sie als treue Soldaten ihren Dienst am faschistischen Vaterland. Gewiss hätten sich nicht wenige der hier Bestatteten politisch missbraucht gefühlt, wenn sie vor ihrer Umbettung zu ihrer Meinung hätten befragt werden können.

Nicht ganz so monumental wie die Heldenfriedhöfe an der Ostgrenze, aber der gleichen Ideologie verpflichtet sind die im Trentino[108] und in Südtirol erbauten Kriegerdenkmäler und Ossarien. Alle auf ehemals österreichischungarischem Territorium gelegen, schrieben diese «Heldendenkmäler» einen Besitzanspruch nach der Devise «Italien ist dort, wo italienische Gräber sind» fest. Giovanni Greppi und Giannino Castiglioni zeichneten auch für die Gestaltung der drei Beinhäuser verantwortlich, die in den Jahren vor dem Zweiten Weltkrieg in Burgeis, Innichen und bei Gossensaß erbaut wurden.[109] Angeblich handelte es sich bei den im Vinschgau, im Pustertal und am Brenner in Ossarien bestatteten Toten um «alpini», die im Kampf um die «Befreiung von Südtirol» gefallen waren. Allerdings war die Front im «Großen Krieg» achtzig Kilometer südlich verlaufen. Bei den angeblichen Kriegsgefallenen handelte es sich um die exhumierten Überreste von Soldaten, die zum Teil erst nach 1918 verstarben. Letztlich sagen die drei in Südtirol angelegten Beinhäuser mehr über das Weltbild ihrer Auftraggeber aus als über die Kriegsereignisse, an die sie erinnern.[110]

Mussolinis Architektur- und Städtebaupolitik stand *fünftens* stets im Dienst konkreter bevölkerungs-, sozial-, innen- und machtpolitischer Ziele. Dabei machte es keinen Unterschied, ob es sich um Infrastrukturvorhaben oder Repräsentationsbauten handelte. So diente der Stadionbau immer auch der Nationalisierung der Massen. Die Ferienkolonien für Kinder waren als sozialpolitische Maßnahme konzipiert und boten die Gelegenheit, den Nachwuchs zu indoktrinieren. Der Straßenbau in den afrikanischen Überseegebieten zielte auf die Erschließung des «neuen Lebensraums» und war eine wichtige Vorbedingung für die geplante Siedlungskolonisation im großen Stil.[111] Auch die Gründungsstädte mussten im Rahmen eines ehrgeizigen Programms der Binnenkolonisation Beachtung finden.[112] Zwischen 1928 und 1940 wurden allein in Sizilien, Sardinien, der Toskana und Latium 100 000 Menschen auf Neuland angesiedelt.[113] Durch den Abriss von alten Quartieren im Zentrum Roms wurden Tausende von Armen in nahe der Kapitale errichtete «Borgate» (Vororte) wie Acilia (1924), San Basilio (1928) und Tiburtino (1929) abgeschoben und damit auch ein politisches Protestpotenzial entschärft.[114]

Architektur der Macht – Macht der Architektur

Nach dem Ersten Weltkrieg war das faschistische Italien die erste Diktatur in Europa, die die Architektur im großen Stil instrumentalisierte. Man muss von einer Allianz zwischen Politik und Architektur sprechen.[115] Tatsächlich ließ das Regime in allen Teilen des Landes bis in die Dörfer ferner Randregionen hinein Monumente der Macht errichten. Der Rhythmus architektonischer Transformation war im «Ventennio nero» weit höher als zur Zeit des liberalen Italien (1861–1922). Der Bauboom war nicht nur der Tatsache geschuldet, dass das Land in der Infrastrukturentwicklung einen Nachholbedarf hatte. Fast von Beginn weg legte der Faschismus eine besondere Vorliebe für architektonische und urbanistische Großprojekte an den Tag. Das Regime investierte Unsummen in die öffentliche Bautätigkeit. Das zahlte sich für Architekten in Form von Aufträgen aus. Nirgendwo im Europa der Zwischenkriegszeit konnten diese zur selben Zeit so groß, so rasch, mit so viel Geld und so frei von bürokratischen Fesseln bauen wie da. Ein Paradebeispiel dafür ist der von Eugenio Miozzi in Rekordzeit realisierte «Ponte del Littorio» in Venedig, die mächtige Straßenbrücke über die Lagune samt Parkhaus, die von 1930 bis 1933 parallel zur bereits bestehenden Eisenbahntrasse gebaut wurde.[116] Der attraktiven Bedingungen wegen bemühte sich selbst Le Corbusier mehrere Male um Bauaufträge. Bei der Neugründungsstadt Pontinia ging er 1934 leer aus, weil das Regime keinen Ausländer mit einem derart prestigeträchtigen Projekt beauftragen wollte.[117]

Im faschistischen Italien war das öffentliche Bauen Teil eines totalitären Gesellschaftsprojekts, das auf eine Systemalternative zwischen sowjetischem Kommunismus und marktwirtschaftlicher Demokratie zielte. Seit den Lateranverträgen (1929) ging es Mussolini immer stärker um die völlige Um- und Neugestaltung der italienischen Gesellschaft, seit 1936 gar um eine «anthropologische Revolution» und die Erschaffung eines neuen Menschentyps.[118] In den Jahren des Massenkonsenses korrespondierte die Produktion von «schönem Schein» (Peter Reichel) und architektonischen Zuckerfassaden auffällig mit kollektiver Gewaltausübung, die in Afrika, in Spanien, auf dem Balkan, in Russland und im Lande selber einer Million Menschen das Leben kostete.[119] Deshalb müssen Architektur und Städtebau des Faschismus künftig vermehrt in ihren politischen Entstehungs- und Funktionskontexten analysiert werden. Bekanntlich sind selbst avantgardistische Architekturformen «nicht per se human oder demokratisch» (Winfried Nerdinger). Vielmehr kommt es entscheidend darauf an, für welche politischen Ziele Architektur und Städtebau eingesetzt werden. Letztlich bestimmt der gesellschaftliche Gesamtzusammenhang über deren Bedeutung.[120] Die zum Teil bemerkenswerte formal-ästhetische und praktisch-funktionale Qualität der faschistischen Architektur lässt sich folglich nicht so einfach «von ihrem verwerflichen ideologischen und politischen Inhalt abstrahieren, sodass sie weiterhin einen vorderen Platz in der geschriebenen Geschichte der modernen Architektur behalten kann»[121]. Nein, gerade im Italien der Zwischenkriegszeit waren Architektur und Städtebau als Kulissenlieferanten tief in das faschistische Gesellschaftsprojekt verstrickt.

---

1 Vgl. Benito Mussolini, Per l'autostrada Milano–Laghi, in: Opera omnia di Benito Mussolini, hg. von Edoardo u. Duilio Susmel, 36 Bde., Florenz 1951–1963, hier Bd. 19, S. 187. Für eine kritische Durchsicht des Beitrags danke ich Harald Dunajtschik, Raphael Fischer, Silvia Hess, Gerald Steinacher und Corinne Troxler herzlich und für Hinweise auch Michael Blatter, Roberta Pergher, Eliana Perotti und Daniela Spiegel.
2 Vgl. Jacques Herzog, Kap. 11, 1:18:40, in: Bird's Nest – Herzog & de Meuron in China. Dokumentarfilm von Christoph Schaub und Michael Schindhelm, Schweiz 2008.
3 Peking entwickelte sich im Vorfeld der Olympischen Spiele von 2008 zu einem Eldorado für weltweit tätige Architekten. Neben Herzog & de Meuron ließ die Staats- und Parteiführung Paul Andreu die neue Nationaloper, Norman Foster den Flughafen und Rem Koolhaas den Hauptsitz für den chinesischen Staatsfernsehsender CCTV bauen. Andere Büros wie die von Daniel Libeskind, Christoph Ingenhoven, Renzo Piano und Wolf Prix lehnten dagegen wegen der Menschenrechtssituation jede Form der Zusammenarbeit mit den chinesischen Machthabern ab. Einen guten Überblick über das Denken der heutigen Weltarchitekten gibt das Interviewbuch von Hanno Rauterberg, Worauf wir bauen. Begegnungen mit Architekten, München, Berlin 2008.
4 Hanno Rauterberg, Wie viel Moral braucht Architektur?, in: Die Zeit, 27. 3. 2008.
5 Vgl. im Sinne eines ersten Überblicks Alberto Mioni (Hg.), Urbanistica fascista. Ricerche e saggi sulle città e il territorio e sulle politiche urbane in Italia tra le due guerre, Mailand 1980.
6 Einen optischen Eindruck davon vermittelt Piero Bevilacqua, Il paesaggio italiano nelle fotografie dell'Istituto Luce, Rom 2002. Natürlich handelt es sich bei diesen Fotografien aus dem Archiv des Istituto Luce um eine regimekonforme Sicht.
7 Zwei Beispiele dafür sind das «Foro Mussolini» und die «Via della Conciliazione» in Rom. Die Sportstätten im Norden der Hauptstadt wurden 1945 in «Foro Italico» umbenannt. Die Arbeiten für die von Marcello Piacentini und Attilio Spaccarelli geplante Prachtstraße, die den Abriss ganzer Häuserblocks erforderte, um die Sicht auf den Petersdom freizugeben, begannen 1936. Die Straße wurde 1950 nach den ursprünglichen Plänen fertiggestellt.
8 Harald Bodenschatz, Rom – Moskau – Berlin. Städtebau und Diktatur, in: Hans-Jörg Czech, Nikola Doll (Hg.), Kunst und Propaganda im Streit der Nationen 1930–1945, Deutsches Historisches Museum Berlin (Ausstellungskatalog), Dresden 2007, S. 48 u. 53. Boris M. Iofan, eine Schlüsselfigur des sowjetischen Städtebaus in der Stalinzeit, war bis 1924 als Assistent bei Armando Brasini, einem der führenden Urbanisten Italiens, tätig.

9 Ausführlich zum Verhältnis von Macht und Architektur im 20. Jahrhundert der kritische Essay von Deyan Sudjic, Der Architekturkomplex. Monumente der Macht, Düsseldorf 2006.
10 Emilio Gentile, La via italiana al totalitarismo. Il partito e lo Stato nel regime fascista, Rom 2001, und Jean-Yves Dormagen, Logiques du fascisme. L'État totalitaire en Italie, Paris 2008. Vgl. zur Debatte um den totalitären Charakter des italienischen Faschismus Aram Mattioli, Totalitarismus auf Italienisch? Die faschistische Diktatur im Wandel des historischen Urteils, in: Enno Rudolph, Stefano Poggi (Hg.), Diktatur und Diskurs. Zur Rezeption des europäischen Totalitarismus in den Geisteswissenschaften, Zürich 2005, S. 305–335.
11 George L. Mosse, Die Nationalisierung der Massen. Von den Befreiungskriegen bis zum Dritten Reich, Frankfurt am Main, New York 1993, S. 10. Vgl. auch Simonetta Falasca-Zamponi, Fascist Spectacle. The Aesthetics of Power in Mussolini's Italy, Berkeley, Los Angeles, London 1997.
12 Vgl. zur visuellen Dimension des Mussolini-Kultes Sergio Luzzatto, L'immagine del duce. Mussolini nelle fotografie dell'Istituto Luce, Rom 2001; Mimmo Franzinelli, Emanuele Valerio Marino, Il Duce proibito. Le fotografie di Mussolini che gli italiani non hanno mai visto, Mailand 2003.
13 Catherine Brice, G. Pagano, M. Piacentini. Un architecte «fasciste» et un «architecte du totalitarisme»?, in: Pierre Milza, Fanette Roche-Pézard (Hg.), Art et Fascisme. Totalitarisme et résistance au totalitarisme dans les arts en Italie, Allemagne et France des années 30 à la Défaite de l'Axe, Paris 1989, S. 104ff.
14 Das war nicht ganz unwichtig in einem Land, in dem die Analphabetenrate 1921 noch 35,8 Prozent betrug, was im Vergleich zu Großbritannien, der Schweiz und der Weimarer Republik sehr hoch war.
15 Näheres dazu in Maurizio Martucci, Hitler Turista. Viaggio in Italia, Mailand 2005.
16 Dieses wichtige Medium propagandistischer Selbstdarstellung bleibt in der ansonsten wichtigen Studie von Clemens Zimmermann, Medien im Nationalsozialismus. Deutschland 1933–1945, Italien 1922–1943, Spanien 1936–1951, Wien, Köln, Weimar 2007, leider ganz ausgespart.
17 Sudjic, Der Architekturkomplex, S. 8.
18 Aller Rhetorik zum Trotz muss man für die faschistische Diktatur freilich von einer Moderne ohne wirkliche Modernität ausgehen oder aber von einer vorgetäuschten Modernität sprechen. Vgl. Brunello Mantelli, Kurze Geschichte des italienischen Faschismus, Berlin 1999, S. 9.
19 Nicola Timmermann, Repräsentative «Staatsbaukunst» im faschistischen Italien und im nationalsozialistischen Deutschland – der Einfluss der Berlin-Planung auf die EUR, Stuttgart 2001, S. 39.
20 1932 änderte es seinen Namen in Sindacato Nazionale Fascista Architetti.
21 Mia Fuller, Moderns Abroad. Architecture, Cities and Italian Imperialism (Architext Series), London, New York 2007, S. 92ff.
22 Margrit Estermann-Juchler, Faschistische Staatsbaukunst. Zur ideologischen Funktion der öffentlichen Architektur im faschistischen Italien, Köln, Wien 1982, S. 37ff.
23 Diane Ghirardo, Building New Communities. New Deal America and Fascist Italy, Princeton 1989, S. 62.

24 Diane Ghirardo, Politik und Architektur im faschistischen Italien, in: Stefan Germer, Achim Preiß (Hg.), Giuseppe Terragni 1904–43. Moderne und Faschismus in Italien, München 1991, S. 42.
25 Ebd., S. 43 und Fuller, Moderns Abroad, S. 94.
26 Mussolinis Gespräche mit Emil Ludwig, Berlin, Wien, Leipzig 1932, S. 201. («A mio giudizio la massima fra tutte le arti è l'architettura, perché comprende tutto.»)
27 Paolo Nicoloso, Mussolini architetto. Propaganda e paesaggio urbano nell'Italia fascista, Turin 2008, S. XXIX.
28 Ebd., S. 135–151.
29 Timmermann, Repräsentative «Staatsbaukunst», S. 24.
30 Nützlich für einen Überblick Carlo Cresti, Architettura e fascismo, Florenz 1986; Giulio Ernesti (Hg.), La costruzione dell'Utopia. Architetti e urbanisti nell'Italia fascista, Rom 1988; Giorgio Ciucci, Gli architetti e il fascismo. Architettura è città 1922–1944, Turin 1989; Fabrizio Brunetti, Architetti e fascismo, Florenz 1993; Paolo Nicoloso, Gli architetti di Mussolini. Scuole e sindacato, architetti e massoni, professori e politici negli anni del regime, Mailand 1999; Massimo Martignoni (Hg.), Illusioni di pietra. Itinerari tra architettura e fascismo, Trient 2001; Giorgio Ciucci, Architettura, in: Victoria de Grazia, Sergio Luzzatto, Dizionario del fascismo, Bd. 1, Turin 2002, S. 90–95 (mit weiterer Literatur); Nicoloso, Mussolini architetto und Carlo Melograni, Architettura italiana sotto il fascismo. L'orgoglio della modestia contro la retorica monumentale 1926–1945, Turin 2008.
31 Marcello Piacentini, Die Architektur unserer Tage (1930), in: Vittorio Magnago Lampugnani u. a. (Hg.), Architekturtheorie 20. Jahrhundert. Positionen, Programme, Manifeste, Ostfildern-Ruit 2004, S. 137f.
32 Mario Lupano, Marcello Piacentini, Rom, Bari 1991; Sandro Scarrocchia, Albert Speer e Marcello Piacentini. L'architettura del totalitarismo negli anni trenta, Mailand 1999.
33 Marla Stone, The Patron State. Culture and Politics in Fascist Italy, Princeton 1998, S. 5f.
34 Jens Petersen, Kontinuität und Verdrängung. Kunst des italienischen Faschismus nach 1945, in: Czech, Doll (Hg.), Kunst und Propaganda, S. 444.
35 Antonio Sant'Elia, Die futuristische Architektur (1914), in: Architekturtheorie 20. Jahrhundert, S. 71.
36 Nicoloso, Mussolini architetto, S. 158.
37 Einige Bereiche der Bauhaus-Moderne (wie die Werbung, das Design und die Industriearchitektur) florierten allerdings weit über 1933 hinaus und waren keineswegs mit dem NS-System unvereinbar. Näheres dazu in Winfried Nerdinger (Hg.), Bauhaus-Moderne im Nationalsozialismus. Zwischen Anbiederung und Verfolgung, München 1993; Werner Durth, Deutsche Architekten. Biographische Verflechtungen 1900–1970, Stuttgart, Zürich 2001.
38 Vgl. Ueli Pfammatter, Moderne und Macht. «Razionalismo». Italienische Architekten 1927–1942, Braunschweig 1990; Stefan Germer, Achim Preiß (Hg.), Giuseppe Terragni 1904–43. Moderne und Faschismus in Italien, München 1991; Richard A. Etlin, Modernism in Italian Architecture, 1890–1940, Cambridge 1991; Jörg Friedrich, Dierk Kasper (Hg.), Giuseppe Terragni. Modelle einer rationalen Architektur, Sulgen ³2003 und Lana Novikova, Architetura Razionale – Staatsarchitektur im Italien Mussolinis, München, Ravensbrück 2007.

39 Pfammatter, Moderne und Macht, S. 39; Klaus Tragbar, «Romanità», «italianità», «ambientismo». Kontinuität und Rückbesinnung in der italienischen Moderne, in: Koldewey-Gesellschaft (Hg.), Bericht über die 42. Tagung für Ausgrabungswissenschaft und Bauforschung vom 8.–12. 5. 2002 in München, Stuttgart 2004, S. 80f.
40 Gruppo 7, Architektur (1926), in: Architekturtheorie 20. Jahrhundert, S. 109.
41 Ebd., S. 110.
42 Zu den heutigen Bewunderern von Giuseppe Terragni gehören Daniel Libeskind und Peter Eisenman.
43 Claudio Greco, Pier Luigi Nervi. Von den ersten Patenten bis zur Ausstellungshalle in Turin 1917–1948, Luzern 2008.
44 Näheres dazu in Brunetti, Architetti, und Klaus Tragbar, Graben, bauen und rekonstruieren im Zeichen der Romanità, in: Ernst-Ludwig Schwandner, Klaus Rheidt (Hg.), Macht der Architektur – Architektur der Macht. Bauforschungskolloquium in Berlin vom 30. Oktober bis 2. November 2002 veranstaltet vom Architekturreferat des DAI, Mainz 2002, S. 309–320.
45 Tragbar, «Romanità», in: Koldewey-Gesellschaft (Hg.), Bericht, S. 82.
46 Timmermann, Repräsentative «Staatsbaukunst», S. 73.
47 Vgl. dazu grundsätzlich Dirk van Laak, Infra-Strukturgeschichte, in: Geschichte und Gesellschaft, 27, 2001, S. 367–393.
48 Anna Maria Falchero, Azienda autonoma statale della strada, in: de Grazia, Luzzatto, Dizionario, Bd. 1, S. 124.
49 Vgl. Piero Puricelli, Autostrade. Die Autostraße Mailand–Oberitalienische Seen, Mailand 1925 (mit zahlreichen Fotografien) sowie vor allem Franz Becker, Autobahnen, Auto-Mobilität. Die USA, Italien und Deutschland im Vergleich, in: Wolfgang Hardtwig (Hg.), Politische Kulturgeschichte der Zwischenkriegszeit, Göttingen 2005, S. 23–60, bes. S. 28–35. Den Hinweis auf das Buch von Piero Puricelli verdanke ich Silvia Hess.
50 Ebd., S. 22.
51 Ebd., S. 25. Näheres dazu im Beitrag von Silvia Hess.
52 Katharina Torkler, Ferienkolonien von Industrieunternehmen zur Zeit des Faschismus in Italien, Berlin 2001. Als digitale Dissertation der Freien Universität Berlin abrufbar unter www.diss.fu-berlin.de/2002/54/index.html [1. 3. 2009].
53 Rinaldo Capomolla, Marco Mulazzani, Rosalia Vittorini, Case del Balilla. Architettura e fascismo, Mailand 2008.
54 Cesare Columba, Die Gestaltung des Reisens. Politik und Architektur im Verkehrswesen im faschistischen Italien, in: Jan Tabor (Hg.), Kunst und Diktatur. Architektur, Bildhauerei und Malerei in Österreich, Deutschland, Italien und der Sowjetunion 1922–1956, Bd. 2, Baden 1994, S. 617.
55 Ebd., S. 616.
56 Ebd.
57 Edith Neudecker, Der italienische Postbau während des Faschismus (1922–1944), München 2004, S. 57 u. 210. Im Internet als digitale Dissertation unter http://mediatum2.ub.tum.de/doc/601019/601019.pdf [1. 3. 2009] einsehbar.
58 Ebd., S. 211.
59 Vgl. Paolo Pettenella (Hg.), La stazione di Trento di Angiolo Mazzoni (Quaderni di Architettura 1), Mailand 1994.

60 Cesare Columba, Die Gestaltung des Reisens. Politik und Architektur im Verkehrswesen im faschistischen Italien, in: Tabor (Hg.), Kunst und Diktatur, Bd. 2, S. 618f.
61 Stefano Pivato, Sport, in: Victoria de Grazia, Sergio Luzzato (Hg.), Dizionario del fascismo, Bd. 2, Turin 2003, S. 661.
62 Daniele Marchesini, Carnera, Bologna 2006.
63 Simon Martin, Football and Fascism. The National Game under Mussolini, Oxford 2004; Robert C. Gordon, John London, Italy 1934. Football and Fascism, in: Alan Tomlinson, Christopher Young (Hg.), National Identity and Global Sports Events. Culture, Politics, and Spectacle in the Olympics and the Football World Cup, New York 2006, S. 41–63, und Renato Tavella, Il libro nero del calcio italiano, Rom 2006, S. 51–70.
64 Stefano Pivato, Sport, in: Victoria de Grazia, Sergio Luzzato (Hg.), Dizionario, Bd. 2, S. 661.
65 Stefano Pivato, Calcio, in: Victoria de Grazia, Sergio Luzzato (Hg.), Dizionario del fascismo, Bd. 1, Turin 2002, S. 216.
66 Bologna e il suo stadio. Ottant'anni dal Littoriale al Dall'Ara. Con un testo di Giuseppe Quercioli, Bologna 2006.
67 Abgebildet in Bruno Tobia, «Salve o popolo d'eroi …». La monumentalità fascista nelle fotografie dell'Istituto Luce, Rom 2002, S. 174f.
68 Näheres dazu bei Greco, Pier Luigi Nervi, S. 81–102.
69 Martin, Football and Fascism, S. 80.
70 Girgio Muratore, Die Kultstätte der faschistischen Jugend. Das Foro Mussolini – ein neues Forum für ein neues Rom, in: Jan Tabor (Hg.), Kunst und Diktatur, Bd. 2, S. 628ff.
71 Emilio Gentile, L'Opera nazionale ballila: il «più gigantesco esperimento di educazione di Stato che la storia ricordi», in: Capomolla, Mulazzani, Vittorini, Case del Ballila, S. 9.
72 Vgl. unter den neueren Studien insbesondere Franz J. Bauer, Roma Capitale. Geschichtsverständnis und Staatssymbolik in der Hauptstadt Italiens (1870–1940), in: Helmut Engel, Wolfgang Ribbe (Hg.), Via triumphalis. Geschichtslandschaft «Unter den Linden» zwischen Friedrich-Denkmal und Schlossbrücke, Berlin 1997, S. 159–180; Vittorio Vidotto, La capitale del Fascismo, in: ders. (Hg.), Roma capitale, Rom, Bari 2002, S. 379–413; Bordon W. Painter, Mussolinis's Rome. Rebuilding the Eternal City, New York 2005; Wolfgang Schieder, Rom – die Repräsentation der Antike im Faschismus, in: Karl-Joachim Hölkeskamp, Elke Stein-Hölkeskamp (Hg.), Erinnerungsorte der Antike. Die römische Welt, München 2006, S. 701–721. Eindrücklich dokumentiert sind die faschistischen Eingriffe in das historische Stadtbild Roms in Italo Insolera, Roma fascista nelle fotografie dell'Istituto Luce. Con alcuni scritti di Antonio Cederna, Rom 2001. Hinweise finden sich auch in Grazia Pagnotta, Roma in movimento nelle fotografie dell'archivio Atac, Rom 2004^2.
73 Wolfgang Schieder, Merkmale faschistischer Urbanisierungspolitik in Italien 1922–1943. Eine historische Skizze, in: Friedrich Lenger, Klaus Tenfelde (Hg.), Die europäische Stadt im 20. Jahrhundert. Wahrnehmung – Entwicklung – Erosion, Köln, Weimar 2006, S. 169.
74 Pfammatter, Moderne und Macht, S. 92.
75 Franco Robecchi, Brescia Littoria. Una città modello dell'urbanismo fascista, Roccafranca 1999, und Joseph Imorde, Brescia, Piazza della Vittoria. Die Umwandlung eines mittelalterlichen Platzes in eine Bühne des Faschismus, in: Zibaldone. Zeitschrift für italienische

Kultur der Gegenwart, 2006, Nr. 41 (Schwerpunkt Architektur in Italien, hg. von Thomas Bremer u. a.), S. 23–31, bes. S. 26f.
76 Wolfgang Schivelbusch, Entfernte Verwandtschaft. Faschismus, Nationalsozialismus und New Deal 1933–1939, München 2005, S. 134. Vgl. dazu auch Gustavo Corni, Die Utopien des Faschismus: Ruralisierung und «neue Städte», in: Wolfgang Hardtwig (Hg.), Utopie und politische Herrschaft im Europa der Zwischenkriegszeit, München 2003, S. 97–118.
77 Vgl. Alexander Nützenadel, Landwirtschaft, Staat und Autarkie. Agrarpolitik im faschistischen Italien (1922–1943), Tübingen 1997; Wolfgang Schieder, Merkmale faschistischer Urbanisierungspolitik in Italien 1922–1943. Eine historische Skizze, in: Friedrich Lenger, Klaus Tenfelde (Hg.), Die europäische Stadt, S. 157–170.
78 Carl Ipsen, Dictating Demography. The problem of population in Fascist Italy, Cambridge 1996; Victoria de Grazia, Die Radikalisierung der Bevölkerungspolitik im faschistischen Italien. Mussolinis «Rassenstaat», in: Geschichte und Gesellschaft, 26, 2000, S. 219–254.
79 Vgl. zu den Gründungsstädten Riccardo Mariani, Fascismo e «città nuove», Mailand 1976; Christoph Kühberger, Faschistische Selbstdarstellung. Eine Retortenstadt Mussolinis als Bühne des Faschismus, Berlin 2001; Hanne Storm Ofteland, Sabaudia 1934. Materializing the Fascist, Corporate Town, 2 Bde., Oslo 2002, und insbesondere Federico Caprotti, Mussolini's Cities. Internal Colonialism in Italy, 1930–1939, New York 2007.
80 Daniela Spiegel, Machtrepräsentation des faschistischen Regimes im italienischen Städtebau: zum Verhältnis von Rathaus und Casa del Fascio in den pontinischen Neustadtgründungen, Berlin 2007 (noch ungedrucktes Manuskript), S. 6.
81 Wolfgang Schieder, Merkmale faschistischer Urbanisierungspolitik in Italien 1922–1943. Eine historische Skizze, in: Friedrich Lenger, Klaus Tenfelde (Hg.), Die europäische Stadt, S. 162.
82 Karin Ruth Lehmann, Städtebau und Architektur als Mittel der Kolonisation am Beispiel der Provinz Bozen, Aachen 2000, S. 111.
83 Vgl. Oswald Zoeggeler, Lamberto Ippolito, Die Architektur für ein Italienisches Bozen 1922–1942, Lana 1992 und Lehmann, Städtebau und Architektur.
84 Näheres dazu in Roberta Pergher, A Tale of Two Borders: Settlement and National Transformation in Libya and South Tyrol under Fascism, Dissertation of the University of Michigan 2007 sowie im Beitrag von Harald Dunajtschik und Aram Mattioli und jenem von Roberta Pergher.
85 Lehmann, Städtebau und Architektur, S. 109.
86 Lucia Nuti, Carbonia, «città di fondazione». La città nuova nella cultura urbanistica e archittonica fascismo, in: Metodo, 2001, Nr. 17, online abrufbar unter www.globnet.it/carbonia/cittadifondazione.htm [1. 3. 2009].
87 Näheres dazu in Tatjana Gromaca, Die ideale Stadt kehrt heim ins Grün, in: Katharina Raabe, Monika Sznajderman (Hg.), Last & Lost. Ein Atlas des verschwindenden Europas, Frankfurt am Main 2006, S. 267–286.
88 Vgl. Ghirardo, Building New Communities; Pasquale Culotta, Giuliano Gresleri, Glauco Gresleri (Hg.), Città di fondazione e plantatio ecclesiae, Bologna 2007, und Simona Martinoli, Eliana Perotti, Architettura coloniale italiana nel Dodecaneso 1912–1943, Turin 1999. Weiterführende Überlegungen finden sich überdies im Beitrag von Eliana Perotti.
89 Harald Bodenschatz, Rom – Moskau – Berlin. Städtebau und Diktatur, in: Czech, Doll (Hg.), Kunst und Propaganda, S. 58.

90 Marie-Louise Recker, Die Großstadt als Wohn- und Lebensbereich im Nationalsozialismus. Zur Gründung der «Stadt des KdF-Wagens», Frankfurt am Main, New York 1981; Rosmarie Beier (Hg.), Aufbau West, Aufbau Ost. Die Planstädte Wolfsburg und Eisenhüttenstadt, Ostfildern-Ruit 1997.

91 Timmermann, Repräsentative «Staatsbaukunst» und Vittorio Magnago Lampugnani, Von der E42 zur EUR. eine Idealstadt des italienischen Faschismus, in: Zibaldone, 2006, Nr. 41, S. 33–54.

92 Vgl. Edward Denison, Guang Yu Ren, Naigzy Gebremedhin, Asmara. Africa's Secret Modernist City, London, New York 2003; Jochen Visscher (Hg.), Asmara. The Frozen City, Berlin 2006.

93 Greco, Pier Luigi Nervi, S. 109ff. u. 128. Noch 1934 schrieb Nervi in «Quadrante»: «Ein großer, kreisförmiger und mit religiöser Strenge entworfener Raum im Inneren des Unterbaus ist zur Aufbewahrung der Zimelien des Faschismus gedacht. So wird die symbolische Bedeutung des Ganzen vervollständigt.» (S. 109)

94 Vgl. zur Bedeutung der Ostgrenze in der neueren Geschichte Italiens jetzt Marina Cattaruzza, L'Italia e il confine orientale 1866–2006, Bologna 2007.

95 Patrizia Dogliani, Redipuglia, in: Mario Isnenghi (Hg.), I luoghi della memoria. Simboli e miti dell'Italia unita, Bd. 1, Rom, Bari 1996, S. 386. Zur Idee von Großitalien Emilio Gentile, La Grande Italia. Ascesa e declino del mito della nazione nel ventesimo secolo, Mailand 1997.

96 Rüdiger Overmans, Kriegsverluste, in: Gerhard Hirschfeld, Gerd Krumeich, Irina Renz (Hg.), Enzyklopädie Erster Weltkrieg, Paderborn, München 2003, S. 664f. Zu diesen militärischen Todesfällen müssen bis zu 700 000 zivile Opfer hinzugezählt werden.

97 Näheres dazu bei Rolf Wörsdörfer, Krisenherd Adria 1915–1955. Konstruktion und Artikulation des Nationalen im italienisch-jugoslawischen Grenzraum, Paderborn 2004.

98 Sehr aufschlussreich zur ganzen Thematik ist die Magisterarbeit von Alexander de Ahsbahs, «… tu sei la mia patria». Der Kriegs- und Revolutionsmythos in faschistischen Denkmälern und Ossuarien Nordostitaliens, Münster 2007. Vgl. auch den Beitrag von Alexander de Ahsbahs und Gerald Steinacher.

99 Vgl. vor allem Thomas Pardatscher, Das Siegesdenkmal in Bozen. Entstehung, Symbolik, Rezeption, Bozen 2002.

100 Bezeichnenderweise lautet seine Hauptinschrift in deutscher Übersetzung: «Hier sind die Grenzen des Vaterlandes, setze die Feldzeichen. Von hier aus haben wir die Übrigen gebildet durch die Sprache, die Gesetze und die Künste.»

101 Einen literarischen Eindruck davon vermittelt Emilio Lussu, Ein Jahr auf der Hochebene [1938]. Aus dem Italienischen von Claus Gatterer, Bozen 2006.

102 Gerhard Schneider, Heldenkult, in: Gerhard Hirschfeld, Gerd Krumeich, Irina Renz (Hg.), Enzyklopädie Erster Weltkrieg, Paderborn, München 2003, S. 550.

103 Claudia Cavallar, Monumentale Jämmerlichkeiten. Heldendenkmäler in Italien, in: Jan Tabor (Hg.), Kunst und Diktatur, Bd. 2, S. 668–673.

104 De Ahsbahs, «… tu sei la mia patria», S. 29.

105 Ebd., S. 29–87.

106 Vgl. Lucio Fabi, Redipuglia. Storia, memoria, arte e mito di un monumento che parla di pace, Triest 2002 sowie Patrizia Dogliani, Redipuglia, in: Mario Isnenghi (Hg.), I luoghi

della memoria, S. 377–389. Einen Eindruck vermitteln auch die in Bruno Tobia, «Salve o popolo d'eroi», S. 138–145, abgebildeten Fotografien.
107 In der Krypta der Anlage war folgendes Bekenntnis aus dem spirituellen Testament des Herzogs von Aosta zu lesen: «Muoio serenamente, sicuro che un magnifico avvenire si dischiuderà per la patria nostra, sotto l'illuminata guida del re ed il sapiente governo del Duce.» («Ich sterbe heiter und in der Sicherheit, dass sich unserem Vaterland eine wunderbare Zukunft auftun wird, unter der erleuchteten Führung des Königs und der weisen Regierung des Duce.») Zitiert nach: Patrizia Dogliani, Redipuglia, in: Mario Isnenghi (Hg.), I luoghi della memoria, S. 384.
108 Näheres dazu in Patrizia Marchesoni, Massimo Martignoni (Hg.), Monumenti della Grande Guerra. Progetti e realizzazzioni in Trentino 1916–1935, Trient 1998.
109 Näheres dazu im Beitrag von Alexander de Ahsbahs und Gerald Steinacher.
110 Rolf Steininger, Südtirol im 20. Jahrhundert. Vom Leben und Überleben einer Minderheit, Innsbruck, Wien ^{3}2004, S. 108.
111 Näheres dazu im Beitrag von Aram Mattioli «Unterwegs zu einer imperialen Raumordnung».
112 Ausführlich zu den politischen Funktionen der «Bonifica integrale» und den Neustadtgründen Caprotti, Mussolini's Cities, S. 119ff.
113 Wolfgang Schieder, Merkmale faschistischer Urbanisierungspolitik in Italien 1922–1943. Eine historische Skizze, in: Friedrich Lenger, Klaus Tenfelde (Hg.), Die europäische Stadt, S. 159.
114 Colette Vallat, Les exclus de la cité impériale, in: Françoise Liffran Rome 1920–1945. Le modèle fasciste, son Duce, sa mythologie, Paris 1991, S. 79–85.
115 Nicoloso, Mussolini architetto, S. 7.
116 Näheres dazu in Petsch, Die Architektur des Rationalismus und Faschismus, S. 24ff.
117 Thomas Migge, Le Corbusier und der Duce. Ein Kongress in Rom beleuchtet die Kontakte des Schweizer Architekten zum Mussolini-Faschismus, Deutschlandfunk [17. 12. 2007], abrufbar unter www.dradio.de/dlf/sendungen/kulturheute/712729/ [1. 3. 2009], sowie Renato Nicolini, La pista dell'architettura coloniale, in: Eugenio Lo Sardo (Hg.), Divina geometria. Modelli urbani degli anni Trenta, Rom ^{2}1997, S. 62f.
118 Emilio Gentile, Der Faschismus. Eine Definition zur Orientierung, in: Mittelweg 36, 16, 2007, S. 94.
119 Richard J. B. Bosworth, Mussolinis Italy. Life under the Dictatorship 1915–1945, London 2005, S. 4.
120 Winfried Nerdinger, Bauhaus-Architekten im «Dritten Reich», in: ders. (Hg.), Bauhaus-Moderne, S. 175.
121 Jan Tabor, Architektur und Faschismus. Traktat (in Thesen) über Charme und Sexappeal der authentischen faschistischen Architektur (Fragment), in: Österreichische Zeitschrift für Kunst und Denkmalpflege, 61, 2007, S. 106–112, hier S. 106.

Diktatorischer Städtebau in der Zwischenkriegszeit. Besonderheiten Italiens mit Blick auf das nationalsozialistische Deutschland und die Sowjetunion

Harald Bodenschatz

Oft werden Architektur und Städtebau in den großen europäischen Diktaturen der Zwischenkriegszeit – im faschistischen Italien unter Mussolini, in der Sowjetunion Stalins und im nationalsozialistischen Deutschland Hitlers – isoliert betrachtet. Sie gelten als ein Gegenstand, der scheinbar nur mit Blick in die Verhältnisse des jeweiligen Landes erklärt werden kann. Eine solche Sichtweise greift zu kurz. Denn die Diktaturen waren keineswegs introvertierte Inseln, vor allem nicht in den dreißiger Jahren des 20. Jahrhunderts. Ein interdiktatorischer Blick setzt allerdings Diktaturen-übergreifende Kenntnisse in Architektur und Städtebau voraus. Meine Kenntnisse in dieser Hinsicht basieren einerseits auf einem DFG-Projekt zum Städtebau der frühen Ära Stalin, dessen Ergebnis – das Buch *Städtebau im Schatten Stalins* – 2003 erschien.[1] Mit dem nationalsozialistischen Städtebau habe ich mich vor allem im Rahmen meiner Arbeiten zur Geschichte des Berliner Städtebaus beschäftigt.[2] Zum Thema Städtebau im Dienste Mussolinis arbeite ich seit 2007 etwas intensiver.[3]

Wenn hier von Städtebau gesprochen wird, so ist damit mehr gemeint als nur die gebaute und genutzte Form. Städtebau ist immer auch ein Spiegel der politischen, wirtschaftlichen, demografischen und kulturellen Entwicklung eines Landes, die wiederum nur in ihrem Wechselverhältnis zu den Entwicklungen in anderen Ländern verstanden werden kann. Städtebau ist auch unter den Bedingungen einer Diktatur niemals autark, nur aus sich selbst erklärbar, sondern immer ein Medium komplexer nationaler und internationaler Verhältnisse. Besonders hervorzuheben ist das Verhältnis von Architektur und Städtebau in den drei erwähnten großen Diktaturen. Die Architektur musste sich – mehr und mehr – dem Städtebau unterordnen. Das Primat des Städtebaus bedeutete in den späten dreißiger Jahren, dass sich die Architektur umfassenden, geradezu neobarocken Städtebaukonzepten einzufügen hatte. Von einer Architektur im individualisierenden, sich selbst genügenden Sinne, wie sie etwa in heutigen Fachzeitschriften zu finden ist, kann in der Zeit der Diktaturen nicht gesprochen werden.

Städtebau im Wettbewerb

Die drei großen Diktaturen der Zwischenkriegszeit unterscheiden sich unübersehbar hinsichtlich ihrer zeitlichen Schwerpunkte: Mussolini regierte seit 1922 und festigte seine Macht in der Mitte der zwanziger Jahre, Stalin setzte sich Ende der zwanziger Jahre durch, und Hitler ergriff bekanntlich erst 1933 die Macht. Die Planung und der Bau des faschistischen Rom war das erste bedeutende Beispiel des europäischen diktatorischen Städtebaus. Und der Generalbebauungsplan von Rom war der erste umfassende Plan für eine Hauptstadt der Diktaturen in Europa, noch vor dem Generalplan von Moskau und erst recht vor dem Plan Albert Speers für Berlin. Mussolini entwickelte seine Städtebaupolitik zunächst im Wettbewerb mit den demokratischen Systemen Europas, während Stalin und Hitler bereits mit einer relativ erfolgreichen diktatorischen Städtebaupolitik konfrontiert waren – eben mit jener Italiens.

Das Jahr 1933 läutete den städtebaulichen Wettbewerb der Diktaturen ein. Sein Ausgangspunkt war aber nicht nur der Machtantritt Hitlers. In fachlicher Hinsicht muss hier auch die Entscheidung des Palastbaurates für eine Monumentalisierung des Palastes der Sowjets in Moskau vom 10. Mai 1933 genannt werden. Der Entwurf von Boris M. Iofan wurde damals als Grundlage für die weitere Arbeit bestimmt. Der obere Teil des Palastes sollte mit einer monumentalen, 50 bis 75 Meter hohen Lenin-Skulptur gekrönt werden. Diese architektonische Monumentalisierung hatte gravierende Folgen für den Städtebau, die oft übersehen werden. Während bis zu diesem Zeitpunkt lediglich das Umfeld des Palastes der Sowjets neu geordnet werden sollte, implizierte die Entscheidung für eine gigantische Leninfigur eine Unterordnung der gesamten städtebaulichen Struktur Moskaus unter einen einzigen Taktstock, eben den Sowjetpalast. Diese Entscheidung war aber weniger ein Zeichen der internationalen Konkurrenz der Diktaturen, sondern in erster Linie eine Antwort auf die als überwunden betrachtete schwere wirtschaftliche und gesellschaftliche Krise, die als Durchbruch des Sozialismus wahrgenommen wurde. Dieser Paukenschlag zwang die anderen Diktatoren, eine eigene Antwort zu suchen, die sich im Wettbewerb der Diktatoren sehen lassen konnte. Hitler nahm diese Herausforderung alsbald an. Das nationalsozialistische Deutschland befand sich in der schwierigen Lage, als junge Diktatur die älteren übertrumpfen zu müssen. Mussolini reagierte erst relativ spät auf die neue Lage – nach seinem Besuch in Berlin 1938.[4]

Die fachlichen Protagonisten des jeweiligen Regimes waren bestens informiert über den internationalen Städtebau. Verwiesen sei hier nur auf die wechselseitige Wahrnehmung italienischer und sowjetischer Fachleute. Zahlreiche

Abb. 5: Armando Brasini, Palast der Sowjets in Moskau, Wettbewerbsbeitrag 1931.

sowjetische Fachpublikationen dokumentieren das außerordentliche Interesse an den Entwicklungen gerade in Italien um die Mitte der dreißiger Jahre. Italien, das ist wenig bekannt, war nach den USA jenes Land, das die größte fachliche Aufmerksamkeit aus der Sowjetunion erfuhr.

Beispiele für die Rezeption italienischer Erfahrungen in der Sowjetunion sind das 1935 veröffentlichte Buch *Architektur Italiens nach dem Kriege* von Lazar I. Rempel[5] sowie die Dokumentation von Boris M. Iofan «Material über die zeitgenössische Architektur der USA und Italiens» aus dem Jahre 1936[6]. Boris M. Iofan war längere Zeit in Italien tätig. Er studierte von 1914 bis 1916 Architektur in Rom. Von 1914 bis 1919 war er Assistent bei Armando Brasini, einem der wichtigsten Architekten des faschistischen Regimes. Boris M. Iofan arbeitete schließlich als Architekt in Italien – auch in der Zeit des Faschismus. 1924 kehrte er in die Sowjetunion zurück. Der Architekt Armando Brasini erhielt – wohl auf Empfehlung von Boris M. Iofan – als einziger italienischer Architekt eine offizielle Einladung zum Wettbewerb für den Palast der Sowjets. Im Jahre 1934 war Armando Brasini Preisrichter für den Wettbewerb für den Palazzo Littorio in Rom, eine durchaus verwandte Bauaufgabe.

Größte Beachtung fand in den sowjetischen Publikationen die Planung der Hauptstadt Rom. Die Inszenierung eines neuen Roms auf den Spuren des antiken imperialen Roms wurde sehr genau studiert und dokumentiert. Der führende Architekt der Neugestaltung Roms, Marcello Piacentini, wurde ohne Polemik gewürdigt.[7] Den Wettbewerb um den Palazzo Littorio in Rom im Jahre 1934 nahmen sowjetische Spezialisten als Generalschau faschistischer Architektur wahr. Dass die italienische Presse diesen Palast mit dem Palast der Sowjets verglich, wurde in der sowjetischen Rezeption hervorgehoben.[8] Sorgfältig studiert wurde schließlich der Bau neuer Städte im faschistischen Italien.[9] Positive Erwähnung fanden etwa Littoria und Sabaudia, deren Dimension allerdings – so die Wahrnehmung – im Vergleich zu den neuen Städten in der Sowjetunion wie «Spielzeug» wirke.

Umgekehrt wurde auch die italienische Fachwelt über die Entwicklung in der Sowjetunion gut unterrichtet. So veröffentlichte die von Marcello Piacentini geleitete Zeitschrift *Architettura* im Septemberheft 1936 eine Dokumentation unter dem Titel «L'urbanistica e l'abitazione in Russia». Präsentiert wurden – 1936! – Projekte der sowjetischen Moderne, etwa von N. A. Miljutin,

Ernst May und M. Ja. Ginzburg. Die neue Dimension des sowjetischen Städtebaus fand durchaus Anerkennung: «Wenn man von den neuen italienischen ländlichen Zentren und der Ostseestadt Gdynia in Polen absieht, sind in diesem Jahrhundert in Europa nur die russischen Städte in systematischer Weise erbaut worden, allerdings nicht immer gemäß den Konzepten der Architekten und Städtebauer.»[10]

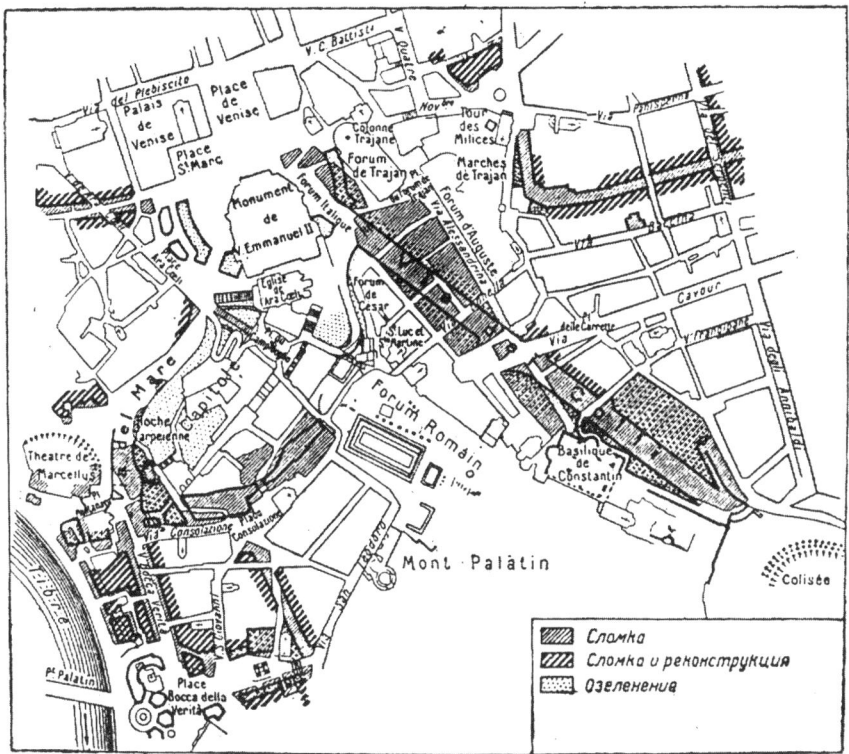

Abb. 6: Bericht über den Umbau von Rom in der sowjetischen Architekturzeitschrift za rubezom *9/1933.*

Diese grobe Skizze der internationalen Wettbewerbsverhältnisse im Städtebau nach 1933 ist als Denkraum zu verstehen, nicht als festes Thesengerüst. Was aber mit Blick auf diesen Denkraum auffällt, ist die oft sehr zurückhaltende internationale Orientierung der Forschung in allen drei Staaten. Das zeigt sich vielleicht am deutlichsten in Deutschland, wo Architektur und Städtebau zumeist als isoliertes Phänomen eines isolierten Regimes diskutiert werden. Der Diktaturen-übergreifende Blick hat aber nicht nur zum Ziel, die Entwicklung von Städtebau und Architektur vor dem Hintergrund des Wettbewerbs der Diktaturen zu diskutieren. Er erlaubt auch eine feinere Differenzierung des Städtebaus der unterschiedlichen Diktaturen und ermöglicht es, den Zusammenhang von Diktatur und Städtebau noch besser zu verstehen. Anders formuliert: Er erschwert manch vereinfachtes Verständnis von diktatorischem Städtebau.

Städtebau als Form

Städtebau ist mehr als Form, wenngleich die Form seinen Kern bildet. Städtebau umfasst nicht nur das Produkt, sondern auch die Produktionsverhältnisse, nicht nur die Städtebauer, sondern auch die Bauherren und Nutzer, er setzt die Rezeption anderer Erfahrungen voraus und dient der die Herrschaft legitimierenden Propaganda. Hinsichtlich der formalen Seite des Städtebaus muss zwischen Zentrumsbau, Stadterweiterungen und dem Bau neuer Städte unterschieden werden, drei Aufgabenfeldern, die in allen drei Diktaturen in Angriff genommen wurden.

Ein wichtiges Ziel des faschistischen Regimes in Italien war die Gestaltung repräsentativer Stadtzentren. Dafür wurden historische Viertel abgerissen und neue Straßen mit Blickachsen und neuen tertiären Bauten angelegt. Isolierte monumentale Altbauten, aber auch hervorgehobene Neubauten dienten oft der Formung von Blickachsen. Dieses Konzept war im Kern keineswegs neu, es knüpfte an Traditionen des europäischen und US-amerikanischen Städtebaus an, die insbesondere um 1910 die Fachwelt – in Deutschland unter dem Begriff «Monumentalstadt»[11], in den USA unter der Losung der «City Beautiful»[12] – begeisterten. Dass beim Bau solcher Zentren große Teile der Altstädte zerstört wurden, war keine Besonderheit der faschistischen Diktatur, sondern lag im internationalen Trend. Gerade auch Vertreter der städtebaulichen Moderne wie Le Corbusier und Ludwig Hilberseimer sahen in den Altstädten vor allem Missstände. In der Sowjetunion war die Wertschätzung der alten Bausubstanz ebenfalls gering. Durch den programmatischen wie praktischen Einfluss von Gustavo Giovannoni konnten in Italien allerdings schon sehr früh vereinzelte Ansätze einer erhaltenden Altstadterneuerung entwickelt werden, die in der Geschichte des europäischen Städtebaus noch zu wenig Beachtung gefunden haben.

In den jeweiligen Hauptstädten stellte sich die Frage, ob das geplante neue Zentrum innerhalb der alten Stadt oder außerhalb errichtet werden soll. In Moskau wurde diese Frage 1931, nach Beendigung des Streits um die Orientierung im Städtebau, abschließend beantwortet: Die alte Stadt mit dem Kreml im Zentrum sollte radikal umgebaut werden – unter Berücksichtigung der ringradialen Grundstruktur des Stadtgrundrisses. In Berlin wählte man eine andere Lösung: Nach kurzer Ungewissheit wurde entschieden, das neue Zentrum, die zentrale Nord-Süd-Achse, im Westen außerhalb der alten Stadt zu bauen. In Rom blieb diese Frage ein dauerhafter Streitpunkt, der die Debatten seit Mitte der zwanziger Jahre beherrschte und letztlich nie endgültig entschieden wurde – auch nicht durch die Planung der Weltausstellung E42.

Im Schatten des Umbaus der Zentren vollzog sich der Bau neuer Wohnquartiere, die Stadterweiterung. Wie in anderen Ländern auch stützte sich die Wohnungspolitik des faschistischen Italiens in den zwanziger Jahren vor allem auf öffentliche Träger. Anders als in vielen anderen Ländern produzierten diese Träger – nach einer kurzen Experimentphase mit Gartenstädten – kompakte, urbane Wohnquartiere mit Stadtstraßen, Stadtplätzen, Stadtparks und mehrgeschossigen Baublöcken samt sorgfältig gestalteten inneren Freiräumen. Diese Quartiere waren vor allem für die das Regime tragenden Mittelschichten vorgesehen. Die Produkte dieser Wohnungspolitik sind in der europäischen Städtebaugeschichtsschreibung bislang zu Unrecht kaum rezipiert worden.

Parallel zur Politik der Urbanisierung aufstrebender, privilegierter Schichten, die in anderen Ländern in der Regel suburbane Lagen aufsuchten, fand eine erzwungene «Suburbanisierung» armer beziehungsweise arbeitsloser Stadtbewohner statt, die der Spitzhacke im Zentrum weichen mussten. Eine ähnliche Politik der Urbanisierung der staatstragenden Schichten wurde auch in Moskau verfolgt. Das NS-Regime entwickelte in dieser Frage keine vergleichbar klare Haltung.

Abb. 7: Wohnpalast des Istituto per le Case dei dipendenti del Governatorato an der Piazza Mazzini in Rom, 1929.

Von außerordentlicher Bedeutung war schließlich der Bau neuer Städte in allen drei Diktaturen. Während dies in der Sowjetunion und im nationalsozialistischen Deutschland vor allem mit der Anlage riesiger industrieller Komplexe verbunden wurde, war das funktionale Spektrum der neuen Städte in Italien vielfältiger: neben Industriestädten gab es auch Landwirtschaftsstädte, Verwaltungsstädte und Erholungsorte. Bezüglich ihrer Dimensionen waren die deutschen und italienischen allerdings nicht mit den sowjetischen Riesenstädten zu vergleichen.

Was oft übersehen wird, ist eine weitere Facette des Städtebaus dieser Zeit: der Bau von Barackensiedlungen. Er wurde in den Propagandapublikationen nicht präsentiert, und er wird auch heute noch wenig gezeigt. In der Sowjetunion waren die neuen Städte in großem Umfang Barackenstädte. Auch Wolfsburg in Deutschland war in der nationalsozialistischen Zeit in erheblichem Umfang eine Barackenstadt. Bekannter sind die «Borgate» der mittleren Generation in Rom. In diese trostlosen Barackensiedlungen wurden unerwünschte mittellose Immigranten oder aus der Innenstadt verdrängte Stadtarme einquartiert.

Die bisherige Argumentation könnte den Eindruck erwecken, der Städtebau der Diktaturen sei etwas Statisches. Dies ist natürlich nicht der Fall, auch nicht in Italien. Der Städtebau hat sich im Laufe der zwanzigjährigen Herrschaft Mussolinis erheblich verändert. Das betrifft die Formen, die Gegenstände, die Organisation, die gesetzlichen Grundlagen, weniger die Akteure. Allerdings mussten sich die Akteure ebenfalls den sich verändernden Umständen anpassen. Das galt selbst für einen führenden Architekten wie Marcello Piacentini. Einen formal und instrumentell einheitlichen faschistischen Städtebau gibt es daher nicht. Ebenso wenig wie es *den* nationalsozialistischen und *den* stalinistischen beziehungsweise sozialistischen Städtebau gibt. In der breiteren Fachöffentlichkeit hat sich dagegen ein starres Bild des diktatorischen Städtebaus verfestigt. Der Städtebau des faschistischen Regimes war in den Jahren der Konsolidierung der faschistischen Herrschaft noch kaum erkennbar, er wurde in den Jahren des «Konsenses» unübersehbar und musste sich in der Ära des Imperiums den neuen Ansprüchen stellen. Er mündete schließlich – wie im nationalsozialistischen Deutschland – in eine Art Geheimstädtebau, dessen Rigorosität und Radikalität der Öffentlichkeit in den letzten Jahren vorenthalten wurden.

In allen drei Diktaturen standen am Anfang räumlich isolierte Projekte, denen die Gestaltung größerer Gebiete folgte, um schließlich eine die gesamte Stadtregion erfassende und zentralistisch ordnende Vision zu entwickeln, die in keinem der Systeme allerdings realisiert werden konnte. In diesem Prozess schrumpfte bei einigen Schlüsselprojekten auch der individuelle Beitrag eines Architekten zugunsten eines kollektiven Produkts, wobei das Kollektive in den Diktaturen durchaus unterschiedlich ausgeprägt war.

Städtebau als politischer Prozess

Zu Recht wird immer wieder darauf hingewiesen, dass der Städtebau des faschistischen Regimes in Italien keineswegs wohl geplant im Sinne einer formalen Planung war. So waren einige Großprojekte in Rom wie etwa der Bau der Via della Conciliazione und die Anlage des Weltausstellungsgeländes nicht im Generalbebauungsplan von 1931 ausgewiesen, und der Bau der neuen Städte in den Pontinischen Sümpfen war alles andere als von langer Hand vorbereitet.[13] Dies als Unfähigkeit des Systems zu deuten, greift aber zu kurz. War es doch bei Weitem wichtiger, Handlungsfähigkeit und Entschlossenheit zu demonstrieren als formale Planungsbeflissenheit. Der italienische Städtebau zeichnete sich durch eine besondere Balance zwischen Respekt und Rücksichtslosigkeit gegenüber formaler Planung aus – durchaus nicht unähnlich manchen demokratischen Systemen. Diese immer wieder in Frage gestellte Balance fand ihre Protagonisten in unterschiedlichen Personen.[14]

In Italien wurde der Städtebau erst um 1930 institutionell konsolidiert. In diesen Jahren wurden die Kommunen gehalten, Generalbebauungspläne aufzustellen, und es wurde eine städtebauliche Institution geschaffen, das Istituto Nazionale di Urbanistica, das zugleich die erste Städtebauzeitschrift – *Urbanistica* – herausgab. Damals erschien mit Gustavo Giovannonis Buch *Vecchie città ed Edilizia nuova* das erste städtebauliche Grundlagenwerk, das die internationale Diskussion und Praxis in Italien breiter bekannt machte.[15] In dieser Zeit wurde das Städtebaugesetz auf den Weg gebracht, das den Rahmen für die öffentliche Städtebaupraxis in Italien festlegen sollte.

In allen drei Diktaturen waren die Instrumente des Städtebaus anfänglich unterentwickelt. Im Laufe der Zeit wurden aber die Voraussetzungen für einen aktiven Städtebau geschaffen, für ein zentralistisches Durchregieren. Dazu diente zuallererst die Ausschaltung der kommunalen Autonomie und die Kontrolle der Berufsverbände. Schrittweise wurde nach einer geeigneten Form der Institutionalisierung des Städtebaus gesucht. In der Sowjetunion wurden große zentralistische Einrichtungen für den Städtebau geschaffen – etwa «Standartgorproekt» für den Bau neuer Städte oder die Architektur- und Planungsverwaltung (APU) des Mossovet für den Um- und Ausbau von Moskau.¹⁶ In Deutschland war die Einrichtung der Generalbauinspektion 1937 von zentraler Bedeutung.

Was Italien aber von Hitlers Deutschland unterschied, war der weitgehende Verzicht auf die Durchsetzung eines Sonderrechts im Städtebau. Das faschistische Regime verabschiedete nach quälendem Streit in seinen letzten Tagen noch ein Städtebaugesetz – das erste Städtebaugesetz Italiens –, das trotz vielfacher Bemühungen in der Nachkriegszeit lediglich modifiziert, nicht aber ersetzt werden konnte.¹⁷ In kleinerem Umfang gab es Sonderrechte – etwa zur Durchsetzung der «Bonifica integrale» («Urbarmachung» und damit des Baus neuer Städte) oder auch zur Umsetzung der Planungen für das Weltausstellungsgelände E42. Für diese Vorhaben wurden auch Sonderbehörden geschaffen und eine Sonderfinanzierung beschlossen. Aber diese zeitlich und örtlich begrenzten Maßnahmen waren keine Besonderheiten eines diktatorischen Systems. Auffällig ist dagegen, dass in Italien im Gegensatz zu Deutschland und der Sowjetunion für die Realisierung der großen Projekte keine Zwangsarbeiter eingesetzt wurden, zumindest nicht in Italien selbst. Hervorzuheben bleibt schließlich, dass es in Italien wie auch in der Sowjetunion keinen offiziellen Sonderarchitekten gab: Marcello Piacentini hatte ein ähnliches Gewicht wie Speer, er hatte aber nicht dessen Vollmachten erhalten. Er war kein durch die Diktatur inthronisierter «Staatsarchitekt».

Ein Schwerpunkt des Städtebaus in Italien war der Um- und Ausbau der Hauptstadt. Rom hatte zur Zeit der faschistischen Machtübernahme einen schlechten Ruf. Dies war ein großes Problem für das Regime, das – wie auch in der Sowjetunion Stalins und im Deutschland Hitlers – eine relativ junge, wenig konsolidierte und anerkannte Hauptstadt erst im Lande selbst durchsetzen musste, um sie als Schaufenster der Diktatur im Ausland präsentieren zu können.

Die diktatorischen Regime exportierte ihren Städtebau – in besetzte und eroberte Länder. Sie waren von der zivilisatorischen Überlegenheit ihrer Urbanisierung überzeugt. Daher waren sie auch bestrebt, ihn mehr oder minder gewaltsam ins Ausland zu exportieren. Die terroristischen Pläne des nationalsozialistischen Deutschland zur Besiedlung des europäischen Ostens sind bekannt. Der Export des Städtebaus der Stalin-Ära nach dem Zweiten Weltkrieg ist nicht nur in Berlin noch eindrucksvoll erfahrbar. Weit weniger bekannt war bis vor Kurzem der Export des Städtebaus des faschistischen Italien nach Griechenland, Libyen, Albanien, Eritrea, Somalia und Äthiopien. Erst in letzter Zeit wurde diese städtebauliche Besatzungspolitik mit für uns befremdender Begeisterung wiederentdeckt – vor allem im Rahmen zahlreicher Ausstellungen.[18] Auch die Architekturbiennale 2006 hat mit dem von Claudio D'Amato Guerrieri kuratierten Beitrag «Città di pietra» dazu beigetragen.[19]

Städtebau als Propaganda

Städtebau dient – nicht nur in Diktaturen – der Herstellung von Legitimation, Konsens, Repräsentation und dem internationalen Wettbewerb. Er muss beides vermitteln: das Festhalten an ausgewählten Traditionen, aber auch die Zurschaustellung von Innovationen. Städtebau bedarf der Kommunikation – damals wie heute. Im faschistischen Italien wurden hierfür besondere Praktiken und Institutionen entwickelt. Städtebau als Propaganda bedeutete, nach vollzogener Tat seine Produkte wirksam in Szene zu setzen – sehr oft anlässlich der «heiligen» Tage des Regimes: des «Gründungstags» von Rom am 21. April und des Jahrestags des faschistischen Marschs auf Rom am 28. Oktober. Diese Fixierung auf einige wenige Tage im Jahr zwang oft zu überstürzter Hektik. Im Jahre 1937 wurde im Südosten Roms die Città cinematografica, kurz Cinecittà, errichtet, eine äußerst effektive Propagandamaschine des Regimes. In unmittelbarer Nähe entstand eine weitere Propagandazentrale des Regimes: das Istituto Luce, das der Verbreitung von Propagandafilmen über die neue Architektur und den neuen Städtebau des Regimes diente. Von außerordentlicher Bedeutung waren schließlich Ausstellungen aller Art. Es gab zudem zahlreiche Zeitschriften, die städtebauliche Themen einem breiteren Publikum nahebrachten. Dazu zählten *Capitolium,* eine 1925 gegründete Zeitschrift, die auch den Umbau Roms vermittelte, *Agro Pontino,* eine Zeitschrift zur Verbreitung des Ruhms der «Bonifica», sowie *Civiltà,* eine Zeitschrift zur Werbung für die Weltausstellung E42. Nicht zu unterschätzen war schließlich der Einsatz von Mussolini selbst: Als Chefurbanist tourte er ununterbrochen durch die Städte Italiens, um Grundsteine zu legen und neue Anlagen einzuweihen.[20]

Das faschistische Regime stellte vor allem die Archäologie in den Dienst seiner Propaganda. Das war sicher ein Alleinstellungsmerkmal, da man in Moskau und Berlin nicht mit einer großartigen antiken Vergangenheit auftrumpfen konnte. Die «Befreiungen» der römischen baulichen Relikte von Bauten späterer Zeiten sollten nicht nur an die imperiale Größe des alten Roms erinnern, sondern das faschistische Regime als Wiedergeburt antiker Größe feiern. Sie zielten im Rahmen des zunehmenden Personenkults in den dreißiger Jahren und vor allem nach der Proklamation des neuen Imperiums auf die Inszenierung Mussolinis als neuen Augustus. Die «Romanità» war eine Leitkultur, der sich Architektur und Städtebau mehr und mehr unterordnen mussten. In diesem Kontext gewann die Archäologie eine Schlüsselposition. Der Respekt vor dem römischen baulichen Erbe hatte aber deutliche Grenzen: Zugunsten der neuen Paradestraßen um das Forum Romanum – der Via dell'Impero und der Via dei Trionfi – wurden römische Relikte auch rücksichtslos geopfert. Insgesamt darf allerdings nicht übersehen werden, dass archäologische Arbeit immer im Kontext politischer und gesellschaftlicher Interessen gesehen werden muss, nicht nur bei Diktaturen.

Städtebau als Tradition und Innovation

Das faschistische Regime hat die architektonische Moderne weder – wie die Diktaturen in der Sowjetunion und Deutschland – marginalisiert, es hat sie aber auch nicht – wie von einigen Protagonisten der Moderne erhofft – zur alleinigen Gestaltungsform erhoben. Das Regime, so heißt es dagegen oft, habe die moderne Architektur zunehmend unterdrückt. Wenn man die reale Bauproduktion nicht nur in Rom betrachtet, so muss es eher heißen: Im Laufe der dreißiger Jahre wurden die vielfältigen Formen traditioneller Architektur, die in den zwanziger Jahren vor allem den Wohnungsbau dominierten, zurückgedrängt.[21] Vorherrschend war seit den dreißiger Jahren eine vereinfachte, eher strenge, wenig dekorative Bauform. Anders als in den meisten anderen europäischen Ländern wurde in Italien und in den italienisch besetzten Gebieten nach 1933 aber auch noch modern gebaut – nicht nur im Industriebau.

Allerdings bleibt der Blick auf die Architektur unzureichend. In gestalterischer Hinsicht muss sorgfältig zwischen Moderne in der Architektur einerseits und im Städtebau andererseits unterschieden werden. Bei den meisten städtebaulichen Projekten des Regimes wurde eine – allerdings flexible – traditionelle städtebauliche Grundstruktur realisiert, mit Straßen, Plätzen und blockartigen Strukturen, die ihrerseits ein Spektrum unterschiedlicher Interpretationen ermöglichten. Dabei blieb aber kein Raum für einen modernen Städtebau à la CIAM und Le Corbusier. Das zeigte sich vor allem auch bei den Neustädten im Agro Pontino: Das Zentrum wurde durch öffentliche Räume und Bauten betont, traditionelle Straßen und Plätze organisierten die Stadt und vermittelten ins Umland, vor allem im Kernbereich wurden Bauten und Freiräume regelrecht komponiert, dort gab es funktionsgemischte Gebäude, dieser Bereich war auch dichter bebaut als der Randbereich. Sabaudia – zweifellos ein Höhepunkt des Städtebaus im faschistischen Italien – wurde als Kompositum von ausschließlich moderner Architektur und traditioneller städtebaulicher Form realisiert.

Das bunte Spektrum vor allem in der Architektur wurde immer wieder als Ausdruck der Schwäche des italienischen Regimes gedeutet. Es spricht vieles dafür, dass eher das Gegenteil der Fall war: Die Offenheit des Regimes für unterschiedliche kulturelle Strömungen band nicht nur die Gesamtheit der Fachwelt an das Regime, sondern ermöglichte auch die Einbindung von Entwicklungen, die nicht durch Diktat von oben aufoktroyiert wurden.

Grundsätzlich muss mit Blick auf das faschistische Italien eine Haltung hinterfragt werden, die der Moderne qua Stil Qualität und gesellschaftliche Fortschrittlichkeit unterstellt und auf der anderen Seite Neoklassizismus, Symmetrien und Achsen per se als diktatorisch, reaktionär und qualitätslos verurteilt. Für die Diktaturen war die Stilfrage, wie sie noch heute in der Fachwelt gepflegt wird, zweitrangig. Wichtiger war, Tradition und Innovation zugleich für alle sichtbar und überzeugend zu vermitteln. Diesbezüglich wurde heftig über Stilfragen gestritten, aber weniger im Städtebau als in der Architektur.

Städtebau als Gegenstand der Interpretation heute

Das Verhältnis von Diktatur und Städtebau wird bisweilen anhand sehr stark vereinfachender kultureller Konstruktionen diskutiert. Diktatorischer Städtebau wird dann entweder jeglichen politischen Kontextes entkleidet und bejubelt, oder er wird als solcher prinzipiell verdammt. Diktatorischer Städtebau erscheint oft auch als ein homogenes Konstrukt, das die Besonderheiten der unterschiedlichen Diktaturen verblassen lässt.

Abb. 8: 75 Jahre Latina, Werbung für das Stadtjubiläum 2007.

Vor diesem Hintergrund bleibt die schwierige Frage aktuell: Wie sollen die Zeugnisse dieser Zeit heute interpretiert werden? Hinsichtlich dieser Schlüsselfrage ist ein Blick über die jeweils untersuchte Diktatur hinaus bereichernd. Um diese Frage erörtern zu können, ist es – so meine These – notwendig, analytisch zwischen den Produkten und den Produktionsverhältnissen des Städtebaus zu unterscheiden. Mit Produkten sind die realisierten städtebaulichen Ensembles gemeint, mit Produktionsverhältnissen die Organisation der Fachwelt – etwa die Berufsverbände, die Fachzeitschriften, die Institutionen – sowie die Organisation und Durchführung der städtebaulichen Projekte – etwa die Struktur der Bauherren, die große Rolle des Staates als Bauherr, die Wettbewerbe, die Zusammensetzung der Preisgerichte, der gesetzliche Rahmen, der Zugriff auf das private Haus- und Grundeigentum, die Finanzierung beziehungsweise die Mobilisierung von Ressourcen allgemein, aber auch die damit verbundene Propaganda.

Ist Städtebau in einer Diktatur vor allem Herrschaft, Unterdrückung, Terror? Eine solche Annahme schließt eine Unterscheidung von Produktionsverhältnissen und Produkten weitgehend aus. Das Produkt, der realisierte Städtebau, ist in einem solchen Verständnis prinzipiell negativ codiert. Die immer noch oft als Provokation verstandene Gegenhaltung wäre: Die Diktaturen der Zwischenkriegszeit wurden keineswegs nur durch Repression und Ausgrenzung wie etwa in Südtirol oder in den Kolonien, sondern auch durch mehr oder weniger demagogisch erreichte Duldung, ja Zustimmung getragen. Sie stabilisierten sich auch durch die Herstellung von kultureller Hegemonie, das heißt durch das Werben um Konsens und Vertrauen seitens breiter Teile der Bevölkerung, insbesondere der neuen Mittelschichten, die von der Diktatur profitierten.

Zu den Instrumenten der Produktion von Konsens gehörte auch der Städtebau mit den meist übersehenen Anstrengungen hinsichtlich einer Modernisierung der verkehrs-, stadttechnischen und sozialen Infrastruktur. Ich erinnere nur an die neuen Straßen und Plätze, an die Grünanlagen, an den Kult des privaten wie öffentlichen Massenverkehrs, an die neuen Bahnhöfe, Postgebäude, Universitäten, «Case di Fascio», aber auch Kindergärten, Schulen, Krankenhäuser und Erholungseinrichtungen. Diese zahlreichen neuen Infrastrukturanlagen passen nicht in das oft gezeichnete Bild einer starren, stagnativen, nur rückwärts orientierten Staatsform und werden oft ausgeblendet. Dass sie wesentlich zur Produktion von Konsens beitrugen, und damit auch zur Konsolidierung der Diktatur, wird nicht immer erkannt. Bei einer solchen Sichtweise ist es keineswegs selbstverständlich, dass der Städtebau negativ codiert werden muss. Die Bedeutung der Konsensproduktion für das faschistische Regime wurde in Italien durch das große Werk der «Revision» der Nachkriegsdeutung des Faschismus durch Renzo De Felice gefördert, der sich allerdings mit Architektur und Städtebau nicht auseinandergesetzt hat.[22]

Städtebau und Architektur, so heißt es oft weiter, seien monumental und maßstabslos gewesen. Monumentalität war ein Attribut, mit dem sich das Regime selbst gerne schmückte. Aber im Vergleich zur Zeit nach der Gründung Italiens und zu anderen Diktaturen Europas, aber auch zu Washington waren die Projekte des faschistischen Italien gar nicht so außerordentlich monumental, vor allem in ihrer städtebaulichen Inszenierung. Insgesamt ordneten sich die Bauten innerhalb der bestehenden Stadt – etwa in Rom – den Zeugnissen der Antike, der Päpste und der Jahre nach der italienischen Vereinigung unter.[23] Sicher war der Städtebau in den zwanziger Jahren weniger repräsentativ als in den dreißiger Jahren. Aber keineswegs nur der notwendige, sondern gerade auch die Kombination von notwendigem und repräsentativem Städtebau in den dreißiger Jahren förderte die Popularität des Regimes in den Jahren des Konsenses.[24]

Für Diktaturen war die breite Zustimmung zu den großen städtebaulichen Projekten ein vorrangiges Ziel, was das Experimentieren mit ungeliebten städtebaulichen Mustern sehr einschränkte. Städtebau sollte faszinieren, begeistern, zum Konsens animieren, was eine entsprechende Gestaltung und Nutzung voraussetzte. Die Form war also keineswegs vor allem als Unterdrückung konzipiert, jedenfalls nicht im italienischen Kernland. Und sie war auch nicht einfach populistisch. Sie knüpfte an Vertrautes, Alltägliches an, versuchte aber zugleich, das Vertraute zu veredeln – in einem heftigen kulturellen Wettbewerb zwischen den Vertretern der verschiedenen gestalterischen Orientierungen. Mit der schönen Form sollten die Anstrengungen zur Modernisierung der Infrastruktur ins rechte Bild gesetzt werden. Die Form war nicht nur Show und Schein, sondern nützte vor allem denjenigen Schichten, die von der Politik des Regimes profitierten. Renzo De Felice nannte diese «aufstrebende Mittelschichten». Deren Kern bildeten die quantitativ stark zunehmenden Angestellten der neu geschaffenen oder ausgebauten staatlichen oder halbstaatlichen Institutionen. Sie fanden ihre Arbeitsplätze in den umgebauten, von einfachen Wohnungen gesäuberten Zentrumsgebieten und ihre Wohnungen in den kompakten, urbanen Stadterweiterungsgebieten. In diesem Sinne ist das «Diktatorische» des Städtebaus durchaus auch in der Form zu finden, aber anders als oft vermutet: in der auf Konsens zielenden Form, die noch heute oder heute wieder Zustimmung produziert. Dagegen ist der offen repressive Charakter der Diktatur weniger in der einschüchternden Form als in den Verhältnissen der Produktion dieser Form zu finden, etwa in der Beseitigung der kommunalen Autonomie und der Ausbürgerung der Stadtarmut.

Ausblick: Städtebau – nicht nur ein Erinnerungsraum

Die Auseinandersetzung mit dem Städtebau der Diktaturen in der Zwischenkriegszeit entfaltet ein wichtiges, im deutschen Sprachraum über Spezialistenkreise hinaus noch nicht hinreichend bekanntes Thema der europäischen Städtebaugeschichte. Aber eigentlich ist das gar nicht nur ein historisches Thema. Denn Städtebau ist ja nicht nur ein Produkt spezifischer Herrschaftsverhältnisse, sondern auch eine Form, die langfristig fortwirkt und in diesem Prozess ihre Brauchbarkeit beziehungsweise Anpassungsfähigkeit zeigt. Das ist eine Sichtweise, die sicher die Grenzen der Geschichtswissenschaften sprengt. Dennoch ist es unübersehbar: Garbatella, EUR oder Sabaudia sind Produkte des faschistischen Regimes und zugleich Teile der italienischen Stadtlandschaft von heute. Sie erinnern zweifellos an die faschistische Herrschaft, sind aber zugleich mehr als ein Erinnerungsraum: Sie sind auch ein Lebensraum von heute. Sie können und müssen auch hinsichtlich ihrer Gebrauchsqualität für heute und morgen diskutiert werden. Dies ist für viele Fachleute eine abseitige Frage. Für die Bürger einer Stadt ist eine solche Sichtweise aber selbstverständlich. Ebenfalls für das Stadtmarketing – mit schillernden Folgen. Nur wenn wir diese Dimension auch in der Fachdiskussion nicht a priori ausschließen, können wir den Produkten der Diktatur gerecht werden.

---

1 Harald Bodenschatz, Christiane Post (Hg.), Städtebau im Schatten Stalins. Die internationale Suche nach der sozialistischen Stadt in der Sowjetunion 1929–1935 (Schriften des Schinkel-Zentrums für Architektur, Stadtforschung und Denkmalpflege der Technischen Universität Berlin, Bd. 1), Berlin 2003. Ich danke Christiane Post für Kritik und Anregungen zu diesem Aufsatz.
2 Harald Bodenschatz, Nationalsozialistische Neugestaltungspläne für Berlin, in: Kritische Berichte, 13, 1985, Nr. 1, S. 65–71; Harald Bodenschatz, Platz frei für das neue Berlin! Geschichte der Stadterneuerung in der «größten Mietkasernenstadt der Welt», Berlin 1987; Harald Bodenschatz mit Hans-Joachim Engstfeld und Carsten Seifert, Berlin auf der Suche nach dem verlorenen Zentrum, hg. von der Architektenkammer Berlin, Hamburg 1995.
3 Harald Bodenschatz, Rom, Moskau, Berlin. Städtebau und Diktatur, in: Hans-Jörg Czech, Nikola Doll (Hg.), Kunst und Propaganda im Streit der Nationen 1930–1945. Deutsches Historisches Museum Berlin (Ausstellungskatalog), Dresden 2007; Harald Bodenschatz, Metafisica, Futurismo, Razionalismo, Mediterraneità … Die Architektur des italienischen Faschismus und ihre unkritische Rezeption, in: Bauwelt, 98, 2007, Nr. 6, S. 8–10; Harald

Bodenschatz, Zunehmende Begeisterung für die Neustädte Mussolinis in Italien, in: Die alte Stadt, 35, 2008, Nr. 1, S. 78–81.
4 Vgl. u.a. Sandro Scarrocchia, Albert Speer e Marcello Piacentini. L'architettura del totalitarismo negli anni trenta, Mailand 1999.
5 Lazař Izrailevič Rempel, Architektura poslevoennoj Italii [Architektur Italiens der Nachkriegszeit], Moskau 1935.
6 B. M. Iofan, Materialy o sovremennoj architekture SŠA i Italii [Material über die zeitgenössische Architektur der USA und Italiens], in: Akademija architektury [Akademie der Architektur], 3, 1936, Nr. 4, S. 13–47.
7 Vgl. etwa Rempel, Architektura, S. 87.
8 Rempel, Architektura, S. 44.
9 Vgl. ebd., S. 119–124.
10 Francesco Fariello, L'urbanistica e l'abitazione in Russia, in: Architettura. Rivista del Sindacato Nazionale Fascista Architetti, 15, 1936, Nr. 9, S. 460.
11 Vgl. dazu Harald Bodenschatz, Städtebau von den neunziger Jahren des 19. Jahrhunderts bis zum Ersten Weltkrieg, in: Architekten- und Ingenieur-Verein zu Berlin (Hg.), Berlin und seine Bauten. Teil I: Städtebau, Berlin 2009, S. 13–109, hier S. 28–45.
12 Vgl. dazu auch Vanna Fraticelli, Roma 1914–1929. La città e gli architetti tra la guerra e il fascismo, Rom 1982, S. 85. Fraticelli betonte hier vor allem die Bezüge zwischen den Zentrumsplanungen des jungen Marcello Piacentini und der US-amerikanischen City-Beautiful-Bewegung.
13 Vgl. Daniela Spiegel, Die Città Nuove des Agro Pontino im Rahmen der faschistischen Staatsarchitektur. 2 Bde., Diss. an der TU Berlin 2008 (noch ungedruckt).
14 Von großem Interesse sind der Auf- bzw. Abstieg der zentralen Figuren des faschistischen Städtebaus und deren Verhältnis untereinander im Laufe der zwanzigjährigen Herrschaft Mussolinis: etwa Armando Brasini, Enrico Del Debbio, Raffaele De Vico, Gustavo Giovannoni, Luigi Moretti, Antonio Muñoz, Marcello Piacentini, Virgilio Testa.
15 Gustavo Giovannoni, Vecchie città ed Edilizia nuova, Turin 1931.
16 Vgl. Bodenschatz, Post, Städtebau im Schatten Stalins.
17 Vgl. Harald Bodenschatz, Städtische Bodenreform in Italien. Die Auseinandersetzung um das Bodenrecht und die Bologneser Kommunalplanung, Frankfurt am Main 1979.
18 «Città metafisiche/Metaphysical Cities» – mit diesem verführerischen Titel warb zu Beginn des Jahres 2005 eine Ausstellung über Architektur und Städtebau im italienischen Faschismus ohne politische Kontextualisierung in der italienischen Botschaft in Berlin – selbst ein Zeugnis der Architektur der dreißiger Jahre – um den Besuch des wenig informierten deutschen Fachpublikums; vgl. Donata Pizzi. Città metafisiche. Città di fondazione dall'Italia all'oltremare 1920–1945 / Metaphysical Cities. New cities founded in Italy and overseas 1920–1945 (Ausstellungskatalog), Mailand 2005. Inzwischen hat sich die Begeisterung über Architektur und Städtebau jenseits aller Stile und Zeitperioden des italienischen Faschismus verselbständigt. Ein besonders problematisches Beispiel hierfür war die Ausstellung über Architektur in Asmara, der Hauptstadt der italienischen Kolonie Eritrea; vgl. Jochen Visscher (Hg.), Stefan Boness (Fotografie), Asmara. The Frozen City. Deutsches Architektur-Zentrum DAZ Berlin (Buch zur Ausstellung: Asmara – Africa's Secret Modernist City), Berlin 2006.

19 Claudio D'Amato Guerrieri (Hg.), Città di Pietra, Cities of Stone. 10. Mostra Internazionale di Architettura, Venedig 2006.
20 Vgl. Paolo Nicoloso, Mussolini architetto. Propaganda e paesaggio urbano nell'Italia fascista, Torino 2008.
21 Einen guten Überblick über die architektonische Stilvielfalt etwa am Beispiel der römischen Gartenvorstadt Garbatella bietet Francesca Romana Stabile, Regionalismo a Roma. Tipi e linguaggi. Il caso Garbatella, Rom 2001.
22 Renzo De Felice, Mussolini il duce. Gli anni del consenso 1929–1936, Torino 1974; Renzo De Felice, Le interpretazioni del fascismo, Bari 1977.
23 Vgl. etwa die Freilegungen des Kapitols, der Kaiserforen, der Engelsburg und des Augustusmausoleums, aber auch die Anlage der Piazza Venezia, des Corso del Rinascimento und der Via della Conciliazione in Rom.
24 Am 21. April 1924 – anlässlich der Überreichung der Ehrenbürgerschaft der Stadt Rom – umriss Mussolini in einer städtebaulichen Grundsatzrede seine Ziele für Rom. Dort unterschied er zwischen notwendigen und repräsentativen Aufgaben des Städtebaus.

Der Umbau Roms zur Metropole des Faschismus
Wolfgang Schieder

Seinem Ursprung nach hatte der Faschismus eigentlich nichts mit Rom zu tun. Als politische Bewegung 1919 von Benito Mussolini in Mailand gegründet, stieg er bekanntlich zu einer Massenbewegung auf, als er sich über die Lombardei hinaus in der Emilia-Romagna, in Venetien und in der Toskana ausbreiten konnte. Rom war für die frühen Faschisten der Inbegriff des korrupten und parasitären Italien, gegen das sie den Aufstand probten. Während der provinzielle Faschismus dieses antirömische Ressentiment auch noch nach der faschistischen Machtergreifung vom 28. Oktober 1922 weiterpflegte, erkannte Mussolini schon vorher, dass er die nationalmonarchischen und nationalliberalen, aber auch die katholischen Eliten Italiens nicht für eine politische Zusammenarbeit gewinnen konnte, wenn er ihre seit Langem ideologisch fixierte Orientierung an der römischen Antike ignorierte und sich von Rom als dem politischen Zentrum Italiens fernhielt.

Die geschichtspolitisch begründete Vereinnahmung der römischen Vergangenheit erfolgte im Zeichen der «Romanità». Der schillernde Begriff suggerierte eine mythische Vergangenheit von imperialer Größe im Mittelmeerraum als dem «Mare nostrum» der Italiener und rechtfertigte zugleich deren angestrebte Erneuerung. Selbstverständlich handelte es sich um eine «invention of tradition» (Eric Hobsbawm), wie sie für den europäischen Nationalismus im 19. Jahrhundert charakteristisch war. Der Rückgriff auf eine imaginäre Romanità war deshalb auch keineswegs in sich konsistent, es verbanden sich darin vielmehr kolonialistische Imperiumsideen mit zivilisatorischen Überlegenheitsvorstellungen und katholischen Missionsprogrammen.[1] Aber gerade die unbestimmte und durchaus eklektische Vorstellung einer Romanità erleichterte es Mussolini, sich dieses geschichtspolitische Programm zu eigen zu machen. Bezeichnenderweise begnügte er sich auch nicht mit einer rein opportunistischen Aneignung, sondern er verband mit der Adaption der Rom-Idee zunächst ein parteipolitisches und später ein staatspolitisches Programm. Die Beschwörung einer «Romanità fascista» diente ihm sowohl zur Rechtfertigung seines imperialistischen Aktionismus als auch zur Umformung des diffusen faschistischen «Squadrismo» in eine staatlich anerkannte paramilitärische Organisation.[2] Diese erhielt Anfang 1923 den Namen «Milizia Volontaria per la Sicurezza Nazionale» (MVSN) und war nach römischem Vorbild hierarchisch in «manipoli», «centurie», «coorti» und «legioni» gegliedert, denen wiederum «decurioni», «centurioni», «seniori» und «consoli» als militärische Befehlshaber entsprachen. Oberster Befehlshaber war Mussolini, der damit klar erkennen ließ, dass die Adaption altrömischer militärischer Organisationsformen nicht bloße Ideologie war, sondern der Integration der faschistischen Parteiarmee in den Staat diente.

Schon als es im Herbst 1922 darauf ankam, das anarchische faschistische Gewaltpotenzial zu disziplinieren und auf die politische Machtergreifung zu konzentrieren, hatte Mussolini bewusst die Idee von Sullas, aber auch Caesars «Marsch auf Rom» aufgenommen. Die unverhohlene Geschichtsanleihe bei der römischen Antike sollte Mussolinis potenzielle politische Bündnispartner einschüchtern, die Aktion jedoch zugleich als historisch legitime Rettungsmaßnahme für den gefährdeten liberalen Staat erscheinen lassen. Für die faschistischen «Squadre» war das eine Kampfansage an das real existierende Rom, das «schmutzige Rom», das liberale und das parlamentarische Rom. Der faschistische Intellektuelle Camillo Pellizzi sprach 1924 zutreffend davon, dass der «Marsch auf Rom» für sie eher ein «Marsch gegen Rom» (marcia contro Roma) gewesen sei.[3] Für Mussolini war es dagegen keine militärische Aktion, sondern eine «politische und propagandistische Formel»[4], mit der er den auseinanderdriftenden Squadre in der Provinz eine verbindende Idee vermittelte und sie auf diese Weise disziplinierte.

So willkürlich und selektiv diese und weitere Rückbezüge auf die Romanità auch sein mochten, erfüllten sie für Mussolini doch ihren geschichtspolitischen Zweck. Die Propagierung einer Romanità fascista, gerade weil diese inhaltlich weitgehend unbestimmt blieb, erwies sich als einigendes Band zwischen der faschistischen Bewegung und den philofaschistischen Bündnispartnern, den sogenannten «Fiancheggiatori». Mussolini ging deshalb entschlossen den Weg weiter, seine Führerdiktatur als «Duce del fascismo» über die vorgebliche Kontinuität einer Romanità historisch zu legitimieren. Dazu diente die Einführung eines in römischen Ziffern ausgeführten faschistischen Kalenders, die Erhebung des mythischen Gründungstags der Stadt Rom am 21. April 753 v. Chr. als «Natale di Roma» zum Feiertag, die Umbenennung einer zentralen Straße in den meisten italienischen Städten in «Viale di Roma» sowie schließlich die pompöse Ausgestaltung der Zweitausendjahrfeiern zur Geburt von Vergil (1930), Horaz (1935) und vor allem Augustus (1937). Augustus wurde mit der «Mostra Augustea della Romanità» eine Ausstellung gewidmet, die als Dauerausstellung die spirituelle Kontinuität der imperialen Herrschaft dieses Kaisers zu jener Mussolinis herausstrich.[5] Sie nahm fortan eine zentrale Stellung in der Erinnerungskultur des faschistischen Regimes ein.

Schließlich ist darauf hinzuweisen, dass Mussolini als Person in der medialen Repräsentation zunehmend romanisiert wurde. Margherita Sarfatti hatte in ihrer offiziösen Mussolini-Biografie von 1926 schon den Weg gewiesen. Obwohl Mussolini bekanntlich aus der Romagna stammte, wurde er von Sarfatti als Urrömer gefeiert: «Benito Mussolini ist ein Römer, in der Seele wie im Antlitz, er ist die Wiederverkörperung des reinen italienischen Typs, der über die Jahrhunderte hinweg nun zu neuer Blüte gelangt.»[6] In Text, Foto, Film und bildender Kunst wurden Mussolinis Körper, seine Figur, sein Gang, seine Gestik, sein Blick und seine Hautfarbe fortan als vollkommener Ausdruck römischer Virilität gepriesen.[7] Dieser römische «Duce» war allgegenwärtig. Sein Porträt erschien auf Briefmarken, Münzen, Medaillen, Siegeln und Stempeln, auf Spruchbändern und Maueranschlägen.[8]

Es ist fraglich, ob man die Rückbesinnung auf die römische Antike geradezu als «politische Religion» bezeichnen kann.[9] Weder gab es einen feststehenden Ritus der Romanità, noch wurde der Rekurs auf die römische Antike dogmatisch systematisiert. Die Beschwörung der Romanità diente letzten Endes nur als Folie für die übersteigerte Erneuerungsideologie des Faschismus. Die römische Antike sollte nicht wieder herbeigeführt, sondern in der Gegenwart übertroffen werden. Trotz seiner scheinbar rückwärtsgewandten Ideologie war der italienische Faschismus ein Projekt der Moderne. Man kann sich darüber streiten, ob man das als «reactionary modernism» bezeichnen muss,[10] fest steht jedoch, dass Mussolini die Italiener nicht auf die Vergangenheit festnageln, sondern zu neuen Ufern führen wollte.

Nirgendwo ist dies besser zu erkennen als bei der radikalen urbanistischen Umgestaltung, welcher Rom in der Zeit des Faschismus unterzogen wurde. Während die gesamte, hier nur angedeutete faschistische Hinwendung zur Romanità lediglich symbolischen Charakter hatte, verdinglichte sich die faschistische Repräsentation der Antike innerhalb des aurelianischen Mauerrings der Stadt Rom. In einem zweiten Schritt ging der Faschismus über die alte Stadtbegrenzung hinaus und umgab Rom mit einem Kranz von in sich geschlossenen, jeweils einer bestimmten Funktion dienenden Trabantenstädten. In einer dritten Stufe gab es schließlich Pläne, die Stadt mit einem breiten Straßennetz und riesigen Bauwerken zu durchdringen, womit, wenn sie denn realisiert worden wären, Rom alle anderen europäischen Hauptstädte überragt hätte. Daraus ergibt sich im Folgenden eine dreifache Gliederung: Nacheinander werde ich zunächst den faschistischen Stadtumbau, dann die Stadterweiterungen und schließlich, wenn auch nur noch andeutungsweise, die Stadtutopien des Faschismus behandeln.[11]

Faschistischer Stadtumbau

Die dreifach gestufte Urbanisierungspolitik war nicht das Ergebnis systematischer Stadtplanung. Der römische Stadtbebauungsplan (Piano regolatore) von 1931 wurde durch Korruption und eine hemmungslose Bauspekulation – da unterschied sich der Faschismus nicht vom liberalen Italien des 19. Jahrhunderts – weitgehend ausgehöhlt. Viel entscheidender als alle Planungsvorgaben waren für die urbanistische Entwicklung Roms voluntaristische Absichtserklärungen Mussolinis. Am wichtigsten war in dieser Hinsicht die Rede, die dieser anlässlich der erstmaligen Einsetzung einer autoritären Stadtregierung (Governatore di Roma) am 31. Dezember 1925 hielt. In fünfzig Jahren, erklärte er bei dieser Gelegenheit, müsse sich Rom «der ganzen Welt als großartige Stadt präsentieren, weitläufig, geordnet, mächtig, wie sie zur Zeit des Imperiums von Augustus» gewesen sei.[12] Das war nicht nur eine rückwärtsgewandte Antikenbegeisterung, Mussolini ließ vielmehr eindeutig erkennen, dass ihm eine moderne Stadt in historischer Analogie zum kaiserlichen Rom vorschwebte. 1934 sprach er von der «Gleichzeitigkeit des Antiken mit dem Modernen», um die Gegenwartsbezogenheit seiner urbanistischen Geschichtspolitik zu betonen.[13]

In der Rede vom 28. Oktober 1925 gab Mussolini auch schon die Ziele an, die der Stadtumbau in Rom haben sollte: von der Umgestaltung sollten das Augustusmausoleum, das Marcellustheater, das Kapitol und das Pantheon betroffen sein. Dabei ging es ihm nicht um archäologische Konservierung oder um eine zeitgemäße Restaurierung der antiken Monumente, sondern ausschließlich um ihre Monumentalisierung. Befreit von allen späteren Überbauungen sollten sie als reine Solitäre freigelegt werden, die an die große Zeit des römischen Imperiums erinnerten. Mit den Worten Mussolinis: «Die tausendjährigen Monumente unserer Geschichte» sollen «in gebührender Einsamkeit riesenhaft emporragen» (giganteggiare nella necessaria solitudine).[14] Sie sollten damit zu Denkmälern werden, die in ihrer scheinbaren historischen Authentizität an die Zeiten römischer Größe erinnerten.

Bei der praktischen Umsetzung dieser urbanistischen Zielvorgaben war viel von «Sventramento» (Durchweidung) der überkommenen Stadtstruktur die Rede. Der Faschismus erinnerte damit terminologisch an die römischen Stadtplaner des liberalen Italiens, für die Stadtdurchlüftung und bauliche Sanierung tatsächlich das vorrangige Ziel der Stadterneuerung gewesen war.[15] Das bekannteste Beispiel dafür ist der das mittelalterliche und barocke Rom durchschneidende Corso Vittorio Emanuele II. Wie der gewundene Lauf dieser Straße zeigt, bemühten sich die liberalen Stadtplaner jedoch darum, so weit wie möglich die überkommene Bausubstanz zu schonen. Davon konnte in der Zeit des Faschismus keine Rede mehr sein. Der faschistische Stadtumbau wurde nicht funktional begründet, sondern ideologisch. Als erhaltenswert galt ausschließlich die antike Bausubstanz, nicht aber die mittelalterliche und die neuzeitliche.

Der Anspruch Mussolinis, die bestehende Stadtstruktur Roms radikal umzugestalten, war keine bloße Attitüde. Wohl nirgendwo hat Mussolini seine Ziele so konsequent verfolgt wie bei der Neugestaltung Roms. Zwischen 1925 und 1940 begann er in Rom jährlich ein urbanistisches Großprojekt, das bezeichnenderweise jeweils in einem demonstrativen Akt symbolischer Politik entweder am 23. März (dem Jahrestag der Gründung des ersten «Fascio» in Mailand im Jahre 1919), dem 21. April (dem Jahrestag der mythischen Gründung Roms) oder am 28. Oktober (dem Jahrestag des «Marschs auf Rom») angekündigt wurde. Sehr häufig schwang Mussolini bei diesen Inszenierungen höchstpersönlich die Spitzhacke, den «piccone», um die besondere Bedeutung, die er diesen Akten faschistischer Symbolpolitik beimaß, besonders zu unterstreichen. Charakteristischerweise ließ er sich dabei auch gerne fotografieren.[16] Wenn er der faschistischen Jugend verordnete, mit «libro e moschetto» aktiv zu sein,[17] war für ihn der piccone das bevorzugte Instrument symbolischer Repräsentation.[18]

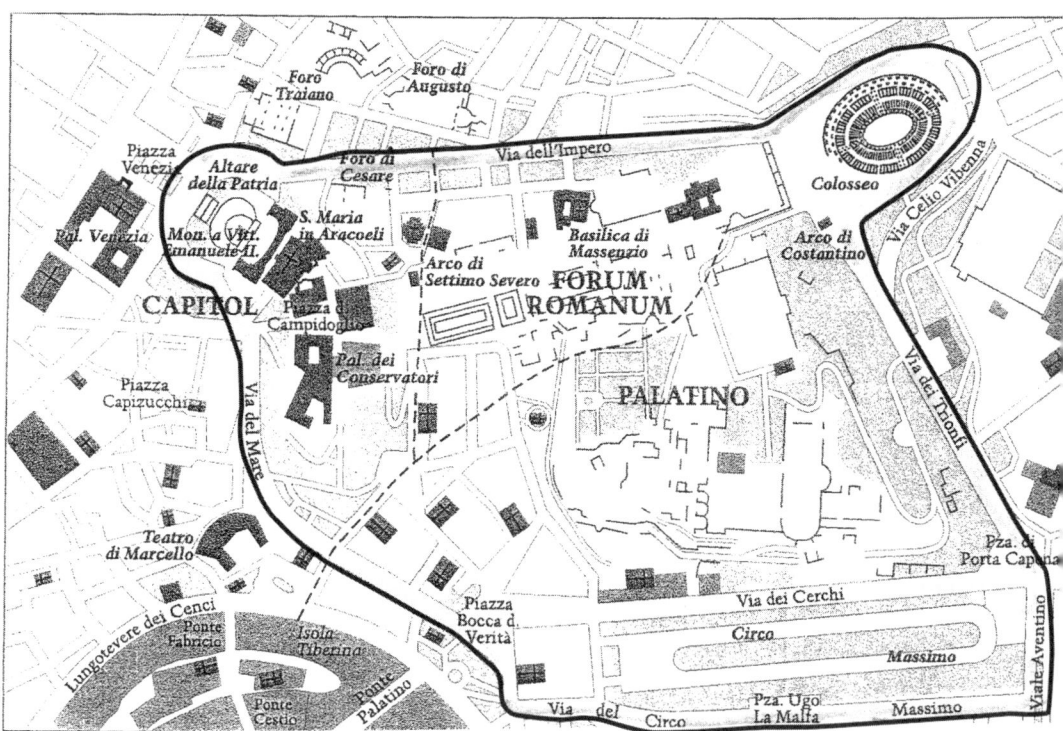

Abb. 9: Stadtplan von Rom mit markiertem Straßenkranz.

Von den zahlreichen Projekten des Stadtumbaus will ich im Folgenden nur eines behandeln, dies dafür aber etwas ausführlicher. Es handelt sich um den urbanistischen Zugriff auf das Kapitol, der als die größte Entkernungsaktion im Geist einer faschistischen Erneuerungsideologie anzusehen ist. Es geht dabei nicht nur um den eigentlichen Kapitolshügel, sondern um ein weiträumiges Monumentalisierungsprogramm, das letztlich den gesamten Metropolbereich des antiken Rom umfasste. Zusammen mit dem Kapitol wurden auch das Marcellustheater, das Forum Romanum, der Palatin, das Kolosseum und der Circus Maximus zu einem einzigen riesigen Erinnerungsmonument zusammengefasst. Nicht einzelne Bauwerke, sondern diese gesamte archäologische Zone wurde zu einem gigantischen Monument der Romanità fascista erhoben.[19]

Das faschistische Sventramento begann 1925 am Janusbogen und am Marcellustheater unter der Anleitung von Antonio Muñoz.[20] Dieser, seiner Herkunft nach eigentlich Kunsthistoriker, war in Rom von 1928 bis 1944 «Direttore Generale delle Antichità e Belle Arti» und als solcher der bedenkenloseste Exekutor von Mussolinis Ideen. 1928 erreichte die Spitzhacke die Abhänge (pendici) des Kapitols und 1929 das Quartier am Fuß der Kirchen Ara Coeli und San Marco. Die hier meist aus dem Mittelalter stammende Bebauung wurde bis hin zur heutigen Piazza Bocca della Verità fast vollständig beseitigt. An ihre Stelle trat eine überdimensioniert breite Straße, die als Anfang einer zukünftig bis nach Ostia ans Meer führenden Via del Mare geplant war. Entlang dieser Straße wurden neoklassizistische Bürobauten errichtet, die den faschistischen Anspruch auf eine moderne Repräsentation der Antike im wahrsten Sinne des Wortes untermauern sollten. Die Freilegung des Marcellustheaters war 1933 abgeschlossen, die Zerstörungsarbeit am Kapitolshügel zog sich noch bis 1943 hin. Am 21. April dieses Jahres stattete Mussolini der Baustelle, wenige Monate vor seinem Sturz, einen letzten Besuch ab, ein Zeichen dafür, wie wichtig ihm der faschistische Stadtumbau in Rom bis zuletzt war.[21]

Schon 1931 hatte er das bedeutendste Projekt des faschistischen Stadtumbaus, die Anlage der Via dell'Impero, der heutigen Via dei Fori Imperiali, auf den Weg gebracht. Im Generalbebauungsplan dieses Jahres wurde eine sechzig Meter breite Straße ausgewiesen, welche die Piazza Venezia über die Kaiserforen hinweg mit dem Kolosseum verbinden sollte. Im Oktober 1931 wurde mit

Abb. 10: Militärische Parade auf der Via dell'Impero, 1932.

dem Bau dieser faschistischen Magistrale begonnen. In der Rekordzeit von nur einem Jahr wurde das Großprojekt fertiggestellt und am 28. Oktober 1932 zum zehnten Jahrestag des «Marschs auf Rom» eingeweiht. Die breite Prachtstraße durchschnitt die einzigartige Ausgrabungszone der römischen Kaiserforen ohne jede Rücksicht auf die Topografie. Das selbst für faschistische Verhältnisse forcierte Tempo des Straßenbaus hatte zur Folge, dass nicht nur Wohnhäuser, Adelspaläste und Kirchen der Spitzhacke zum Opfer fielen. Auch die beim Straßenbau zum Vorschein kommenden Kaiserforen wurden nur in wissenschaftlich fragwürdigen Schnellgrabungen dokumentiert.[22]

Dass es den faschistischen Stadtgestaltern allein auf den politischen Showeffekt ankam, zeigte sich daran, dass die Via dell'Impero um jeden Preis den Blick auf das Kolosseum freigeben sollte. Von der Piazza Venezia her stellte sich diesem Unterfangen jedoch ein Hindernis der besonderen Art entgegen, nämlich ein etwa 200 Meter breiter Ausläufer des Monte Esquilino, die sogenannte Velia. Etwa 250 000 Kubikmeter Erde und Gestein mussten hier in größter Eile abgetragen werden, um den gewünschten Effekt rechtzeitig zu erzielen. Als am 6. September 1932 der Durchbruch gelungen und der Durchblick auf das Kolosseum freigeräumt worden war, verkündete Mussolini bei einem Besuch auf der Baustelle triumphierend: «Rom hat jetzt in seinem Zentrum eine wirklich für große Paraden, die bisher in die Peripherie oder aufs Land verbannt werden mussten, geeignete Straße.»[23] Er ließ damit erkennen, was für ihn der eigentliche Kern der faschistischen Konstruktion von Romanità war: Die Freilegung der antiken Monumente sollte letzten Endes nur als Staffage für faschistische Gewaltinszenierungen, für politische Aufmärsche und militärische Paraden dienen.[24]

Die Magistralen der Via del Mare und der Via dell'Impero umringten nun im rechten Winkel zur Hälfte den kapitolinischen Hügel samt Forum und Palatin. Weder ging es jedoch am Kolosseum adäquat weiter, noch gab es am Ende der Via del Mare einen angemessen breiten Ausgang. Es lag daher nahe, dass die faschistischen Stadtplaner den Ring zu schließen suchten. Sie verbreiterten daher die von der Via dell'Impero vor dem Kolosseum im rechten Winkel nach rechts abbiegende Via dei Trionfi bis zur Piazza di Porta Capena so weit, dass sie für den Anmarsch faschistischer Kolonnen geeignet war. Nach Süden wurde diese Straße überdies bis zu der eigens für den Staatsbesuch Hitlers 1938 erbauten Stazione Ostiense verlängert. Um den breiten Ring zu schließen, fehlte nur noch eine entsprechende Verbindungsstraße zur Piazza Bocca della Verità. Deshalb wurde 1939 die bestehende Via del Circo Massimo ausgebaut und der Circus Maximus von allen späteren Überbauungen befreit.[25]

Damit war das antike Herrschaftszentrum Roms mit dem Kapitol, dem Forum, dem Palatin, dem Kolosseum und dem Circus Maximus von einem breiten Straßenring umgeben. Auch wenn diese faschistische Ummantelung sicherlich nicht von Anfang an geplant war, stellte sich so das antike Herrschaftszentrum als ein einziges riesiges Monument der Antike dar. Innerhalb des faschistischen Straßenrings war das Vittoriano, das nationale Großdenkmal für Vittorio Emanuele II., das als «Altare della patria» ursprünglich einer rein nationalmonarchischen Repräsentation diente, der einzige Fremdkörper.[26] Selbst wenn er es gewollt hätte, hätte Mussolini dieses nationale Monument nicht abreißen können. Er drehte deshalb den Spieß um und benutzte es als Plattform für faschistische Inszenierungen wie die «Giornata della fede» vom 18. Dezember 1935, mit denen er die historische Verankerung seines Regimes in der Tradition des italienischen Nationalstaats demonstrieren konnte. Das Vittoriano war somit kein monarchischer Erinnerungsort mehr, sondern wurde gewissermaßen faschisiert. Mit der Umklammerung des faschistischen Straßenrings wurde das Vittoriano in die faschistische Ideologie der Romanità integriert.[27]

Es war selbstverständlich kein Zufall, dass sich das vom Faschismus eingehegte altrömische Herrschaftszentrum im Nordwesten zur Piazza Venezia hin öffnete. Im Palazzo Venezia hatte Mussolini 1929 seine Residenz eingerichtet – in bewusster Distanz zum Quirinal (König), zum Vatikan (Papst) und zum Palazzo Montecitorio (Parlament). Durch die Anbindung seiner Residenz an die monumentalisierte altrömische Herrschaftszone wertete Mussolini seine politische Position gegenüber König und Papst mit urbanistischen Mitteln entscheidend auf. Schon in der Zeit des liberalen Nationalstaats war die bis dahin geschlossene Piazza Venezia durch zwei neue Straßen, den Corso Vittorio Emanuele II., der die Altstadt zum Tiber hin durchbrach, und die Via Nazionale, welche die neuen Stadtteile bis hin zur Stazione Termini (Hauptbahnhof) erschloss, geöffnet worden. Nun wurde der Platz erneut ins Zentrum der Macht gerückt. Hier zu repräsentieren bedeutete fortan, aus dem

Zentrum der Stadt zu beherrschen. Vom Balkon des Palazzo Venezia hielt Mussolini auch seine wichtigsten öffentlichen Ansprachen; insgesamt 64-mal führte er in sogenannten «Adunate oceaniche» den Dialog mit den Massen.

Stadterweiterungen

Der massive innere Stadtumbau Roms wurde in faschistischer Zeit von großflächigen Stadterweiterungen begleitet. Die faschistischen Stadtplaner gingen hier ziemlich systematisch vor, auch wenn die Bauspekulation viele schöne Pläne zunichte machte.

Die rasante Faschisierung Roms, die von einer enormen Vermehrung von staatlichen Behörden, Parteiorganisationen und halbstaatlichen Institutionen begleitet war, führte zu einer exorbitanten Zuwanderung. Hatte die römische Bevölkerung zwischen 1871 und 1925 um eine Viertelmillion Einwohner zugenommen, so wanderten allein zwischen 1925 und 1928 etwa 375 000 Menschen ein, bis 1931 kamen nochmals etwa 250 000 Menschen dazu. 1945 hatte Rom 1,5 Millionen Einwohner gegenüber 500 000 im Jahre 1925. Es liegt auf der Hand, dass dadurch ein gewaltiger Bedarf an Wohnraum entstand, der durch die notwendig werdende Umsiedlung der Menschen aus abgerissenen Häusern verschärft wurde. In der Zeit des Faschismus entstanden deshalb im Anschluss an die seit 1871 bebaute Fläche zahlreiche große Wohnbezirke. Besonders bekannt wurde die Trabantenstadt Garbatella, deren erste Mietshäuser im Stil der internationalen Gartenstadtbewegung angelegt wurden. Sie wurde als Arbeiterviertel geplant, mit einem Kulturzentrum, das Kinos, Theater und öffentliche Bäder umfasste. Mit großem propagandistischem Aufwand wurde hier auch ein kleiner Teil der Vertriebenen untergebracht, die dem faschistischen Stadtumbau weichen mussten.

Als Gegenstück zur faschistischen Arbeiterstadt wurde nordwestlich der großen Parkanlagen der Villa Borghese und der Villa Ada der Villenvorort Parioli angelegt. Dort ließ sich die durch die Bautätigkeit des Faschismus reich gewordene Bourgeoisie nieder, dort wohnten hohe Beamte und Funktionäre des Partito Nazionale Fascista (PNF). Durch eine neue Tiberbrücke, den Ponte Duca d'Aosta, wurde der Stadtteil mit dem Foro Mussolini verbunden, der faschistischen Sportstadt, die zwischen den Hängen des Monte Mario und dem Tiber nördlich der bisher bebauten Stadt angelegt wurde.

Das 1932 eingeweihte Foro Mussolini war die erste vollständig als Funktionsstadt geplante Trabantenstadt der Faschisten. In einer weitläufigen Anlage wurde hier die Ausübung ziemlich aller Sommersportarten ermöglicht. Als ähnlich funktionelle Trabantenstädte waren das Ospidale del Littorio (heute San Camillo) für die Krankenversorgung, die Cinecittà für die Filmproduktion sowie die Città universitaria als in den dreißiger Jahren größter Universitätscampus Europas konzipiert. Als Stadt in der Stadt erfüllten sie in faschistischer Sicht jeweils das Zukunftsversprechen, Rom im Geiste der Romanità zu neuer universaler Größe zu führen. Giuseppe Bottai, der Chefideologe einer Romanità fascista stellte schon im Januar 1934 in Bezug auf Rom fest, dass «aus einer Stadt des Faschismus *die* Stadt des Faschismus» geworden sei.[28]

Tatsächlich boten die römischen Trabantenstädte des Faschismus insgesamt so etwas wie ein faschistisches Modernisierungsprogramm an: Sport, Krankenversorgung, Filmproduktion und Universität waren im 20. Jahrhundert zentrale Bereiche gesellschaftlicher und kultureller Modernisierung. In der faschistischen Diktatur hatten diese sozialpolitischen Angebote freilich immer einen politischen Zweck. Die schon erwähnte Tiberbrücke zwischen Parioli und dem Foro Mussolini wurde mit der ausdrücklichen Zweckbestimmung gebaut, die in jenem Stadtteil wohnenden Funktionseliten des Regimes zur sportlichen Ertüchtigung anhalten zu können. Die Filmstadt Cinecittà, die Italien in kürzester Zeit zum zweitgrößten Filmproduzenten der Welt nach den USA machte, diente in erster Linie der visuellen Repräsentation des faschistischen Regimes. Und die Verbesserung der Krankenversorgung durch den Bau des Großkrankenhauses entsprang nicht rein sozialpolitischer Fürsorge, sondern sollte die Volksgesundheit im vermeintlichen Überlebenskampf der Völker exemplarisch stärken.

Wie ambivalent das faschistische Modernisierungsprogramm war, lässt sich auch und gerade daran ablesen, wie die funktionellen Trabantenstädte Roms architektonisch gestaltet worden sind. Tatsächlich findet sich überall eine höchst widersprüchliche Mischung zwischen den beiden Stilrichtungen, die in faschistischer Zeit in Italien um die architektonische Ausgestaltung des Programms der Romanità fascista miteinander gerungen haben. Auf der einen

Seite stand dabei die neoklassizistische Richtung der «Scuola romana», deren führender Repräsentant Marcello Piacentini war.[29] Auf der anderen Seite standen die Architekten, die sich einer modernistischen Bauweise mit Glas und Stahlbeton verschrieben hatten (Scuola razionalista). Ihr Vorbild war das Weimarer Bauhaus und vor allem Le Corbusier. Da Piacentini das Ohr Mussolinis hatte, konnte er die Planung und den Bau der meisten faschistischen Repräsentationsbauten an sich ziehen. Aber auch er konnte nicht alles selbst entwerfen, sondern musste sich der Mithilfe jüngerer rationalistischer Architekten bedienen, die vor allem beim Bau von Postämtern, Bahnhöfen oder auch Parteihäusern (z. B. Giuseppe Terragni bei der «Casa del Fascio» in Como) zum Zuge kamen. Bei größeren Bauvorhaben wie den funktionellen Trabantenstädten Roms waren bezeichnenderweise meist beide Richtungen beteiligt, weshalb sich im Gesamtbild des faschistischen Rom kein moderner Architektureindruck ergibt, sondern der eines in sich widersprüchlichen Eklektizismus. Es ist deshalb eine Legende, dass der Faschismus den Anschluss an das «moderne Bauen» gehalten habe. Allenfalls kann man feststellen, dass er architektonische Monumentalität auch mit modernen Mitteln zu realisieren suchte.

Der zentrale Eingangsbau des Foro Mussolini wurde von Enrico Del Debbio, einem Schüler Piacentinis, erbaut.[30] Er war von 1927 bis 1933 Leiter des technischen Büros der Opera Nazionale Balilla (ONB), dessen Chef Renato Ricci die Initiative zum Bau der faschistischen Sportstadt ergriffen hatte. Der zentrale Eingangsbau besteht aus zwei symmetrisch angeordneten rechteckigen Blöcken, die von einem Querblock durchbrochen werden. Bewusst in pompeianischem Rot gehalten und teilweise mit säulenverzierten Fenstern versehen, entsprach der Bau dem antikisierenden Repräsentationsstil der Scuola romana. Erst recht gilt dies für das zentrale Stadio dei Marmi, das man in geradem Durchgang durch das Zentralgebäude erreicht. Das Stadion wird von sechzig hyperrealistischen Marmorstatuen umgeben, die je eine andere Sportart symbolisieren und von verschiedenen italienischen Städten gesponsert wurden. Sie sind in künstlerischer Hinsicht höchst unbedeutend, entsprachen jedoch als Imitate antiker Skulpturen der faschistischen Sehnsucht nach einer Wiederherstellung der antiken Romanità.

Aus Anlass der Errichtung des faschistischen «Impero» wurde 1937, ausgehend vom Vorplatz des Geländes, die Via del Foro Impero geschaffen.³¹ Sie bestand aus 16 Marmorblöcken, auf denen der unaufhaltsame Weg des Faschismus von der Gründung bis zur Ausrufung des Impero eingeschrieben ist. Ohne Zweifel sollte es sich um die «res gestae» Mussolinis handeln. Ein schwarz-weißer Mosaikboden, auf dem sich «Fasci» (Liktorenbündel) mit einem dreifachen «Duce, Duce, Duce» abwechseln, verlängert die faschistische Straße der Erinnerung mit einer Apotheose Mussolinis.

Abb. 11: Obelisk Mussolini dux *auf dem Foro Mussolini, 1938.*

Den eigentlichen Blickpunkt der ganzen Anlage stellt schließlich der auf dem Vorplatz stehende, 18 Meter hohe Monolith aus Carrarischem Marmor dar, der lediglich mit «Mussolini Dux» beschriftet ist. Insoweit ganz der Romanità fascista verpflichtet, geben die in den Monolith hineingeschlagenen Verkantungen dem Obelisken jedoch ein beinahe futuristisches Aussehen. Er bildet insofern einen Kontrast zur neoklassizistischen Fassade des Hauptgebäudes. Erst recht wird die traditionalistische Eingangszone des Foro Mussolini durch einige Gebäude konterkariert, die funktionsgerecht ganz im rationalistischen Stil errichtet worden sind. Dazu gehören die Tennishalle, das Schwimmbad und vor allem die Fechtanlage von Luigi Moretti, die 1936 von Mussolini persönlich eingeweiht wurde. Das Foro Mussolini hinterlässt deshalb einen höchst zwiespältigen Eindruck. Das faschistische Regime und vor allem auch Mussolini ganz persönlich waren sich nicht sicher, wie sie die Romanità fascista architektonisch umsetzen sollten. Innerhalb derselben urbanistischen Komplexe der funktionellen Trabantenstädte stehen deshalb traditionalistische und modernistische Elemente unverbunden nebeneinander. Neben die Repräsentation der Antike trat die Funktion der Moderne, ohne dass das eine oder das andere dominant gewesen wäre.

Das spektakulärste Beispiel faschistischer Stadtplanung war freilich die mehrere Kilometer von Rom entfernt in Richtung zum Meer konzipierte Trabantenstadt E42.[32] Es handelte sich dabei weder um ein Wohnviertel noch um eine funktional definierte Trabantenstadt, vielmehr wollte sich Mussolini 1936 mit dieser Anlage den Zuschlag für eine Weltausstellung im Jahre 1942 sichern: Der Stadtteil sollte bei dieser «Esposizione Universale Romana» (EUR) das Programm der Romanità fascista repräsentieren. Die Ausstellungsstadt hat einen blattförmigen, ost-west-zentrierten Grundriss mit einer zentralen, sie mit Rom verbindenden Straßenachse, die Via del Impero (heute Via Cristofero Colombo). Der topografische Mittelpunkt war die Piazza Imperiale (heute Piazza Marconi), um die nach der Vorstellung des Chefplaners Piacentini die wichtigsten Gebäude wie auf einem Forum gruppiert werden sollten. Soweit sie schon in faschistischer Zeit fertiggestellt werden konnten, wurden die Gebäude äußerlich einheitlich in einem antikisierenden Monumentalstil errichtet, welcher der von Mussolini geforderten «monumentalità celebrativa» entsprach. Wenn überhaupt, ist daher in der EUR die Utopie einer monumentalistischen Romanità fascista architektonisch und urbanistisch in reiner Form verwirklicht worden. Mussolinis Chefarchitekt Piacentini ließ bei diesem Projekt keine modernistische Architektur zu, sondern konzipierte die Stadt der Weltausstellung als reine Inkarnation faschistischer Monumentalität.

Abb. 12: EUR – Palazzo della Civiltà Italiana, 1996.

Als Symbol dieser rückwärtsgewandten Modernität hat der Palazzo della Civiltà del Lavoro zu gelten, der auffälligste und originellste Bau im Stadtteil der EUR überhaupt. Architektonisch orientiert sich der Palazzo bezeichnenderweise an den antiken Triumphbögen Roms, im Unterschied zu diesen hat er jedoch, ähnlich wie der vielleicht überhaupt als Vorbild dienende antike Janusbogen (Arco di Giano) an der Piazza Bocca della Verità, einen quadratischen Grundriss. Nach allen vier Seiten wiederholen 216 offene Bögen das Motiv des Triumphbogens. Anders als die übrigen Repräsentationsbauten der Trabantenstadt hat der Palazzo keine bürokratische oder museale Funktion, es handelt sich vielmehr um ein reines Denkmal. Der Sinn erschließt sich einzig und allein aus einer Inschrift, die einen Ausspruch Mussolinis wiedergibt. Sie lautet: «Un popolo di poeti di artisti di eroi di santi di pensatori di scienzati, di navigatori di trasmigratori.» Das Denkmal gilt also den Dichtern und Denkern Italiens, deren Ruhm in der Vergangenheit als Garantie für die Zukunft Italiens beschworen wird.

Stadtutopien

Wohin die städtebauliche Entwicklung Roms unter dem Faschismus geführt hätte, lassen schließlich einige städtebauliche Planungen erkennen, die nicht realisiert worden sind. Diese Entwürfe verband weder ein dezidierter Traditionalismus noch ein spezifischer Modernismus, sie müssen alle mehr oder weniger als urbanistische Utopien bezeichnet werden, auch wenn sie sich in irgendeiner Weise auf die Romanità fascista bezogen. Kleinster gemeinsamer Nenner dieser faschistischen Monumentalarchitektur war am Ende die Flucht ins Kolossale.

Solche Bauprojekte wurden schon früh an Mussolini herangetragen, ein Zeichen dafür, dass der architektonische Größenwahn dem Faschismus von Anfang an inhärent war. Ein charakteristisches Beispiel dafür war die «L'Eternale Mole Littoria», die 1926 von Mario Palanti entworfen wurde.[33] Das Riesenbauwerk sollte Sitz der Parteiführung des PNF werden, aber auch Zentrum zahlreicher politischer, kultureller und wirtschaftlicher Vereinigungen sein. Schließlich sollte es auch als Ausstellungshalle, Kongresszentrum und Sportpalast dienen sowie Bibliotheken und Museen beherbergen. Auf der Spitze dieses geradezu an den mythischen Turmbau von Babel erinnernden Riesenbauwerks sollte ein riesiger Leuchtturm thronen, als Symbol des «ewigen Lichts, das Rom erleuchtet». Es versteht sich von selbst, dass die Realisierung dieses utopischen Projekts niemals ernsthaft diskutiert wurde, jedoch ist allein schon bemerkenswert, dass solche gigantomanischen Bauprojekte in faschistischer Zeit überhaupt entworfen wurden.

Das gilt auch für die bronzene «Statue des Faschismus», die Renato Ricci, der Führer der faschistischen Jugendorganisation Opera Nazionale Balilla (ONB), auf einem Hügel oberhalb des Foro Mussolini errichten wollte.[34] Sie sollte nicht weniger als hundert Meter hoch sein und auf einem zwanzig Meter breiten Sockel stehen, in dem die «Mostra della Rivoluzione Fascista» neben einem «Sacrario dei Martiri Fascisti» untergebracht werden sollte. Die ausdrücklich in Anlehnung an den mythischen Koloss von Rhodos geplante Statue sollte einen riesigen quadratischen Platz überragen, der 300 000 Menschen fassen sollte.

Nicht realisiert wurde am Ende auch der Neubau des Palazzo del Littorio, der Parteizentrale des PNF. Jedoch gab es dafür einen zweistufigen Wettbewerb, an dem sich nahezu die gesamte Elite der faschistischen Architekten beteiligte.[35] Der Wettbewerb wurde 1934 für einen Standort an der Via dell'Impero gegenüber der Maxentiusbasilika ausgeschrieben. Daraus ergab sich die besondere Schwierigkeit, einen Bau planen zu müssen, der dem faschistischen Repräsentationsbedürfnis entsprach, aber nicht den Blick auf das Kolosseum verdeckte. In den zahlreichen Entwürfen wurde darauf jedoch kaum Rücksicht genommen. Die sich meist in Gruppen bewerbenden Architekten huldigten mit ihren Vorschlägen durchweg einem überladenen Monumentalismus, so, als ob das Kolosseum nicht zur visuellen Rücksichtnahme, sondern zum Übertrumpfen angeregt hätte.

Von den Entwürfen der ersten Wettbewerbsrunde wurden von der Jury 14 für eine zweite ausgewählt. In der zweiten Ausschreibung, die erst drei Jahre später stattfand, wurde zusätzlich ein faschistischer Turm (Torre del Littorio) verlangt, der ein Ehrenmal für die gefallenen Faschisten (Sacrario di Caduti Fascisti) aufnehmen sollte.[36] Da sich die Baumasse dadurch zwangsläufig vergrößerte, wurde der herausgehobene Standort nunmehr aufgegeben und ein neuer zwischen Monte Aventino und Cestiuspyramide vorgesehen. Die neuen Entwürfe sprengten in ihrer nochmals gesteigerten Gigantomanie auch diesen Standort, so dass Mussolini schließlich entschied, das Parteigebäude in der Nähe des Foro Mussolini zu errichten, was notdürftig damit begründet wurde, dass es in die Nähe der sporttreibenden faschistischen Jugend gerückt würde. Preisgekrönt wurde der Entwurf der traditionalistischen Architekten Enrico Del Debbio, Arnaldo Foschini und Vittorio Morpurgo, der eine besonders verdichtete Steinmasse vorsah. Die Enttäuschung über dieses Ergebnis, das weit von dem entfernt war, was ursprünglich für die Via dell'Impero erträumt worden war, scheint innerhalb der faschistischen Führung groß gewesen zu sein. Zwar wurde auf der Basis des preisgekrönten Entwurfs 1938 noch am Foro Mussolini mit dem Bau der Parteizentrale begonnen, der Weiterbau wurde jedoch nach Kriegsbeginn dem Außenministerium überlassen. Dieses stellte das Gebäude in einer allerdings verkleinerten und stilistisch kaum wiederzuerkennenden Form tatsächlich fertig, wenn auch erst nach Kriegsende. Das zentrale faschistische Projekt, an einem symbolisch aufgeladenen Ort eine Parteizentrale zu errichten, in dem die ideologisch fixierte Verbindung von Moderne und Tradition materialisiert werden sollte, blieb damit eine Utopie.

Der geschichtspolitische Rückgriff des Faschismus auf die vorgebliche Kontinuität der Romanità von der römischen Antike zum Faschismus führte in der dritten Stufe also zu architektonischen Großprojekten, deren Realisierung von vornherein als utopisch anzusehen war. Wenn Mussolini die Monumente der römischen Antike qualitativ übertrumpfen wollte, so sahen das viele seiner Architekten, welche die proklamierte urbanistische Erneuerung Roms in der Praxis umzusetzen hatten, offensichtlich nur als eine Frage der Quantität an. Was anders und moderner sein sollte, sollte in den Augen dieser Architekten nur größer sein. Von einer wie auch immer gearteten Erneuerung der römischen Antike konnte damit nicht mehr die Rede sein. Die faschistische Durchdringung der Altstadt und die Angliederung funktional bestimmter Trabantenstädte veränderten die Stadtstruktur Roms dennoch grundlegend. Nachdem die Diktatur Mussolinis am 25. Juli 1943 zusammengebrochen war, erinnerte in Italien kaum etwas so stark an die vergangene Zeit wie die Topografie Roms. Die Republik Italien erbte eine Kapitale, die dauerhaft vom Faschismus geprägt war.

1 Vgl. dazu grundlegend Andrea Giardina, André Vauchez, Il mito di Roma da Carlo Magno a Mussolini, Rom, Bari 2000.
2 Vgl. Romke Visser, Fascist Doctrine and the cult of «Romanità», in: Journal of Contemporary History, 27, 1992, S. 5–21; Marla Stone, A flexible Rome. Fascism and the cult of romanità, in: Catharine Edwards (Hg.), Roman Presences. Receptions of Rome in European Culture, 1789–1945, Cambridge 1999, S. 205–222; Emilio Gentile, Il culto del littorio. La sacralizzazione della politica nell'Italia fascista, Rom, Bari 1996, S. 146–154.
3 Camillo Pellizzi, Problemi e realtà del fascismo, Florenz 1924, S.118.
4 So Giuseppe Bottai gegenüber Antonino Répaci, in: ders. La Marcia su Roma, Mailand 1972, S. 923.
5 Vgl. dazu Friedemann Scriba, Augustus im Schwarzhemd? Die Mostra Augustea della Romanità in Rom 1937/38, Frankfurt am Main 1995.
6 Margherita G. Sarfatti, Mussolini. Lebensgeschichte nach autobiographischen Unterlagen. Einzig autorisierte deutsche Ausgabe, hg. von Alfred M. Balte, Leipzig 1926, S. 2.
7 Vgl. dazu Jürgen Raab, Manfred Grundert, Sylvia Lustig, Der Körper als Darstellungsmittel. Die theatrale Inszenierung von Politik am Beispiel Benito Mussolinis, in: Erika Fischer-Lichte u.a. (Hg.), Verkörperung, Tübingen 2001, S. 171–198.
8 Vgl. Simonetta Falasca-Zamponi, Mussolini's Self-Staging, in: Hans-Jörg Czech, Nikola Doll (Hg.), Kunst und Propaganda im Streit der Nationen 1930–1945. Deutsches Historisches Museum Berlin (Ausstellungskatalog), Dresden 2007, S. 88–95; Giorgio Di Genova (Hg.), L'uomo della provvidenza. Iconografia del duce 1923–1945. Palazzo Mediceo, Seravezza (Ausstellungskatalog), Bologna 1997; Clemens Zimmermann, Das Bild Mussolinis. Dokumentarische Formungen und die Brechungen medialer Wirksamkeit, in: Gerhard Paul (Hg.), Visual history. Ein Studienbuch, Göttingen 2006, S. 225–242.
9 So aber Gentile, Culto del littorio, S. 299–318.
10 Jeffrey Herf, Reactionary modernism. Technology, culture, and politics in Weimar and the Third Reich, Cambridge, New York 1984.
11 Die faschistische Urbanisierungspolitik in Rom findet schon lange das Interesse der Architekturhistoriker. Zu nennen sind hier vor allem Antonio Cederna, Mussolini urbanista. Lo sventramento di Roma negli anni del consenso, Bari 1980; Alberto Caracciolo, Rom capitale. Dal Risorgimento alla crisi dello Stato liberale, Rom 1993; Italo Insolera, Francesco Perego, Storia moderna dei Fori di Roma, Rom, Bari 1999; Italo Insolera, Roma moderna. Un secolo di storia urbanistica (1870–1970), Turin 1976; Paolo Nicoloso, Mussolini architetto. Propaganda e paesaggio urbano nell'Italia fascista, Turin 2008. Neuerdings befassen sich aber auch Historiker damit, die weniger die Stadtplanung als vielmehr die Herrschaftssymbolik des Faschismus interessiert. Vgl. Border W. Painter, Mussolini's Rome. Rebuilding the Eternal City (Italian and Italian American Studies), New York 2005; Emilio Gentile, Fascismo di pietra, Rom, Bari 2007; Vittorio Vidotto, La capitale del fascismo, in: ders. (Hg.), Roma capitale (Storia di Roma dall'antichità a oggi, Bd. 5), Rom, Bari 2002, S. 112–142; Simonetta Falasca-Zamponi, Fascist Spectacle. The Aesthetics of Power in Mussolini's Italy, Berkeley 1997.
12 Opera Omnia di Benito Mussolini, hg. von Edoardo u. Duilio Susmel, 36 Bde., Florenz 1951–1963, hier Bd. 22, S. 48.
13 Opera Omnia di Mussolini, Bd. 26, S. 185.
14 Opera Omnia di Mussolini, Bd. 22, S. 48.

15 In faschistischer Zeit plädierte nur noch Gustavo Giovannoni, 1927 Gründer und dann langjähriger Präsident der römischen Architekturfakultät, für einen vorsichtigeren Stadtumbau, den er «Diradamento» (Durchlüftung) nannte. Er konnte sich jedoch gegen das radikalere, von Piacentini vorangetriebene Programm des «Sventramento» nicht durchsetzen. Vgl. Cederna, Mussolini urbanista, S. 121–150.
16 Vgl. Sergio Romano, Mussolini. Una biografia per immagini, Mailand 2000, S. 75; Italo Insolera, Roma fascista nelle fotografie dell'Istituto Luce, Rom 2001, S. 167.
17 Vgl. Antonio Gibelli, Libro e moschetto, in: Victoria de Grazia, Sergio Luzzatto (Hg.), Dizionario del fascismo, Bd. 2, Turin 2003, S. 50f.; Ruth Ben-Ghiat, La cultura fascista, Bologna 2000.
18 Bei der Vorlage des Generalbebauungsplanes für Rom erklärte Mussolini am 18. März 1931 im Senat: «È questo che noi andiamo facendo da dieci anni. Tutto il pittoresco sudicio è affidato a S. M. il piccone. Tutto questo pittoresco è destinato a crollare e deve crollare in nome della decenza, dell'igiene e, se volete, anche della bellezza della capitale.»
19 Vgl. dazu ausführlicher Wolfgang Schieder, Rom – die Repräsentation der Antike im Faschismus, in: Elke Stein-Hölkeskamp, Karl-Joachim Hölkeskamp (Hg.), Erinnerungsorte der Antike. Die römische Welt, München 2006, S. 701–721.
20 Vgl. dazu Antonio Munoz, Roma di Mussolini, Milano 1935. Ein biografischer Abriss bei Cederna, Mussolini urbanista, S. XIXf.
21 Der letzte Besuch Mussolinis auf dem Kapitol fand am 21. April 1943 statt. Vgl. Insolera, Roma fascista, S. 97.
22 Ausführlich dazu Insolera, Perego, Fori di Roma.
23 Zit. nach Cederna, Mussolini urbanista, S. 187.
24 Vgl. Abb. 10, auf der quadratische Blöcke von marschierenden Parteisoldaten zu erkennen sind.
25 Vgl. dazu Abb. 9.
26 Zum Vittoriano das wichtige Buch von Bruno Tobia, L'Altare della Patria, Bologna 1998.
27 Tobia, L'Altare della patria, S. 87–110, S. 87, der für das Vittoriano allein zwischen 1927 und 1943 insgesamt 249 faschistische Veranstaltungen zählt.
28 Giuseppe Bottai, Roma nella Mostra della Rivoluzione fascista, in: Roma, Gennaio 1934, S. 5, zit. nach Gentile, Fascismo di pietra, S. 204.
29 Vgl. dazu und zum folgenden Carlo Cresti, Architettura e fascismo, Florenz 1986; Paolo Nicoloso, Urbanistica, in: de Grazia, Luzzatto (Hg.), Dizionario del fascismo, Bd. 2, S. 769–774.
30 Vgl. zur parteinahen Biografie Del Debbios Maria Luisa Neri, Enrico del Debbio. Galleria Nazionale d'Arte Moderna, Rom (Ausstellungskatalog), Viareggio 2006.
31 Vgl. dazu und zum Folgenden den wichtigen Aufsatz von Vittorio Vidotto, Il mito di Mussolini e le memorie nazionali. Le trasformazioni del Foro Italico, 1937–1960, in: Architettura e città negli anni della seconda guerra mondiale. Atti della Giornata di studio del 24 gennaio 2003 (hg. v. Andrea Bruschi, Università degli Studi di Roma «La Sapienza»), Rom 2004, S. 112–121; ferner auch Sandro Setta, Renato Ricci. Dallo squadrismo alla Repubblica Sociale Italiana, Bologna 1986, S. 158–162.
32 Erstaunlicherweise gibt es bis heute keine historisch überzeugende Gesamtdarstellung des faschistischen Projektes E 42, jedoch gibt es wichtige Forschungen zu Einzelaspekten. Vgl.

etwa Italo Insolera, Luigi Di Maio, L'EUR e Roma dagli anni trenta al duemila, Rom, Bari 1986; Maurizio Calvesi, Enrico Guidoni, Stefano Lux (Hg.), E 42. Utopia e scenario del regime, 2 Bde., Venedig 1987; Lucio Mariani, E 42. Un progetto per l'«Ordine Nuovo», Mailand 1987; Giorgio Ciucci, Gli architetti e il fascismo. Architettura e città 1922–1944, Turin 1989. Vgl. ferner auch Nicoloso, Mussolini architetto, und Gentile, Fascismo di pietra.

33 Mario Palanti, L'Eternale Mole Littoria, Mailand 1926. Vgl. dazu Gentile, Culto del littorio, S. 240–242.
34 Vgl. Setta, Renato Ricci, S. 162–164.
35 Fotografische Dokumentation zahlreicher Entwürfe für die Parteizentrale des PNF bei Cresti, Architettura e fascismo, S. 28–32, 178–188; Insolera, Perego, Fori di Roma, S. 168–171; Gentile, Fascismo di pietra, S. 178f.
36 Vgl. Cresti, Architettura e fascismo, S. 185f.

Die Città universitaria in Rom, die Mostra d'Oltremare in Neapel und die E42. Städtebauliche Strategien im Italien des Faschismus

Vittorio Magnago Lampugnani

Nahezu gleichzeitig mit der eigenen politischen Etablierung machte sich das faschistische Regime zum Träger zahlreicher großer Architekturvorhaben. Sie dienten in erster Linie der staatlichen Selbstdarstellung, bemühten sich jedoch auch um die Bildung eines Konsenses innerhalb der architektonischen Kultur. Im Rahmen einer bewusst eklektischen kulturellen Politik wurden akademische Architekten, Vertreter des Novecento italiano und Rationalisten eingeladen, auf dass sie um einer nie definierten «faschistischen Baukunst» willen zusammenarbeiten mögen.

Ein Meisterwerk der Konsensbildung: die Città universitaria (1932–1935)

Das erste große und repräsentative Bauvorhaben des Regimes wurde (möglicherweise nicht von ungefähr) ohne Wettbewerb ins Rollen gebracht: Im Frühjahr 1932, mitten in der Polemik um die Auflösung des Movimento italiano per l'architettura razionale (MIAR), beauftragte Mussolini den «Accademico d'Italia» Marcello Piacentini mit der Planung, Koordination und Bauleitung der neuen Città universitaria. Sie sollte in nur drei Jahren auf einem bereits dafür vorgesehenen und größtenteils freien Areal im römischen Stadtgebiet aus dem Boden gestampft werden – und wurde es auch.

Piacentini entwickelte einen annähernd axialsymmetrischen Bebauungsplan, dessen Hauptelemente eine breite Universitätsallee und ein dazu quergelegter Platz sind, der sich morphologisch an das antike römische Forum anlehnt und in seiner Dimensionierung an die Piazza Navona. Die Wahl der Architekten für die einzelnen Bauten traf er mit subtilem Vorbedacht: Arnaldo Foschini und Gaetano Rapisardi, weil sie ihm stilistisch und ideologisch nahestanden (der Letztere war zeitweilig sogar sein Büropartner gewesen); Pietro Aschieri, Giuseppe Capponi, Gaetano Minnucci und Giuseppe Pagano, weil sie alle vier ehemalige Mitglieder des MIAR gewesen waren und den Rationalismus vertraten; Giovanni Michelucci, weil er 1932 mit einem gemässigt modernistischen Entwurf den ersten Preis beim Wettbewerb für den neuen Florentiner Bahnhof Santa Maria Novella gewonnen hatte und mithin im Brennpunkt der öffentlichen Aufmerksamkeit stand; Gio Ponti, weil er den «fortschrittlichen» Flügel des Novecento italiano repräsentierte; und schließlich Giorgio Calza Bini, Saverio Muratori und Francesco Fariello als ganz junge Hoffnungen der italienischen Architektur. Nach Kriterien der Diplomatie betrachtet, leistete diese bemerkenswert heterogene Gruppe sogar noch mehr, denn sie beteiligte (und befriedete) die wichtigsten Machtgruppen in den wichtigsten italienischen Großstädten: Turin war durch Pagano vertreten, Mailand durch Ponti, Florenz durch Michelucci, Rom durch Foschini und natürlich durch Piacentini selbst. Die Involvierung von ehemals exponierten Funktionären offizieller Institutionen der Rationalisten wie Minnucci und Pagano erlaubte es, Persönlichkeiten wie Giuseppe Terragni oder Adalberto Libera mit ideologischer Rückendeckung aus dem Spiel zu halten. Die schulterklopfende Einladung an gerade Diplomierte demonstrierte schließlich die vielfach versprochene Offenheit des Regimes gegenüber der Jugend des «neuen Italien».

Piacentinis Rechnung ging auf, und die Arbeit am prestigereichen Projekt verlief erstaunlich harmonisch. Unter dem vom «Architetto Capo» ausgegebenen Motto einer «Modernität», die allerdings «abgeklärt und solide» zu sein hatte,[1] entstand innerhalb der vorgegebenen Frist ein einheitlicher und zugleich vielfältiger Komplex. Piacentini selbst baute dessen Herz, das monumentale Rektoratsgebäude mit der Aula Magna und der Bibliothek. Er überließ Rapi-

Abb. 13: Marcello Piacentini u.a., Città universitaria, Rom, 1932–1935, Luftbild um 1935.

sardi die Facoltà di Giurisprudenza, Scienze Politiche e Scienze Statistiche sowie die Facoltà di Lettere e Filosofia, die das Hauptgebäude rechts und links flankieren, und vertraute Foschini die rhetorischen Eingangspropyläen und die beiden Zwillingsbauten des Istituto di Igiene, Microbiologia e Parassitologia sowie der Clinica Ortopedica e Traumatologica an. Damit war das visuelle und räumliche Rückgrat der Città del Sapere im von Piacentini bevorzugten reduzierten Neoklassizismus festgelegt. Dazwischen entstanden, gleichsam als harmlose Füllelemente, die übrigen Bauten: Pagano realisierte das Istituto di Fisica, Aschieri das Istituto di Chimica, Michelucci das Istituto di Mineralogia, Geologia e Paleontologia, das Istituto di Fisiologia Generale und das Istituto di Psicologia e di Antropologia, Ponti das Istituto di Matematica, Minnucci das Dopolavoro Universitario und mit Eugenio Montuori den Sitz der Milizia Universitaria, Capponi das Istituto di Botanica e di Chimica Farmaceutica, die Gruppe Calza Bini, Muratori und Fariello die Casa dello Studente unmittelbar außerhalb des umzäunten Komplexes. Ihr Stil reichte vom schweren Novecentismo Micheluccis (besonders überraschend im Kontrast zum nahezu gleichzeitig entstandenen Florentiner Bahnhof) über den virtuosen Experimentalismus Pontis (der das wohl interessanteste Gebäude des ganzen Komplexes schuf) bis hin zum entschiedenen Modernismus Capponis (der nur in der streng symmetrischen Anlage und in manchen Details vom Kanon des internationalen «neuen Bauens» abwich). Zu Recht (und zweifelsohne zur Zufriedenheit Piacentinis) konnte Pagano Anfang 1933 in der ersten von ihm geleiteten Nummer der Zeitschrift *La Casa bella* feststellen, die Città universitaria sei eine «kollektive Realisierung [...]», für welche ein «[...] unitärer Charakter, unseren Zeiten entsprechend», angemessen sei. Begeistert schloss er: «Dieses Experiment ist, so scheint mir, hundert Polemiken wert.»[2]

Eine «grüne» Ausstellungsstadt: die Mostra d'Oltremare (1938–1940)

1937 legte Mussolini fest, dass die «Triennale delle Terre Italiane d'Oltremare» in Neapel stattfinden sollte. Damit beabsichtigte er, die fünf Entwicklungsmotoren der Stadt – Landwirtschaft, Industrie, Schifffahrt, Handwerk und Tourismus – durch ein besonderes Ereignis zu unterstützen. Er beabsichtigte aber noch mehr: Neapel, mit seiner bevorzugten Hafenlage dafür geradezu prädestiniert, sollte nichts Geringeres bilden als den Brückenkopf eines Imperiums, das vorläufig nur in den größenwahnsinnigen Träumen des «Duce» existierte, und es mit seinen Kolonien verbinden. Darüber hinaus sollte die große territoriale, wirtschaftliche und politische Figur, welche die Gründungsstädte in der Pontinischen Ebene bildeten, zu einem südlichen Halt und Höhepunkt geführt werden. Den nördlichen hätte später die E42 zwischen Rom und Ostia gebildet.

Von vornherein war die Ausstellung nicht als kurzlebiges Ereignis gedacht, sondern als dauerhafte neue städtische Struktur. Mussolini selbst betonte die Notwendigkeit, sie an die historische Stadt anzubinden und in diesem Zusammenhang überfällige Sanierungen durchzuführen. Die Mostra d'Oltremare sollte zu einem Teil der Stadtentwicklung werden.

Kaum war die Entscheidung für Neapel gefallen, begann dort eine lebhafte Auseinandersetzung um den Standort der Ausstellung. Ihr setzte der

«Duce» bereits im Mai 1937 ein jähes Ende: Er bestimmte, dass die Ausstellung in Bagnoli, also etwas weiter stadtauswärts von Fuorigrotta, zu entstehen habe, und zwar im Herbst 1939. Tatsächlich wurde die «Prima Triennale delle Terre Italiane d'Oltremare» am 9. Mai 1940 eröffnet.

Der Plan der Anlage, an dem der neapolitanische Architekt Marcello Canino einen entscheidenden Anteil hatte, erscheint auf den ersten Blick wie eine Neubelebung des römischen Castrum: Das fast rechteckige Grundstück ist vollkommen eingefriedet und erhält ein stark nach Südosten verschobenes Achsenkreuz, in dessen exzentrischem Schnittpunkt sich kaum überraschend die Torre des Partito Nazionale Fascista erhebt. Die Ost-West-Achse bildet ein fragmentiertes System von Alleen und Plätzen, das vom Haupteingang zum Vergnügungspark führt. Die Nord-Süd-Achse hingegen ist keine Straße, sondern eine Grünanlage, die von der spektakulären Fontana dell'Esedra von Carlo Cocchia und Luigi Piccinato beherrscht wird.

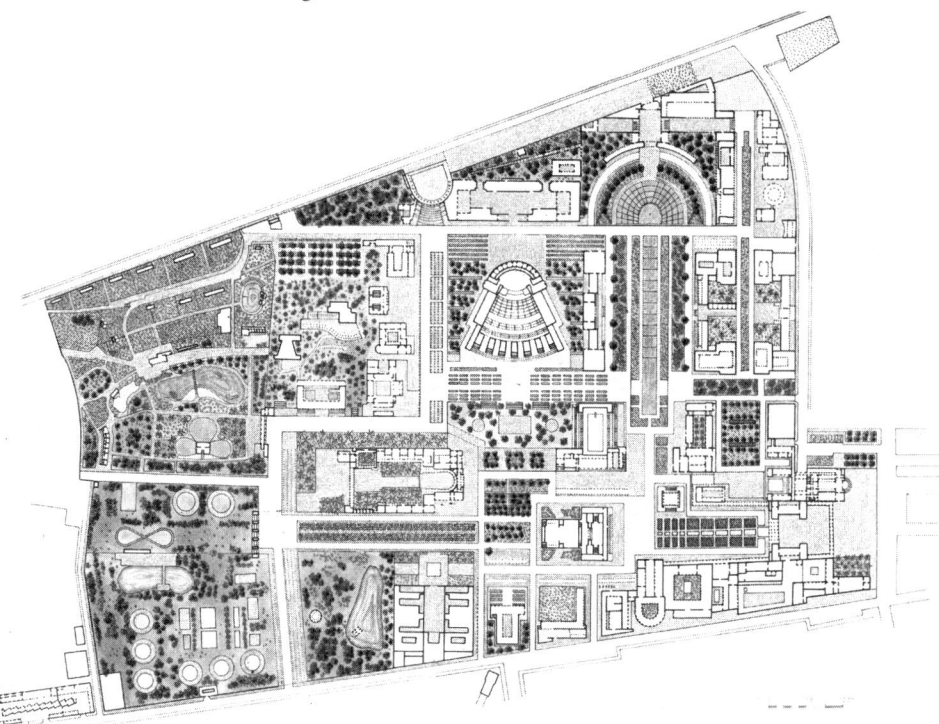

Abb. 14: Marcello Canino, Plan der Mostra d'Oltremare, Neapel, 1938–1940.

Dieses ungewöhnliche Achsenkreuz ist in einen annähernd orthogonalen Raster eingebettet, der allerdings nicht aus Straßen, sondern aus Räumen und ihren Begrenzungen besteht. Was oberflächlich betrachtet klar und übersichtlich anmutet, entpuppt sich bei genauerem Hinsehen als eigensinnige, geradezu malerische Collage von Straßen, Plätzen, Bauten und Grünbereichen. Sie fügen sich zu einem gewaltigen Labyrinth, das weniger an Le Corbusier oder Ludwig Hilberseimer als an Giovanni Battista Piranesi erinnert. Der Vergleich mit dessen Vision des Campo Marzio drängt sich auf: Hier wie dort ist die städtische Maschine ein Generator für neue, überraschende, teilweise sogar extravagante Typologien, die eben diese Maschine ad absurdum führen.

Die größte Experimentierfreude entfesselt die Stadt der Mostra d'Oltremare in den Grünanlagen. Das hat zunächst mit deren Größe zu tun: Von den 120 Hektar Land, die zur Verfügung standen, wurden über die Hälfte für die Architektur des Grüns verwandt. Piccinato und Cocchia ersannen dafür eine Phantasmagorie von Parks, Gärten, Alleen und Wasserspielen. Diese kamen nicht nur dem realen Bedürfnis nach Freiraum entgegen, das eine Stadt wie Neapel besonders stark spürte, sondern entsprachen auch dem ideologischen Programm der Ausstellung. Die enge Verwandtschaft zwischen der italienischen Mittelmeertradition und jener der ihr vermeintlich zustehenden Kolonien sollte offenbart werden: Dazu trugen besonders eindrücklich die 900 Palmen Phoenix Dactilifere bei, die unmittelbar aus Tripolitanien importiert wurden und zusammen mit 600 Palmen der gleichen Sorte, die sich bereits in der Umgebung von Neapel befanden, die künstliche Oase der Mostra della Libia schufen.

Doch verwies das reichhaltig gestaltete Grün die Architektur keineswegs in eine marginale Rolle. Nahezu die gesamte Architekturfakultät von Neapel, die damals ein bemerkenswert niedriges Durchschnittsalter aufwies, wurde an der prestigeträchtigen Operation beteiligt. Den Löwenanteil erhielt Cocchia, der das Restaurant mit Schwimmbad, die Pflanzenhäuser, das tropische Aquarium und das Restaurant im Boschetto baute. Giulio De Luca, damals 26 Jahre alt und gerade diplomiert, nahm sich des Themas des Massentheaters an und schuf die wunderbare Arena Flegrea, deren Szenenhintergrund die Hügel von Camaldoli bildeten; außerdem gestaltete er die Stationen der Seilbahn, welche die Mostra d'Oltremare mit dem Hügel von Posillipo verband. Stefania Filo Speziale zeichnete für das elegante Eingangsportal und die darin anschließenden Pavillons verantwortlich. Für den Turm des Partito Nazionale Fascista, den Pavillon der Africa Orientale Italiana und den Palazzo dell'Arte mit dem unmittelbar anschließenden Teatro Mediterraneo wurden nationale Wettbewerbe ausgelobt. Venturino Ventura, die Gruppe von Mario Zanetti, Luigi Racheli und Paolo della Mililllo sowie jene von Nino Barilla, Vincenzo Gentile, Filippo Mellia und Giuseppe Sanvito wurden ausgezeichnet und mit den jeweiligen Bauten betraut. So entstand nicht nur ein innovatives permanentes Ausstellungsgelände, sondern auch eine materialisierte Demonstration der Arbeit der jungen italienischen architektonischen Kultur.

Sie fiel durchaus zwiespältig aus. Neben einer Reihe von schlichten und anspruchsvollen Bauten, die jenen mediterranen Rationalismus verkörperten, den der «Gruppo 7» etliche Jahre zuvor theoretisch verkündet hatte, entstanden banale und geschmacklose Pastiches, welche die vulgärste Seite der Architektur unter dem Faschismus repräsentierten. Insgesamt aber dominierte die junge klassizistische Moderne. Und Giuseppe Pagano, der kaum als gefügiger Kritiker gelten kann, vermochte 1940 die Prognose zu wagen, «[…] diese Ausstellung könne ohne Weiteres eine der sympathischsten und weniger grimmigen Italiens werden»[3]. Er sollte nur bedingt Recht behalten. Im Zweiten Weltkrieg wurde über die Hälfte des Komplexes der Mostra d'Oltremare durch Bombenangriffe zerstört; das Ausstellungsgelände wurde zuerst von den Deutschen und dann von den Amerikanern besetzt. Die Rekonstruktion in den fünfziger Jahren geriet halbherzig. Bis heute stellt sich das Ensemble als eines der vielen großen ungelösten städtebaulichen Probleme Neapels dar, das noch in seinem ruinösen und halb verlassenen Zustand an den Traum einer neuen Stadt erinnert, welche die Errungenschaften der Moderne mit den Gewissheiten der Tradition verbinden wollte und sie in den Dienst einer staatlichen Repräsentation zu stellen trachtete, deren Bombast zu teilen sie nicht gewillt war.

Die Esposizione Universale 1942: Protagonisten, Konzepte und Pläne

Das städtebauliche Projekt, in welches das italienische faschistische Regime am meisten Geld, Arbeit, Propaganda und Emotionen investierte, war jenes der Esposizione Universale 1942 (E42). Es handelte sich gleichzeitig um das Szenario einer riesigen Weltausstellung in der Tradition der Londoner Great Exhibition von 1851 und um eine neue monumentale Trabantenstadt, die jenen ehrgeizigen Traum von «Roma al mare», den Mussolini seit 1925 hegte, spektakulär verwirklichen sollte. Somit war das wichtigste und umfassendste stadtarchitektonische Repräsentationsstück des Faschismus von vornherein in einem Widerspruch gefangen, zu welchem nach und nach, mit den rapiden Veränderungen der politischen und kulturellen Situation in Italien der zweiten Hälfte der dreißiger Jahre, weitere und zunehmend tiefe hinzukommen sollten.

Schon 1935 hatten der Schriftsteller Massimo Bontempelli, der Verleger Valentino Bompiani und der Ingenieur Gaetano Ciocca das Programm für eine permanente «Mostra della Civiltà Italica» entwickelt, für welche die Architektengruppe BBPR (Gianluigi Banfi, Lodovico Barbiano Belgiojoso, Enrico Peressutti und Ernesto Nathan Rogers) einen Entwurf vorgelegt hatte. Diesem Vorschlag überlagerte sich jener, den der Ausstellungsexperte Federico Pinna Berchet für eine «Esposizione Universale» erarbeitete. Beide Initiativen wurden vom damaligen Governatore di Roma und späteren Ministro delle Corporazioni Giuseppe Bottai unterstützt; doch war es ein nur leicht modifiziertes weiteres Projekt, das schließlich von Mussolini gutgeheißen wurde. Das Datum der Eröffnung der zunächst streng geheim gehaltenen Ausstellung wurde vom «Duce» selbst auf den 23. März 1942 festgelegt – die zwanzigjährige Wiederkehr der «Rivoluzione fascista», deren Beginn mit der Versammlung der Schwarzhemden in Mailand (die in Wahrheit erst am 26. März 1922 stattgefunden hatte) identifiziert wurde. Am 25. Juni 1936 traf die offizielle Zustimmung des Bureau International des Expositions ein. Ende des gleichen Jahres schuf Mussolini die administrativen Organe für die Verwirklichung des Unternehmens und ernannte Vittorio Cini zum Generalkommissar und Präsidenten sowie Oreste Bonomi und Cipriano Efisio Oppo zu «Commissari aggiunti» der Ausstellung.

Die Wahl von Oppo, der bald eine zentrale Rolle bei der kulturellen Leitung der Initiative spielen sollte, war alles andere als unüberlegt. Der gewandte Maler und Kunstkritiker hatte bereits die römische «Mostra della Rivoluzione Fascista» von 1932 orchestriert, die überaus erfolgreich den Übergang der faschistischen Bewegung in ein Regime zelebriert hatte. Nun wurde er mit der Aufgabe betraut, die Verwandlung der italienischen Nation in eine Weltmacht zu feiern. Nach der blutigen «Guerra d'Etiopia» war zwar Addis Abeba erobert und 1936 großsprecherisch das Imperium ausgerufen worden, aber der Völkerbund hatte Italien politisch scharf verurteilt und mit schweren wirtschaftlichen Sanktionen belastet. Mussolini beabsichtigte, mit der anstehenden Weltausstellung ein neues und friedliches Gesicht des Imperiums zu beschwören und zugleich die großartige historische Tradition zur Schau zu stellen, auf die es gründete. Demnach verfolgte das Unternehmen ein doppeltes Ziel: eine universell ausgerichtete Veranstaltung ins Leben zu rufen und die Besonderheit des italienischen Faschismus zu glorifizieren. Beides sollte unter dem bombastischen Titel «Olimpiade della Civiltà» geschehen, dem der nicht gerade originelle Zusatz «ieri, oggi, domani» beigegeben wurde. Der Seitenblick auf die Berliner Olympiade von 1936 und den nationalsozialistischen Triumph – Rom hatte sich daraufhin für die Austragung der Spiele im Jahr 1944 beworben – ist offensichtlich. Die Völker der Erde sollten einander in einem friedlichen Wettkampf begegnen, diesmal im Namen der Kultur und der Wissenschaft; im Mittelpunkt der Konfrontation sollte naturgemäß die zelebrative Ausstellung der «Civiltà italiana» stehen.

Der Beschluss, die Weltausstellung zu realisieren, wurde im Oktober 1936 offiziell bekannt gegeben. Unmittelbar darauf begann die Debatte um ihren Standort. Diskutiert wurden vor allem der Tiberbogen bei der Basilika von San Paolo, der von Giovannoni favorisiert wurde, ein Areal in der Nähe der Magliana, ein anderes unmittelbar am Meer zwischen dem antiken Ostia und dem modernen Lido und sogar eine Lokalisierung unmittelbar beim Kolosseum an der Via Ambaradam (wofür wiederum Giovannoni eintrat). Die Entscheidung fiel zwei Monate später für ein Gelände von etwa 400 Hektar südöstlich von Rom zwischen dem Tiber und der Abbazia delle Tre Fontane, das günstig an der neuen Via del Mare angebunden war, infrastrukturell durch den gleichzeitig geplanten (aber bereits Anfang der vierziger Jahre definitiv fallengelassenen) grandiosen neuen Idroaeroporto della Magliana unterstützt werden sollte und auch weitere praktische Vorteile aufwies. Freilich auch symbolische: Das Gebiet liegt lediglich 20 Kilometer von Pomezia und 37 Kilometer von Aprilia entfernt, auf etwa halbem Weg zwischen Rom und Ostia und sollte über eine neu zu trassierende Via Imperiale über die Via dei Trionfi, die Passeggiata Archeologica und die Via dell'Impero mit der etwa sieben Kilometer entfernten Piazza Venezia verbunden werden. Mit seinen ausgeprägten Höhenunterschieden und zahlreichen Grotten bot es Schwierigkeiten und Anhaltspunkte zugleich.

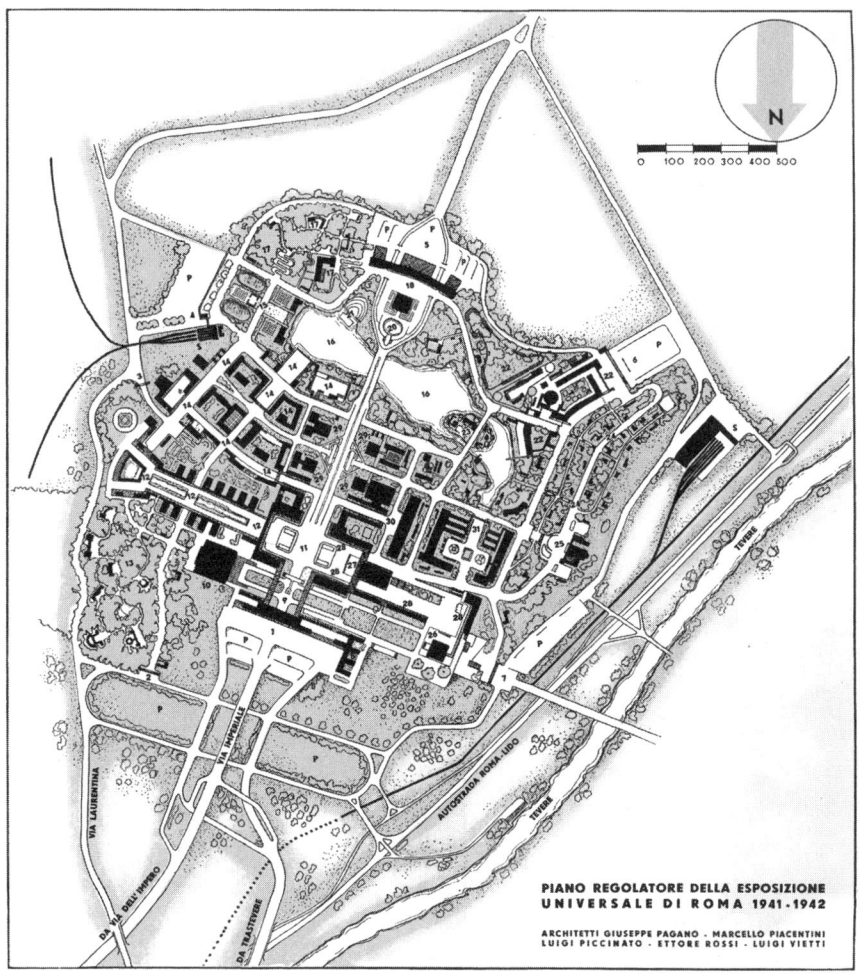

Abb. 15: Giuseppe Pagano, Marcello Piacentini, Luigi Piccinato, Ettore Rossi, Luigi Vietti, Bebauungsplan für die E42, Rom, 1937.

Die Planer wurden im Januar 1937 aus einer Liste von 15 italienischen Architekten ausgewählt, auf der unter anderen auch Libera, Terragni, Giovanni Muzio und Ponti figurierten: Die glücklichen fünf waren Pagano, Piacentini, Piccinato, Ettore Rossi und Luigi Vietti. Piacentini war dabei als «Accademico d'Italia» und unausgesprochener Regime-Architekt des Faschismus unstrittig. Pagano sollte den modernistischen Flügel des italienischen Razionalismo abdecken, Piccinato die städtebauliche Kompetenz sicherstellen, die er in Sabaudia bereits brillant demonstriert hatte. Piacentini übernahm sofort die (offiziell nicht ihm zustehende) Leitung der bemerkenswert heterogen zusammengesetzten Arbeitsgruppe, die eine Vielzahl von Entwurfsvarianten produzierte und dabei zunächst erstaunlich harmonisch kooperierte. Anfang April 1937, nach knapp drei Monaten Arbeit, wurde der Bebauungsplan für die «Esposizione Universale di Roma 1941–1942» Mussolini unterbreitet, der ihn im Großen und Ganzen guthieß. Kurz darauf pflanzte der «Duce» die ersten drei hochgewachsenen, symbolträchtigen Exemplare Pinus pinea auf dem Gelände der zukünftigen Ausstellungsstadt.

Diese sollte um die zentrale Achse der Via Imperiale, moderne Verkörperung des antiken Decumanus maximus, annähernd symmetrisch organisiert werden. Den Haupteingang von Norden und von Rom aus, dem weitläufige, üppig begrünte Parkplätze vorgelagert werden würden, sollte der Palazzo dei Ricevimenti markieren. Als torartiges Gebäude ausgebildet hätte es zur vergleichsweise kleinen (140 mal 90 Meter), arkadengesäumten Piazza Axum übergeleitet, deren Mitte die gleichnamige Stele, eine kurz zuvor aus Äthiopien nach Italien überführte Kriegsbeute, geziert hätte. Östlich davon war das Theater mit dem Palazzo dei Festeggiamenti und der Musikgeschichte-Ausstellung vorgesehen, westlich, als Abschluss eines langgezogenen begrünten Platzes und mit Blick auf den Tiber, der Palazzo della Civiltà Italiana. Über die räumliche Vermittlung der Piazza Axum wäre man zur 320 mal 130 Meter großen, rechteckigen, quergelegten Piazza Imperiale gelangt, dem Herzen der neuen Ausstellungsstadt, im Osten von den Palästen der Kunst, im Westen von jenen der Wissenschaft gefasst. Jenseits der ersten hätte ein langgezogener, leicht ansteigender Platz zu einer Terrasse mit Blick auf die Monti Albani geführt. Weiter südlich wäre die Via Imperiale rechtwinklig von drei nach Osten hin sanft gekurvten Nebenachsen gekreuzt worden, welche die Ausstellungssektoren und später die Wohn- und Arbeitsviertel der E42 erschlossen hätten: Die zweite, mittlere Nebenachse wäre nach Westen bis zur erhöht platzierten Kirche weitergeführt worden, die auf diese Weise einen markanten «point de vue» gebildet hätte. Am südlich anschließenden Hang war die Mostra dell'Abitazione Moderna mit Einzelbauten im Grünen vorgesehen. Noch weiter südlich hätte die Via Imperiale einen unregelmäßig geformten künstlichen See überquert, der durch die Flutung einer Geländemulde geschaffen werden sollte: An seinem östlichen Ufer sollte eine Blumen-, Gemüse- und Obstausstellung, an seinem westlichen ein Vergnügungspark angelegt werden. Jenseits der Brücke über dem See hätte sich die Via Imperiale zu einem ovaloiden Platz ausgeweitet, auf dem ein kreisrunder Brunnen, ein monumentaler Palazzo della Luce und ein hoher, leicht gegen Süden gebogener Padiglione del Turismo e dello Sport ein sorgfältig abgestuftes Ensemble und zugleich einen szenografischen Abschluss der gesamten Anlage gebildet hätten.

Der von Mussolini genehmigte Plan wurde zunächst weitgehend sachlich in Piacentinis *Architettura* und kurz darauf in Paganos Casabella mit einem enthusiastischen Kommentar veröffentlicht,[4] ließ aber noch vieles offen – vermutlich die Voraussetzung dafür, dass er von zwei so unterschiedlichen Persönlichkeiten mit durchaus vergleichbarer Verve mitgetragen wurde. Städtebaulich stellte er einen ebenso geschickten wie undefinierten Kompromiss zwischen Akademismus und Modernismus dar. Und über die Architektur, die ihn zu «füllen» hatte, ließ sich zunächst niemand aus; man beschränkte sich darauf, der nebulösen Erwartung Ausdruck zu verleihen, dass sie Rationalität und Ästhetik miteinander verbinde, dabei allerdings auch monumental sei und zu guter Letzt nichts Geringeres tue, als den «endgültigen Stil unserer Epoche» zu schaffen.[5] Auch die Perspektiven, die aus der Feder von Vietti stammen dürften und neben Fahrbahnen auf unterschiedlichen Ebenen kühne Hochhäuser aus Stahl und Glas zeigen, blieben unverbindliche Illustrationen.

In Wahrheit waren die Widersprüche tief und, wie sich bald zeigen sollte, unüberbrückbar. Einigkeit bestand lediglich darüber, dass die E42 als nachhaltige Urbanisierungsmaßnahme konzipiert werden sollte, dazu bestimmt, den eigenen ephemeren Ausstellungsanlass zu überdauern. Über die Beschaffenheit dieser Urbanisierungsmaßnahme gingen die Meinungen diametral auseinander. Mit der monumentalen Inszenierung der Città universitaria hatte Piacentini bereits gezeigt, was er unter einer modernen Stadt des Faschismus verstand. Für die E42 schwebte ihm, wie er noch im Januar 1937 Cini schrieb, ein immenses geometrisch geordnetes und streng diszipliniertes Forum vor.[6] Demgegenüber sprach sich der Unternehmer und Architekturmäzen Adriano Olivetti nahezu gleichzeitig für einen Städtebau aus, der auf hochfunktionellen und durchaus auch experimentellen Transportsystemen basieren sollte.[7] Das Ringen der Arbeitsgruppe nach einem Konsens zwischen den beiden Extremen zeigen die unzähligen verschiedenen Planungsstufen, deren letzte zusammen mit dem offiziell abgesegneten «Piano Regolatore della Esposizione Universale di Roma 1941–1942» im Juni 1937 in *Casabella* veröffentlicht und als «Città Futura: Piano A», «Città Futura: Piano B», «Piano di massima dell'Esposizione» und «Piano di massima definitivo dell'Esposizione» bezeichnet wurden.[8]

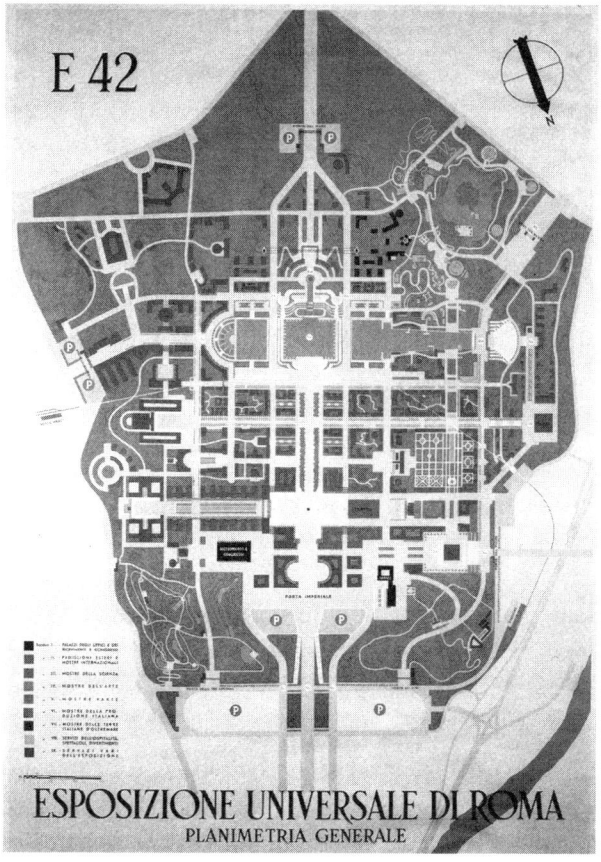

Abb. 16: Marcello Piacentini mit Giuseppe Pagano, Luigi Piccinato, Ettore Rossi und Luigi Vietti, Generalplan der E42 (offizielles Plakat der Ausstellung), Oktober 1939.

Als ausschlaggebend erwies sich bald die Via Imperiale. In den letzten Planskizzen und auch im Präsentationsmodell ist sie als vielspurige Hochleistungsstraße dargestellt, teilweise in einen Bodeneinschnitt, teilweise vollständig unterirdisch geführt und vermittels Rampen mit den übrigen Straßen der Ausstellungsstadt verbunden. So beschreibt sie auch Pagano in seinem Erläuterungstext für die *Casabella*-Publikation, obschon der im gleichen Artikel abgebildete definitive Plan etwas anderes zeigt: Die Via Imperiale ist zwischen Piazza Imperiale und Palazzo della Luce als Viadukt geführt, liegt also nicht unterhalb, sondern oberhalb des Stadtbodens. Das entspricht wiederum den Perspektiven von Vietti, der die Kleeblatt-Kreuzung und die darauf vorbeirasenden Automobile betont. Beide Lösungen beruhen auf der Annahme einer zentralen Hauptverkehrsführung mitten durch die neue Stadt. Diese Annahme wurde bald fallengelassen: Nach dem Erläuterungsbericht zum Bebauungsplan, der Mussolini nachgereicht wurde[9], war nicht nur vorgesehen, zwei Bahnlinien bis an den Rand der Ausstellungsstadt heranzutrassieren, sondern auch den Automobilverkehr östlich und westlich der Via Imperiale um den Baukomplex zu leiten. Damit wurde die Möglichkeit geschaffen, die Via Imperiale zu entlasten und ebenerdig zu führen. Die zentrale Allee sollte als veritable Großstadtstraße von Arkaden gesäumt werden und in die ebenfalls mit Arkaden versehene Piazza Imperiale münden. Den Haupteingang sollten auf der einen Seite der Palazzo della Civiltà Italiana und auf der anderen der Palazzo dei Congressi feierlich einrahmen. Im Süden sollte die Via Imperiale weiterhin den See auf einer Brücke überspannen und zum Palazzo della Luce oder zu einer anderen Konstruktion mit Wasser und Lichtspielen führen.

Rechtwinklig zur zentralen Monumentalachse sollten die Nebenachsen die Ausstellungssektoren und späteren Stadtviertel der E42 erschließen: im Osten die Città dell'Economia Corporativa, die Città delle Scienze und die Città della Tecnica, im Westen die Città delle Arti. Die Strada dei Negozi, unter deren Arkaden Läden und Verkaufsstände vorgesehen waren, hätte sowohl für die Ausstellungsstadt als auch für die spätere reale Stadt eine Art kommerzielles Rückgrat gebildet. Das Grundstück am Endpunkt des Viale delle Nazioni blieb für die Kirche vorgesehen. Die Zugangstore der neuen Stadt sollten sieben sein (und nicht wie zuvor fünf) und verkehrstechnisch jeweils besonderen Funktionen zugeordnet werden. Ästhetisch beruhte die gesamte städtebauliche Komposition auf dem Thema der Achse, deren Endpunkt räumlich aufgefangen wurde. Dieses Thema wurde vor allem in den Querstraßen durchdekliniert, zumal ihre Ost-West-Orientierung attraktive Licht- und Schattenwirkungen versprach. Besondere Aufmerksamkeit wurde den natürlichen Ausblicken in die Landschaft gewidmet, gegen Südosten auf die Castelli Romani, gegen Südwesten auf den Monte dei Finocchi und gegen Süden auf die umliegenden Hügel. Dafür wurde durch leichte Biegungen das orthogonale geometrische System den topografischen Gegebenheiten angepasst.

Abb. 17: Ausschnitt des Modells der Piazza Imperiale und des Palazzo della Civiltà Italiana, E42, Rom, 1938.

Die progressive Erstarrung des Plans entsprach der zunehmenden Macht, die Piacentini innerhalb der Arbeitsgruppe dadurch an sich riss, dass er sie in den Verhandlungen mit der Bauherrschaft, vor allem mit Cini, listig umging. Im Dezember 1937 formalisierte ein administrativer Akt die neue Situation: Piacentini wurde zum «Sovrintendente ai Servizi d'architettura» ernannt und konnte von nun an alleine am Projekt arbeiten. Offiziell wurde die Arbeitsgruppe im März 1938 aufgelöst, wobei die vier emarginierten Architekten mit harmlosen, stadtarchitektonisch untergeordneten Aufgaben und einem recht großzügigen Salär entschädigt wurden.

Bereits Ende 1937 wurde der organisch geformte künstliche See in ein geometrisch gefasstes Bassin verwandelt. Damit sollte der Komplex am Ende der Via Imperiale als «große monumentale Villa italienischen Charakters» behandelt werden.[10] Die Via Imperiale sollte die Wasserfläche nunmehr auf zwei zueinander parallel angeordneten Brücken für jeweils eine Fahrtrichtung überspannen. Jenseits des Komplexes des Palazzo della Luce sollte die Porta del Mare das Gegenstück zur Porta Imperiale bilden, die jetzt aus acht aneinandergereihten Obelisken bestand. Der Arco Monumentale, den Libera bereits 1935 skizziert hatte und auf das Projekt einer Stahlkonstruktion (später Aluminium) der Ingenieure Gino Cobre, Cesare Pascoletti und Adelchi Cirella von 1937 zurückgeht, wurde zunächst vor der Porta Imperiale angeordnet, dann kurz darauf in den Komplex der Porta del Mare integriert und unmittelbar darauf als zu teuer und technoid verworfen, wobei sogar ein negatives Urteil von Pier Luigi Nervi bemüht wurde. Sämtliche Querstraßen zur Via Imperiale wurden begradigt und in ein strenges geometrisches System eingeschrieben.

Diese weitreichenden Änderungen des Projekts sollte Piacentini in einen neuen Plan einarbeiten, der im Januar 1938 zusammen mit einem Modell offiziell präsentiert wurde. Er sollte die Grundlage für die Arbeit der unterschiedlichen Planungsabteilungen, Kommissionen und Architektengruppen bilden, denen die Umsetzung der einzelnen Teilbereiche anvertraut wurde. Vietti entwickelte den Parco dei Divertimenti als technologische Vergnügungsoase weiter, in deren Mitte ein Koloss thronte, der mit einem Sessellift erreichbar war und zu einer Reise in das Innere des menschlichen Körpers einlud. Piccinato überarbeitete die Anlage des Wohnareals. Im März 1938 sanktionierte ein knapper Erläuterungsbericht zum «Piano regolatore definitivo dell'Esposizione» die ebenerdige Führung der Via Imperiale und die Geometrisierung des Sees.[11] Ende 1938 zeigte ein wiederum neuer Plan eine weitere Entwicklung des Monumentalkomplexes, wobei die Einfügung der beiden Exedren von Muzio, Paniconi und Pediconi als stadtarchitektonische Lösung für die Piazza Imperiale die wichtigste Neuerung darstellte. Damit wurde ein Motiv übernommen, das Peressutti für die 1937 eingeweihte Città cinematografica (Cinecittà) entwickelt hatte. Der definitive Plan mit entsprechendem Modell, in dem sämtliche Wettbewerbsergebnisse eingearbeitet werden, entstand 1939.

Inzwischen war für die Bauarbeiten durch Direktfinanzierungen und staatliche sowie kommunale Darlehen die gewaltige Summe von 750 Millionen Lire bereitgestellt worden. Hunderte von Menschen, die in Baracken und Grotten das zukünftige Bauareal bewohnten, mussten ausquartiert werden. Gleichzeitig wurde ein Arbeiterdorf gebaut, in welchem über 1500 meist zugewanderte Arbeitskräfte untergebracht wurden. Ihr Alltag sollte 1940 im Film *Milizie della civiltà* von Corrado D'Errico mit einem folkloristischen Pathos verklärt werden, das der neorealistischen Episode der fünfziger Jahre manches vorwegnahm. Allein für die gigantischen Erdarbeiten (1,5 Millionen Kubikmeter) wurden 150 000 Arbeitstage benötigt, in den zwei Jahren der intensivsten Bautätigkeit, zwischen 1938 und 1940, kam die Baustelle auf 3,5 Millionen Arbeitstage.

Polemiken und Deutungen

Im Sommer 1938 ergriff der einflussreiche Kritiker Ugo Ojetti das Wort, um (wieder einmal) nach einer traditionsbewussten und traditionsgebundenen Architektur zu rufen. Das Projekt für die E42 schien ihm seine Forderungen weitestgehend einzulösen. Im geplanten Ausstellungsquartier sah er nichts Geringeres als ein neues Rom: «Ein Rom, also, das unser eigenes und neu ist, ehrlich und geordnet, ehrwürdig und einnehmend, ein Rom, das auch in seinen Dimensionen den Vergleich mit dem anderen nicht fürchten wird, und wo jeder Stein mit neuen Tonlagen (inflessioni) die gleiche Sprache von einst sprechen wird.»[12] In einem brillanten Artikel, den er polemisch «Ojetti ha torto» («Ojetti hat Unrecht») überschrieb, widersprach ihm der Galerist und Kunstkritiker Pietro Maria Bardi, der das gesamte Œuvre von Piacentini verriss, um schließlich die Architektur der E42 einer vernichtenden Kritik zu unterziehen.[13] Daran knüpfte Pagano an, der auf den Seiten von *Casabella* zunächst die Unentschiedenheit seines ehemaligen Architetto Capo[14] und dann, in einem zweiten Artikel, sein falsches Verständnis von Klassik angriff.[15]

Jenseits derlei ideologischer und stilistischer Polarisierungen schlug Gio

Ponti eine neue und von polemischen Verzerrungen freie Deutung der E42 vor, deren Baustelle er gerade besichtigt hatte. Das Ensemble, das er auf einem ihm wunderbar anmutenden Gelände heranwachsen sah, war für ihn «eine außerordentliche Stadt, die fertig und ganzheitlich entsteht und aus den Monumenten geboren wird, anstatt sich mit ihnen zu vervollkommnen […]. Diese Perspektiven von Bauten, die sich anschicken, wirklich zu werden, werden den Stempel der rein idealen und abstrakten Visionen bewahren, die sie auf einmal erzeugt haben. Die Stadt der E42 wird märchenhaft sein, Theater von märchenhaften Architekturen, von einer Evokation geboren: Ihre erreichte Wirklichkeit ist tatsächlicher Ausdruck von nie gesehenen Dimensionen, von einem magischen Realismus: Das ist ihr Anspruch, ihr Wagnis, ihr politischer Mut: Wer in ihnen eine positive Rückkehr zu gänzlich beruhigenden klassischen partis sehen oder gesehen haben würde, hat sich getäuscht oder täuscht sich. Es ist bestimmt nicht die römische Architektur, die zurückkommt, sondern es ist die italienische Architektur, die dadurch, dass sie auf ihren Wegen voranschreitet, in einer lyrischen Geste die Beschwörung der antiken Architektur einfängt»[16].

Wettbewerbe, Direktaufträge und Kuriosa

Die schrittweise Konkretisierung, die zur letzten Fassung dieser «märchenhaften Stadt» führte, geschah durch fünf große nationale Wettbewerbe und eine Reihe von Direktaufträgen, welche die abstrakten Volumina des Bebauungsplans in Gebäude mit stellenweise recht obskuren Funktionen verwandelten und dabei auch den Plan selbst partiell modifizierten. Der erste Wettbewerb, im Juni 1937 mit einem abenteuerlich approximativen Programm ausgelobt, hatte den Palazzo dei Ricevimenti e dei Congressi zum Gegenstand. In der zweiten Stufe siegte das vergleichsweise konservative Projekt von Libera über weit radikalere Vorschläge, einschließlich jenen, die Giuseppe Terragni, Pietro Lingeri, Carlo Cattaneo und Adelberto Sartoris einreichten. Liberas marmorner Repräsentationspalast wurde 1938 bis 1943 und 1952 bis 1954 gebaut. Der zweite Wettbewerb (Juli 1937) für den Palazzo della Civiltà Italiana (heute: Palazzo della Civiltà del Lavoro) wurde von der Gruppe von Giovanni Guerrini,

Ernesto La Padula und Mario Romano gewonnen: Der scharf geschnittene, nahezu kubische Quader mit 216 Rundbögen, der vom Volksmund sofort «colosseo quadrato» getauft und dank seiner einprägsamen Gestalt zu einer Art Wahrzeichen des gesamten Komplexes wurde, entstand 1937 bis 1940 als natursteinverkleidete Stahlbetonkonstruktion.

Der dritte, im September 1937 ausgeschriebene Wettbewerb war jener für die Piazza Imperiale (heute: Piazza Guglielmo Marconi) und hatte alle Gebäude zum Gegenstand, die den zentralen öffentlichen Monumentalraum hätten säumen sollen: Das riesige Teatro Imperiale wurde dem ersten Wettbewerbssieger und künstlerischen Oberleiter Luigi Moretti in Auftrag gegeben (heute steht an seiner Stelle der Palazzo Italia von Luigi Mattioni) und war als «Cinema-Teatro» zunächst für 4000, dann sogar für 6000 Plätze projektiert. Von 1939 bis zum Baustopp 1942 wurden davon allerdings nur die horrend kostspieligen Fundamente fertiggestellt. Der Palazzo dell'Arte antica und der Palazzo dell'Arte moderna (beide 1938–1942 gebaut) wurden den zweiten Wettbewerbssiegern Francesco Fariello, Saverio Muratori und Ludovico Quaroni anvertraut. Die Gruppe von Luigi Brusa, Cancellotti, Montuori und Scalpelli erhielt den Auftrag für das Museo della Scienza (1938–1943), schließlich Massimo Castellazzi, Pietro Morresi und Annibale Vitellozzi jenen für das Museo delle Arti e Tradizioni popolari (1938–1942). 1943 waren die vier Paläste mit ihren monumentalen weißen Marmorarkaden nahezu vollendet.

Der vierte Wettbewerb, im November 1937 lanciert, war jener für die Piazza ed Edifici delle Forze Armate (später umbenannt in Mostra dell'Autarchia, del Corporativismo, della Previdenza e Assicurazioni). Für das Museo delle Forze Armate wurde das Projekt von Mario De Renzi, Luigi Figini und Gino Pollini ausgewählt, das 1938 bis 1942 umgesetzt wurde. Das Edificio per la Mostra della Romanità wurde nach dem Konkurrenzerfolg von Aschieri, Piero Bernardini, Cesare Pascoletti und Peressutti verwirklicht.

Endlich wurde im Februar 1939 der Wettbewerb für den Palazzo dell'Acqua e della Luce ausgelobt, der den theatralischen Abschluss der Via Imperiale jenseits des Sees hätte bilden sollen. Es wurde kein erster Preis vergeben, und Nervi sowie die Zweiergruppe von Franco Petrucci und Enrico Tedeschi erhielten «ex aequo» zwei zweite Preise. Nichts davon sollte verwirklicht werden;

vielleicht, weil Piacentini für diesen Ort, wie sich erweisen sollte, eigene Vorstellungen hatte.

Daneben wurden zahlreiche Architekten direkt beauftragt: Minnucci baute den Sitz der Büros der E42 (1937–1939), Foschini die Kuppelkirche SS. Pietro e Paolo (1938–1943), Muzio, Pediconi und Paniconi die Paläste des INA (Istituto Nazionale Assicurazioni, 1939–1940) und des INPS (Istituto Nazionale Previdenza Sociale, 1939–1940), die Gruppe BBPR den Palazzo delle Poste e Telegrafi (1939–1943) und Brasini das Istituto Forestale Arnaldo Mussolini (1939–1940). Außerdem entwarf Michelucci das (nie fertiggestellte) Freilufttheater (1938–1939), Enrico Del Debbio das (unvollendete) Istituto Industriale (1939–1943), Vaccaro den (nicht realisierten) Palazzo della Cassa di Risparmio (erste Studien 1939) und Libera den (ebenfalls nicht realisierten) Arco Monumentale. Insgesamt waren über hundert ausschließlich italienische Architekten an der Projektierung und am Bau der E42 beteiligt. Hinzu kam eine ganze Reihe von «interessierten Laien», die unzählige Varianten von gigantischen Monumenten und Bauten in Gestalt von Rutenbündeln vorschlugen. Eine davon, von einem gewissen Leo Rizzo, konnte ganz nach Belieben als Hotel oder als Parkgarage verwendet werden.

Doch kamen die absurden oder kuriosen Vorschläge keineswegs nur aus dem «Volk». Der Automobilkonzern Fiat, der zum Schluss den Museo della Civiltà Romana finanzierte, bot zunächst einen 200 Meter hohen Turm an, der als «Fascio» (Rutenbündel) camoufliert war und über der Piazza della Fiat hätte thronen sollen. Hendrik Christian Andersen brachte wieder einmal seine Idee des World Centre of Communication auf den Tisch und wurde dabei sogar von Achille Starace, dem Generalsekrektär des Partito Nationale Fascista, unterstützt. Auch Marinetti meldete sich früh zu Wort und unterbreitete zusammen mit Enrico Prampolini den Vorschlag einer Città delle Avanguardie, für die er unter anderem die Beteiligung von Architekten wie Victor Bourgeois, Willem Marinus Dudok, Josef Hoffmann, Le Corbusier, Robert Mallet-Stevens, Ludwig Mies van der Rohe, Hannes Meyer und Bruno Taut vorsah: Er erhielt jedoch nur die Zusage für eine kleine Ausstellung, und die ausländischen Gäste wurden ersatzlos gestrichen.

Im Februar 1939 präsentierte Mussolini die Weltausstellung von 1942 vor dem Großen Rat des Faschismus als den letzten friedlichen Akt Italiens vor einem expansionistischen Aggressionskrieg, den er bis zu jenem Datum durch eine entsprechend forcierte Aufrüstung sorgfältig und gezielt vorzubereiten gedachte. Auch in den folgenden Monaten unterstrich er immer wieder die Bedeutung und die friedliche Aura der Veranstaltung. Im September 1939 griff Hitler unvermittelt Polen an. Mussolini zögerte und wartete zehn Monate lang. Aber im Juni des darauffolgenden Jahres hielt er es schließlich für unvermeidlich, an der Seite Deutschlands in einen zwar zu früh ausgebrochenen, aber grundsätzlich nicht unwillkommenen Krieg einzutreten.

Die E42 wurde «sine die» verschoben, aber die Bauarbeiten gingen zunächst weiter. Cini gab seiner Überzeugung Ausdruck, dass die Begeisterung für die Ausstellung nach dem ganz außer Frage stehenden Sieg nur noch größer sein werde, und Mussolini visierte auch schon als neues Datum 1944 an, «nach drei Friedensjahren».[17]

Im Sommer 1940, als die ersten militärischen Erfolge den Sieg der Achsenmächte nahe erscheinen ließen, beschrieb Piacentini in einem Brief an Cini sein bislang verheimlichtes Projekt für den ehemaligen Standort des Palazzo dell'Acqua e della Luce: «Ein großer Altar, auf dem Erdboden stehend, mit bronzenen Stützen und Böden, auf welchem zwei Flutlichter der Königlichen Marine aufgestellt werden sollten, sollte einen mächtigen Lichtstrahl gegen den Himmel werfen, von den entferntesten Ländereien Latiums aus sichtbar: ein vertikaler Leuchtturm, idealer Ruf für die Völker in die erneuerte urbs.»[18] Ein gigantisches Lichtmonument, uneingestandener Ableger des Lichtdoms von Albert Speer, der am Parteitag der Nationalsozialistischen Deutschen Arbeiterpartei 1937 auf dem Nürnberger Zeppelinfeld aufgestrahlt war, sollte in der Flucht der Via Imperiale die E42 zum zelebrativen Ort der vermeintlich aufdämmernden neuen Ära einer nazifaschistischen Weltherrschaft umdeuten.

Piacentinis architektonischer Wahn befand sich – wie stets – in perfektem Einklang mit dem politischen. In der Tat wurde ernsthaft erörtert, die E42 zeitweilig in eine «Rassegna dell'Asse», in eine Schau der Achsenmächte zu verwandeln. Mussolini nahm die entsprechenden Pläne zustimmend zur Kenntnis und autorisierte, ohne sich mit einem neuen Datum zu kompromittieren, die veränderte Abkürzung EUR: «Esposizione Universale Romana.»

Die weiteren Kriegsereignisse offenbarten bald die Gegenstandslosigkeit solcherlei Überlegungen. Währenddessen nahm auch die Architekturdiskussion, die durch aktuellere Themen ohnehin in eine marginale Position gedrängt wurde, rüdere Züge an. Pagano, der noch 1937, als es so aussah, als wäre er weiterhin maßgeblich am gigantischen Projekt beteiligt, die «Autorität» Piacentinis und die «perfekte Verschmelzung der Absichten und Enthusiasmen» der fünf Architekten gepriesen hatte[19], gebärdete sich vier Jahre später, kurz nachdem er definitiv seines Beraterames enthoben worden war, durchaus ungehalten und kritisch. Anfang 1941 schien seine anfängliche Begeisterung für das, was da «mit neuem Geist und neuen Absichten, aber doch ideell sich auf die Beispiele unserer glorreichen Vergangenheit und insbesondere auf die große römische Kunst beziehend»[20], geplant wurde, ganz und gar verflogen: In zwei hintereinander herausgekommenen Nummern von *Costruzioni – Casabella* (die letzte wurde sofort nach ihrem Erscheinen von der faschistischen Zensur konfisziert) rechnete Pagano wütend mit der Architektur der EUR ab, die er als hohl, theatralisch und akademisch bezeichnete.[21] Gleichzeitig läutete er eine heftige persönliche Polemik gegen Piacentini ein, den er als den Hauptschuldigen des architektonischen Desasters anprangerte. Piacentini reagierte, und was 1932 mit der Città universitaria als hoffnungsvolles Vermittlungsexperiment begonnen hatte, endete 1941 in einer wüsten gegenseitigen Beschimpfung, die auch vor vulgären rassistischen Unterstellungen nicht zurückschreckte. 1942 trat Pagano aus dem Partito Nazionale Fascista aus, lief zur Resistenza über, wurde gefangen genommen und starb ein paar Tage vor der Befreiung Italiens im Konzentrationslager Mauthausen.

Nach dem Ende des Krieges wurde der Monumentalkomplex der EUR, der bei den letzten Kämpfen um Rom starke Schäden erlitten hatte, restauriert und nach und nach vollendet. Der Palazzo della Civiltà Italiana wurde repariert, das Mussolini-Zitat auf den vier Seiten der Attika («un popolo di poeti di artisti di eroi di santi di pensatori di scienziati di navigatori di eroi») belassen, während die Hände der vier Gruppen der Dioskuren, die sich zu einem skulpturalen faschistischen Gruß erhoben, verschämt modifiziert wurden. 1954 wurde der Palazzo dei Ricevimenti e dei Congressi fertiggestellt, 1955 die Kirche SS. Pietro e Paolo, ebenfalls 1955 der Edificio per la Mostra della Romanità für das Publikum geöffnet, und der Komplex wurde auch ergänzt: 1960 bauten Piacentini und Nervi anlässlich der XVII. Olympiade den Palazzo dello Sport – und zwar genau an der Stelle, an der Piacentini zwanzig Jahre zuvor den Altar der «neuen Ordnung» vorgesehen hatte. So geriet der ansonsten unscheinbare Rundbau aus Stahlbeton zum Emblem der fragwürdigen Kontinuität der italienischen Architektur zwischen den zwanziger und den sechziger Jahren.

---

1 «Modernità dunque, ma serena e solida.» Marcello Piacentini, Brief an die Entwerfer der Città Universitaria di Roma, 14. April 1932. Wiederabgedruckt in: La città universitaria di Roma. The Rome University City, Seminario Internazionale di Progettazione. International Design Seminar, Università degli Studi di Roma «La Sapienza», Rom 1986, S. 5.
2 «[…] dimostrare di possedere una disciplina tecnica, urbanistica e artistica tale da imprimere in una realizzazione collettiva un carattere unitario, corrispondente ai nostri tempi. Questo esperimento vale, mi pare, cento polemiche.» g. p. p. (Giuseppe Pagano Pogatschnig), Registro (dell'università di Roma), in: La Casa bella, 6, Januar 1933, S. 39–41, Zitat S. 41.
3 «[…] si può credere che questa di Napoli potrà diventare senz'altro una delle mostre più simpatiche e meno musone d'Italia.» Giuseppe Pagano, Il teatro all'aperto alla Triennale di Napoli, in: Costruzioni – Casabella, 18, November 1940, Nr. 155, S. 26–28, Zitat S. 26.
4 (Redaktion), Piano dell'Esposizione Universale di Roma 1941, in: Architettura. Rivista del sindacato Nazionale Fascista Architetti, 16, April 1937, S. 181–192. (Giuseppe Pagano), L'Esposizione Universale di Roma 1941–1942, in: Costruzioni – Casabella, 15, Juni 1937, Nr. 114, S. 4–15; wiederabgedruckt in: Luigi Di Majo, Italo Insolera, L'EUR e Roma dagli anni Trenta al Duemila, Rom, Bari 1986, S. 42–46.
5 «L'Esposizione di Roma tenderà a creare lo stile definitivo della nostra epoca […].» (Cipriano Efisio Oppo), Secondo rapporto del Commissario Cini, 30. 6. 1937; zitiert nach: Di Majo, Insolera, L'EUR e Roma, S. 47.
6 Marcello Piacentini, Brief an Vittorio Cini, 23. 1. 1937. Zitiert nach: Riccardo Mariani, E42. Un progetto per l'«Ordine Nuovo», Mailand 1987, S. 64f.
7 Adriano Olivetti, Il piano dell'Esposizione 1941, in: Il Meridiano di Roma, 24. 1. 1937.
8 Giuseppe Pagano, L'Esposizione Universale di Roma 1941–1942, in: Costruzioni – Casabella, 15, Juni 1937, Nr. 114.
9 Wiederabgedruckt in: Mariani, E42, S. 50–61.
10 «Il lago artificiale, previsto in origine come la riproduzione di un lago naturale, è apparso dal lato artistico non conforme alle caratteristiche proprie dell'ambiente che veniva a crearsi con le costruzioni progettate. Questa considerazione ed altre di carattere igienico hanno indotto a studiare altra soluzione nel senso di inquadrare il lago in un complesso architettonico, che darebbe a questa parte dell'Esposizione l'aspetto di una grande villa monumentale di carattere italiano e che costituirebbe elemento notevole di attrattiva.» Marcello Piacentini, Terzo rapporto sull'attività svolta al 31 dicembre 1937, carte Cini, cartelle E42. Zitiert nach Enrico Guidoni, L'E42, Città della rappresentazione. Il progetto urbanistico e le polemiche sull'architettura, in: Maurizio Calvesi, Enrico Guidoni, Simonetta Lux (Hg.), E42. Utopia e scenario del regime. Band II – Urbanistica, architettura, arte e decorazione (Ausstellungskatalog), Venedig 1987, S. 52.
11 Cipriano Efisio Oppo, Marcello Piacentini, Paolo Salatino, Piano Regolatore Definitivo dell'Esposizione (31.3. 1939), wiederabgedruckt in: Mariani, E42, S. 191f.

12 «In questa vertigine delle mode, in questo fosco tramonto di tutte le Internazionali […] come prevedere quello che sarà tra quattro anni un'architettura per noi accettabile, se non tornando alle origini, alla tradizione e alla romanità? E dire quattro anni è niente. Le fabbriche del nuovo rione di Roma di là della basilica di Paolo verso il mare di Ostia, dovranno tra quattrocento anni mostrare palesemente quello che noi adesso siamo, sentiamo, speriamo e vogliamo. Si costruisce storia, non si costruiscono case […]. Noi non abbiamo che intravvedute le fotografie dei progetti scelti nei concorsi: il Palazzo della civiltà italiana con più di duecento grandi archi di travertino su sei piani; il Palazzo dei congressi fatto d'un salone quadrato, largo ed alto quanto il Pantheon, e vi si entrerà per un colonnato di quattordici grandi colonne, anche di marmo; e davanti al colonnato una piazza immensa, lucida e regale, tra altri palazzi e colonnati simmetrici […]. Una Roma, insomma, nostra e nuova, schietta e ordinata, solenne e accogliente, una Roma che anche nelle moli non temerà il confronto con l'altra, e dove ogni pietra continuerà a parlare con nuove inflessioni la stessa lingua d'allora.» Ugo Ojetti, Piacentini ha ragione, in: Corriere della sera, 24. 8. 1938.

13 Pietro Maria Bardi, Ojetti ha torto, in: Roma fascista, 1. 9. 1938.

14 Giuseppe Pagano, Variazioni sull'autarchia architettonica I, in: Costruzioni – Casabella, 16, Nr. 129, September 1938, S. 2–3.

15 Giuseppe Pagano, Variazioni sull'autarchia architettonica II, in: Costruzioni – Casabella, 16, Nr. 130, Oktober 1938, S. 2–3.

16 «[…] una città straordinaria, che sorge pronta e totale, e nasce dai monumenti, invece di compiersi con essi […] queste prospettive di edifici che stanno divenendo reali conserveranno il suggello della visione puramente ideale ed astratta che le ha generate d'un colpo. La città dell'E42 sarà favolosa, teatro di architetture favolose, nate da una evocazione: la loro raggiunta realtà è una effettiva espressione di dimensioni mai viste, di un realismo magico: questo è il loro assunto, il loro azzardo, il loro ardimento politico: chi vedesse o avesse visto in esse un positivo ritorno a partiti classici di tutto riposo, s'è ingannato o s'inganna. Non è certo l'architettura romana che torna, ma è l'architettura italiana che procedendo nelle sue vie, ferma in un lirico gesto l'evocazione dell'architettura antica.» Gio Ponti, Olimpiade della civiltà.L'E42 Città Favolosa, in: Corriere della sera, 4. 5. 1939, S. 5.

17 «Il 1944, dopo tre anni di pace per la distensione degli animi.» Benito Mussolini an Vittorio Cini; zitiert nach Mariani, E42, S. 143.

18 «Una grande Ara, situata a terra, con sostegni e fondi di bronzo, sulla quale dovrebbero essere disposti 2 riflettori della R. Marina, dovrebbe lanciare verso il cielo un fascio poderoso di luce, visibile dalle più lontane plaghe del Lazio: un faro verticale, richiamo ideale delle popolazioni verso l'Urbe rinnovata.» Marcello Piacentini, Brief an Vittorio Cini, 25. 8. 1940, abgedruckt in: Mariani, E42, S. 140–142, Zitat S. 141.

19 «[…] è necessario notare la fusione perfetta di intendimenti e di entusiasmi stabilitasi fra i cinque architetti sin dai primi contatti. Sul terreno concreto del lavoro, l'autorità di Piacentini, accademico d'Italia, si è immediatamente fusa con gli entusiasmi degli altri colleghi […].» (Giuseppe Pagano), L'Esposizione Universale di Roma 1941–1942, in: Costruzioni – Casabella, 15, Nr. 114, Juni 1937, S. 7.

20 «[…] con spirito ed intendimenti nuovi, pur collegandosi idealmente agli esempi del nostro glorioso passato, e più specialmente alla grande arte romana.» Ebd., S. 6f.

21 Giuseppe Pagano, Potremo salvarci dalle false tradizioni e dalle ossessioni monumentali?, in: Costruzioni – Casabella, 19, Januar 1941, Nr. 157, S. 2–7 und Giuseppe Pagano, Occasioni perdute, in: Costruzioni – Casabella, 19, Februar 1941, Nr. 158, S. 7.

Die neuen Städte in den Pontinischen Sümpfen. Zu Stein gewordene Architekturpolemik des Faschismus

Daniela Spiegel

Die Trockenlegung und Urbarmachung des Agro Pontino, einer malariaverseuchten Sumpfebene südlich von Rom, war Teil der großen Landgewinnungsprojekte, die unter der Herrschaft Benito Mussolinis auf dem italienischen Festland durchgeführt wurden. Im Zuge dieses Unterfangens, das als «eines der erfolgreichsten Werke des Faschismus»[1] propagiert wurde, entstanden die fünf städtischen Siedlungen Littoria (heute Latina), Sabaudia, Pontinia, Aprilia und Pomezia.

Zwischen 1927 und 1939 wurden circa 840 Quadratkilometer Sumpfland trockengelegt und für die Landwirtschaft parzelliert, um eine neue Kornkammer für Italien zu schaffen. Bewirtschaftet werden sollte die Ebene von über 3000 «Kolonistenfamilien», die aus Landesteilen mit starker Bevölkerungsdichte und hoher Arbeitslosigkeit umgesiedelt wurden. Begleitet wurde die Urbarmachung von einer stadtfeindlich orientierten Propaganda, welche die Übel der Großstadt verteufelte und die Ländlichkeit heroisch verklärte. Mussolini selbst definierte mit seinem Versprechen, «als Bauern werdet ihr näher an meinem Herzen sein»,[2] das Landleben als eine Lebensform, die es als guter Faschist anzustreben galt. Dementsprechend wurden die Bauern nicht in Dörfern angesiedelt, sondern jede Familie für sich auf der von ihr zu bewirtschaftenden Parzelle, «zur besseren Bindung des Bauern an die Scholle»[3].

Die Planung und Durchführung der Urbarmachung oblag ab 1931 der nationalen Frontkämpfervereinigung Opera Nazionale per i Combattenti

(ONC).⁴ Die Organisation war 1918 als nationales Hilfswerk für die aus dem Ersten Weltkrieg heimkehrenden Soldaten gegründet worden, die zu weiten Teilen aus einfachen Landarbeitern und Tagelöhnern rekrutiert worden waren. Betraut mit der Reintegration der circa drei Millionen Veteranen entwickelte sich die ONC mit der Zeit zu einer Art «Arbeitsbeschaffungsorgan», das sich aufgrund der Überzahl der Landarbeiter unter den Soldaten schnell auf den landwirtschaftlichen Sektor spezialisierte.⁵

Obwohl das Projekt nach außen hin stets als generalstabsmäßig geplantes und funktionierendes Unterfangen vermarktet wurde, war es in Wahrheit von einer erschreckenden Planlosigkeit gekennzeichnet. Zum Beispiel erfolgte die Ausführung der einzelnen Schritte der Urbarmachung und Besiedlung aufgrund des ungeheuren Zeit- und Erfolgsdrucks oftmals ohne eingehende Vorausplanung, wobei die anschließende Korrektur der Fehler von der offiziellen Propaganda als stetiges Streben nach Verbesserung vermarktet wurde.⁶

Abb. 18: Agro Pontino, geografischer Übersichtsplan, undatiert, ca. 1950.

Auch der Bau von Städten war zunächst gar nicht vorgesehen, da die Bauern allein durch übergeordnete Landwirtschaftsbetriebe, sogenannte «Aziende agrarie», betreut werden sollten. Die Notwendigkeit von eigenen städtischen und verwaltungstechnischen Einrichtungen in der Pontinischen Ebene wurde erst im Frühjahr 1932, wenige Monate vor dem Eintreffen der ersten Siedler, erkannt. Da jedoch der Bau von Städten aufgrund der explizit antistädtischen Ausrichtung des Projektes nicht möglich war, behalf man sich mit einer einfachen Umbenennung. Fortan als «Centri comunali agricoli» (landwirtschaftliche Gemeindezentren) bezeichnet, konnten die Siedlungen alle städtischen Funktionen erfüllen, ohne namentlich als Städte in Erscheinung zu treten. Zur Versorgung und Administration der Kolonisten ließ die ONC sukzessive 18 Dörfer (sogenannte «Borghi») und die 5 Neustädte Littoria (1932), Sabaudia (1933–1934), Pontinia (1934–1935), Aprilia (1936–1937) und Pomezia (1938–1939) errichten.

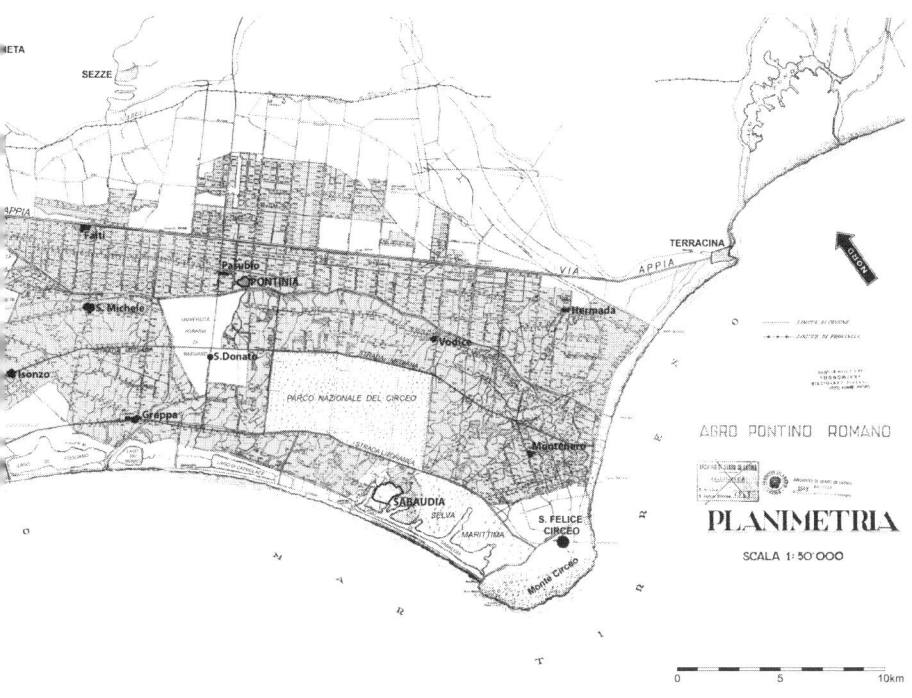

Die Planungen sahen vor, dass in den «Centri» jeweils 5000 Einwohner leben sollten. Allerdings hatte die ONC nicht überlegt, wie sich die zukünftigen Bewohner ernähren sollten. Das Konzept der pontinischen Urbarmachung, das Umland vollständig zu parzellieren und die Parzellen direkt mit Siedlerfamilien zu besetzen, erlaubte es den potenziellen Bewohnern der «Centri» nicht, ebenfalls auf dem Land zu arbeiten, zumal den Kolonistenfamilien jedwedes Lohnarbeiterverhältnis vertraglich untersagt war. Innerhalb der Siedlungen gab es außer für die wenigen Angestellten der öffentlichen und privaten Einrichtungen keine Arbeitsmöglichkeiten. Dennoch hielt man am Konzept fest, da Mussolini den Bau weiterer Gemeindezentren bereits angekündigt hatte. Die Reaktion auf dieses Missverhältnis, das bereits beim Bau der zweiten Stadt Sabaudia offenkundig wurde, bestand darin, fortan nur die öffentlichen Bauten und eine geringe Anzahl von Wohnungen zu errichten.[7] Zur besseren Auslastung der Neustädte wurden zudem ab 1935 keine «Borghi» mehr gebaut und die Einwohnerzahl für Aprilia und Pomezia offiziell auf die Größe von 3000 Einwohner reduziert. Parallel dazu bemühte sich die ONC, neue Funktionen für die Siedlungen zu finden. Littoria wurde 1934 zur Provinzhauptstadt erhoben und sukzessive ausgebaut, Sabaudia sollte seinen Nutzen im Tourismus finden, und für Pontinia wurde die Ansiedlung von landwirtschaftlichen Industrien erwogen.

Architekturpolitischer Rahmen

Schon ein erster Blick auf die «Città nuove», als welche die Städte heute bezeichnet werden, zeigt beträchtliche Unterschiede, sowohl in Hinsicht auf die Stadtplanung als auch auf die Architektur: Auf der stadtplanerischen Ebene reicht die Bandbreite von geometrisch-rechtwinklig organisierten Stadtgrundrissen über organisch in die Natur eingebettete oder bandartig über eine Hügelflanke gezogene Anlagen bis zu radialkonzentrisch aufgebauten Siedlungen. Ähnlich verhält es sich mit dem Spektrum der architektonischen Formensprache. Neben dem traditionalistischen Repertoire städtischer und ländlicher Prägung bediente man sich genauso der italienischen und nordeuropäischen Moderne wie auch der Monumentalität des Neoklassizismus.

Diese augenfälligen Unterschiede erscheinen insofern erstaunlich, als die Städte innerhalb eines gemeinsamen Projektes in einem Zeitraum von nur sieben Jahren errichtet wurden. Auf welche Weise dieses ambivalente Bild der «Città nuove» zustande kommt und welcher Stellenwert ihnen innerhalb der italienischen Architektur- und Städtebaugeschichte gebührt, lässt sich nur durch die Einbettung in die architekturpolitischen Verhältnisse der Zeit ermessen.[8]

Wie hinlänglich bekannt ist, war die Zeit des Faschismus von einem landesweiten Streit um die Frage der Staatsarchitektur geprägt. Ganz stark verkürzt könnte man sagen, dass Anfang der dreißiger Jahre die italienische Architekten- und Künstlerszene in zwei große Lager gespalten war: die jungen Modernisten auf der einen Seite, die alteingesessenen Traditionalisten auf der anderen. Beide Gruppierungen nahmen für sich in Anspruch, die Inhalte des Regimes am besten zum Ausdruck bringen zu können. Dieser Konkurrenz unter den Kunstströmungen begegnete Mussolini mit einer ambivalenten Haltung. Denn auf der einen Seite sympathisierte er mit den Ideen der aufstrebenden Modernisten, die ihm die Möglichkeit boten, die propagierte Fortschrittlichkeit der «faschistischen Revolution» mittels Architektur zu visualisieren. Auf der anderen Seite hinderte ihn aber die Beibehaltung der wirtschaftlichen und in Teilen auch politischen Machtstrukturen daran, mit der etablierten Seite der Traditionalisten zu brechen.

Neben Mussolini selbst gab es drei Personen, die von Rom aus die Entwicklung der Architektur maßgeblich bestimmten: Alberto Calza Bini, Gustavo Giovannoni und Marcello Piacentini. Der Architekt Alberto Calza Bini (1881–1957) verdankte seinen Einfluss seinen mannigfaltigen Tätigkeitsfeldern: Er war Hochschullehrer in Neapel, Direktor des Instituts für sozialen Wohnungsbau, Parlamentsabgeordneter, und er leitete – die wichtigste Position in diesem Zusammenhang – als Generalsekretär die faschistische Architektengewerkschaft.[9] Gustavo Giovannoni (1873–1947), der zu den Traditionalisten zählt, machte seinen Einfluss vor allem in der 1920 eingeweihten römischen Architekturhochschule (Scuola superiore di architettura) geltend, der er seit 1927 als Direktor vorstand.[10] Von Beginn seiner Laufbahn an war Giovannoni weniger als Architekt als vielmehr wissenschaftlich im Bereich Forschung und Lehre sowie als Denkmalpfleger tätig. Einer seiner Forschungsschwerpunkte war die städtebauliche Denkmalpflege und Stadtbildpflege Italiens mit besonderem Fokus auf Rom.[11] 1913 erschien sein Aufsatz «Vecchie città ed edilizia nuova», den er 1931 im gleichnamigen Buch neu publizieren sollte. Dieses in der Forschungstradition Camillo Sittes stehende Werk avancierte zur theoretischen Grundlage der italienischen Städtebaulehre in faschistischer Zeit. Wenngleich Marcello Piacentini (1882–1960) nicht analog zu Albert Speer im nationalsozialistischen Deutschland als «Staatsbaumeister» des faschistischen Regimes bezeichnet werden kann, so gehörte er doch zweifelsohne zu den einflussreichsten Architekten des Landes. Als Sohn des renommierten Architekten Pio Piacentini hatte er seine Karriere bereits in vorfaschistischer Zeit begonnen.[12] Hilfreich für seinen rasanten Aufstieg in faschistischer Zeit waren seine schon seit jeher gut ausgebauten Beziehungen zur römischen Politikszene, die ihm zahlreiche prestigeträchtige Bauaufträge verschafften.[13] Durch seine mannigfaltigen Tätigkeiten und Ämter – er leitete das größte Architekturbüro des Landes, war Akademiemitglied, Professor für das neu eingerichtete Fach Städtebau an der römischen Hochschule,[14] Herausgeber des Gewerkschaftsorgans *Architettura,* federführend in der Stadtplanungskommission der Hauptstadt und saß im «Obersten Rat für Schöne Künste» (Consiglio superiore per le Belle Arti) sowie in zahlreichen Wettbewerbskommissionen – avancierte er zur Schlüsselfigur der italienischen Architektur und Urbanistik. Mit Giovannoni, den er 1935 als Direktor der römischen Architekturfakultät ablöste, verband ihn eine langjährige Rivalität, die aufgrund inhaltlicher Divergenzen über die Entwicklung der italienischen Architektur entstanden war, aber vor allem um hegemoniale Ansprüche kreiste.

Anders als Giovannoni sperrte sich Piacentini nicht gegen die neuen Tendenzen in der italienischen Architektur. Als er 1931 das Interesse Mussolinis für die Modernisten erkannte, nahm er diese zusammen mit Calza Bini unter seine Fittiche, um die eigene Machtposition aufrechtzuerhalten. So in die Reihen der faschistischen Gewerkschaft integriert, gelangten die Modernisten ab Beginn der dreißiger Jahre an öffentliche Aufträge.

Littoria

In dieser Zeit wird die erste Neustadt Littoria (heute Latina) gegründet, deren städtebauliches wie architektonisches Ergebnis im Hinblick auf die geschilderten Ereignisse überrascht. Die Stadt zeigt einen als rückständig zu bezeichnenden, radiozentrischen Grundriss, der auf italienische Idealstadtschemata der Renaissance zurückgreift. Bestechendes Merkmal der Stadtkonzeption ist die Aufteilung der städtischen Funktionen auf mehrere Plätze. Die Anforderungen, die von politisch-ideologischer Seite an die Siedlung gestellt wurden – nämlich städtische und repräsentative Funktionen auszuüben, dabei aber einen ländlichen Charakter zu bewahren, welcher der italienischen Tradition verhaftet bleibt –, führten zu einer moderaten, zeitlosen «Mischarchitektur» aus städtischen und ländlichen Architekturkonzepten, die auf italienischen Traditionen fußte und wenige moderne Einflüsse mit aufnahm.[15]

Abb. 19: Littoria, Luftbild von Südwesten, Anfang 1935.

Gerade in Hinblick auf die Fortschrittlichkeit, die innerhalb des Urbarmachungsprojektes ständig propagiert wurde, stellt sich die Frage, wieso auf einen Wettbewerb verzichtet und stattdessen der bis dato kaum bekannte römische Architekt Oriolo Frezzotti beauftragt wurde. Dabei handelte es sich wohl um eine bewusste Entscheidung der ONC. Sie suchte nachweislich einen Architekten, «der nicht allzu wichtig und insofern nicht zu exponiert sei»[16], also den polemischen Diskussionen um die moderne Architektur fernstand. Der Bau Littorias sollte besser nicht zu sehr in das Interesse der Öffentlichkeit gerückt werden, zumal der hier unternommene Städtebau der ideologischen Einbettung in die Ruralisierungspolitik des Regimes offensichtlich widersprach.[17]

Tatsächlich führte der Bau der ersten Stadt des Agro Pontino nicht zu einer Polemikwelle, wie sie zeitgleich bei anderen Projekten ausbrach. Die wichtigen modernistischen Zeitschriften verzichteten darauf, sich über Littoria zu äußern, vermutlich, weil sie nicht daran interessiert waren, wegen einer kleinen Landgemeinde den zu diesem Zeitpunkt herrschenden fragilen Frieden zu brechen. Allerdings wurde in einzelnen Fachartikeln durchaus die Rückständigkeit des städtebaulichen Konzepts kritisiert.[18]

Einhellig gelobt wurden allein die Bauten, die Angiolo Mazzoni, der Architekt des Kommunikationsministeriums und Anhänger des Futurismus, für die erste Neustadt beigesteuert hatte. Nur diese vor allem wegen ihrer künstlerisch eingesetzten Mückengitter hochgeschätzten Gebäude wurden in der von Marcello Piacentini geleiteten Gewerkschaftszeitschrift *Architettura* publiziert, und zwar, weil sie die «einzigen architektonisch interessanten Gebäude in Littoria» seien.[19] Was die Redaktion vom Rest der Stadt hielt, konnte der geschulte Leser aus dem Tenor des Abschlusssatzes erkennen: Eindringlich wurden «die tüchtigsten Kräfte der italienischen Architektur» aufgerufen, sich am bevorstehenden Wettbewerb für Sabaudia zu beteiligen.[20]

Sabaudia

Dass für die zweite Stadt ein Wettbewerb ausgelobt wurde, liegt wahrscheinlich an zwei Faktoren: Zum einen war die Urbarmachung mittlerweile über die Landesgrenzen hinaus bekannt geworden. Zum anderen lag zu diesem Zeitpunkt in Italien ein besonders starker Fokus auf städtebaulichen Fragestellungen, da wenige Monate vorher der Städtebau als universitäre Disziplin eingeführt worden war und an einem neuen Stadtplanungsgesetz gearbeitet wurde.[21] Die Jury bestand aus Vertretern beider «Fraktionen», Adalberto Libera gehörte zu den Modernisten, Vincenzo Fasolo zu den Traditionalisten, genauso wie Gustavo Giovannoni, der den Vorsitz innehatte. Sie verliehen den ersten Preis an eine Gruppe von vier jungen Architekten, bestehend aus Luigi Piccinato, Gino Cancellotti, Alfredo Scalpelli und Eugenio Montuori. Planungskopf der Gruppe war Piccinato, ein ehemaliger Schüler und Mitarbeiter Piacentinis, der gerade den neuen Lehrstuhl für Städtebau an der Universität Neapel übernommen hatte.[22] Warum Giovannoni den Entwurf eines Architekten prämierte, der aus dem engen Umkreis seines Rivalen Piacentini stammte, erklärt sich, wenn man den Entwurf genauer betrachtet.

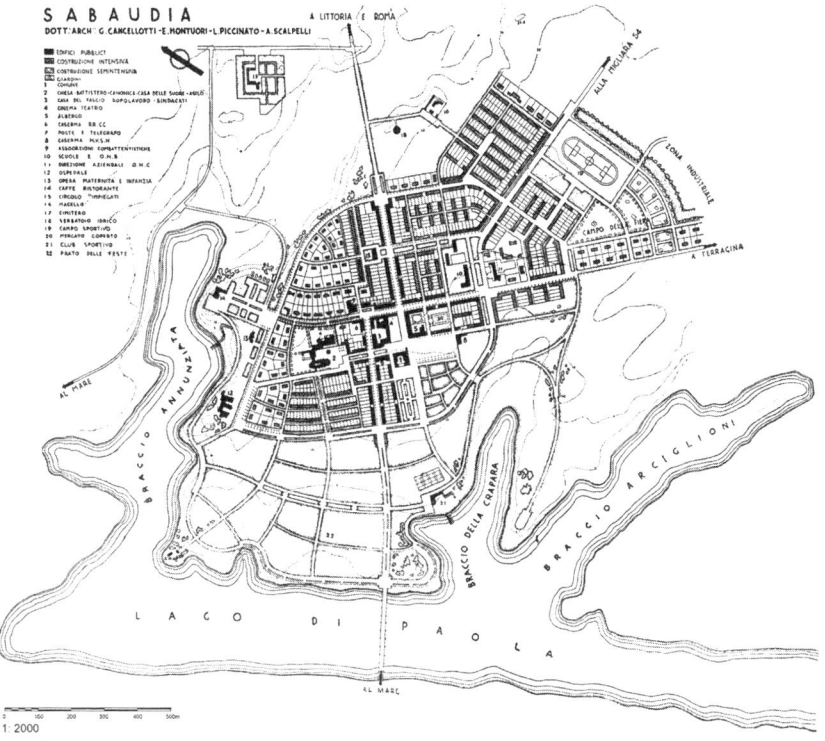

Abb. 20: Sabaudia, Piano regolatore, Ausführungsentwurf 1934.

Abb. 21: Sabaudia, Luftbild von Norden, 1935.

Im Zentrum des Entwurfs steht die Einbeziehung der Natur in die Siedlung, die sich zwischen zwei Seearmen einpasst. Das Straßensystem beruht auf zwei Hauptverkehrsadern in der Art von Cardo und Decumanus mit einer Winkelhalbierenden. Hauptstraße ist der Cardo, der in das administrative Zentrum der Anlage führt beziehungsweise direkt davor verspringt, um außerhalb der Piazza über den See zum Meer zu führen. Das Zentrum besteht aus einer Zweiplatzanlage aus Rathaus- und Versammlungsplatz, die genauso wie der Kirchplatz weitgehend verkehrsfrei bleibt. Im Zwickel der zwei Plätze befindet sich das Rathaus, dessen Turm vor dessen Ostecke direkt in die Blickachse der Hauptstraße gesetzt ist und so die beiden Plätze gleichermaßen trennt wie verbindet. Der Südteil des Versammlungsplatzes wurde bewusst nicht bebaut, um die Blickachse auf den Monte Circeo freizuhalten, der mit seinem eigentümlichen Profil das Wahrzeichen der Ebene ist. Ebenso unbebaut blieb der Bereich hinter dem Rathaus – so dass bei geöffneten Türen des Eingangsportals der Blick frei bis zum See laufen konnte. Durch diese Gestaltung kam die Zweiplatzanlage in die kompositorisch und städtebaulich originelle Position, trotz ihrer zentralen Stellung in nächster Nähe zur Natur zu stehen.

Dieses dominierende Kompositionselement der Zweiplatzanlage mit seitlich vorgerücktem Turm hatte seinen Ursprung in traditionellen italienischen Stadtanlagen, worauf Piccinato selbst hinwies.[23] Das prominenteste Beispiel einer solchen Anlage, und höchstwahrscheinlich auch direktes Vorbild, ist die Zweiplatzanlage mit Piazza und Piazzetta vor San Marco in Venedig. Bei dieser, von Camillo Sitte als beispielhaft hervorgehobenen Komposition[24] finden sich alle wesentlichen Komponenten der Sabaudianer Platzanlage: die flankierenden Kolonnaden, die L-förmige Kombination eines trapezoiden mit einem rechteckigen Platz, die seitliche Turmstellung sowie die Besonderheit, dass eine Platzseite von einem natürlichen Panorama gebildet wird.

Gegendominante zum Rathausturm war der ebenso hohe Kirchturm. Ebenfalls in die Blickachse gehörten der zwischen Rathaus- und Kirchturm positionierte Turm des Parteigebäudes und der turmartige Teil der Parteimiliz-Kaserne, die am Ende des Versammlungsplatzes auf gleicher Achse wie die Kirche steht. Mit dieser Zusammenstellung ergab sich eine programmatische Blickachse, welche die damaligen Machtstrukturen der italienischen Gesellschaft eindrucksvoll vor Augen führte. Die Vorbilder für diese Komposition sind abermals in der landeseigenen Stadtbaugeschichte zu suchen; man denke an die mittelalterlichen Geschlechtertürme, die den Machtanspruch ihrer Bauherren städtebaulich manifestierten. Dabei fällt auf, dass sich der Parteihausturm und die Kaserne der Parteimiliz, was Höhe und Material betrifft, eindeutig den Türmen von Rathaus und Kirche unterordnen. Die ursprünglich am Rathausturm angebrachten «fasci littorii» verwiesen jedoch auf dessen Rolle als «Torre del Littorio» und verdeutlichten die politische Einordnung der ehemals bürgerlichen Instanz in die Machtstrukturen des Regimes.

Die Übernahme traditioneller Motive, die auch beim Kirchplatz deutlich sichtbar ist, entsprach der aktuellen Entwurfslehre, wie sie in dieser Zeit an den neu eingerichteten Städtebau-Lehrstühlen der italienischen Architekturhochschulen gelehrt wurde. Diese Lehre fußte zu großen Teilen auf den Theorien von Camillo Sitte und – in diesem Kontext noch wichtiger – von Gustavo Giovannoni. In Sabaudia handelte es sich bei den Zitaten allerdings nie um getreue Wiedergaben, da die Motive von den Architekten in ihre eigene, moderne Formensprache übersetzt wurden. Dahinter stand die Idee, den aus unterschiedlichen Landesteilen stammenden Bewohnern ein neues und gleichzeitig vertrautes Lebensgefühl von «Italianità» zu vermitteln und somit eine gemeinsame, panitalienische Heimat zu schaffen.

Bezeichnenderweise blieb nach dem Ausgang des Wettbewerbs Kritik seitens der Fachwelt weitgehend aus. Dies mochte zum einen der überzeugenden Qualität des Entwurfs als auch dem Umstand geschuldet gewesen sein, dass mit Fasolo und Giovannoni zwei der stärksten Verteidiger der italienischen Architekturtradition das Projekt der Piccinato-Gruppe ausgezeichnet hatten. Polemik brach erst nach der Einweihung aus. Auslöser war eine Parlamentsdebatte vom 20. Mai 1934, bei der über die Finanzierung des geplanten großen Parteipalastes in Rom aus öffentlichen Mitteln abgestimmt wurde, der gegenüber der Maxentiusbasilika an der 1932 eingeweihten neuen Via dell'Impero (heute Via dei Fori Imperiali) errichtet werden sollte. [25] Anders als vorgesehen glitt die Diskussion in eine stilistische Debatte über die zukünftige Gestalt des Parteipalastes ab. Dabei brachten die Abgeordneten Sabaudia und den neuen Bahnhof in Florenz als Beispiele vor, wie die Architektur des Parteipalastes keinesfalls aussehen dürfe. Sie verunglimpften diese Architektur als «bolschewistisch», «deutsch» und «nicht italienisch» und sprachen ihr jegliche Berechtigung als Staatskunst ab. Daraufhin rief Mussolini die diskreditierten Architekten zu sich, um sie seines ausdrücklichen Wohlwollens zu versichern und «in unmissverständlicher Weise» klarzustellen, dass er «für die moderne Architektur» sei und den Bahnhof von Florenz wie auch Sabaudia «wunderschön» finde.[26] Wahrscheinlich hätte die Stellungnahme Mussolinis die Frage um die Staatsarchitektur endgültig klären können, wenn sie als offizielle Erklärung des Staatsoberhauptes veröffentlicht worden wäre. Stattdessen – und das ist für die Entwicklung der faschistischen Staatsarchitektur von fundamentaler Bedeutung – wurde lediglich eine kurze offizielle Pressemitteilung ausgegeben, die mitteilte, dass «das Regierungsoberhaupt allen Jungen [= Architekten] seinen Gefallen und seinen Beifall» ausgesprochen habe, «die in der Architektur und in anderen Bereichen danach streben, eine Kunst zu realisieren, die der Sensibilität und den Erfordernissen unseres faschistischen Zeitalters entspricht»[27].

Pontinia und Aprilia

Nach diesem Eklat war das Interesse am zu erwartenden Wettbewerb für die dritte Neustadt Pontinia von beiden Seiten sehr stark. Doch zur Enttäuschung aller gab der ONC-Präsident bekannt, dass «laut präziser Order Seiner Eminenz des Regierungsoberhauptes» keinerlei Wettbewerb für Pontinia ausgerufen werde und sich die ONC selbst um die Planung kümmern würde. Dieses scheinbar widersprüchliche Verhalten Mussolinis, die angefeindeten modernistischen Architekten zunächst in Schutz zu nehmen, dann aber keinen Wettbewerb für die nächste Stadt ausschreiben zu lassen, lässt sich mit der von ihm verfolgten Konsenspolitik erklären. Hätte er fortan tatsächlich ausschließlich die Modernisten gefördert, hätte dies die einflussreiche bürgerliche Oberschicht verstimmt, die den substanziellen Kern des Regimes bildete und die Moderne als Staatsarchitektur mehrheitlich ablehnte. Insofern zeugt die Entscheidung, weder einen Wettbewerb auszuschreiben noch einen modernistischen Architekten direkt zu beauftragen, von der Weigerung des Staatsoberhauptes, in dieser schwierigen Situation Position zu beziehen.

Abb. 22: Pontinia, Luftbild von Nordosten, ca. 1936.

Zuständig für die Planung der neuen Siedlung war der Ingenieur Alfredo Pappalardo, der innerhalb der ONC die Bauabteilung für den Agro Pontino leitete. Er setzte seinen Stadtgrundriss diagonal in eine weitgehend rechteckige Parzelle, die bereits im Jahr zuvor mit Kolonistenhäusern bebaut worden war. Ähnlich wie in Littoria und Sabaudia gab es auch hier die Funktionsaufteilung auf mehrere Plätze mit dem Rathausplatz im Zentrum.[28] Allerdings wurden die Hoffnungen der ONC, durch die Umgehung eines Wettbewerbes der Polemik aus dem Weg gehen zu können, bitter enttäuscht. Giuseppe Pagano, einer der führenden Architekturkritiker auf Seiten der modernen Bewegung, nahm die ersten Entwürfe für Pontinia zum Anlass, um an ihrem Beispiel schärfste Kritik an der Entwicklung zu üben, welche die gesamte italienische Architektur seit der kontrollierten Integration der Modernisten genommen hatte. In einem polemischen Artikel in der progressiven Architekturzeitschrift *Casabella* beklagte er die oberflächliche Erneuerung der italienischen Architektur, die allerorts nur mediokre, scheinbar moderne Bauten hervorbrächte wie eben in Pontinia. Statt der geforderten ländlichen Bescheidenheit sei die projektierte Siedlung «verdorben von konventionellen Phrasen», «rhetorischen Explosionen» und «waghalsigen Symbolismen».[29]

Höchstwahrscheinlich war diese vernichtende Kritik der Auslöser, dass die ONC anschließend Oriolo Frezzotti beauftragte, die Entwürfe von Pontinia «künstlerisch» zu überarbeiten. In diesem Zusammenhang konnte die bis dato gängige Forschungsmeinung widerlegt werden, nach der die Urheberschaft für die architektonischen Entwürfe allein Frezzotti zugeschrieben wurden. Tatsächlich wurde er frühestens Mitte Januar, also nach Baubeginn und nach Erscheinen des Artikels, als Berater hinzugezogen.[30] Doch die Überarbeitungen durch den Littoria-Architekten konnten das architektonische Ergebnis nur bedingt verbessern. Insofern ist anzunehmen, dass das mediokre bauliche Resultat sowie die starke Kritik zur Entscheidung beitrugen, für die weiteren Neustädte des Agro Pontino, dessen Urbarmachung mittlerweile im gleißenden Licht der Öffentlichkeit stand, wieder die Last der Wettbewerbe aufzunehmen.

Ausschlaggebend für diese Entscheidung war wohl auch ein Wechsel auf der ONC-Führungsebene. Ende März 1935 übernahm Araldo Di Crollalanza, der sich in seinem vorigen Amt als Minister für öffentliche Arbeiten intensiv mit städtebaulichen Fragen und Planungen beschäftigt hatte, das Präsidentenamt. Bedenkt man den Ausgang des Wettbewerbes für die vierte Neustadt Aprilia, drängt sich der Verdacht auf, dass die Jury, in der neben dem ONC-Präsidenten auch dessen Freund Gustavo Giovannoni saß, eventuell schon bei der Ausschreibung entschieden hatte, wer die neue Siedlung entwerfen sollte. Denn die Wahl der Kommission fiel auf die vierköpfige Gruppe «2PST», die von Concezio Petrucci angeführt wurde.[31] Dieser konnte eine ganz ähnliche Karriere wie Luigi Piccinato vorweisen, stand künstlerisch allerdings auf der anderen Seite, da er nicht Schüler von Piacentini, sondern von Giovannoni war.[32] Mit dem neuen ONC-Präsidenten war Petrucci ebenfalls gut bekannt, da er wenige Jahre zuvor in dessen Auftrag einen Plan zur Altstadtsanierung von Bari angefertigt hatte, ein Auftrag, den er aufgrund von Giovannonis Fürsprache erhalten hatte.[33] Der Wettbewerbsausgang evozierte eine neue Polemik, als die prämierten Entwürfe im März 1936 in den Trajansmärkten in Rom ausgestellt wurden, zum einen wegen des Verdachts der Vetternwirtschaft, zum anderen wegen der städtebaulichen Konzeption des Entwurfs.

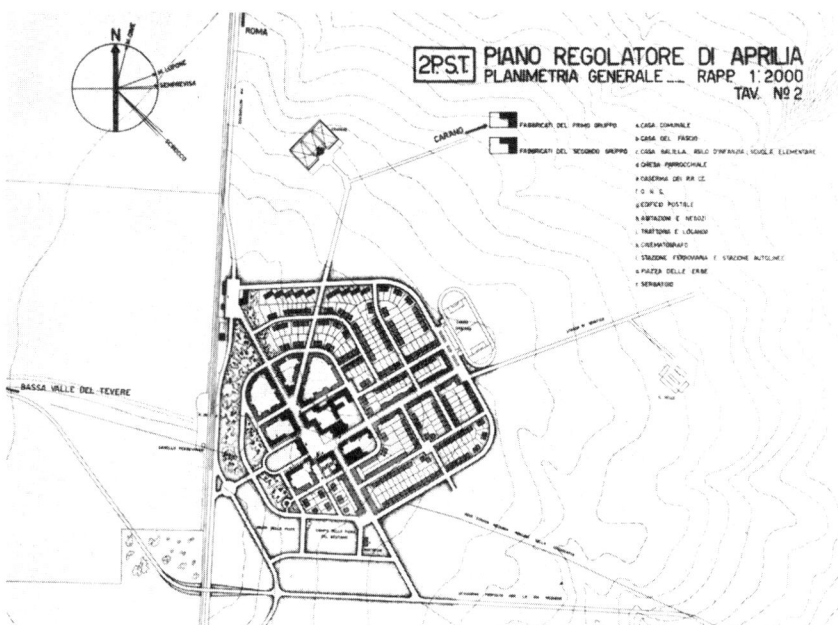

Abb. 23: Aprilia, Piano regolatore, Wettbewerbsentwurf, 1936.

Aprilia wurde auf dem neu dazu gewonnenen Urbarmachungsgebiet des Agro Romano, circa 65 Kilometer von Rom entfernt, in unmittelbarer Nähe der Kreuzung der Überlandstraßen «Nettunense» und «Mediana» geplant.[34] Es handelt sich um einen kompakten, geschlossenen Stadtkörper in Form eines unregelmäßigen Sechseckes. Bestimmendes Element des Entwurfs war – wie schon in Pontinia – die diagonale Ausrichtung des «Centro» zur rechtwinkligen Kreuzung. Die Drehung resultierte daraus, dass als Hauptstraße der Siedlung die Diagonalverbindung der beiden Überlandstraßen dienen sollte. Die Hauptstraße der Anlage führte direkt auf den Hauptplatz der Siedlung, an dem erstmals alle drei Machtinstanzen – Rathaus, Kirche und Parteigebäude – angesiedelt waren. Die Piazza lag am Kreuzungspunkt der Hauptachsen und war städtebaulich sehr differenziert ausformuliert. Ähnlich wie in Sabaudia gab es auch in Aprilia entsprechend der Lehren Giovannonis und Sittes Straßenversprünge und ein komplexes Blickachsensystem, das die wichtigsten Gebäude(teile) in Szene setzte.[35]

Im Hinblick auf den Kontext der Staatsarchitekturentwicklung ist von besonderer Bedeutung, dass diesmal Marcello Piacentini mit einem sehr kritischen Artikel über den Wettbewerbsausgang die Polemik eröffnete.[36] Hintergrund für sein Eingreifen war wohl der Umstand, dass die Jury eine Planungsgruppe prämiert hatte, die nicht aus seinem, sondern Giovannonis Umkreis stammte und dieser somit die Kontrolle über dieses wichtige Projekt gewonnen hatte. Interessanterweise betraf die Kritik nicht die architektonischen Entwürfe, die er als «bescheiden und gefällig»[37] bezeichnete, sondern vornehmlich stadtplanerische Fragen. Piacentini beanstandete zum Beispiel die Entscheidung, den Durchgangsverkehr der Überlandstraßen mitten durch das Siedlungszentrum zu führen. Der zweite Kritikpunkt betraf die Ausrichtung des «Centro» und vor allem der Wohnbauten, die zum großen Teil in Ost-West-Richtung orientiert und so der Hauptwindrichtung des Scirocco ausgesetzt waren, auf dessen Beachtung in der Ausschreibung eigens hingewiesen worden war.

Die Änderungen, die der Plan bis zur Grundsteinlegung erfuhr, nahmen sich den von Piacentini geäußerten Kritikpunkten minuziös an. Die Siedlung wurde außerhalb des direkten Kreuzungsbereichs der Überlandstraßen nach Nordosten verschoben. Des Weiteren wurde die Ausrichtung der Siedlung vertikal gespiegelt, um eine bessere Orientierung der Wohnblocks in Bezug

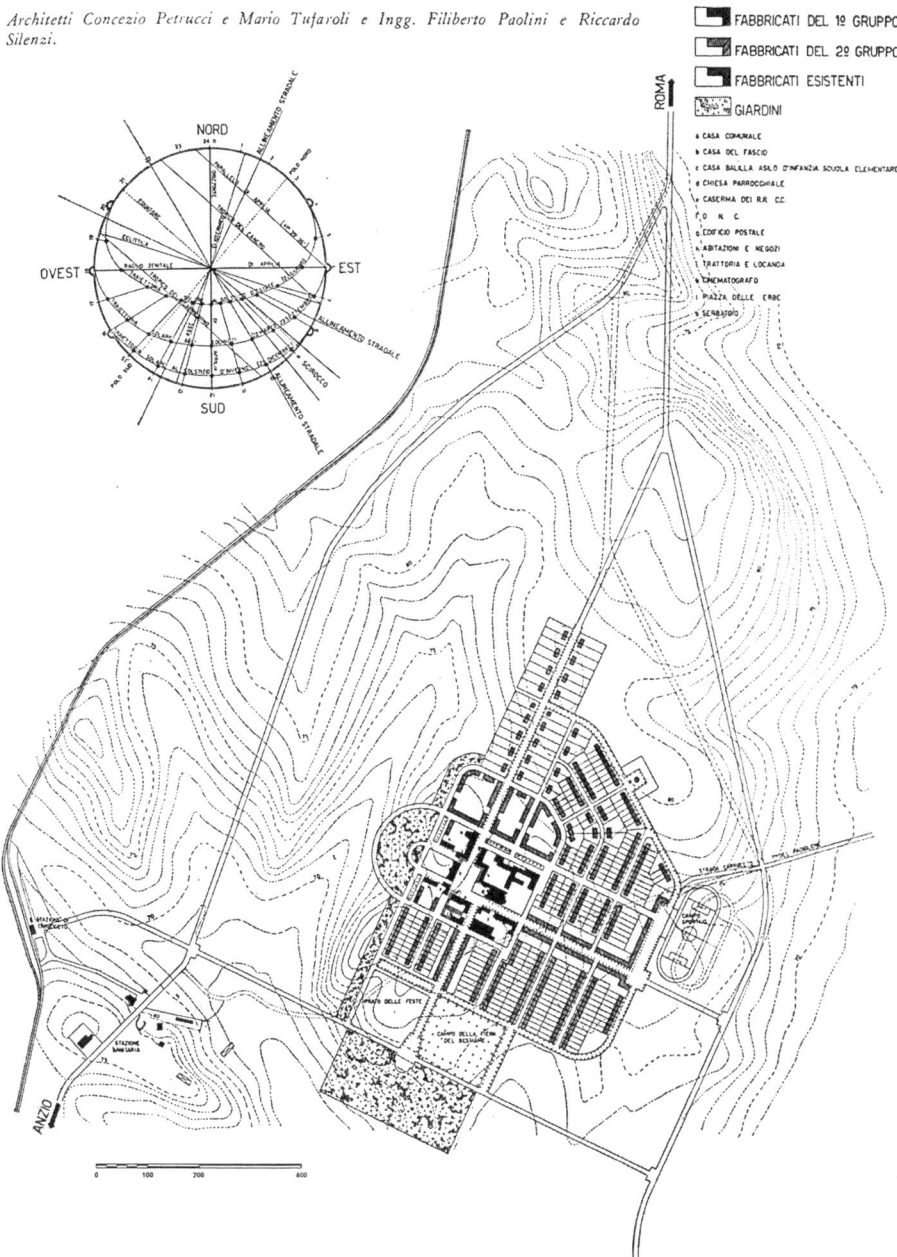

Abb. 24: Aprilia, Piano regolatore, Ausführungsentwurf, 1936.

auf die Scirocco-Winde zu erreichen. Zudem wurde die Blockrandbebauung durch eine Zeilenbauweise ersetzt, so dass die meisten Bauten nun in der von Piacentini geforderten Richtung angeordnet waren.

Bereits vor Erscheinen der Kritik hatte Giovannoni gegenüber dem ONC-Präsidenten seine Beunruhigung über das «wahrscheinliche Intervenieren des Freundes Marcello Piacentini» geäußert, da er befürchtete, dass dieser auf Mussolini «einwirken» könne.[38] Daher regte er an, vorbeugend tätig zu werden, indem man selbst das Staatsoberhaupt einbeziehe. Daraufhin ließ sich der ONC-Präsident von Mussolini dessen «Sympathie für den perfekt an das neue landwirtschaftliche Zentrum angemessenen Entwurf» bestätigen und die Zusage geben, die Planer bei der nächstmöglichen Audienz zu empfangen.[39] Zwar ist nicht überliefert, ob der Empfang tatsächlich stattfand. Doch selbst ohne eine Audienz reichte die potenzielle Einladung offenbar aus, Piacentini zum Schweigen zu bringen. Denn nach der Einweihung Aprilias publizierte die *Architettura* einen zweiten, ausführlich bebilderten Artikel über die neue Stadt.[40] Das kurze, in moderat-höflichem Ton gehaltene Vorwort Piacentinis enthielt sich nun jedweder Grundsatzkritik.

Noch ein weiterer Gesichtspunkt von Aprilia ist wichtig für die allgemeine Entwicklung der Architektur im Faschismus, und dieser betrifft die architektonische Gestaltung. Auffallend ist, dass die Bauten der vierten Neustadt von starker Uniformität geprägt waren. Das hervorstechendste Merkmal war der vielfältige Einsatz von Rundbögen, ein Motiv, das wie die Walmdächer aus einem eindeutig traditionellen ländlichen Formenschatz stammte. Die Wahl dieser Formen ist nicht primär darauf zurückzuführen, dass die Planer eine andere künstlerische Stilrichtung vertraten. Das Hauptargument, traditionell zu bauen, wurde von der Autarkiepolitik geliefert, die seit 1935 die Propaganda des Regimes nachhaltig bestimmte. Für das prosperierende Bauwesen bedeutete dies, möglichst nur landeseigene Baumaterialien zu verwenden. Während die Autarkiepolitik im Bereich des städtischen Repräsentationsbaus durch die Verbindung mit dem faschistischen Antikenkult zu einer zunehmend neoklassizistischen Formensprache führte, gab sie im Bereich der ländlichen Architektur der Forderung nach traditioneller Bauweise neues Gewicht.[41]

Aprilia war ein wesentlicher Bestandteil der begleitenden Propaganda, wurde sie doch als «das erste Beispiel einer Stadt vermarktet, die gänzlich mit autarkischen [= den Vorgaben der Autarkie angepassten] Materialien errichtet wurde».⁴² Die genauere Betrachtung der Bauberichte ergab jedoch, dass die in Aprilia verwendeten Konstruktionsarten sich nicht von denen der vor dem Embargo errichteten Städte unterschieden.⁴³ So waren die Kreuzgratgewölbe nicht in traditioneller Manier gemauert, sondern den Decken aus bewehrtem Beton untergehängt. Baustahl und Eisenarmierungen fanden sich in fast jedem Gebäude, obwohl sie als Importgut eigentlich nicht mehr in dieser Fülle hätten verwendet werden dürfen. Dem unbedarften Betrachter vermittelten Aprilias Arkaden jedoch das Bild einer ländlichen traditionellen Architektur, die den Zwängen des (in Wahrheit längst aufgehobenen) Embargos trotzte.

Pomezia

Vor dem Hintergrund der Polemik um Aprilia erscheint auch der im Herbst 1937 ausgeschriebene Wettbewerb für die fünfte und letzte Neustadt Pomezia in einem besonderen Licht. Plötzlich wurde das Stadtplanungsamt in der Jury nicht mehr durch Gustavo Giovannoni, sondern durch Marcello Piacentini vertreten. Entweder hatte die ONC ihn in die Kommission berufen, um auszuschließen, dass es noch einmal zu einer derartig heftigen Kritik an dem Projekt komme. In Anbetracht des starken Einflusses, den Piacentini besaß, ist aber auch vorstellbar, dass er selbst dafür gesorgt hatte, seinen Rivalen zu ersetzen. Von den zehn eingereichten Projekten wählte die Jury zunächst drei Entwürfe aus, unter denen sich auch wieder ein Entwurf der Gruppe «2PST» befand.⁴⁴

Betrachtet man deren Wettbewerbsentwurf vor dem Hintergrund der Polemiken von Aprilia, scheint es, als habe Petrucci versucht, das Wohlwollen Piacentinis zu gewinnen, indem die seinerzeit von ihm kritisierten Punkte von vornherein vermieden wurden: Der Standort Pomezias lag auf einem Hügelrücken, der nach Osten in die Talebene der römischen Campagna abfiel.⁴⁵ Petrucci hatte diesmal genau darauf geachtet, die Siedlung so zu positionieren, dass es keinerlei Vermischung des interregionalen Transitverkehrs mit dem Lokalverkehr geben würde. Die zentrale Piazza entwickelt sich östlich der Kreuzung der beiden Hauptstraßen. Des Weiteren wurde die Gesamtanlage in Nord-Süd-Richtung orientiert. Mit einer riesigen Windrose auf dem Stadt-

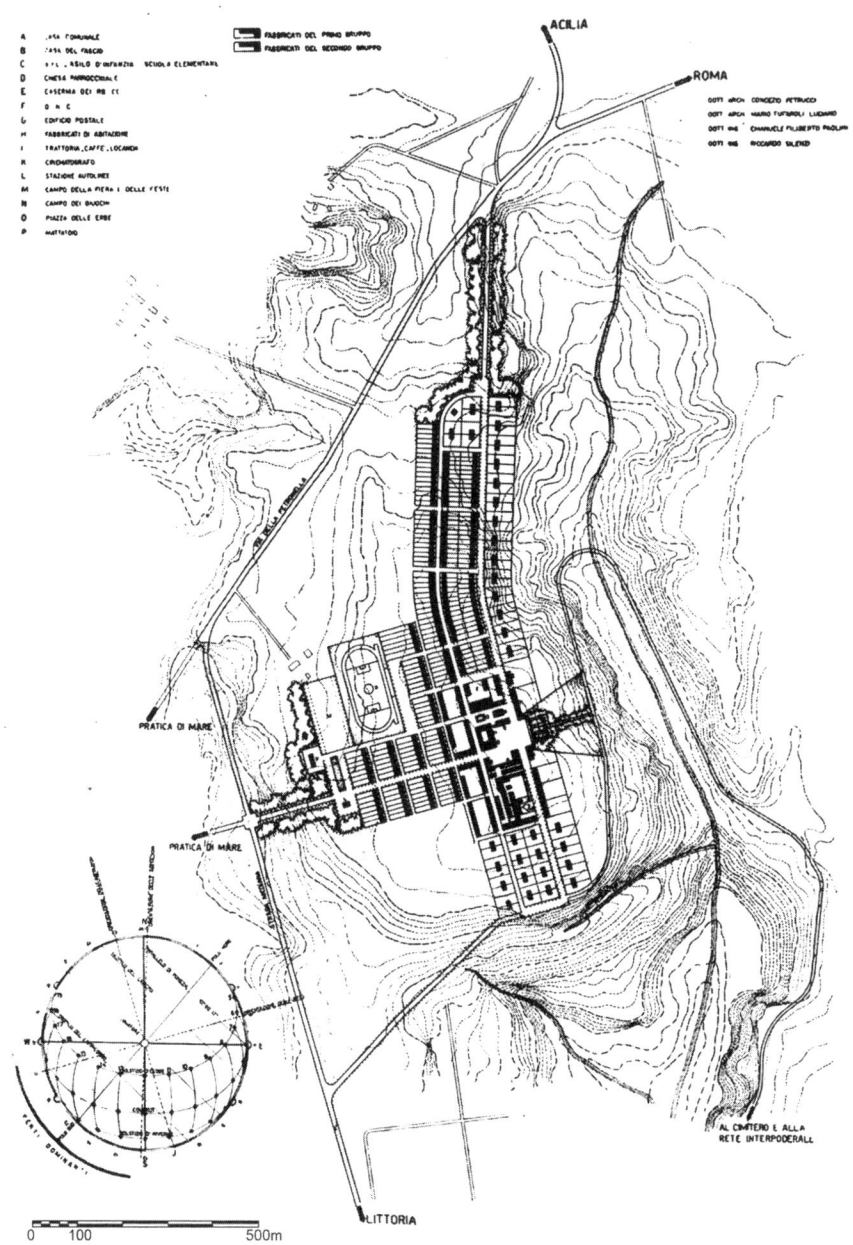

Abb. 25: Pomezia, Piano regolatore, Ausführungsentwurf, 1937.

plan hatten die Architekten die Ausrichtung ihrer Bauten in Bezug auf die Sonneneinstrahlung zu den verschiedenen Jahreszeiten sowie auf die vorherrschenden Windrichtungen ostentativ vermerkt. Mit ebendieser Orientierung erklärten sie auch die langgestreckte Form ihrer Stadt, da möglichst alle Wohnbauten an Nord-Süd-orientierten Straßen liegen sollten. Wie in Aprilia waren auch hier die drei wichtigen öffentlichen Gebäude an der zentralen Piazza versammelt. Dabei blieb ähnlich wie in Sabaudia eine Seite des Hauptplatzes unbebaut, um das Panorama des Tales mit den Albaner Bergen im Hintergrund in die Platzgestaltung einfließen zu lassen.

Der vorauseilende Gehorsam verfehlte jedoch seine Wirkung beim Staatsbaumeister. Während der Rest der Jury unter Vorsitz des Präsidenten die Arbeit der Gruppe «2PST» für am besten geeignet hielt, favorisierte Piacentini den Vorschlag seines Günstlings Giorgio Calza Bini, der bei ihm im Büro arbeitete und Sohn des mit ihm befreundeten Gewerkschaftssekretärs Alberto Calza Bini war. Da keine Einigung erzielt werden konnte, wurden die drei Favoriten zur Teilnahme an einer zweiten Runde aufgefordert. Doch auch die überarbeiteten Entwürfe wurden nicht anders bewertet als die ersten.[46] Letztlich wurde Piacentini überstimmt, der sich daraufhin wütend aus der Jury zurückzog und ein Memorandum mit seinen Kritikpunkten verfasste, das er dem internen Protokoll beifügen ließ.

Vor der Öffentlichkeit allerdings hielt der verärgerte Staatsarchitekt sich nicht zurück, sondern verfasste 1939 den Artikel «Städtegründungen des Faschismus» für die nationalsozialistische Zeitschrift *Die Kunst im Dritten Reich*, in dem er über das große Urbarmachungswerk und die «Città nuove» berichtete.[47] Dieses Verhalten war charakteristisch für Piacentini. Von Beginn seiner Karriere an hatte er versucht, seine Ansichten den wechselnden Stimmungen des Regimeoberhauptes anzupassen. Nur so war es ihm gelungen, durch alle Entwicklungsphasen hindurch an die Spitze der italienischen Architekten zu gelangen, sich dort zu halten und die Entwicklung der Architektur aktiv mitbestimmen zu können. Auch im Fall der «Città nuove» stellte er seinen Namen in den Dienst der offiziellen Propaganda, obwohl er persönlich nicht hinter dem Projekt stand. Nur ein Leser mit umfangreichem Hintergrundwissen vermochte zu erkennen, dass ein Großteil des Textes sich aus bereits existenten Propagandaberichten zusammensetzte.

Fazit

Zusammenfassend lässt sich feststellen, dass in den «Città nuove» nicht nur die Auswirkungen der Staatsarchitekturdebatte spürbar sind, sondern dass sie selbst ein wichtiger Faktor waren, der die Entwicklung der Debatte in wichtigen Etappen mitgestaltete. Die enge Verflechtung dieser kleinen ländlichen Dienstleistungszentren mit der repräsentativen Staatsarchitektur des Regimes war dem Beziehungsgeflecht zwischen Bauherren, Architekten und obersten Regimekreisen geschuldet. Obwohl sie nicht von den führenden Architekten der Regimezeit erbaut wurden, sind die pontinischen Neustadtgründungen daher von zentraler Bedeutung für die italienische Architektur- und Städtebaugeschichte des Faschismus. Mit all ihren Widersprüchen und Kontroversen, der Vielfalt an Architekten, die versuchten, die kaum zu vereinbarenden Forderungen des Regimes nach «Ruralità», «Modernità» und «Italianità» in ihren städtebaulichen und architektonischen Konzepten umzusetzen, sowie mit der Vertuschung sämtlicher Planungsfehler durch den Propaganda-Apparat des Regimes waren und sind die «Città nuove» ein direktes Abbild der italienischen Baukultur des Faschismus.

---

1 Als solches auch noch bezeichnet bei Renzo De Felice, Mussolini il duce. Gli anni del consenso 1929–1936, Turin 1974, S. 146.
Der vorliegende Artikel steht im Zusammenhang mit einer Dissertation, die 2008 am Fachgebiet Historische Bauforschung der TU Berlin eingereicht und verteidigt wurde. Im Zentrum der Arbeit mit dem Titel «Die ‹Città nuove› des Agro Pontino im Rahmen der faschistischen Staatsarchitektur» steht die städtebauliche und architekturhistorische Analyse der fünf Siedlungen, deren Baugeschichte bislang nur in Teilen erarbeitet worden war, sowie ihre Rolle innerhalb der komplizierten Debatte um Form und Wesen der Regimearchitektur, die während der zwei Jahrzehnte faschistischer Herrschaft in Italien geführt wurde. Die Publikation der Dissertation ist für Ende 2009 geplant.

2 «Restando rurali resterete più vicini al mio cuore», zitiert nach Giorgio Muratore, La Città italiana del Novecento. Un patrimonio europeo, in: Renato Besana, Carlo Fabrizio Carli u.a. (Hg.), Metafisica costruita. Le città di fondazione degli anni Trenta dall'Italia all'Oltremare. Dagli Archivi Storici del Touring Club Italiano e dell'Istituto Italiano per l'Africa e l'Oriente e dai fondi locali. Complesso Monumentale di San Michele a Ripa, ex Carcere di Carlo Fontana, Rom (Ausstellungskatalog), Mailand 2002, S. 24.

3 «Fu, questa, una soluzione ideale, che, se da un lato portò una sensibile maggiore spesa, dall'altro trovò adeguato corrispettivo nel maggiore attaccamento del contadino alla terra.»

ONC (Hg.), Trentasei anni dell'Opera Nazionale Combattenti, 1919–1955, Tivoli 1955, S. 64.
4 Zur Geschichte der ONC vgl. vor allem Riccardo Mariani, Fascismo e città nuove, Mailand 1976, S. 9–32. Zur genauen Planungsdurchführung der Trockenlegungs- und Urbarmachungskampagnen der ONC auf dem Agro Pontino vgl. auch Gianno Accame, L'Opera Nazionale Combattenti e la Bonifica Integrale, in: Besana, Carli (Hg.), Metafisica Costruita, S. 69–73; Pino Riva, Fascismo, politica agraria, Opera Nazionale Combattenti nella binificazione pontina dal 1917 al 1943, Rom 1983; ONC, Trentasei anni.
5 Bis 1943 hatte die Organisation ihre Stellung so weit ausgebaut, dass sie starken Einfluss auf die Belange aller für sie wichtigen Ministerien (Innenpolitik, Finanzen, Migration und innere Kolonisation, Öffentlichkeitsarbeit, Urbarmachung und Landwirtschaft) ausüben konnte. Mariani, Fascismo e città nuove, S. 17.
6 Planungsfehler und Nachbesserungsbedarf konnten in nahezu allen Bereichen der von der ONC verantworteten Arbeiten nachgewiesen werden, sei es bei der Bewirtschaftung der urbar gemachten Flächen, beim Bau der Kolonistenhäuser oder der Ansiedlung der Kolonistenfamilien.
7 Bereits in Sabaudia ließ die ONC beispielsweise nur sechzig Wohnungen errichten. Die ONC selbst kümmerte sich ab der dritten Neustadt nur noch um Wohnungen für die Funktionäre, Direktoren und leitenden Angestellten der öffentlichen Einrichtungen, die in den jeweiligen Gebäuden eingerichtet wurden. Die Errichtung von reinen Wohnbauten oder Wohn- und Geschäftshäusern überließ sie im Bedarfsfall anderen öffentlichen Organen und Wohnungsbaugesellschaften.
8 Um diese Fragen zu beantworten, wurden die «Città nuove» in der Dissertation, die diesem Artikel zugrunde liegt, einer vergleichenden städtebaulichen und architekturhistorischen Analyse unterzogen. Des Weiteren wurden die Städte vor dem Hintergrund der allgemeinen Entwicklung von Architektur und Städtebau im italienischen Faschismus betrachtet und ein eingehender Blick auf die Planungsumstände wie auch die beteiligten Persönlichkeiten geworfen.
9 Alberto Calza Bini hatte seine Ausbildung wie Marcello Piacentini an der Akademie für Schöne Künste in Rom absolviert, wo er anschließend als Dozent tätig war. Parallel dazu leitete er ab 1924 das Römische Institut für sozialen Wohnungsbau ICP (Istituto Autonomo per le Case Popolari). Als Architekt arbeitete er sowohl städtebaulich als auch denkmalpflegerisch. 1928 wurde er an die Architekturfakultät von Neapel berufen, der er 1929–1941 auch als Präsident vorstand. Näheres dazu in: Günter Meissner u.a. (Hg.), Allgemeines Künstlerlexikon. Die bildenden Künstler aller Zeiten und Völker, Bd. 15 [Bucki-Campagnari], München, Leipzig 1997, S. 636. Eine eigene Biografie zu Calza Bini liegt noch nicht vor.
10 Zuvor war der 1895 in Rom diplomierte Bauingenieur für die Lehre im Fach «Restaurierung von Monumenten» zuständig, zu dem auch die Fächer «Baugeschichte» und «Bauaufnahme» gehörten. Paolo Nicoloso, Gli architetti di Mussolini. Scuole e sindacato, architetti e massoni, professori e politici negli anni del regime, Mailand 1999, S. 37. Zur Vita von Giovannoni vgl. Silvia Cusmano, Cronologia, in: Gustavo Giovannoni, Vecchie città ed edilizia nuova, Roma 1913, Neudruck Mailand 1995, S. 293–305; Alessandro Curuni, Riordino delle carte di Gustavo Giovannoni. Appunti per una Biografia, Rom 1979.

11 Seit 1910 war er Präsident der AACA, des 1890 gegründeten «Künstlerverbands der Architekturfreunde» (Associazione Artistica tra i Cultori dell'Architettura), der vor allem im denkmalpflegerischen Bereich tätig war.
12 Näheres zu Piacentinis Vita in Mario Lupano, Marcello Piacentini, Bari 1991; Arianna Sara De Rose, Marcello Piacentini. Opere 1903–1926, Modena 1995.
13 Darunter zum Beispiel den Gerichtspalast in Messina (1923–1928), die Kirche Cristo Rè (Entwurf 1920 als «Tempio votivo internazionale della Pace dedicato al Sacro Cuore di Cristo Ré», modifizierte Ausführung 1931–1934), den römischen Hauptsitz des Versehrtenverbands «Casa Madre dei Mutilati» (1924–1928, Erweiterung 1934–1936), das Triumphbogendenkmal für die Gefallenen von Genua (1923–1931) oder das Siegesdenkmal in Bozen (1928). Ein ausführliches Werkverzeichnis findet sich in Lupano, Marcello Piacentini, S. 189–201.
14 Nach Gründung der Hochschule hatte er zunächst das Fach Stadt- und Gartenbaukunst als Lehrbeauftragter unterrichtet, bis er 1931 eine Professur erhielt.
15 Zu Littoria vgl. u.a. Riccardo Mariani, Latina. Storia di una città, Florenz 1982; Pietro Cefaly, Littoria 1932–1942. Gli architetti e la città, Latina 2001; Mario Ferrarese, Latina Segreta, Latina, Rom, Venedig 1988; Alessandra Muntoni (Hg.), Latina. Atlante storico delle città italiane, Lazio N. 5, Rom 1990. Für eine ausführliche städtebauliche, architekturhistorische und baugeschichtliche Analyse von Littoria siehe Daniela Spiegel, Die «Città nuove» des Agro Pontino im Rahmen der faschistischen Staatsarchitektur, Dissertation an der TU Berlin (2008) [Publikation in Vorbereitung].
16 Mariani, Fascismo e città nuove, S. 88. Mariani bezieht sich hierbei auf eine Aussage Luigi Piccinatos.
17 Ausführlich in Spiegel, Città nuove.
18 Siehe v.a. A. F. Schwarz, La bonifica delle Paludi Pontine e la nuova città di Littoria, in: Rassegna di Architettura. Rivista mensile di architettura e decorazione, 5, 1933, Nr. 2, S. 59–64.
19 P. Ma. (Autorenkürzel nicht aufgelöst, ev. Plinio Marconi oder Marcello Piacentini), La bonifica dell'Agro Pontino, in: Architettura. Rivista del Sindacato Nazionale Fascista Architetti, 12, Mai 1933, S. 288.
20 P. Ma., La bonifica, in: Architettura, 12, Mai 1933, S. 288.
21 Ausführlich in Spiegel, Città Nuove.
22 Ausführlich in Spiegel, Città Nuove. Zur Vita von Piccinato vgl. u.a. Cesare De Sessa, Luigi Piccinato Architetto, Bari 1985; Chiara Merlini, Luigi Piccinato. Una professione per la città e la società, in: Paola Di Biagi, Patrizia Gabellini (Hg.), Urbanisti italiani, Rom 1992, S. 23–95. Federico Malusardi, Luigi Piccinato e l'urbanistica moderna, Rom 1993.
23 Piccinato sprach von einem «typischen L-förmigen System, das sich oft bei alten Platzanlagen in italienischen Städten findet». Luigi Piccinato, Il significato urbanistico di Sabaudia, in: Urbanistica, 3, Januar 1934, publiziert in Giuseppe Pasquali, Pasquale Pinna (Hg.), Sabaudia, documenti di una città fondata, Sabaudia 1985, S. 92. Ähnliche Anlagen findet man beispielsweise in Bologna (Piazza Maggiore und Piazza Nettuno) und Todi, und, mit gewissen Einschränkungen, auch in Assisi, Lucca (Piazza San Martino) und Florenz (Piazza della Signoria).
24 Camillo Sitte, Der Städtebau nach seinen künstlerischen Grundsätzen, Wien ^{4}1909 [Reprint Basel 2002], S. 68 u. 71.

25 Die Anlage der Via del Impero gehört als Teil der sogenannten Sventramenti zu den einschneidendsten städtebaulichen Maßnahmen, die auf Grundlage des Piano Regolatore von 1930 durchgeführt wurden. Für ihre Anlage und die dazugehörigen Ausgrabungen der Kaiserforen musste ein gesamtes mittelalterliches Stadtviertel weichen. Vgl. dazu Spiro Kostof, The third Rome 1870–1950. Traffic and glory, Berkley 1973; Alessandra Muntoni, Via dell'Impero tra «forma urbis» e piano della grande Roma, in: Parametro. Rivista internazionale di architettura e urbanistica, 16, Juli 1985, Nr. 138, S. 31–42; Sileno Salvagnini, Schieramenti e polemiche sulla via dell'Impero, in: Arte. Rivista mensile di arte, cultura, informazione, 22, 1992, Nr. 234, S. 102–111 sowie den Artikel von Wolfgang Schieder in diesem Band.
26 ACS; Presidenza del Consiglio dei Ministri, 1935, Fasz.-Nr. 11.1.3434; Audienzbericht und wörtliches Protokoll der Rede Mussolinis vom 10. 6.1934, publiziert in: Mariani, Fascismo e città nuove, S. 99–100.
27 Pressemitteilung publiziert im Artikel Mussolini salva l'architettura italiana, in: Casabella, 7, Juni 1934, Nr. 78, S. 2–4.
28 Zu Pontinia vgl. Silvio Buffoli: Dalla Palude … a Pontinia, Brescia 1980; Claudio Galeazzi, Pontinia, Formia ²2004. Für eine ausführliche städtebauliche, architekturhistorische und baugeschichtliche Analyse von Pontinia siehe Spiegel, Città Nuove.
29 Giuseppe Pagano, Architettura Nazionale, in: Casabella, 8, Januar 1935, Nr. 85, S. 2–7.
30 Ausführlich dargestellt in Spiegel, Città Nuove.
31 Die anderen Mitglieder waren die Ingenieure Emanuele Filiberto Paolini und Riccardo Silenzi sowie der Architekt Luciano Mario Tufaroli. Zu Petrucci vgl. Gianfranco Piemontese, Concezio Petrucci e il progetto dell'Opera San Michele a Foggia. Architettura sacra nell'Italia degli anni Trenta, Bari 2002; Daniela De Angelis (Hg.), Note su Concezio Petrucci, l'architetto delle «Città Nuove», Rom 2005; Arturo Cucciolla, Vecchie città/Città nuove. Concezio Petrucci 1926–1946, Bari 2006.
32 Parallel zu Piccinatos Berufung nach Neapel wurde Petrucci durch Giovannonis Fürsprache zum Leiter des Spezialisierungskurses für Städtebau an der Architekturhochschule Florenz benannt, wo er zuvor das Fach Stadt- und Gartenbaukunst unterrichtet hatte. Eine vergleichende Analyse der Werdegänge von Piccinato und Petrucci findet sich in: Spiegel, Città Nuove.
33 Cucciolla, Vecchie città/Città nuove, S. 95.
34 Die «Nettunense» (SS 207) verbindet Rom über die Via Appia mit Anzio und Nettuno, die «Mediana» (heute «Pontina», SS 148) führt von Rom durch das untere Tibertal über Latina nach Terracina. Sie wurde während der Urbarmachung als neue Haupterschließungsstraße des Agro Pontino gebaut. Zu Aprilia vgl. Bernadino Tofani, Aprilia e il suo territorio nella storia dell'agro romano e pontino, o.O. 1986; Liceo scientifico «A. Meucci» (Hg.), Aprilia alla ricerca delle radici, Formia 1989; Giustino Izzo, Aprilia città del Futuro. Dalle origini dei borghi e dei quartieri alla formazione della città moderna, Aprilia 2002.
35 Ausführliche städtebauliche und architektonische Analyse in: Spiegel, Città Nuove.
36 Marcello Piacentini, Aprilia, in: Architettura, 15, Mai 1936, S. 193–212.
37 Piacentini, Aprilia, in: Architettura, Nr. 15, Mai 1936, S. 203.
38 Vgl. Mariani, Fascismo e città nuove, S. 118.
39 Vgl. Ebd., S. 118f.

40 N.D.R. [= Nome della Redazione, ohne spezifische Autorenangabe], Aprilia, in: Architettura, Nr. 17, Juli 1938, S. 393–416.
41 Zu den Auswirkungen der Autarkiepolitik auf die Staatsarchitektur vgl. Spiegel, Città Nuove.
42 Marcello Piacentini, Le cinque città dell'Agro Pontino, in: La Conquista della Terra, April 1939, S. 21.
43 Ausführlich in Spiegel, Città Nuove.
44 Des Weiteren gehörte dazu ein Entwurf der Gruppe «Costruire 4», bestehend aus Vincenzo Civico, Ettore Granelli, Dagoberto Ortensi und Giulio Risecco sowie ein Entwurf der Architekten Giorgio Calza Bini und Roberto Nicolini. Eine genaue Darstellung des Wettbewerbs findet sich bei Mariani, Fascismo e città nuove, S. 123–126.
45 Zu Pomezia vgl. Istituto Statale d'Arte G. Caporossi (Hg.), La nascita di Pomezia 1939, Terra Nuova II, Pomezia 2000; Antonio Pennacchi (Hg.), Guidonia Pomezia. Città di Fondazione, Latina 2003; Daniela De Angelis, Tirrena a Pomezia, Rom 2004.
46 Eine genaue Analyse der Planungs- und Ausführungsphasen findet sich in Spiegel, Città Nuove.
47 Marcello Piacentini, Städtegründung des Faschismus, in: Die Kunst im Dritten Reich, Ausgabe B. Die Baukunst, 3, April 1939, S. 163–173.

Autostrade. Straßenträume im faschistischen Italien, 1922–1935

Silvia Hess

Zwischen 1923 und 1935 wurden in Italien neun einzelne Straßenstücke von knapp 500 Kilometern Gesamtlänge errichtet, die ausschließlich für den motorisierten Verkehr vorgesehen waren. Sieben sogenannte Autostrade bauten private Aktiengesellschaften: die Strecken Milano–Laghi (eröffnet 1924), Milano–Bergamo (1927), Napoli–Pompei (1928), Bergamo–Brescia (1931), Torino–Milano (1932), Firenze–Viareggio (1932) sowie Padua–Mestre/Venezia (1933). Betrachtet man die Streckenführungen der Autostrade, fällt auf, dass sie einerseits Ausflugsziele erschlossen, andererseits Städte miteinander oder mit dem Meer verbanden. Die erste Autostrada erstreckte sich zwischen Mailand und den drei norditalienischen Städten Como, Varese und Sesto Calende. Für beachtliche Benutzungspreise bot die Milano–Laghi eine beliebte Ausflugsstrecke an, der Güterverkehr war zweitrangig.

Die Bezeichnung «Autostrada» ist nicht klar definiert und wurde bereits in den zwanziger und dreißiger Jahren uneinheitlich verwendet. Die Autovia Roma–Ostia (eröffnet 1928) und die Autocamionale Genova–Serravalle (1935) unterscheiden sich insofern von den Autostrade, als dass sie einer staatlichen Planung entsprangen und konzeptionell anders organisiert waren: Die Roma–Ostia war gebührenfrei und nicht kreuzungsfrei angelegt,[1] die gebührenpflichtige Genova–Serravalle in erster Linie auf den Güterverkehr ausgerichtet. Dennoch werden die beiden Straßen, welche die faschistische Propaganda, aber auch die Forschungsliteratur oft mit den Autostrade gleichsetzte, in dieser Studie mit ins Blickfeld genommen, da sie für einen Teil der folgenden Fragen relevant sind. Weshalb wurden die Autostrade gebaut? Welche konkreten Interessen und welche symbolischen Bedeutungen verband das faschistische Regime mit Autos, Autostraßenbau und Autostraßen an sich? Wie sah die Zusammenarbeit zwischen den Straßenbaugesellschaften und dem faschistischen Staat aus? Wie wurden die Autostrade gestaltet?

Motorisierung und Faschismus

Als Benito Mussolini im Herbst 1922 an die Macht gelangte, zirkulierten auf Italiens Straßen gerade mal 41 035 Automobile. Nahezu ebenso viele Motorräder, nämlich 35 751, verschafften steuerfreie Mobilität. Eine zunehmende Anzahl Buslinien boten seit 1905 ihre Fahrdienste an.[2] Statistiken und Zeitdokumente beschreiben Autos als Aufsehen erregende Luxusobjekte, in deren Besitz sich vorwiegend wohlhabende, städtische Schichten Norditaliens sonnten.

Um 1920 begann die in Turin ansässige Auto- und Maschinenfirma Fiat, die geschäftlich gestärkt aus dem Ersten Weltkrieg hervorgegangen war, eine breite Bevölkerungsmasse als Zielgruppe anzuvisieren. Dazu lancierte Fiat eine Reihe kostengünstiger Kleinwagen, beispielsweise das Modell 508 Balilla – benannt nach der faschistischen Jugendorganisation Opera Nazionale Balilla – und den später berühmt gewordenen 500 Topolino.[3] Die Idee eines italienischen Volkswagens stand symbolisch für ein im Fortschritt geeintes Italien und diente damit auch der Stärkung eines faschistisch inspirierten Nationalgefühls.

Wesentlich für eine Erreichung der weniger wohlhabenden Bevölkerungsschicht war neben der Lancierung von Kleinwagen, dass Fiat-Chef Giovanni Agnelli, seit 1923 Senator, neue Verkaufsstrategien einführte. Ab 1926 ermöglichte es Fiat, Autos auf Raten zu kaufen. In den dreißiger Jahren konnten erstmals gebrauchte Autos wiederverkauft, umgetauscht oder gemietet werden. Zur selben Zeit sei vom größten Industriezweig Italiens «der Impuls ausgegangen, auch in der Literatur ein weniger elitäres, weniger luxuriöses, ein beruhigendes und familiäres Bild des Autos zu verbreiten»[4]. Nicht als gefährliche Geschwindigkeitsmaschine wurde das Auto massentauglich gemacht, sondern als alltägliches Fortbewegungsmittel.

Das faschistische Regime unterstützte die Motorisierungsbestrebungen der Autoindustrie mit konkreten Maßnahmen, beispielsweise dem mehrjährigen Erlass der Fahrzeugsteuer für neu gekaufte Kleinwagen.[5] Dieses Vorgehen lässt sich mit der wirtschaftsfreundlichen und gegenüber der Autoindustrie geradezu protektionistischen Haltung des Regimes erklären, doch deutet es auch auf eine grundsätzliche Gutheißung des neuen Verkehrsmittels hin. Autobesitzen und Autofahren passte offenbar ins Bild des faschistischen «Uomo nuovo», der binnenmigriert und freizeitbeschäftigt an den Strand, an die Arbeit oder an eine Regimefeier fahren würde. Der deutsche Historiker Peter Reichel schreibt sogar, dass das Automobil sowie Radio, Film und Flugzeug «unverzichtbare Instrumente der Herrschaftsausübung» des Faschismus waren: «In ihnen verkörperte sich ein neues Raum-Zeit-Bewusstsein, die Ästhetik männlicher Stärke, Schönheit und Aggressivität, Geschwindigkeitsrausch und Bewegungsekstase, mit einem Wort: der ‹élan vital des neuen faschistischen Menschen›, das Lebensgefühl einer ‹reaktionären Modernität›. Allerdings gilt dies noch mehr für den italienischen als für den deutschen Faschismus.»[6] Reichel spricht damit die futuristische Geschwindigkeits- und Technikverherrlichung an, deren Einfluss auf die Wahrnehmung des Autos in den zwanziger Jahren jedoch umstritten ist.[7] Für eine historische Betrachtung der Autostrade ist der Futurismus jedenfalls von Interesse, da er die Verbindung zwischen moderner Technik und Formsprache auf der einen Seite und reaktionärem Gedankengut auf der anderen Seite vertritt – ein Konzept, das dem faschistischen Umgang mit Autofragen nahe stand. Der Bau von geradlinigen, geradezu als Rennstrecken prädestinierten Autostrade hat womöglich die futuristische Auffassung des Autofahrens aufgegriffen, sie im gleichen Zug aber auch kommerzialisiert und gezähmt.

Die allmähliche Zunahme der Motorisierung galt dem faschistischen Regime als Index für einen neuen Lebensstil, für einen wachsenden Wohlstand der Massen und die Verbreitung moderner Errungenschaften. In der Motorisierungs- und der Autostrade-Propaganda war «Modernität» ein wichtiges Schlagwort, das an rein quantitativen Standards wie den Autostatistiken oder den gebauten Straßenkilometern gemessen wurde. Der private Autobesitz nahm aber nicht im erhofften Maße zu: 1929 besaß erst jeder 254. Bewohner Italiens ein Auto.[8] Die Weltwirtschaftskrise, die Erhöhung des Benzinpreises 1935 sowie stagnierende Löhne bremsten die ansteigende Motorisierungsquote.⁹ Die Autostrade entsprachen weder zum Zeitpunkt ihres Baus einem bereits vorhandenen Bedürfnis, noch riefen sie in den späten zwanziger oder in den dreißiger Jahren per se eine beschleunigte Motorisierung und damit auch eine verbesserte Benutzerquote hervor.¹⁰

Der italienische Ingenieur Bruno Bolis, der in den zwanziger Jahren eigens für die Autostrade angereiste ausländische Ingenieure auf Besichtigungsfahrten begleitet hatte, erinnerte sich, dass die Autostrade meist leer und verlassen gewesen seien. Auf das Kreuzen eines entgegenkommenden Fahrzeuges habe man manchmal eine Viertelstunde warten müssen. Nie vergesse er das Staunen in den Gesichtern der Besucher und ihre unvermeidlichen Fragen: Weshalb habt ihr sie gebaut? Wo ist der Verkehr? Wem dienen sie?¹¹

Einen ersten Ansatz, um diese Fragen zu beantworten, bietet ein Blick auf die Straßenpolitik Italiens. Der Unterhalt des bestehenden Straßensystems, die Anpassung der Straßen an den Automobilverkehr und der Bau neuer Straßenlinien war in den frühen zwanziger Jahren Gegenstand politischer Debatten, in denen neben den Interessengruppen aus dem Automobil- und Bausektor die Automobilclubs eine wesentliche Rolle spielten.

Die Straßenlobby und ein erstes Bauprojekt nur für Autos

«Wenn es nicht regnete, war der Staub ein tödlicher Feind. Ein Überholmanöver konnte zum Russischen Roulette werden. Bei Seitenwind ging es gut […]; wenn aber kein Wind wehte, musstest du auf das Schlimmste gefasst sein.»¹² Mit diesen Worten beschrieb ein Automobilist den Straßenzustand in Italien nach dem Ersten Weltkrieg. Die Klagen über Straßen, auf welchen Autos im Schlamm steckenblieben, an Schlaglöchern Schaden nahmen oder in Konflikt mit nichtmotorisierten Fortbewegungsmitteln gerieten, sind in sämtlichen einschlägigen Berichten aus diesen Jahren zu finden. Weshalb befand sich Italiens Straßensystem in einem derart schlechten Zustand?

Der Turiner Historiker Massimo Moraglio zeigt auf, dass der italienische Staat im frühen 20. Jahrhundert den Ausbau des Schienennetzes stark förderte, den Straßenunterhalt hingegen vernachlässigte. Die auf mehrere Amtsstellen zersplitterte Zuständigkeit für das Straßenwesen, die weder eine Zentralisierung nach französischem Modell noch eine Delegation an die Gemeinden nach englischem Modell zuließ, bewirkte für den Straßenbau und -unterhalt in Italien eine Stagnation. Die wenigen staatlichen Bemühungen verliefen unkoordiniert, den Provinzverwaltungen fehlten die Mittel.[13] Eine nach 1918 viel diskutierte Reform des Straßenwesens blieb auch nach der faschistischen Machtübernahme hängig.[14] In diesem bis 1928 andauernden Zuständigkeitsvakuum traten die nationalen Automobil- und Touringclubs mit Vorschlägen und Eigeninitiativen in Erscheinung.

Der Touring club italiano (TCI), 1894 von Velofahrern gegründet, führte eine Kommission für Straßenverbesserung (Commissione per miglioramente delle strade), die sich auf politischer Ebene für den Straßenbau einsetzte. Das monatlich publizierte Vereinsheft *Le strade* erschien ab 1918 zusätzlich im Namen des Istituto sperimentale stradale in Mailand, einer Forschungsstelle des TCI, die Straßenbaufragen untersuchte und vom Mailänder Straßenbauunternehmer Piero Puricelli gestiftet worden war.[15] Neben technischen Fragen wurden in *Le strade* ausführlich Straßenbaupläne im In- und Ausland vorgestellt.

Der Automobil club italiano (ACI), 1903 in Turin gegründet, hatte sich die Modernisierung der Straßen ebenfalls auf seine Fahne geschrieben. Unter dem faschistischen Regime erhielt der ACI 1923 den Status einer juristischen Person, woraufhin sich der Club zum Reale automobile club italiano (RACI) adelte und seinen Sitz von Mailand nach Rom verlegte. Der RACI zog in den folgenden Jahren Automobilsteuern in Italien und den Kolonien ein, registrierte Autos und vergab Nummernschilder, Führerscheine sowie Einfuhrbewilligungen für ausländische Wagen.[16] Vor der Machtübernahme der Faschisten vereinten TCI und ACI bereits jenen Kreis von wohlhabenden Autofahrern und daran interessierten Unternehmern, der ersten Bauprojekten für Autos zum Durchbruch verhalf.

Eines dieser Bauprojekte, das die Interessenverbände Ende 1921 angingen, war der Autodromo von Monza, eine ovalgeformte Rennbahn mit zementierter Oberfläche im ehemaligen königlichen Park vor Monza. Seit 1897 hatten in Italien Autorennen stattgefunden, zumeist auf abgesperrten Straßenabschnitten, auf Pferderennbahnen oder in Parks. Die üblicherweise von Automobilclubs veranstalteten Rennen präsentierten den Autofahrer als adeligen, sportlichen Abenteurer – eine Rolle, in der später auch Mussolini gerne posierte.[17] Zuständig für den von privaten Geldgebern finanzierten Bau des Autodromo waren Piero Puricelli, Silvio Benigno Crespi, liberaler Politiker und Präsident des ACI, sowie Arturo Mercanti, Direktor des ACI und zugleich Generalsekretär des TCI. Architekt der Rennbahn und der offenen Tribünenanlagen war Alfredo Rosselli, ein Angestellter der Straßenbaufirma Puricellis. Der Baubeginn verzögerte sich allerdings, da die Behörde für «Belle Arti» Einsprache gegen die befürchtete Zerstörung der Parkanlage erhob. Vorbehalte gegenüber der Rennbahn bestanden offenbar auch in der Bevölkerung. Nach einigen Konzessionen zu Terrainverschiebungen konnte die Anlage schließlich zwischen April und Juli 1922 gebaut werden.[18]

Der Autodromo von Monza, ein erstes Bauprojekt ausschließlich für Autos, weist bereits auf die wichtigsten Motive innerhalb der nicht-staatlichen Auto- und Straßenlobby Italiens hin: die enge Verflechtung von sportlich-freizeitorientierten, technischen und wirtschaftlichen Interessen. Hinter den zumeist professionalisierten Rennfahrern standen die konkurrierenden Autofirmen, die mit den Anlässen einen Werbeeffekt anstrebten. Die Automarken wurden als Vertreter der jeweiligen Nation und deren Leistungsfähigkeit gehandelt, was internationales Prestige begründen sollte. Ein weiteres Merkmal, das die erste Phase des Autostraßenbaus kennzeichnete, war seine exklusive Bestimmung. Wie der Autodromo waren auch die Autostrade für eine kleine, zahlende Minderheit reserviert. So erhielten die steuerfreien Motorräder auf den meisten Autostrade keinen Zutritt.[19]

Monza bildete den Auftakt zu einer Reihe von lokalen, privat finanzierten Initiativen im Straßenbau. Im Kreis der Mailänder Auto- und Straßenlobby kursierte bereits im Frühjahr 1922 das Projekt Piero Puricellis für eine Rete stradale per Autoveicoli mit einer Autostrada von Mailand an die Oberitalienischen Seen.

Die Autostrade und ihr selbsternannter «Erfinder»

Die Idee, Straßen zu bauen, die nur von Autos benutzt werden dürfen, war keineswegs neu. Die beiden italienischen Städtebauforscher Lando Bortolotti und Giuseppe De Luca demontieren in ihrer Studie zur Autostrada Firenze–

Mare die Legende der angeblich «absolut italienischen»[20] Erfindung der Autostrade durch Puricelli, der gemäß faschistischer Propaganda das in der Nachfolge der römischen Straßenbauten stehende «Genio italico» zum Ausdruck gebracht habe. Puricelli realisierte zwar mit Hilfe des faschistischen Regimes als Erster in Europa eine Autostraße, die bestimmte technische Merkmale miteinander verband, beispielsweise einen Mittelstreifen und einen Betonbelag. Dabei konnte er sich aber sowohl an bereits gebauten Highways und Nur-Autostraßen in den USA und Deutschland als auch an aktuellen Projekten in Belgien und England orientieren.[21]

Auch in Italien selbst gab es schon vor Puricellis Vorschlag Autostraßenpläne. 1906 hatte der Ingenieur Giuseppe Spera in einer renommierten Fachzeitschrift das ausgearbeitete Projekt einer Autovia Roma–Gaeta–Napoli vorgeschlagen. Noch kurz vor Puricellis «Erfindung» publizierte der Ingenieur Enrico Belloni 1921 den stark beachteten Vorschlag einer Autostrada Milano–Venezia und 1922 einer Autostrada Livorno–Ancona.[22] Die drei Projekte verliefen jedoch im Sand, sei es aus fehlender eigener Finanzkraft, mangels politischer Unterstützung oder weil sie unrealistisch lange Strecken projektiert hatten.

Puricelli ist zwar nicht der Erfinder, aber zweifelsohne die zentrale Figur in der Geschichte des Autostrade-Baus im faschistischen Italien, da er den Bau von sechs der ersten italienischen Autostrade projektierte oder leitete.[23] 1883 als Sohn eines wohlhabenden Straßenbauunternehmers in Mailand geboren, 1905 an der Technischen Hochschule Zürich zum Ingenieur diplomiert, reiste er 1921 in die USA, um die dortigen Highways zu studieren und neuste Betoniermaschinen einzukaufen.[24] Was versprach sich Puricelli von den Autostrade? Wie gelang es ihm, diese in einem kaum motorisierten Land zu realisieren?

In der Sekundärliteratur wird Puricelli als «geschickter Geschäftsmann und Visionär»[25] beschrieben, der mit seinen Bauplänen «zwischen Politik, Propaganda und Geschäft»[26] zu vermitteln wusste. Sein Erfolgsrezept bestand in der Projektierung kurzer, gut gewählter Strecken, für die er Geldgeber aus der lokalen Industrie und politische Fürsprecher mobilisierte. Ab wann er auf dem politischen Parkett auf die Faschisten setzte, ist nicht genau bekannt. Vermutlich war Puricelli ein anpassungsfähiger Mitläufer und Nutznießer von Mussolinis Regime und dessen Wirtschafts- und Baupolitik.[27] Ab Februar 1923 bekleidete er einflussreiche Regierungsämter, etwa im Consiglio superiore dei lavori pubblici, einem entscheidenden Organ für den Straßenbau. Im Mai 1929 zum Senator ernannt, arbeitete er fortan als Mitglied der Commissione degli affari dell'Africa italiana im faschistischen Regime mit.[28] Daneben machte Puricelli Geschäfte mit seinem ins Ausland expandierenden Straßenbauunternehmen und hatte mehrere Verwaltungsratssitze inne. Als Bedingung seines Engagements für ein Autostrade-Projekt forderte er üblicherweise Bauaufträge ein. Nicht zufällig erhielt seine Firma im Mai 1923 den staatlichen Auftrag zugesprochen, das Straßennetz Siziliens auszubauen.[29]

Mit zunehmender Intensität beteiligte sich Puricelli an der faschistischen Propaganda. 1937 überhöhte er in einer Publikation den Autostraßenbau zu einem eng mit der faschistischen Machtergreifung verbundenen Mythos, indem er behauptete, dass der «Duce» ihm am Abend des «Marsches auf Rom» seinen Willen, bessere Straßen für Italien zu bauen, verkündet habe.[30] Wahrer Kern dieser Legende ist, dass Puricelli bereits am 13. November 1922 Mussolini persönlich sein Projekt vorgelegt hatte und bald darauf die staatliche Bewilligung und Unterstützungszusage für die Milano–Laghi erhielt.[31]

Puricelli beeinflusste auch Straßenbauprojekte in Deutschland und der Schweiz. So besetzte er einen Vorstandsposten in der deutschen Straßenbau-Vereinigung Hafraba (Hamburg–Frankfurt–Basel), traf mehrmals Fritz Todt, den deutschen Generalinspektor der Reichsautobahnen, und auch Adolf Hitler persönlich.[32] Die Hafraba veranlasste 1927 bei einer Konferenz in Zürich die Gründung der schweizerischen Vereinigung L'association des Autoroutes Suisses / Die Autostraße, die fortan für eine Autostraße von Basel an die italienische Grenze warb. Einer internationalen Zusammenarbeit im Autostraßenbau, für die sich Puricelli an den Autobahnkongressen aussprach, stand das faschistische Regime jedoch grundsätzlich ablehnend gegenüber, da dies sein national beschränktes Interesse überschritt.[33] Einzig von einer Achsenlinie Berlino–Roma, die anlässlich der geplanten, aber nie durchgeführten Weltausstellung von 1942 in Rom eröffnet werden sollte, durfte Puricelli noch Ende der dreißiger Jahre träumen.[34]

Wie waren die ersten Autostrade organisiert? Die Autostrada sei «der kürzeste, schnellste, bequemste und sicherste Weg zwischen bestimmten Regionen oder bewohnten Zentren»[35], definierte Puricelli die Betonpisten in der *Enciclopedia italiana* von 1938. Tatsächlich wiesen die Autostrade wenige Ausgänge auf und verbanden vor allem Städte miteinander.[36] Sie betonten im Widerspruch zur agrarischen Siedlungsideologie des Regimes die Wichtigkeit der Städte und verhalfen hauptsächlich deren Bevölkerung zu erhöhter, aber auch teurer Mobilität. Eine einfache Fahrt mit einem kleinzylindrigen Motorwagen von Mailand nach Varese kostete 1925 20 Lire, wobei ein Gerichtsdiener monatlich etwa 600 Lire verdiente.[37]

Als Merkmale einer Autostrada zählte Puricelli in seinem Enzyklopädie-Artikel den Ausschluss des «gemischten Verkehrs», die Trennung vom normalen Straßennetz, die «Unterwerfung» unter die Regeln der Straßenpolizei und eine bestimmte technische Ausstattung wie Straßenbreite, lange Geraden und weite, erhöhte Kurven, festen Belag, kreuzungsfreie Anlage, Versorgungsservice (Kraftstoff, Telefonverbindungen) und «die Eliminierung jeder Überquerung durch Bewohner» auf.[38] Um diese Regeln durchzusetzen, war eine Betreuung der Autostrade unverzichtbar. Deshalb säumten sogenannte Wächterhäuschen (Caselli), die als Fahrkartenschalter, Tankstelle und Kontrollposten funktionierten, die Autostrade. Puricelli sah vor, dass die Wächter – Vorgänger der 1928 gegründeten Milizia nazionale della strada – mit ihrer Familie auch im Häuschen wohnen, Uniform tragen und die vorbeifahrenden

Abb. 26: Wächterhäuschen (Casello) von Lainate an der Autostrada Milano–Laghi, um 1925.

Wagen auf militärische Weise grüßen würden.[39] Sie hatten die Barrieren oder Gittertore zu öffnen, welche die Autostrade von den gewöhnlichen Straßen trennten. Diese Überwachung und Betreuung der Straßen war Puricelli ein besonderes Anliegen und verlieh den Autostrade das Attribut des «bequemsten und sichersten» Verkehrsweges. Geschwindigkeitsbeschränkungen existierten hingegen nur für Lastwagen, und auf der Milano–Laghi diente die mittlere der drei Fahrbahnen für Überholmanöver in beide Richtungen.[40]

Von der Enteignung zur Einweihung – Stationen der Zusammenarbeit

Die faschistischen Machthaber unterstützten die Autostrade-Projekte finanziell, rechtlich und vorerst auch ideell. Der Staat, in dessen Eigentum die Straßen nach fünfzig Jahren fallen sollte, sicherte den bauenden Aktiengesellschaften eine jährliche Zahlung zu, die im Fall der Milano–Laghi nach Ablauf der fünfzig Jahre ungefähr einen Drittel der budgetierten Baukosten abgedeckt hätte. Sämtliche Einnahmen flossen den Aktiengesellschaften zu. Ähnliche Konditionen ermöglichten den Bau der sechs weiteren privaten Autostrade, von denen einzig die Napoli–Pompei Rendite abwarf.[41]

Der Bau der Milano–Laghi wurde euphorisch aufgenommen. Überall im Land formierten sich lokale Komitees für Autostrade, die vom Staat Unterstützung forderten. Puricelli eilte von Stadt zu Stadt, um zu beraten und Aufträge zu ergattern. Mussolinis anfängliche Begeisterung wandelte sich angesichts der Flut von Plänen in Zurückhaltung, da das Modell Autostrada die Gewinne privatisierte, die Risiken verstaatlichte und letztlich Private über von der öffentlichen Hand mitfinanzierte Werke bestimmen ließ.[42] Zudem gingen die Rechnungen der Autostrade-Gesellschaften – abgesehen von einzelnen Profiteuren in ihren Reihen – nicht auf. Die Baukosten überstiegen das Budget, die Unterhaltskosten waren hoch, die Einnahmen niedrig, so dass keine Dividenden ausbezahlt werden konnten. Die schlechten Bilanzen der Autostrade riefen um 1930 verstärkt Kritik hervor. Abgeordnete der italienischen Kammern sprachen sich gegen die als «Luxusartikel» bezichtigten Autostrade aus.[43] 1930 erhielt als letztes privates Projekt die Torino–Milano, welche die

Firma Fiat wesentlich finanzierte, die staatliche Bewilligung und Unterstützung zugesagt.

Mindestens so wichtig wie die finanzielle Absicherung war die rechtliche Grundlage, die das Regime den Aktiengesellschaften zur Verfügung stellte. Unzählige Grundeigentümer mussten enteignet werden, wofür sie nach staatlichem Ermessen entschädigt wurden. Dazu griff die Verwaltung auf ein Gesetz zurück, welches 1885 zur Sanierung der cholerageplagten Armenquartiere in Neapel eingesetzt worden war.[44] Die kommerziell betriebenen Autostrade waren damit auf rechtlicher Ebene Baumaßnahmen im allgemeinen Interesse gleichgestellt.

Über Widerstand gegen diese Enteignungsverfahren gibt es keine Hinweise. Puricelli erwähnt bezüglich der Milano–Laghi, dass «die ungeheure Masse der Enteignungen mit ihrem bürokratischen und gesetzlichen Drum und Dran viel Zeit in Anspruch nahm» und den Baubeginn verzögerte.[45] Beim sechsten Projekt, der Firenze–Mare, stellten sich Teile der Bevölkerung gegen deren Linienführung, weil sie einen südöstlichen Stadtteil von Florenz isolieren würde, und beschwerten sich, weil für temporäre Steinbrüche landwirtschaftliches Terrain zerstört wurde. Für das zweite Anliegen schaltete sich der örtliche «Fascio di combattimento» ein, der – unterstützt von der Confederazione nazionale sindacati fascisti degli agricoltori – jene «unnötige Vergeudung an Erde» anprangerte. Doch der Protest bewirkte nichts. «Zu stark waren die politischen Interessen um die Wechselfälle der Autostrade-Gesellschaft, zu wichtig schien der gute Ausgang der Angelegenheit», stellt Giuseppe De Luca fest.[46]

Einen weiteren Punkt der Zusammenarbeit bildete die Arbeitsorganisation. Das Argument der Arbeitsbeschaffung, das beim Bau der Reichsautobahnen im nationalsozialistischen Deutschland zentral werden würde, wandte man, verstärkt nach 1930, auch im faschistischen Italien an. Puricelli schreibt, dass er die Konzession zur Milano–Laghi unter anderem erhielt, weil beim Bau eine «große Masse von Handwerkern Verwendung finden» sollte.[47] Auffallend oft publizierte man in der Folge Fotografien von Straßenarbeitern, womit das Regime seine Beschäftigungsbemühungen und die «freigesetzten» Kräfte visualisierte.

Beim Bau der Autocamionale Genova–Serravalle (1932–1935) vermittelte das Commissariato per le migrazioni interne aus jenen Provinzen «mit der größten Arbeitslosigkeit» je nach Bedarf die notwendigen Arbeitskräfte, insgesamt offenbar 22 882.[48] Diese wurden in Baracken untergebracht, wo sie gemäß dem damaligen Präsidenten des Consiglio superiore dei lavori pubblici, Giuseppe Pini, «ein gesundes Leben im Überfluss für tägliche Spesen von 4,5 oder 5 Lire» erwartete.[49] Die Bauarbeiten, die auf gesetzte Termine hin beendet werden sollten, liefen zeitweise rund um die Uhr.

Die ideelle Unterstützung Mussolinis für die Autostrade baute auf dem erwähnten Verständnis von Modernität und Fortschritt sowie einer machtlegitimierenden Anlehnung an das antike Rom auf. Diese beiden Aneignungsweisen kommen im handschriftlich überlieferten Kommentar Mussolinis zum Ausdruck: «Die Autostrade sind eine großartige italienische Errungenschaft und ein sicheres Zeichen unserer baulichen Kraft, nicht unwürdig den antiken Söhnen [sic!] Roms.»[50] Die Autostrade standen in der faschistischen Symbolsprache für nationale Größe und Schaffenskraft, für ein römisches «Erbe» und zugleich für den Aufbruch in eine bessere Zukunft. Mit dem Straßenbau des Römischen Reiches assoziierte Mussolini die Verbreitung einer «überlegenen Zivilisation», aber auch die militärische Erschließung des Territoriums.

Die Autostrade waren zwar zusammenhangslose Stichstraßen, symbolisierten jedoch Machtzugriffe. Mussolini verband den Straßenbau prinzipiell mit imperialistischen und expansiven Tendenzen. Konkrete militärisch-strategische Überlegungen bei der Planung einzelner Autostrade sind aber unwahrscheinlich, auch weil die genauen Streckenführungen von den Aktiengesellschaften bestimmt wurden. Einziger Ansatz einer möglichen militärischen Ausrichtung der Autostrade ist die folgenlos gebliebene Ernennung des Grafen Giacomo Suardo 1928 zum Planer der «Pedemontana», einem Projekt, das die bis dahin existierenden Autostrade in Oberitalien zu einer Straßenlinie von Turin über Mailand, Venedig und Triest nach Fiume verbinden sollte.[51] Militärische Hintergedanken begleiteten vermutlich den staatlichen Bau der Genova–Serravalle, die einen schnelleren Gütertransport von den norditalienischen Industriegebieten zum Hafen von Genua ermöglichte.

Obwohl die Autostrade schließlich weit davon entfernt blieben, ein Netz zu bilden, kursierte schon früh der Begriff des «Rete» in der Rhetorik um die Autostraßen. Ein Netz von Autostrade verband und erschloss in diesen Zukunftsträumen ein expansiv erweitert gedachtes Italien. Italo Vandone, Direktor des Mailänder Istituto sperimentale stradale des TCI, weitete in einem Kommentar zur Milano–Laghi die Vorstellung eines «schönen und weiten Netzes» metaphorisch zu einem System von (Verkehrs-)Adern aus, durch die «das beste Blut des neuen Italien» zirkulieren würde.[52] Die Autostrade steigerten sich in dieser Aussage zu einem ausgedehnten Kommunikationsnetz, das die Existenz der als Körper verbildlichten Nation sichern würde.

Eine Ablösung der privaten Straßeninitiativen signalisierte der faschistische Staatsapparat 1928 mit der Gründung der Azienda autonoma statale della strada (Aass). Diese lenkte nun mit großer finanzieller Autonomie und Entscheidungsfreiheit den Unterhalt und Neubau der staatlichen Straßen, zu denen ab 1933 auch die Autostrade zählten, deren Betreibergesellschaften nacheinander Konkurs gingen und vom Staat aufgefangen werden mussten.[57]

Die Unterstützung der Autostrade-Projekte durch Mussolinis Regime bildete mehr als bloß deren politischen Hintergrund. Diktatorisch gefällte und durchgesetzte Entscheide ermöglichten und prägten ihre Entstehung. Konflikte wurden so gut wie möglich erstickt, während die Propaganda die Autostrade zu einem symbolträchtigen Ausdruck des «neuen Italien» stilisierte. Neben symbolischen und repräsentativen Zwecken verfolgten die Faschisten konkrete Ziele. So stand die faschistische Unterstützung der Autostrade auch in losem Zusammenhang mit angekurbeltem Tourismus, beschleunigtem Güterumschlag und Arbeitsbeschaffungsprogrammen. Sie zeugt darüber hinaus vom Wunsch des faschistischen Regimes, das Land zu gestalten und die motorisierte Bevölkerung für sich zu gewinnen.

Architektur und Ästhetik der Autostrade

Obwohl die faschistischen Machthaber nicht als Bauherren walteten, prägte ihre Symbolik das Erscheinungsbild der Autostrade. An den ersten Spatenstich für die Milano–Laghi, den Mussolini am 26. März 1923 höchstpersönlich vorgenommen hatte, erinnerte ein schlichtes Denkmal am Straßenrand. Der rechteckige Steinpfeiler verkündete deutlich das faschistische Protektorat über den Straßenbau: ein eingraviertes Liktorenbündel, römische Ziffern, die Nennung des «Duce» und des Königs als Regenten (vgl. Abbildung auf dem Buchumschlag).[58]

An den Einfahrten, Abzweigungen und Brückenköpfen der Autostrade huldigten einschlägig dekorierte «Kunstwerke» den faschistischen Gönnern. Den Brückenkopf des vier Kilometer langen Ponte di Venezia, der die Padua–Mestre mit Venedig verband, flankierten zwei massive Pfeiler, in die geflügelte Löwen und Liktorenbündel eingemeißelt waren.[59] Am Turiner Ende der Torino–Milano wurde eigens für die von Mussolini besuchte Einweihungsfeier ein schätzungsweise 14 Meter hohes Likorenbündel aus Holz errichtet: die Maquette eines vorgesehenen, aber nie realisierten Bauwerkes aus Stein. Die Inschrift auf dem Liktorenbündel widmete die Autostrada 1932 dem Dezennium des Regimes.[60] Die Aktiengesellschaft der Torino–Milano hatte zuvor ihren Auftrag an Giuseppe Pagano Pogatschnig zurückgezogen, der einen triumphalen Bogen über die Autostrada hätte bauen sollen.[61]

Zahlreicher, wenn auch etwas fragiler als die faschistischen Embleme zierten Reklametafeln die Straßenränder. Agip-, Oleoblitz-, Campari- oder Pirelli-Schriftzüge umgaben die Wächterhäuschen, hingen an den Unterführungseinfahrten und umringten die Richtungstafeln bei Abzweigungen. Die Autostrade waren sichtbar kommerzielle Anlagen, die warben und für die geworben wurde. Ohne kommerzielle Konkurrenz kennzeichneten die faschistischen Symbole die staatliche Genova–Serravalle. Auf der Brücke von Scriva ragte ein klotziges Liktorenbündel aus Beton in die Luft, das dem Lastwagenverkehr in großen Lettern das faschistische Motto «credere, obbedire, combattere» präsentierte.[62]

Die komplett identisch gebauten Wächterhäuschen entlang der Milano–Laghi erinnerten an ländliche Bahn- oder Zollstationen. Ihre stattliche äußere Erscheinung war geprägt von großflächigen, aber klein strukturierten Fenstern, der von zwei Mäuerchen flankierten Eingangstreppe sowie einer ausgedehnten Portalumrahmung, die durch eine Verbindung mit dem Sockel noch betont wurde (siehe Abb. 26). Neun Jahre später bewies auch die Autostrade-Gesellschaft der Torino–Milano ihr Interesse an repräsentativen Caselli und ließ unter sich identische, jedoch rationalistisch gestaltete Häuschen mit einem Flachdach und einer vorspringenden Fassadenumrandung errichten. An der Genova–Serravalle versahen – nochmals fünf Jahre später gebaute – moderne, in pompeianischem Rot gestrichene Caselli mit einer großen Fensterscheibe Richtung Fahrbahn denselben Dienst wie an den privaten Autostrade.

Beeindruckend sahen die Infrastrukturgebäude am Anfang und Ende der Genova–Serravalle aus. Die erst 1936 fertiggestellte Stazione di Genova am Genueser Ende der Autocamionale war eine im Stil des Razionalismo gestaltete Anlage. Die Stazione setzte sich zusammen aus einem mit 50 000 Quadratmeter überdimensional angelegten Warte- und Verladeplatz für circa 200 Lastzüge (Autotreni) und einem sechzig Meter langen Gebäude (Fabbricato della stazione) mit einer elf Meter langen Querachse, unter der die von Serravalle her eintreffenden Lastzüge auf die Piazzale einfuhren. Mittels einer ausgeklügelten Signalisierung mit grünen und roten Lampen leitete der hinter einer Glasscheibe sitzende Verwalter die Lastzüge zu freien Parkplätzen und sorgte für geordnete Verhältnisse auf dem Platz. Allerdings blieb dieses Parkleitsystem überflüssig, da es die meisten Lastführer vorzogen, ihre Fahrzeuge weiterhin kostenlos in den Straßen Genuas abzustellen.[63]

Die Fabbricato della stazione, eine Art Schwerverkehrszentrum, bot den Chauffeuren Schlafräume, Restaurant, Telefon, Bar und Treibstoffversorgung. Sie enthielt neben einem Posten der Milizia auch einen Fahrkartenschalter für die Weg- und Parkgeldbezahlung. Beleuchtet wurde die Stazione di Genova nachts von sechs hohen Betonsäulen aus. Der skizzenhafte Plan der ganzen Anlage zeigt die Vision eines durchorganisierten Verkehrsknotenpunktes. Auch am anderen Ende der Autocamionale in Genua war ein Gebäude mit ähnlicher Funktion errichtet worden, neben dem der Verkehr über einen Kreisel von 34 Metern Durchmesser auf die normalen Straßen weitergeleitet wurde.[64] Es ist vermutlich nicht zufällig, dass gerade die von der staatlichen Aass geplante Autocamionale die aufwändigsten Infrastrukturbauten aufwies. Der Repräsentationszweck fiel hier noch stärker ins Gewicht als bei den von privaten Aktiengesellschaften geplanten Autostrade.

Die Architektur der eindrücklichen Bauwerke – Brücken, Galerien und Unterführungen – entlang der Autostrade entsprach keinem einheitlichen Gestaltungsstil. Manche der Brückenbauten wirken monumentalistisch, oft waren sie mit Arkaden unterlegt. Als Beispiel hierfür sei das Viadukt Montanesi genannt, eine 271 Meter lange Brücke aus zehn Arkadenbögen, angrenzend an zwei beleuchtete Galerien namens «28 ottobre» und «Littorio».[65] Die über siebzig Meter lange Unterführung der Milano–Laghi bei Olgiate Olona zeigte hingegen eine funktionale Form, das Geländer der überquerenden Straße zierten neoklassizistische Balustraden und Pflanzentöpfe.

Abb. 27: Unterführung der Autostrada Milano–Laghi bei Olgiate Olona, um 1925.

Ein weiteres Element der Straßengestaltung war die Bepflanzung an den Straßenrändern. Puricelli hatte es für zweckmäßig gehalten, «die gleichförmige Regelmäßigkeit der Autostraße durch Pflanzungen einzurahmen. [...] Die Anpflanzungen sollten die Höhe von 3 m. nicht übersteigen, um die Horizontlinie nicht zu überdecken»[66]. Eine Zeichnung des Designers Marcello Nizzoli, die Puricelli in seiner Publikation *Autostrade. Die Autostraße Mailand – Oberitalienische Seen* reproduzierte, zeigt dieses Ideal einer gleichzeitig schmückenden und nützlichen Bepflanzung mit fruchttragenden Bäumen. Auf den Bildern, die etwa von der Milano–Laghi oder der Milano–Bergamo vorliegen, ist von einer «via alberati» allerdings nicht viel zu sehen: Die Autostrade waren hingegen streckenweise von Wassergräben und Zäunen gesäumt, die ein Überqueren von Menschen oder Tieren verhindern sollten.

Auf der repräsentativen Roma–Ostia fuhren die Automobilisten tatsächlich zwischen einer regelmäßigen Baumallee hindurch, die nachts von 3000 verschnörkelten Straßenlampen ausgeleuchtet wurde. Diese Allee, das Überbleibsel einer Vorgängerstraße, zog sich nicht über die ganzen 20,5 Kilometer hin, bildete aber das populärste Fotosujet.

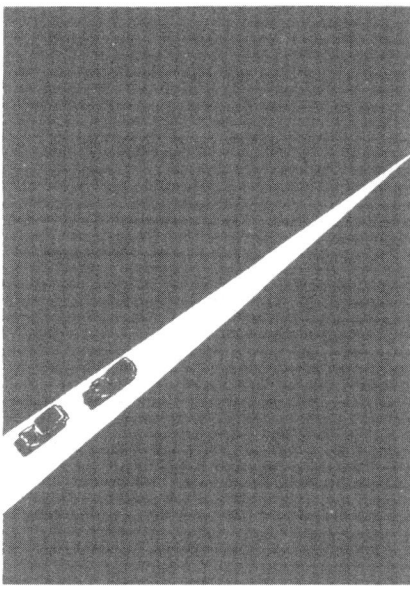

Abb. 28: Werbegrafik für die Autostrada Firenze–Viareggio, 1935.

Die Sicht von der Straße auf die Landschaft wurde zwar gepriesen, machte aber nicht den Kern der «schönen» Autofahrt aus. Dieser konzentrierte sich auf die Betrachtung der erstellten Bauwerke und der Straße selbst. Während im nationalsozialistischen Deutschland gerade das «Anschmiegen» der Autobahn, einer «schönen Technik»[67], an die Landschaft propagiert wurde, scheint sich in Italien zumindest vordergründig niemand um die Ästhetik einer Straßenführung gekümmert zu haben. Betrachtet man italienische Autostrade-Bilder oder grafische Darstellungen, entdeckt man jedoch das Ideal einer möglichst geraden Linie, einer Direttissima, die sich durch die Landschaft zieht.

Der Historiker Frank Becker nennt drei wichtige Ursachen für gerade Straßenlinien: die technischen Schwierigkeiten jener Zeit, schnell passierbare

Kurven zu bauen, das Natur- und Technikverständnis im Faschismus sowie das futuristische Geschwindigkeitsideal. Zum zweitgenannten Punkt hält er fest: «Der italienische Faschismus pflegte eine ausgeprägte Agrarromantik, und er begeisterte sich an der modernen Technik – zwischen diesen beiden Sphären hat er aber nie zu vermitteln versucht: Sie standen unverbunden nebeneinander, es gab keine Konzepte dafür, Technik und Natur zusammenzuführen. Wenn Technik eingesetzt wurde, dann stand nur die Technik allein im Vordergrund, und ihrer Rationalität entsprach die gerade Linie am besten.» Schnurgerade Straßenlinien bedurften als effektiv umgesetzte Technik keiner Integrierung in die Natur. Die futuristische Steigerung dieser Haltung, so Becker weiter, «degradierte die Natur zu einem abstrakten Raum», der mit Höchstgeschwindigkeit durchfahren und damit vernichtet werden konnte.[68] Vielleicht bestand darin die Inspiration für die Autostrade-Grafik, auf der zwei dicht hintereinander fahrende Autos auf einem weißen Band durch eine schwarze Fläche, eine geradezu negierte Landschaft fahren.

Womöglich lehnten sich die italienischen Ingenieure aber auch bewusst oder unbewusst an das Erscheinungsbild der Eisenbahnlinien an. Massimo Moraglio erklärt, dass eine Generation von italienischen Ingenieuren und Architekten unter dem Einfluss der legendären Eisenbahnlinien aufgewachsen sei, keine spezifische Straßenplanungs- oder gar Landschaftsarchitekturausbildung absolviert und deshalb dieselben Bautheorien auf die Straßen angewandt habe, die in der Eisenbahnära funktioniert hatten. Unvermeidliche Kurven seien mit gefährlich engem Radius an die möglichst langen Geraden angehängt worden. Bis in die siebziger Jahre wurden in Italien mit Vorliebe geradlinige Straßen ohne Aufmerksamkeit für Landschafts- und Straßengestaltungsfragen gebaut.[69]

Wie das Linienideal außerhalb der Fachwelt Gefallen finden konnte, legt ein Autostrade-Gemälde Marcello Nizzolis nahe, das die Milano–Laghi zeigt und um 1925 entstand. Das Gemälde zeigt im unteren, rechten Bildbereich den nach Norden abgedrehten Mailänder Dom, daneben das Castello Sforzesco mit dem Stadtpark und daran anschließend die in idealisierter Weise geradlinig dargestellte Linie der Autostrada. Die Autostrada und die von ihr erschlossenen Orte im oberen Bildbereich scheinen aus der regelmäßig geordneten Landschaft herauszuleuchten. Diese Darstellung spielt einerseits stark mit dem Anspruch, dass die Autostrada die Landschaft strukturiert, andererseits mit der Symbolisierung einer direkten Verbindung, eines direkten Machtzugriffs vom Zentrum auf die Randregionen. Dabei stellt sie die beiden herausgehobenen Gebäude und die dahinter stehende kirchliche und aristokratische Macht in eine Linie mit der neuen Verkehrsachse, um einen direkten Zusammenhang zwischen den alten Autoritäten, ihren Prunkbauten und der Autostrada herzustellen.

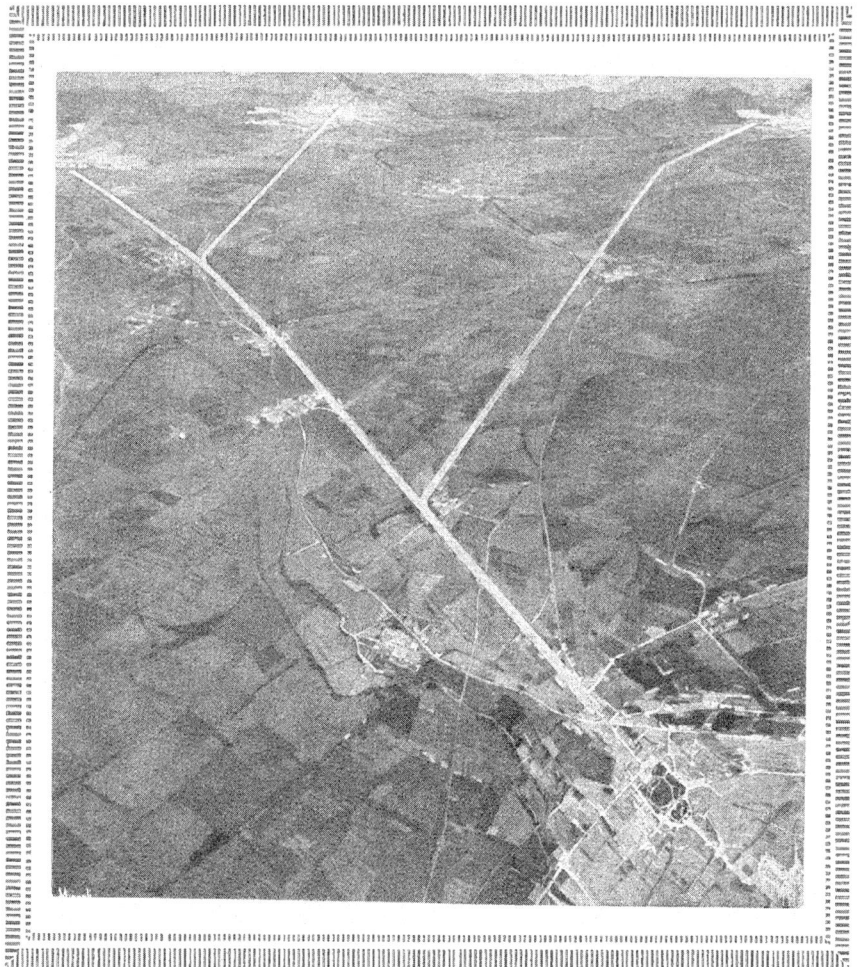

Abb. 29: Idealisierendes Gemälde der Autostrada Milano–Laghi, gemalt von Marcello Nizzoli, um 1925.

Eine gerade Linie vermag die Erschließung des Landes besonders augenfällig zu symbolisieren, fast als sinnlich spürbare Verbindung. Zwar existierte im faschistischen Italien keine offizielle, ideologische Anforderung an die Gestaltung der Autostrade, wie sie später in Deutschland für die Reichsautobahnen aufgestellt wurde. Dennoch scheinen die Straßeningenieure, die im Auftrag privater Gesellschaften arbeiteten, den Geschmack Mussolinis getroffen zu haben. In seiner Rede zur Umgestaltung Roms vom Dezember 1925 wünschte er sich für die zukünftige Roma–Ostia explizit einen «Rettilineo» (eine gerade Straßenlinie), «der der längste und breiteste der Welt sein müsse» und die Hauptstadt mit dem «Mare Nostrum» verbinden sollte.[70] Trotz dieser angeberischen Pläne Mussolinis für staatliche Straßen, welche die bestehenden Autostrade zugleich kopieren und übertreffen sollten, waren die Tage von ausschließlich für Autos gebauten Straßen vorerst gezählt. Unter den bis 1944 von der Aass neu errichteten 12 000 Kilometern Straßen in Italien und 7000 Kilometern Straßen in den Kolonien befand sich meines Wissens keine Straße, die Autos vorbehalten war. 1941 entzog der Staat dieses Privileg sogar den ersten Autostrade, indem er Velofahrerinnen und Velofahrern deren Benutzung erlaubte.[71]

---

1 Die Roma–Ostia wurde formell von der Stadt Rom gebaut, was einer staatlichen Planung gleichkam. Vgl. Alberto Spiegelberg, Problemi delle Autostrade italiane, Bern 1953, S. 21. Für Hinweise und Ideen danke ich Lando Bortolotti, Massimo Moraglio und Felix Frei.

2 Vgl. Istituto Nazionale di Statistica (Hg.), Annuario statistico italiano [ASI], Anni 1922–25, Rom 1926, S. 273 sowie ASI, 1914, Rom 1915, S. 282 und ASI, 1927–1929, Rom 1930, S. 291; Lando Bortolotti, Giuseppe De Luca, Fascismo e autostrade. Un caso di sintesi, la Firenze–mare, Mailand 1994, S. 24.

3 Stefano Musso, Artikel «Fiat», in: Victoria De Grazia, Sergio Luzzatto (Hg.), Dizionario del fascismo, Bd. 1, Turin 2002, S. 533ff. sowie Frank Becker, Autobahnen, Auto-Mobilität. Die USA, Italien und Deutschland im Vergleich, in: Wolfgang Hardtwig (Hg.), Politische Kulturgeschichte der Zwischenkriegszeit 1918–1939, Göttingen 2005, S. 31.

4 Attilio Brilli, Das rasende Leben. Die Anfänge des Reisens mit dem Automobil, Berlin 1999, S. 78ff.

5 Bruno Wanrooij, Mobilitazione, modernizzazione, tradizione, in: Giovanni Sabbatucci, Vittorio Vidotto (Hg.), Storia d'Italia, 6 Bde., Rom, Bari 1995–1999, hier Bd. 4, Bari 1998, S. 407; vgl. auch Internationale Handelskammer, Die Finanzierung des Straßenbaus, Paris 1929, S. 42.

6 Peter Reichel, Der schöne Schein des Dritten Reichs. Faszination und Gewalt des Faschismus, München 1994, S. 283–284; erstes Zitat im Zitat nach George L. Mosse, Faschismus

und Avantgarde, in: Hermand Grimm (Hg.), Faschismus und Avantgarde, Frankfurt 1980, S. 133 ff.; zweites Zitat aus Reichel, S. 101 ff.
7 Brilli, Das rasende Leben, S. 7 ff.; Becker, Autobahnen, S. 30; Christoph Maria Merki, Der holprige Siegeszug des Automobils 1895–1930. Zur Motorisierung des Straßenverkehrs in Frankreich, Deutschland und der Schweiz, Wien, Köln, Weimar 2002, S. 25.
8 Becker, Autobahnen, S. 36 u. 35, Fn. 57.
9 Im Oktober 1935 wurde eine Steuer auf Brennstoffe erhoben, vgl. Bortolotti, Fascismo e autostrade, S. 79.
10 Eine Massenmotorisierung fand in Italien erst zwischen 1958 und 1973 statt, vgl. Massimo Moraglio, A rough Modernization. Landscapes and Highways in the Twentieth-Century Italy, in: Christof Mauch, Thomas Zeller (Hg.), The world beyond the windshield. Roads and Landscapes in the United States and Europe, Athens 2008, S. 117.
11 Bruno Bolis, Ancora in tema di autostrade, di camionabili, e di strade automobilistiche, in: Le strade, 34, 1954, Nr. 3, S. 66, zitiert nach Massimo Moraglio, Storia delle prime autostrade italiane 1922–1943. Modernizzazione, affari e propaganda, Turin 2007, S. 66.
12 Zitat des Schriftstellers Fosco Maraini, zitiert nach Brilli, Das rasende Leben, S. 130.
13 Moraglio, A rough Modernization, S. 110.
14 Das 1923 verabschiedete Dekret Carnazza sah eine Dezentralisierung des Straßenwesens vor, trat aber nicht in Kraft, vgl. Moraglio, Storia, S. 37–59 und 95–106.
15 Bortolotti, Fascismo e autostrade, S. 25; Enciclopedia italiana di scienze, lettere ed arti, Rom 1938, S. 806.
16 Bortolotti, Fascismo e autostrade, S. 25, Fn. 26; Enciclopedia italiana, S. 579.
17 Aurelio Lepre, Storia degli italiani nel novecento, Mailand 2003, S. 34 sowie Merki, Automobil, S. 248 ff. und S. 245–264.
18 Vgl. Alfredo Rosselli, Il circuito di Milano, in: Ingegneria, August 1922, S. 27
19 Auf den US-amerikanischen Parkways waren auch Omnibusse verboten. vgl. Becker, Autobahnen, S. 28.
20 «L'autostrada è una invenzione assolutamente italiana, dovuta all'iniziativa dell'ingegnere Piero Puricelli.» Piero Puricelli unter «Autostrada», in: Enciclopedia italiana, S. 589.
21 Bortolotti, Fascismo e autostrade, S. 17 ff.
22 Das ersterwähnte Projekt nahm die Linienführung der Direttissima Roma–Napoli (1927) vorweg. Vgl. Bortolotti, Fascismo e autostrade, S. 19 f. u. 45 f.
23 Puricelli leitete als Direttore dei lavori den Bau der Autostrade Milano–Laghi, Bergamo–Milano, Napoli–Pompei, Roma–Ostia, Firenze–Mare, Padova–Maestre/Venezia; nicht beteiligt oder zumindest nicht führend war er bei den Autostrade Bergamo–Brescia, Torino–Milano sowie Genova–Serravalle. Emilio Gentile, Emilia Campochiaro (Hg.), Repertorio biografico dei Senatori dell'Italia fascista, Neapel 2004, S. 1955.
24 Bortolotti, Fascismo e autostrade, S. 26, Fn. 29.
25 Becker, Autobahnen, S. 28.
26 «Fra Politica, Propaganda e Affari. L'autostrada Roma–Berlino 1927–1942», lautet der Titel eines Aufsatzes von Lando Bortolotti, in: Storia Urbana, 21, 1997, Nr. 81, S. 47–49.
27 Seinen Eintritt in den Partito Nazionale Fascista (PNF) datierte Puricelli in eigenen Notizen auf den 29. 10. 1925, in einer Liste der Regierung ist der 25. 10. 1925 angegeben. Später ließ Puricelli seinen Parteieintritt auf den 26. März 1923 zurückdatieren, da ihm

Mussolini an jenem Tag anlässlich des ersten Spatenstiches zur Autostrada Milano–Laghi seinen Mitgliedsausweis gegeben habe. Gentile, Repertorio, S. 1956, Fn. 2. Siehe auch Bortolotti, Fascismo e autostrade, S. 29ff., Bortolotti erwähnt S. 33 den Verdacht, dass Puricelli 1922 zu den Sponsoren der PNF zählte.

28 Vgl. Gentile, Repertorio, S. 1955f. Verwaltungsratssitze siehe Bortolotti, Fascismo e autostrade, S. 150.
29 Der Auftrag wog 200 Millionen Lire, vgl. Anna Maria Falchero, Azienda autonoma statale della strada, in: De Grazia, Dizionario, Bd. 1, S. 124.
30 Becker, Autobahnen, S. 32.
31 Vgl. Moraglio, Storia, S. 57.
32 Puricelli sponsorte die Zeitschrift der Hafraba, vgl. Bortolotti, Fascismo e autostrade, S. 27. Das erste Treffen mit Todt fand bereits 1924 in München statt, vgl. Becker, Autobahnen, S. 42. Eines von mehreren Treffen mit Adolf Hitler fand 1934 am 7. Internationalen Straßenkongress in Monaco statt, vgl. Moraglio, Storia, S. 181.
33 Vgl. Ingrid Heckmann-Strohkark, Der Traum von einer europäischen Gemeinschaft, in: Martin Heller, Andreas Volk (Hg.), Die Schweizer Autobahn. Museum für Gestaltung Zürich (Ausstellungskatalog), Zürich 1999.
34 Piero Puricelli, Italie, in: Chambre de Commerce internationale. Administration et financement des routes dans Quinze Pays, Paris 1937, S. 106.
35 L'autostrada «è la via la più breve, più veloce, più comoda e sicura fra determinate regioni o centri abitati». Mit «Centri abitati» umging Puricelli den Begriff «Città», da die Faschisten Städte als gefährliche Siedlungsform ablehnten. Eigenartig mutet auch der Begriff «Via» an, der auf die römischen Straßen (Via Appia) anspielte. Enciclopedia italiana, S. 589.
36 Vgl. Wolfgang Schieder, Merkmale faschistischer Urbanisierungspolitik in Italien 1922–43. Eine historische Skizze, in: Friedrich Lenger, Klaus Tenfelde (Hg.), Die europäische Stadt im 20. Jahrhundert, Köln, Weimar, Wien, 2006, S. 170.
37 Fahrpreise nach Puricelli, Autostrade. Die Autostraße Mailand–Oberitalienische Seen, Mailand, Rom 1925, S. 36. Lohnangabe vgl. Moraglio, Storia, S. 63.
38 Enciclopedia italiana, S. 589.
39 Puricelli, Autostrade, S. 31ff.
40 Enciclopedia italiana, S. 590.
41 Offenbar befand sich die mit der Napoli–Pompei konkurrierende Normalstraße in äußerst schlechtem Zustand, vgl. Die Autostraße. Zeitschrift des Schweizerischen Autostraßen-Vereins, 2, Oktober 1933, S. 126.
42 Moraglio, Storia, S. 8 u. 16.
43 Bortolotti, Fascismo e autostrade, S. 77; vgl. Basler Nachrichten, Nr. 123, 7. 5. 1930.
44 Es handelt sich um das Gesetz Nr. 2892 vom 15. 1. 1885. Puricelli, Autostrade, S. 18; Spiegelberg, Problemi, S. 15. Laut Bortolotti berief man sich zwar teilweise auf dieses Gesetz, es sei aber nicht grundlegend für die Bewertung der enteigneten Grundstücke gewesen, vgl. Bortolotti, Fascismo e autostrade, S. 55.
45 Puricelli, Autostrade, S. 24. Puricelli spricht für die Milano–Laghi von 3000 Einzelbesitzern auf 2,6 Quadratkilometern Land, die mit sechs Millionen Lire entschädigt wurden.
46 Bortolotti, De Luca, Fascismo e autostrade, S. 157 u. 166–168.
47 Puricelli, Autostrade, S. 14.

48 Giuseppe Pini war auch Direktor der Azienda autonoma statale della strada. Giuseppe Pini, L'autocamionale Genova–Valle del Po, in: L'ingegnere, 9, Oktober 1935, Nr. 18, S. 767.
49 Pini, L'autocamionale, S. 767. Zu Pini vgl. auch Bortolotti, Fascismo e autostrade, S. 61.
50 «Le autostrade sono una grandiosa anticipazione italiana e un segno conferma della nostra costrutiva potenza non indegno agli antichi figli di Roma. Mussolini, I1 [?] XIre 1925, anno 4. [der faschistischen Ära].» Puricelli, Autostrade, S. 4, sowie in Autostrada Bergamo–Milano. 28 ottobre 1927 (Kongress Mailand), Bergamo 1927, S. 1.
51 Giacomo Suardo war zuvor als Unterstaatssekretär abgesetzt worden. Aus Bergamo stammend, engagierte er sich als Geschäftsführer der SA für die Autostrada Bergamo–Milano. Vgl. Bortolotti, Fascismo e autostrade, S. 59ff.; Moraglio, Storia, S. 89–92; Gentile, Repertorio, S. 2293ff.
52 Vgl. Italo Vandone, A proposito di autostrade, in: Le strade, 5, November 1923, S. 331.
53 Vgl. Moraglio, Storia, S. 10.
54 Bortolotti, Fascismo e autostrade, S. 49.
55 Die Autostraße, 3, Dezember 1934, Nr. 12, S. 148.
56 Wanrooij, Mobilitazione, S. 406; Bortolotti, Fascismo e autostrade, S. 34.
57 Falchero, in: De Grazia, Dizionario, Bd. 1, S. 124. Als erstes wurde 1933 die Milano–Laghi liquidiert, vgl. Die Autostraße, 2, Oktober 1933, S. 125.
58 Abbildung aus Puricelli, Autostrade, unnummerierter Anfangsteil. Ein analoger Markstein befand sich an der Bergamo–Milano, siehe Autostrada Bergamo–Milano, S. 1.
59 Abgebildet in: Die Autostraße, 3, Dezember 1934, Nr. 12, S. 152.
60 Die Inschrift lautete: «Regnando Vittorio Emmanuele III, il Duce della Nuova Italia BENITO MUSSOLINI / Questa autostrada per il decennale del Regime volle, indicò e inaugurò / 25 ottobre 1932 – X» nach Moraglio, Storia, S. 154, Fotografie des Liktorenbündels.
61 Moraglio, Storia, S. 154.
62 Abgebildet in: Pini, L'autocamionale, S. 768.
63 Spiegelberg, Problemi, S. 27.
64 Pini, L'autocamionale, S. 765.
65 Ebd., S. 758.
66 Puricelli, Autostrade, S. 36.
67 Becker, Autobahnen, S. 46.
68 Ebd., S. 34.
69 Moraglio, A Rough Modernization, S. 118ff.
70 Rede Benito Mussolinis vom 31. 12. 1925 in Campidoglio, zitiert nach Italo Insolera, Roma fascista nelle fotografie dell'Istituto Luce, Rom 2001, S. 9.
71 Bortolotti, Fascismo e autostrade, S. 80.

Ein Experiment mit der rationalistischen Architektur. Der Bahnhof Santa Maria Novella von Florenz

Jonas Briner

Kunst und Kultur waren für Mussolini «nicht nur ein Schmuck der Intelligenz sondern […] eine Waffe in der Hand des Regimes und für das Regime»[1]. Kunst und im Besonderen die Architektur wurden vom faschistischen Regime als Mittel zur Erziehung und zur Erzeugung von Konsens vorab instrumentell definiert. Einerseits kam der Architektur die fundamentale Aufgabe zu, den faschistischen «Uomo nuovo» mitzuformen. Andererseits sollte sie dem Regime immer auch einen konkreten Nutzen verschaffen, sei es, indem sie die Massen mobilisierte, sei es dadurch, dass sie politische Entscheide ästhetisch legitimierte.[2] Einen wichtigen Beitrag zur Inszenierung eines für die Bedürfnisse des Bürgers aufgeschlossenen Staatswesens leisteten Funktionsbauten wie Postämter oder Bahnhöfe, in welchen die Massen tagtäglich mit dem Regime in Berührung kamen. Insbesondere der Eisenbahnsektor, der seit dem ausgehenden 19. Jahrhundert einen massiven Ausbau des Streckennetzes und mehrere technologische Neuerungen erlebt hatte, ließ sich als Symbol für wissenschaftlich-technischen Fortschritt und für die Leistungsfähigkeit des faschistischen Staatswesens instrumentalisieren.[3] Typisch für diese Symbiose von Image- und Infrastrukturpolitik war, dass der Fokus auf Prestigeprojekten lag und propagandistisch weniger attraktive Bauvorhaben wie öffentliche Wohnbauprojekte vernachlässigt wurden. Die urbane Entwicklung von Florenz in den frühen dreißiger Jahren bestätigt diese Beobachtung auf beispielhafte Weise: Während in der Stadt am Arno aufgrund hoher Mieten Wohnungsnot herrschte und sich die Quartiere Santa Croce und

Oltrarno in bedenklichem Zustand befanden, wichen die faschistischen Entscheidungsträger der Frage nach Wohnhäusern und «case popolari» gezielt aus. Vielmehr investierten sie in den neuen Passagierbahnhof Firenze Santa Maria Novella und die angrenzende Piazza, die zwanzig Millionen Lire der Kommune verschlang und der eine Reihe von Wohnhäusern zum Opfer fielen.[4]

Die Bedeutung von Funktionsbauten innerhalb der staatlichen Architekturpolitik und der finanzielle Aufwand der Kommune sowie des Staates[5] lassen darauf schließen, dass der von 1933 bis 1935 erbaute Florentiner Bahnhof ein faschistisches Prestigebauwerk werden sollte. Neben der 1934 abgeschlossenen Direttissima Bologna–Florenz und der Autostrada Firenze–Mare war er Teil eines Verkehrsinfrastrukturprojekts zur Förderung des Tourismus.[6] Als Inbegriff der italienischen Renaissance, die in der faschistischen Geschichtspolitik zum Beweis kultureller Überlegenheit hochstilisiert wurde, und als Touristenmagnet hatte die Stadt am Arno eine wichtige propagandistische Funktion zu erfüllen. Umso größer war daher die Bedeutung des Bahnhofs, der als modernes Stadttor den Zugreisenden ein erstes Bild von Florenz vermittelte. Konkreter Ausdruck der Bemühungen, das Gebäude propagandistisch auszuschlachten, sind die mächtigen Liktorenbündel, welche die breite Fassade schmückten, oder der Umstand, dass die Inauguration des Bahnhofs ganz im Sinne des faschistischen Datenkultes auf den 13. Jahrestag des Marsches auf Rom angesetzt wurde.[7]

Abb. 30: Die Bahnhofsfassade zur Zeit des Faschismus.

Ein Blick in die reichhaltige italienische Literatur zum Thema verrät, dass der Bahnhof Santa Maria Novella nicht nur als gemeinhin der «Architettura razionale» zugeordnetes Bauwerk interessiert. Hinter dem avantgardistischen Bahnhof verbirgt sich eine turbulente Entstehungsgeschichte. Sie war geprägt von einem umstrittenen Architekturwettbewerb sowie von Akteuren mit unterschiedlichen Interessen und verschiedenen Rangpositionen in der Hierarchie des Berufsfelds. Hinzu kam, dass unterschiedliche architektonische Ideale aufeinandertrafen. Trotz divergierender Urteile zu den wichtigsten Exponenten und heterogener Interpretationen der einzelnen Ereignisse tritt aus den italienischsprachigen Werken ein Umstand deutlich hervor: Die Vorkommnisse um den Bahnhof Santa Maria Novella fanden in den dreißiger Jahren nicht nur in der Florentiner, sondern in der gesamtitalienischen Öffentlichkeit und Politik große Beachtung. Ihre Bedeutung innerhalb der faschistischen Architekturpolitik darf daher nicht unterschätzt werden.

Ausgehend von der These, dass der neue Passagierbahnhof von Florenz als faschistisches Prestigebauwerk geplant wurde, wird in diesem Beitrag der komplexe Entstehungsprozess analysiert, der zur Realisierung dieses heute vielfach bewunderten Gebäudes führte. Im Zentrum des Erkenntnisinteresses stehen folgende Fragen: Wie sind die Vorkommnisse um Santa Maria Novella innerhalb des Gesamtzusammenhangs faschistischer (Architektur-)Politik zu deuten? Welche Charakteristika faschistischer Architekturpolitik zeigen sich beim Wettbewerb und der Errichtung des neuen Bahnhofs von Florenz?

Projekte und Polemiken

In der Mitte des 19. Jahrhunderts erbauten private Firmen in Florenz drei verschiedene Passagierbahnhöfe.[8] Als die Anzahl Zugreisender zu Beginn des 20. Jahrhunderts stetig anstieg, erschöpfte sich die Kapazität der wenig zweckmäßigen Infrastruktur immer mehr, weshalb das bereits in den sechziger Jahren des 19. Jahrhunderts diskutierte Projekt eines zentralen Florentiner Bahnhofes neue Aktualität erlangte. 1929 beauftragte der «Servizio lavori» der Ferrovie dello Stato den profilierten Architekten Angiolo Mazzoni mit der Ausarbeitung einiger Entwürfe.[9] Im Laufe des Herbsts 1931 präsentierte Mazzoni der staatlichen Eisenbahngesellschaft insgesamt fünf Vorschläge, mit welchen sich verschiedene Florentiner Offizielle politischer und kultureller Institutionen auseinandersetzten. Ihre Wahl fiel schließlich auf das traditionellste Projekt, das charakterisiert war durch hohe Säulen und Bögen sowie einen Uhrturm, ein typisches Merkmal der Bahnhöfe des 19. Jahrhunderts. Am 20. Februar 1932 wurde das Projekt Mazzonis in einem Artikel der Zeitung *La Nazione* erstmals der Öffentlichkeit vorgestellt. Dabei wurde es als Werk von «rein toskanischem Charakter» bezeichnet, das der gegenüberliegenden Basilica di Santa Maria Novella seine Referenz erweise und der großen Bedeutung der Stadt mit seiner «semplice ricchezza» würdig sei.[10]

Abb. 31: Mazzonis umstrittener neoklassizistischer Entwurf von 1932.

Obwohl Costanzo Ciano, der als Kommunikationsminister letztlich die Verantwortung für den Bau des neuen Florentiner Bahnhofs trug, sich in der Öffentlichkeit und bei Mussolini für Mazzonis Entwurf einsetzte,[11] entzündete sich im Sommer 1932 in der italienischen Presse eine heftige Polemik. Losgetreten wurde sie vom Florentiner Bildhauer Romano Romanelli, der in Mazzonis Projekt eine «Mischung zwischen einem Pferdestall und einer Kirche» erkannte.[12] Besonders oft wiederholte Vorwürfe gegen die Pläne des Römer Architekten waren jene des Monumentalismus, des Eklektizismus und der Übernahme nordischer Stilelemente, was kombiniert im «halbteutonischen» Turm zu «bewundern» sei.[13] Als schließlich Pietro Maria Bardi, einflussreicher Galerieninhaber in Rom, Direktor der Zeitschrift *Il Belvedere* und Mentor junger rationalistischer Architekten, sowie der Florentiner «Consiglio Superiore delle Antichità e Belle Arti» (unterschiedlich prononciert) einen Neustart mittels eines nationalen Wettbewerbes forderten[14], war es um Mazzonis Projekt geschehen. Am 28. Juli 1932 verschickte Costanzo Ciano Telegramme an die zukünftigen Mitglieder einer illustren Wettbewerbskommission,[15] und einen knappen Monat später wurde der «Concorso per la nuova Stazione di Firenze» in italienischen Zeitungen ausgeschrieben.[16]

Das Interesse der italienischen Architekten am Wettbewerb war groß: 98 Konkurrenten präsentierten 105 Projekte, mit welchen sich die Jury am 17./18. Februar 1933 auseinandersetzte. Nachdem die sieben Komiteemitglieder zunächst einstimmig die fünf besten Entwürfe bestimmt hatten, war die Wahl des avantgardistischen Siegerprojekts des «Gruppo Toscano» mit fünf gegen zwei Stimmen ein Mehrheitsentscheid.[17] Schon am 19. Februar verlas Raffaello Brizzi, Direktor der Scuola superiore di Architettura di Firenze, bei der Eröffnung des Studienjahres ein Telegramm des Jurymitgliedes Marcello Piacentini, in welchem dieser auf den Sieg des Gruppo Toscano anspielte. Die offizielle Erklärung zum Entscheid der Wettbewerbskommission ließ Jurypräsident Cesare Oddone Minister Ciano erst am 14. März zukommen.[18]

Die siegreiche Gruppe, die sich als Teil des «Movimento moderno» verstand, umfasste vier Diplomanden, einen Assistenten sowie einen Dozenten der genannten Florentiner Architekturschule.[19] Großen Anteil am Wettbewerbsgewinn hatten die beiden Studenten Leonardo Lusanna und insbesondere Italo Gamberini, die bereits im Rahmen ihrer Abschlussarbeiten («tesi di laurea») einen neuen Bahnhof für Florenz konzipiert hatten und somit wertvolle Ideen zum gemeinsamen Projekt beisteuerten.[20] Wichtigste Figur war jedoch zweifellos Giovanni Michelucci, Professor für «Arredamento e Tecniche della Decorazione», der in der Öffentlichkeit als Hauptverantwortlicher des bald nur noch als «Progetto Michelucci» bezeichneten Bahnhofes wahrgenommen wurde. Michelucci stand ideologisch dem katholischen Idealismus nahe, der sich mit der faschistischen Bewegung im Kampf gegen die «Vermaterialisierung der Welt» verbündet hatte.[21] Bezeichnenderweise war er bereits am 2. Dezember 1925 dem Partito Nazionale Fascista (PNF) beigetreten – zu einem Zeitpunkt, als die Kontrolle des Architektensyndikats über den Berufsstand noch nicht vollständig aufgebaut war, sich der aggressive Charakter des Regimes aber bereits offenbart hatte.[22] Ins Auge sticht auch der Umstand, dass der aus Pistoia stammende Architekt vor Santa Maria Novella – paradigmatisch für die italienische und konträr zur europäischen Avantgarde – ausschließlich repräsentative öffentliche Bauten und Privathäuser für wohlhabende Familien entworfen hatte.[23] Micheluccis Verstrickung in den Faschismus zeigt sich auch darin, dass er im Gegensatz zu Architekten wie Giuseppe Pagano während des Krieges nicht mit dem Regime brach und sich noch 1943 für eine Unterordnung der Bürger unter den Staat einsetzte: «Wir sind alle dazu angehalten, uns für die Ziele des Staates einzusetzen, indem jeder seinen Beitrag an Intelligenz, Ideen, Moral etc. leistet.»[24]

Der, wie sich bald zeigen sollte, provozierend funktionalistische Entwurf des Gruppo Toscano brach bewusst mit dem aus dem 19. Jahrhundert stammenden ästhetischen Formalismus, durch welchen man die klaren Formen und den industriellen Charakter der Eisenbahninfrastruktur zu verdecken versuchte.[25] Kernstück des Bahnhofs ist die asymmetrische und somit organisch wirkende «Galleria di testa». Deren zwei spektakulärsten Komponenten sind die aus Glas und Stahl konstruierte Kaskade der Frontseite und das teilweise ebenfalls gläserne, gegen die Gleise hin schräg abfallende Dach. So zieht sich eine gläserne Fläche vom Kopf der Gleise über die Glaskaskade hin bis zum großen Vorplatz, was, verstärkt durch die tragende Stahlkonstruktion der Fläche, den Eindruck vermittelt, dass die Gleise über die Steinfassade hinweg weiterlaufen: Der ankommende Zug wird Teil des historischen Zentrums von Florenz. Als besonders gelungen hervorzuheben ist zudem das Zusammenspiel der vertikalen Stahlträger der Glaskaskade mit der durch horizontale Linien geprägten Oberflächenstruktur der nüchternen Steinfassade.[26]

Abb. 32: Der Bahnhof Santa Maria Novella während der Bauphase.

Bereits am Morgen nach der Sitzung der Wettbewerbskommission eröffnete die Zeitung *Il Brivido* die Diskussion um das Projekt des «Gruppo Toscano».[27] Diese entwickelte sich bis Anfang März zu einer Polemik von nationalem Ausmaß, an der die gesamte italienische Presselandschaft – von Tageszeitungen über Wochenmagazine bis hin zu Fachzeitschriften – partizipierte.[28] Zusätzliche Intensität erhielt die Diskussion durch die Eröffnung einer Ausstellung im Palazzo Vecchio, in dem vom 9. bis zum 20. März 1933 der Großteil der beim Wettbewerb eingereichten Projekte und sämtliche prämierten Entwürfe der Öffentlichkeit präsentiert wurden. Während bereits am Eröffnungstag 20 000 Personen in das Florentiner Rathaus strömten, waren es am Sonntag, dem 12. März, 40 000 Besucher, die in der Folge im privaten Kreis und in Leserbriefen ihre Haltung kundgaben.[29] Neben mehreren italienischen Tageszeitungen wie *Il Giornale d'Italia* und *Corriere della Sera* kritisierten auch einige Florentiner Verbände und Institutionen die Pläne des Gruppo Toscano.[30] Unterstützung erhielt das Siegerprojekt derweil von der lokalen Presse, von einigen ehemaligen Wettbewerbskonkurrenten um Giuseppe Pagano und vom wichtigsten regionalen Berufsverband, dem «Sindacato regionale fascista architetti». Auch der nationale Architektenverband setzte sich mittels Intervention seines Chefs Alberto Calza Bini beim Diktator für die Gruppe um Giovanni Michelucci ein.[31]

Die Formen des Widerstandes gegen den Entwurf des Gruppo Toscano reichten von fundamentaler Ablehnung bis zu differenzierter Kritik: Während die Zeitung *Il Tevere* das geplante Gebäude mit einem Silo und einer «traurigen Eisenglocke» verglich, unter welcher der «gute Name der italienischen Architektur» begraben würde, bezeichnete der Literat Ardengo Soffici den Bahnhof als «Cassone d'imballaggio», als «Verpackungskiste» ohne jeglichen künstlerischen und praktischen Wert.[32] Ein beliebtes Argument gegen das Siegerprojekt bestand darin, dass dieses aufgrund seiner funktionalistischen Architektur zu stark mit den Renaissance-Bauwerken von Florenz kontrastiere. Des Weiteren wurden dem geplanten Bahnhof ein ahistorischer Charakter und ausländische Einflüsse vorgeworfen.[33] Die Befürworter widersprachen dem Vorwurf des Traditionsbruches mit dem Rekurs auf Antonio Sant'Elia als Begründer der italienischen Moderne sowie mit der Beobachtung, dass sich das geplante Gebäude durch den gleichen horizontalen Charakter und durch denselben Verzicht auf dekorative Elemente auszeichne wie die Florentiner Palazzi des 15. Jahrhunderts.[34] Zudem versuchten sie, den Bahnhof zu einem Symbol der neuen faschistischen Kunst zu erheben, in der insbesondere die jüngere Generation die «Grundzüge der faschistischen Zivilisation» erkennen würde. Darüber hinaus warnten sie vor einer Delegitimation von Architekturwettbewerben bei einer allfälligen Revidierung des Juryentscheides.[35]

Die Polemik um den Bahnhof Santa Maria Novella widerspiegelt indirekt zwei wesentliche Aspekte faschistischer Politik: Der eine besteht im Schulterschluss des Staates mit der katholischen Kirche, den das Regime seit den Lateranverträgen in Abgrenzung gegenüber dem liberalen Italien vor 1922 zelebrierte. So war der ästhetische und symbolische Bezug des geplanten Passagierbahnhofs zur nahe gelegenen Kirche Santa Maria Novella in der Diskussion vom Frühling 1933 ebenso zentral wie umstritten.[36] Das Projekt der Florentiner Architekten erwies dem romanischen Bauwerk schließlich nicht nur durch den Namen seine Reverenz, sondern auch durch die Wahl des identischen Natursteins für die der Kirche zugewandte Fassade sowie durch die marmorne Empfangshalle. Zum anderen widerspiegeln die Ereignisse implizit den Ausschluss der Massen von den politischen Entscheidungsprozessen: Die Polemik ist ein eindrückliches Beispiel dafür, wie die vom faschistischen Regime zu politisch rechtlosen Steuerzahlern degradierten Bürger auf dem Feld der Architektur eine Ersatzplattform fanden für jene Auseinandersetzungen, die in demokratischen Systemen anlässlich von Wahlen geführt werden. Die imposanten Besucherzahlen bei der Ausstellung im Palazzo Vecchio und die Aufmerksamkeit, welche die Presse dem Thema schenkte, dokumentieren ein ansonsten unbefriedigtes Bedürfnis der Öffentlichkeit nach kontroversen Diskussionen.[37] Entsprechend der ideologischen Gleichschaltung der Bürger durch das Regime, brachte die Auseinandersetzung keine unterschiedlichen politischen Standpunkte hervor. Vielmehr dominierten von diffamierenden Schlagwörtern geprägte Geschmacksurteile sowie verschiedene Auffassungen darüber, ob und auf welche Weise das Projekt der faschistischen Zivilisation zum Vorteil gereiche. Nachdem die Polemik während des Frühlings allmählich abgeflacht war, ordnete Costanzo Ciano am 23. Mai 1933 schließlich die Realisierung des «Progetto Michelucci» an.[38]

Santa Maria Novella als gescheitertes Experiment

Mussolini, der bereits 1923 erklärt hatte, dass der Staat die Kunst nicht «sabotieren», sondern nur «aus nationaler und künstlerischer Sicht» «ermutigen» dürfe[39], hatte sich zu Beginn der dreißiger Jahre noch nicht entschieden, wie die faschistischen Werte konkret durch Beton und Stein versinnbildlicht werden sollten. Während er im Hintergrund auf die staatliche Architekturpolitik einwirkte, gelegentlich gar durch direkte Eingriffe bei der Planungsphase von Bauprojekten, waren seine öffentlichen Urteile zur italienischen Architektur sparsam gestreut und von Widersprüchlichkeit geprägt.[40] Dies hatte zur Folge, dass verschiedene Architekturströmungen um die Gunst des «Duce» konkurrierten – unter ihnen auch jene der «Architettura razionale», die nach 1926 regen Zulauf von vornehmlich jungen Berufsleuten erlebt hatte.[41] Wie alle italienischen Architekturströmungen jener Zeit, unterwarfen sich die Rationalisten demonstrativ dem «Duce» und vertraten einen aggressiven Nationalismus sowie die Idee einer gesellschaftlichen Hierarchie, in welcher jedem Individuum eine Funktion zukomme.[42] Zwei weitere Komponenten des faschistischen Selbstverständnisses verkörperte das «Movimento moderno» jedoch glaubwürdiger als das moderate Lager und die Traditionalisten: Zum einen war dies die totale Ablehnung der in Giovanni Giolitti personifizierten, liberalen Phase der italienischen Nationalstaatsgeschichte. Wie die faschistische Revolution in Politik und Gesellschaft diese Krisenzeit überwunden habe, sollte die rationalistische Revolution auf dem Feld der Architektur die angeblich immer noch dominierenden Kräfte und Ideale jener Ära bezwingen.[43]

In der Überzeugung, als einzige Bewegung den «Charakter der Männlichkeit, der Stärke, des Stolzes der [faschistischen] Revolution» architektonisch umsetzen zu können[44], wollten die jungen Rationalisten im Rückgriff auf antike Formen und mit Hilfe modernster Baumaterialien einen neuen faschistischen Stil kreieren. Zum anderen betonten die Rationalisten das totalitäre Primat der Gesellschaft gegenüber dem Individuum und somit den Universalitätsanspruch des Faschismus noch stärker als andere italienische Architekturströmungen.[45] In Anlehnung an die internationale Avantgarde um Walter Gropius und Le Corbusier, aber vor gänzlich anderem ideologischen Hintergrund verzichteten sie in ihren Plänen auf dekorative Elemente und beschränkten sich auf wenige «fundamentale Typen» und geometrische Formen. Mit diesen Leitideen und dem Konzept der Serienbauten kämpften die Rationalisten gegen den «eleganten Eklektizismus des modernen Individuums» und gegen den «Individualismus» des selbstgefälligen «Architetto culturalista».[46] Wirkungsvoll inszeniert wurde der Kampf erstmals 1931 an der zweiten Ausstellung des «Movimento italiano per l'Architettura razionale» (MIAR), bei der in einer von typisch faschistischen Kriegsmetaphern und Männlichkeitsidealen geprägten Rhetorik erklärt wurde: «Wir haben den Architetto culturalista umgebracht, seinen Schädel geöffnet und diesem sorgfältig sein Paradies entnommen.»[47]

Dass sich das Programm des MIAR mit seinen konkreten Positionen und inhärenten Symboliken nahezu optimal in die faschistische Ideologie einpasste, führte zu einer gewissen Affinität Mussolinis für die jungen Rationalisten. Zum Ausdruck kam diese bei seinem Besuch der provokativen Römer Ausstellung von 1931, bei dem er gemäß Adalberto Libera «Genugtuung, Bewunderung und Enthusiasmus» für die Bewegung demonstriert haben soll.[48] Als Mussolini ein Jahr später Marcello Piacentini mit der Gesamtleitung für das Projekt der Città universitaria betraute, verlangte er explizit von ihm, einige junge Architekten mit einzubeziehen.[49] Vor diesem Hintergrund ist es naheliegend, den neuen Bahnhof von Florenz als ein Experiment des Regimes mit der «Architettura razionale» zu verstehen, deren Wirkung auf die Massen zu Beginn der dreißiger Jahre noch wenig bekannt war. So ermutigte Alberto Calza Bini den «Duce» am 27. März 1933 zu einem «esperimento», das für die weitere Orientierung der faschistischen Architekturpolitik von «großem Interesse» sein könnte.[50] Obwohl sich Mussolini während der Polemik vom Frühling 1933 nicht öffentlich zum Thema äußerte, ist davon auszugehen, dass er die Ansicht des Chefs des Architektensyndikats teilte.[51]

Während zahlreiche Architekturexperten und Fachzeitschriften das «Progetto Michelucci» unterstützten[52], stieß der Plan eines an modernen, funktionalistischen Prinzipien orientierten Bahnhofs in der Öffentlichkeit auf Unverständnis. Dieses drückte sich einerseits im Umstand aus, dass sich eine deutliche Mehrheit der italienischen Tageszeitungen gegen das Siegerprojekt stellte.[53] Andererseits wurde in verschiedenen Zeitungen darauf hingewiesen, dass die Florentiner Bevölkerung, sicherlich beeinflusst durch das Erscheinungsbild eines Stadtkerns, in dem neben der Bausubstanz aus der Renaissance ein neoklassizistisch-eklektischer Stil dominierte, dem Projekt des Gruppo Toscano feindlich gesinnt gewesen sei.[54] So umschrieb Galerist Pietro Maria Bardi zur Zeit der Ausstellung im Palazzo Vecchio die Grundstimmung mit der lapidaren Phrase: «Alle gegen die sogenannte rationalistische Architektur.»[55] Am deutlichsten zum Vorschein kam die Haltung jener, die sich ohne Fachwissen mit dem neuen Bahnhof von Florenz auseinandersetzten, im Zusammenhang einer Parlamentsdebatte zum Architekturwettbewerb für den Palazzo del Littorio in Rom. Von frenetischem Beifall begleitet, äußerten am 20. Mai 1934 verschiedene Parlamentarier die Befürchtung, dass im Wettbewerb für das neue Zentrum der faschistischen Partei ein Projekt obsiegen könnte, das stilistisch jenem des Gruppo Toscano gleichen würde. Während Calza Bini die Gemüter zu beruhigen versuchte, verkündete ein Parlamentarier: «Wir wollen keinen Bahnhof von Florenz an der Via dell'Impero!» Ein Amtskollege doppelte in Anspielung an Santa Maria Novella nach: «Befreit euch und befreit uns von Exotik und macht, dass das Bauwerk vom Gefühl römischer Größe inspiriert ist!»[56]

Der «Duce» reagierte auf die Vorkommnisse mit einer Einladung der Florentiner Architekten in den Palazzo Venezia. Zwei Momente dieser Geste weisen jedoch darauf hin, dass Mussolinis erste öffentliche Stellungnahme für den neuen Florentiner Bahnhof nicht zugleich auch als Parteinahme für die «Architettura razionale» zu verstehen ist. Während er sich in der Rede an die Architekten als großer Anhänger der modernen Architektur inszenierte,[57] stellte die offizielle Pressemitteilung zum Treffen letztlich nicht mehr als den unverbindlichen Aufruf an junge Architekten dar, eine Kunst zu realisieren, die dem «Gefühl und den Erfordernissen unseres faschistischen Jahrhunderts» entspreche.[58] Bereits in seiner Ansprache an den Gruppo Toscano hatte Mussolini zudem den Anwendungsbereich rationalistischer Architektur implizit auf Utilitärbauten eingeschränkt.[59] So muss Mussolinis Reaktion eher als Machtdemonstration gegenüber einem sich allzu wichtig nehmenden Parlament denn als echtes Bekenntnis zur rationalistischen Architektur verstanden werden.

Entsprechend dem öffentlichen Widerstand fielen denn auch die Einweihungsfeierlichkeiten zum neuen Florentiner Bahnhof aus: Im Laufe der dreißiger Jahre besuchte Mussolini Florenz insgesamt sechsmal und verwandelte überall in Italien fast jedes repräsentative Gebäude durch seine Anwesenheit bei dessen Eröffnungsfeier in eine Manifestation seines Versprechens, zu den Menschen zu gehen und die Massen zu integrieren.[60] Bei der Inauguration von Santa Maria Novella wurde er jedoch durch König Viktor Emanuel III. vertreten, der im Rahmen einer relativ zügig durchgeführten Zeremonie auch gleich noch die neue «Biblioteca Nazionale» einweihte.[61] Das Werk des Gruppo Toscano schien sich mit seiner modernen Architektur nicht für einen propagandistisch verwertbaren Auftritt des «Duce» zu eignen.

Der Bahnhof Santa Maria Novella löste in der Bevölkerung weder Bewunderung noch Ehrfurcht, sondern Indifferenz oder gar Ablehnung aus. Dadurch, dass seine Formensprache in der Öffentlichkeit auf Unverständnis stieß, konnte er keine das Regime legitimierende Funktion erfüllen, geschweige denn einen Beitrag zur Erziehung der Massen und zur Konstitution des «Uomo nuovo» leisten. Aufgrund des unmittelbar nach dem Juryentscheid einsetzenden Widerstands erschien das Projekt nie als Ausdruck des gemeinsamen Willens eines geeinten Volkes, weshalb es propagandistisch wirkungslos blieb. So zeigte es dem Regime in exemplarischer Weise auf, dass sich eine vom Rationalismus inspirierte Bauweise nur sehr bedingt zur Selbstdarstellung des faschistischen Gesellschaftsprojektes eignete und sicherlich nicht als exklusive Staatsarchitektur fungieren konnte. Der Rationalismus schien zwar in theoretischer Hinsicht die faschistischen Propagandainhalte ausgezeichnet transportieren zu können. In der Praxis zeigte sich jedoch, dass ein wuchtiger, die nationale Potenz symbolisierender Baustil die Massen wesentlich direkter ansprach als eine funktionalistisch-moderne Architektur, die als Metapher für ein fortschrittliches und innovatives Staatswesen dienen sollte.

Santa Maria Novella als Versuch, die Rationalisten einzubinden

Die Ausstellung des MIAR vom Frühling 1931 hatte gezeigt, dass die jungen Rationalisten nicht bloß eine Chance, sondern auch eine Gefahr darstellten: Mit dem Anspruch, sich zur dominierenden italienischen Architekturströmung zu entwickeln, bedrohten sie einerseits die hegemoniale Stellung etablierter Berufskollegen in der staatlichen Architekturpolitik. Andererseits erzeugten sie mit einem zunehmend aggressiveren Auftreten, das teilweise auf ihre Verzweiflung wegen fehlender Aufträge zurückzuführen ist, Spannungen innerhalb der Architektenszene, die einer Instrumentalisierung des Berufsstandes durch das Regime wenig förderlich waren. Zur Beruhigung der konfliktträchtigen Situation musste der «Movimento moderno» – allein schon aufgrund seiner Mitgliederstärke – in die offizielle Architekturpolitik integriert werden.[62] So warnte Calza Bini ausdrücklich davor, die «noch unbekannten Jungen, die dem Faschismus im Bereich der Kunst dienen wollen», zu enttäuschen. Deren «Glauben» zu «vergiften», würde «schweren Schaden für den Faschismus» nach sich ziehen.[63] Beim Versuch, die Rationalisten einzubinden, offenbart sich ein wesentliches Merkmal von Mussolinis Diktatursystem: Der italienische Faschismus war kein monolithisches Gebilde von Ideen, keine in sich schlüssige Gesamttheorie, sondern eine Synthese aus teilweise widersprüchlichen Prinzipien, die sich aus den Interessen verschiedener sozialer Gruppen herleiten lassen. Santa Maria Novella steht exemplarisch für die Weise, wie das faschistische Regime synthetisierte: Die Einbindungsbestrebungen erfolgten erst auf Druck einer Bewegung, die sich für das Regime allmählich zu einem Problem zu entwickeln drohte, und wurden von wenigen mächtigen Personen initiiert sowie durchgesetzt. Im Falle des neuen Bahnhofs von Florenz war die treibende Kraft Marcello Piacentini.

Bei der zweiten Ausstellung des MIAR kam einigen von Piacentinis Werken die zweifelhafte Ehre zu, auf dem «Tavolo degli Orrori» abgebildet worden zu sein – einer «Collage des schlechten Geschmacks» mit Bildern von Bauwerken renommierter italienischer Architekten. Auf diese Provokation reagierte der Römer Architekt, indem er dem «Movimento moderno» im Mai 1931 die Aneignung eines längst überholten nordeuropäischen Baustils vorwarf und dessen Architektur als «rein, typisch, bewusst internationalistisch und bolschewistisch» verunglimpfte.[64] Wenige Monate nach seinem verbalen Rundumschlag, der einen Höhepunkt im Konflikt zwischen den jungen Rationalisten und dem Architektenestablishment markierte, schwenkte Piacentini jedoch auf eine Linie der Integration um.[65] Aus Angst, als unbelehrbarer Traditionalist abgeschrieben zu werden und so seine Machtposition in der Architekturszene einzubüßen, versuchte sich dieser nun als Protektor der Rationalisten zu inszenieren und als Führungsfigur Einfluss auf die Bewegung zu gewinnen. So erkannte Piacentini 1932, als seine Zeitschrift *Architettura* erstmals auch Artikel von rationalistischen Architekten abdruckte, nur noch zwei sich widersprechende architektonische Lager: den «Mondo vecchio» und den «Mondo nuovo», dem er sich gemeinsam mit den jungen Rationalisten zuordnete.[66]

Piacentinis Taktieren in der Wettbewerbsjury für Santa Maria Novella stellt einen Höhepunkt seiner demonstrativ zur Schau getragenen Integrationsbemühungen dar. Nachdem ihm der funktionalistische Charakter der überwältigende Mehrheit der eingegangenen Projekte einmal mehr die Dimension des «Movimento moderno» vor Augen geführt hatte, gelang es ihm dank seiner Machtposition in der faschistischen Architekturpolitik, den

Großteil des mehrheitlich konservativen Gremiums auf die Seite des «Progetto Michelucci» zu ziehen. Dass die beiden Architekten und Jurymitglieder Cesare Bazzani und Armando Brasini trotz ihres Unverständnisses für die rationalistische Architektur schließlich gemeinsam mit Piacentini votierten,[67] offenbart, dass ihnen ein Synthetisierungsmechanismus des italienischen Faschismus implizit bewusst war: «Integration» bedeutete im faschistischen Regime Italiens stets auch Exklusion. Durch den Einbezug gezielt ausgewählter Exponenten des MIAR versuchte Piacentini indirekt die Vertreter zweier nicht anpassungswilliger Extrempositionen zu marginalisieren. Zum einen waren dies die unversöhnlichen Traditionalisten, die mit Piacentini um eine hegemoniale Stellung in der Architektenszene konkurrierten. Taktisch geschickt provozierte der Römer Architekt im Vorfeld der Sitzung der Wettbewerbskommission eine Grundsatzdiskussion mit dem Jurymitglied Ugo Ojetti über die Berechtigung von Bögen und Säulen in der zeitgenössischen Architektur. Der einflussreiche Florentiner Kunstkritiker war ein entschiedener Gegner sämtlicher Modernisierungstendenzen in der italienischen Architektur. Im Namen der jungen Rationalisten hielt Piacentini diesem am 2. Februar entgegen: «Wir sind viele und schauen […] vorwärts. Wir maßen es uns an, auf eine andere Weise italienisch zu sein: Mit dem Bewusstsein, *heute* jemand zu sein […] und nicht nur etwas zu bedeuten, weil wir die Nachkommen der Vorfahren sind.»[68] Vor diesem Hintergrund konnte es gut zwei Wochen später keine Zweifel darüber geben, wer für den eben getroffenen Entscheid zugunsten des «Progetto Michelucci» verantwortlich war. Diesen Eindruck zementierte Piacentini zusätzlich mit seinem Telegramm an die Florentiner Architekturschule und dem Artikel «Piacentini dice addio a Ojetti», in welchem er sämtliche beim Wettbewerb eingereichten Entwürfe als Bekräftigung der «neuen italienischen Architektur» bejubelte und den endgültigen Bruch mit Ojetti inszenierte. «Lass uns nun in Ruhe arbeiten», meinte er an dessen Adresse. «Ich bitte dich nur um dies! Mittlerweile sind sich alle Architekten Italiens einig.»[69]

Das taktische Kalkül, das Piacentinis Parteinahme für die Rationalisten zugrunde lag, bestand jedoch nicht nur in deren Instrumentalisierung für den Machtkampf gegen etablierte Konkurrenten. Seine Integrationsbemühungen richteten sich in scheinbar paradoxerweise Weise auch gegen überzeugte Vorkämpfer des «Razionalismo», die Piacentinis Gesinnungswandel entsprechend misstrauisch begegneten.[70] Piacentini integrierte in die staatliche Architekturpolitik nicht prominente Rationalisten wie die Mitglieder des «Gruppo 7» oder die Römer Adalberto Libera und Mario Ridolfi, sondern gemäßigte Exponenten wie Giovanni Michelucci. Als Hochschulprofessor war der Pistoieser Architekt zu Beginn der dreißiger Jahre kein «junger Revolutionär», sondern bereits Teil des Establishments. Von seinem «außergewöhnlichen Instinkt» zum Aufstieg geleitet, baute Michelucci nach seinem Umzug nach Rom ein ausgedehntes Netzwerk von Beziehungen auf: Dank Bauaufträgen von Pistoieser Industriellen wie den Valiani und seiner Freundschaft zum Aristokraten Roberto Papini, der als staatlicher Funktionär, Direktor der Galleria Nazionale d'Arte Moderna sowie als Mitbegründer der Zeitschrift *Architettura e Arti Decorative* über großen Einfluss verfügte, fand er Eingang in die höchsten Kreise von Kultur und Politik. So verkehrte Michelucci in Rom unter anderem mit den Ministern Alessandro Pavolini und Giuseppe Bottai sowie mit Mussolinis Sekretär Alessandro Chiavolini und erwarb im Laufe der Jahre illustre Ämter, wie 1933 die Mitgliedschaft im Direktorium des Architektensyndikats.[71] Ebenfalls in jener Zeit entwickelte sich ein enges Verhältnis zu Piacentini, der sich bei einem Besuch auf der Baustelle der Villa Valiani von Micheluccis künstlerischen Fähigkeiten überzeugt hatte.[72] Einen ersten Nutzen erbrachte die neue Beziehung 1932 bei der Projektierung der Città universitaria, als Michelucci als einziger Architekt mit der Planung von zwei Gebäuden betraut wurde.[73] Vor diesem Hintergrund ist es nicht überraschend, dass einige radikale Rationalisten der Wahl Micheluccis bei Santa Maria Novella trotz grundsätzlicher Zustimmung mit Skepsis begegneten. So schrieb Carlo Belli in einem Brief an Bardi, er habe «eine gewisse Liebelei Micheluccis für Piacentini» nicht vergessen.[74] Der Adressat äußerte in einem Artikel derweil die Befürchtung, dass die «Neo-razionali» die Ideale der Bewegung verwässern könnten.[75]

In der Tat war Micheluccis Bezug zum Razionalismo von großer Ambivalenz geprägt. Einerseits war er ein engagiertes Mitglied des MIAR, der an dessen zweiter Ausstellung von 1931 mitwirkte und sich in der nachfolgenden Polemik als einziger Hochschuldozent öffentlich zur Bewegung bekannte.[76] Ein knappes Jahr später organisierte er in Florenz mit Hilfe des neu gegründeten Gruppo Toscano gar die dritte Ausstellung des MIAR. Die Bauwerke, die Michelucci zur

Zeit seines Engagements für den MIAR realisiert hatte, offenbaren jedoch eine gewisse Distanz zu den architektonischen Grundsätzen der Bewegung. So bezeichnete der moderate Papini die von 1929 bis 1931 in Rom errichtete Villa Valiani als «Verbindung zwischen der toskanischen Geradlinigkeit und dem lebendigsten Geist der klassischen Tradition»[77]. Retrospektiv meinte Michelucci 1966 gar, dass er die «theoretischen Bedingungen» des Razionalismo nicht verstanden und daher «keinen Beitrag zu jener Bewegung» geleistet hätte.[78]

Abb. 33: Micheluccis Padiglione Reale.

Das Oszillieren zwischen Tradition und Innovation, welches Michelucci überhaupt erst Freundschaften mit einflussreichen Exponenten verschiedener architektonischer Lager einbrachte und das gemeinsam mit seinem unbestrittenen Talent zu seiner hegemonialen Stellung in der Florentiner Kulturszene führte, kommt auch bei Santa Maria Novella zum Ausdruck: Neben einigen marginalen Zugeständnissen an die Tradition, wie die Wahl von Naturstein für die Fassade, wich mit dem Padiglione Reale ein Gebäudeteil doch deutlich vom rationalistischen Gesamtkonzept des Bahnhofs ab. Nachdem die Jury bereits in ihrem Abschlussbericht auf «eine gewisse Unreife auf Seiten der Via Valfonda»[79] aufmerksam gemacht hatte, überarbeitete Michelucci im Frühjahr 1934 in Eigenregie[80] die Pläne für den Padiglione. Der ursprünglich schlicht gehaltene Gebäudeteil[81], der nach seiner Fertigstellung dem König und seinem Gefolge bei Besuchen in Florenz dienen sollte, wurde in einen klassizistisch angehauchten Pavillon verwandelt. Statt einfachen Formen, Stahl und Beton dominierten nun weißer Marmor, klassische Statuen sowie markante Säulen. Aus diesem Grund darf das Projekt nur eingeschränkt als Ausdruck rationalistischer Architektur gelten.[82] Wie sich der Faschismus bloß als «revolutionäre Bewegung» inszenierte, so markierte auch der neue Bahnhof von Florenz bloß eine scheinbare Revolution in der italienischen Architekturlandschaft.

Ausdruck einer Einbindungspolitik, die sich auf einen domestizierten Rationalismus beschränkte, sind letztlich auch die Konflikte innerhalb des Gruppo Toscano und der daraus resultierende Schulterschluss der Wettbewerbskommission mit Michelucci. Nachdem schon kurz nach Baubeginn erste Spannungen innerhalb des Gruppo Toscano aufgetreten waren, riefen Micheluccis Pläne für den monumentalistischen Padiglione Reale den Unmut der weniger kompromissbereiten Gruppenmitglieder hervor.[83] So sah sich die Wettbewerbskommission am 26. April 1934 zu einer Kontrollinspektion auf der Baustelle gezwungen, um Michelucci im Kampf gegen einen allzu modernen Charakter des Gebäudes den Rücken zu stärken. Vor Ort waren damals mit Piacentini, Romanelli, Bazzani und Filippo Tommaso Marinetti ausschließlich Jurymitglieder, die sich im Februar 1933 für das rationalistische Projekt des Gruppo Toscano eingesetzt hatten und nun offenbarten, welche Form von Razionalismo sie für adäquat hielten.[84]

Die weitere Entwicklung der faschistischen Architekturpolitik bestätigt das bisherige Bild: Marcello Piacentini, der sich dank seiner Strategie der Jahre 1932/33 dauerhaft an der Spitze der berufsständischen Hierarchie festsetzen konnte, passte seinen Baustil in den Folgejahren nur oberflächlich jenem der jungen Rationalisten an. Spätestens 1938 distanzierte er sich wieder deutlich von der fünf Jahre zuvor noch als «la nuova nostra arte» bejubelten rationalistischen Architektur.[85] Eingebunden in die offizielle Baupolitik wurden anpassungswillige Vertreter des MIAR wie Pagano[86] oder Michelucci, der sich im

Laufe der dreißiger Jahre zunehmend vom immer unpopulärer werdenden rationalistischen Baustil entfernte. Bereits seine beiden Gebäude für die Città universitaria griffen augenscheinlich Piacentinis monumentalistische Formensprache auf. Im impliziten Vergleich der beiden Römer Institute mit dem Bahnhof von Florenz sprach sich Michelucci 1935 denn auch klar gegen das Werk des Gruppo Toscano aus, da dieses nicht über das «architektonische Fundament der Città universitaria» verfüge.[87] Auch radikalere Exponenten des Razionalismo versuchten im Laufe des Jahrzehnts durch stilistische Konzessionen staatliche Bauaufträge für sich zu gewinnen, wofür sie jedoch meistens nicht belohnt wurden.[88] Spätestens bei der «Esposizione Universale di Roma» (E42/EUR) zeigte sich, dass die von Bardi befürchtete, komplette Auflösung des Rationalismus innerhalb der offiziellen Architekturpolitik Tatsache geworden war.[89]

Das opportunistisches Verhalten der Architekten rund um Santa Maria Novella, das sich in deren stilistischer Flexibilität sowie in atemberaubend schnell erfolgten Gesinnungswechseln artikulierte, bestätigt, dass der «integrale Architekt» unter dem Faschismus dazu neigte, ein «Sohn des Chamäleons»[90] (Giorgio Ciucci) zu sein. Bei der praktischen Umsetzung seiner Überzeugungen war der faschistische Architekt sehr flexibel und stülpte sich entsprechend aktuellen Erfordernissen die «Kleider der Tradition» oder jene der Moderne über. Die Ideologie des «Architetto integrale» war letztlich der Wille zur Karriere, der Kampf um bedeutende Aufträge, das Streben nach einer einflussreichen Position im Machtgefüge der Berufsgruppe.

Fazit

Der Bahnhof Santa Maria Novella kam keiner Revolution in der italienischen Architekturlandschaft gleich. Diese hatte bereits 1931 stattgefunden anlässlich der zweiten Ausstellung des MIAR in Rom. Sie hatte, wenn auch nicht mit nachhaltigen Auswirkungen, zu einem strategischen Umdenken im Establishment geführt: Der «Movimento moderno» konnte in seiner Dimension nicht mehr ignoriert werden. Der Bahnhof von Florenz ist somit Ausdruck einer Übergangsphase der italienischen Architektur, in der Bauwerke wie Mazzonis neoklassizistischer Entwurf von der Mehrheit der Szene nicht mehr goutiert wurden und in welcher das Regime mit moderner, funktionalistischer Architektur experimentierte. Das Experiment Santa Maria Novella schlug jedoch fehl. Da das Gebäude in der Öffentlichkeit auf Unverständnis oder gar massive Kritik stieß, konnte es dem faschistischen Regime nicht als Instrument zu dessen Selbstinszenierung dienen.

Die Kontroverse um den Bahnhof von Florenz trug so zur Einsicht bei, dass der propagandistische Wert rationalistischer Architektur – trotz dessen nahezu optimaler Übereinstimmung mit der faschistischen Ideologie auf theoretischer und symbolischer Ebene – beschränkt war. Somit waren die Ereignisse ein Auslöser für die rasch fortschreitende Angleichung der Rationalisten an einen sich immer deutlicher abzeichnenden, monumentalistischen Stil. Während Santa Maria Novella in dieser Perspektive letztlich als Misserfolg der «Architettura razionale» beurteilt werden muss, fällt eine Bewertung in Bezug auf die offizielle Architekturpolitik des faschistischen Regimes weniger eindeutig aus: So sind die Vorkommnisse der Jahre 1932/33 nicht nur als fehlgeschlagenes Experiment des Regimes, sondern auch als erfolgreicher Versuch der Einbindung der Rationalisten zu verstehen.

Im Rahmen einer Konfliktvermeidungspolitik, mit der das faschistische Regime bei gleichzeitiger Exklusion von Extrempositionen die Interessen verschiedener sozialer Gruppen synthetisierte, trug Santa Maria Novella zur Stabilisierung einer orientierungslosen Architektenszene bei. Die Wahl Micheluccis und die stilistischen Kompromisse des neuen Florentiner Bahnhofs zeigen, dass das Establishment bei der Integration des «Movimento moderno» in die offizielle Architekturpolitik nicht nur von dessen Dynamik profitieren wollte, sondern ihm auch gleich die Ecken und Kanten schliff. Eine zentrale Rolle bei den Einbindungsbemühungen nahm Piacentini ein, der als selbsternannter Mentor der Bewegung die Rationalisten für den Machtkampf gegen seine traditionalistischen Konkurrenten zu instrumentalisieren versuchte. Vor diesem Hintergrund muss die heftige Polemik um das Projekt des Gruppo Toscano auch als Ausdruck eines opportunistisch geführten Wettstreits verstanden werden, bei dem verschiedene etablierte Exponenten um Machtpositionen und Einfluss in der Architekturszene konkurrierten.

1 Benito Mussolini, La dottrina del Fascismo, in: Enciclopedia italiana, Bd. 14, S. 847, nach Margrit Estermann-Juchler, Faschistische Staatsbaukunst. Zur ideologischen Funktion der öffentlichen Architektur im faschistischen Italien, Köln, Wien 1982, S. 14.
2 Vgl. Estermann-Juchler, Faschistische Staatsbaukunst, S. 14; Paolo Nicoloso, Mussolini architetto. Propaganda e paesaggio urbano nell'Italia fascista, Turin 2008, S. XVI.
3 So investierte das Regime ab Mitte der zwanziger Jahre viel Geld in die Elektrifizierung des Streckennetzes und in die Erneuerung der Bahnhofsinfrastruktur. Vgl. Rosario De Simone, La modernizzazione dell'architettura ferroviaria negli anni intorno al concorso per Firenze Santa Maria Novella, in: Ezio Godoli, Antonietta Iolanda Lima (Hg.), Architettura ferroviaria in Italia, Palermo 2004, S. 267–282, hier S. 273–277.
4 Vgl. Marco Palla, Firenze nel regima fascista, Florenz 1978, S. 308, 322 u. 362.
5 Während die Kommune den Umbau des Vorplatzes finanzierte, waren für die Projektierung des Passagierbahnhofes nicht lokale Behörden, sondern das staatliche Ministerium für Kommunikation zuständig. Vgl. Claudia Conforti, Roberto Dulio, Marzia Marandola (Hg.), Giovanni Michelucci 1891–1990, Mailand 2006, S. 133.
6 Die Initiative, den Tourismus zu fördern und das «kulturelle Primat» von Florenz wiederherzustellen, wurde vor allem vom lokalen Partito Nazionale Fascista (PNF) unterstützt. Unter der Leitung des Sekretärs Alessandro Pavolini wurden in Florenz neue Institutionen wie die «Azienda autonoma fascista» (1931) gegründet und Handwerksmessen, Musik- und Literaturfestivals sowie Sportveranstaltungen wie der «Calcio storico fiorentino» (neu) lanciert. Vgl. Carlo Cresti, Firenze, capitale mancata. Architettura e città dal piano Poggi a oggi, Mailand 1995, S. 254.
7 Aufgrund von Terminkollisionen wurde die Einweihung des Bahnhofes aber vom 28. auf den 30. Oktober verschoben werden. Vgl. Conforti u. a., Giovanni Michelucci, S. 145; Ausgaben der Zeitungen Il Corriere della Sera, Il popolo d'Italia und La Gazzetta del Popolo vom 31. 10. 1935.
8 Dies waren für die Strecke Florenz–Livorno der Bahnhof Leopoldo und für die Linie nach Prato/Pistoia der Bhf. Maria Antonia (beide 1847). Ab 1859 verband der Bahnhof Porta alla Croce Florenz zusätzlich mit Arezzo. Vgl. Andrea Giuntini, Firenze e le sue stazioni, in: Paolo Berti, Vittorio Savi (Hg.), La Nuova stazione di Firenze. Struttura e Architettura (Ausstellungskatalog, Stazione di Firenze SMN), Florenz 1993, S. 27–35, hier S. 27f.
9 Mazzoni erbaute für das faschistische Regime unzählige Postämter und Bahnhöfe. Berühmte Bauwerke sind beispielsweise die Post von Sabaudia oder der Bahnhof Santa Lucia von Venedig. Für genauere Informationen zu den verschiedenen Entwürfen zum Passagierbahnhof von Florenz vgl. Alfredo Forti, Angiolo Mazzoni. Architetto fra fascismo e libertà, Florenz 1978, S. 51ff.; Michele Capobianco, La nuova stazione di Firenze. Storia di un progetto, Turin 2001, S. 8; Brief Cianos an Mussolini, publiziert in: La Nazione vom 11. 6. 1932, nach Francesco Bandini, La stazione di S. Maria Novella (1935–1985). Italo Gamberini e il «Gruppo Toscano», Florenz 1987, S. 12.
10 Vgl. La Nazione vom 20. 2. 1932, zitiert nach Cresti, Firenze capitale mancata, S. 264.
11 Vgl. Costanzo Ciano, Una lettera del Ministro Ciano al Capo del Governo, in: La Nazione vom 11. 6. 1932.
12 Vgl. Romano Romanelli, La stazione ferroviaria di Santa Maria Novella, in: La Nazione vom 11. 6. 1932; sowie Ders., Monumento o stazione ferroviaria?, in: La Nazione vom 29. 6. 1932; Ders., Proposte al ministro Ciano, in: La Nazione vom 16. 7. 1932.

13 Vgl. z. B. A. Del Massa, La nuova stazione di Firenze. I pareri di Soffici e di Papini, in: La Nazione, Februar 1933, zitiert nach Bandini, La stazione, S.23f.
14 Zur Person und Einflussnahme Bardis vgl. Lana Novikova, Architettura razionale. Staatsarchitektur in Italien Mussolinis, München 2005, S. 13; Ulrich Pfammatter, Moderne und Macht. «Razionalismo». Italienische Architekten 1927–1942, Braunschweig, Wiesbaden ²1996, S. 77; Capobianco, La nuova stazione, S. 16. / Sitzungsprotokoll des «Consiglio Superiore delle Antichità e Belle Arti» vom 12. Juli, siehe Forti, Angiolo Mazzoni, S. 53.
15 Präsident des siebenköpfigen Gremiums wurde Cesare Oddone, Ingenieur und ehemaliger Direktor der Ferrovie dello Stato. Drei der sechs weiteren Juroren waren Mitglieder italienischer Akademien; die Architekten Marcello Piacentini, Cesare Bazzani (Architekt der unpopulären «Biblioteca Nazionale» von Florenz) und Armando Brasini (verantwortlich für die urbane Entwicklung mehrerer italienischer Städte). Komplettiert wurde das Gremium durch den Bildhauer Romano Romanelli, den konservativen Literaten Ugo Ojetti sowie durch seinen futuristischen Berufskollegen Filippo Tommaso Marinetti.
16 Der Wettbewerbstext enthielt verschiedene konzeptuelle Bedingungen. Der zu projektierende Passagierbahnhof sollte sich v. a. in ein Ensemble bereits erstellter oder geplanter Funktionsbauten wie das Postgebäude, den Palazzo Giuntini oder das Heizwerk einfügen (allesamt Werke Mazzonis). Insgesamt wurden Preisgelder von 100 000 Lire ausgeschüttet, die Hälfte davon an das Siegerprojekt. Der ursprüngliche Abgabetermin wurde auf den 31. Januar 1933 verschoben. Vgl. Bando di concorso per la nuova Stazione di Firenze, abgedruckt in: La Nazione vom 25. 8. 1932; De Simone, La modernizzazione dell'architettura ferroviaria, S. 268; Vittorio Savi, Storie di Santa Maria Novella, in: ders., Berti, La nuova stazione di Firenze, S. 41–50, hier S. 43.
17 Vgl. Deklaration Oddones an Ciano vom 14. 3. 1933, abgedruckt in Carlo Severati, Cronaca di Santa Maria Novella, in: L'architettura – cronache e storia, Nr. 201, Mai 1973, S. 54–64, hier S. 61. Gegen das Projekt des Gruppo Toscano votierten der Präsident des Gremiums, Cesare Oddone, und das Jurymitglied Ojetti.
18 Das Telegramm wurde bereits am 20. Februar 1933 in der Zeitung *La Nazione* abgedruckt. Vgl. Deklaration Oddones an Ciano vom 14. 3. 1933, in: Severati, Cronaca, S. 59–61.
19 Die Gruppe hatte sich 1931 im Vorfeld der dritten «Mostra nazionale di architettura razionale» von Florenz herausgebildet. Im Herbst 1932 schloss sich der Großteil der Mitglieder anlässlich des Wettbewerbs für Santa Maria Novella wieder zusammen. Vgl. Cresti, Firenze capitale mancata, S. 261; Savi, Storie di Santa Maria Novella, S. 43; Conforti u. a., Giovanni Michelucci, S. 137.
20 Vgl. Capobianco, La nuova stazione, S. 19; Conforti u. a., Giovanni Michelucci, S. 137; Giovanni Klaus Koenig, Architettura in Toscana 1931–1968, Turin 1968, S. 23. Weitere Mitglieder waren die Studenten Nello Baroni, Sarre Guarnieri und der Assistent Pier Niccolò Berardi.
21 Die wichtigsten Daten in Micheluccis Leben sind aufgelistet in Conforti u. a., Giovanni Michelucci, S. 380–382. Wie viele Exponenten der italienischen Avantgarde nahm Michelucci, fasziniert von futuristischen Idealen, freiwillig am Ersten Weltkrieg teil. In den zwanziger Jahren distanzierte er sich jedoch vom Futurismus, was sich auch in seiner ausgedehnten publizistischen Tätigkeit widerspiegelte. Vgl. Francesco Dal Co, Giovanni Michelacci. A Life One Century Long, in: Perspecta, 27, 1992, S. 99–115, hier S. 99f.
22 Vgl. Conforti u.a., Giovanni Michelucci, S. 40; Pfammatter, Moderne und Macht, S. 17.

23 Trotz diverser Möglichkeiten engagierten sich die italienischen Rationalisten insbesondere in der ersten Hälfte der dreißiger Jahre kaum im sozialen Wohnungsbau. Vgl. Diane Yvonne Ghirardo, Italian Architects and Fascist Politics. An Evaluation of Rationalist's Role in Regime Building, in: The Journal of the Society of Architectural Historians, 39, Mai 1980, S. 109–127, hier S. 116. / In seiner Heimatstadt Pistoia projektierte Michelucci im Auftrag faschistischer Institutionen eine Casa del Balilla und ein Gebäude für die Opera Nazionale Dopolavoro. Vgl. Conforti u.a., Giovanni Michelucci, S. 99ff. u. 105.

24 Artikel Micheluccis in: Lo Stile. Architettura, arti, lettere, arredamento, casa, Nr. 26, Juni 1943, zitiert nach Fabrizio Brunetti, Architetti e fascismo, Florenz 2006, S. 309. Für seine Regimetreue wurde Michelucci 1944 von einer Gruppe Florentiner Künstler kritisiert, was jedoch keine negativen Auswirkungen auf seine weitere Berufskarriere hatte. Vgl. Conforti u. a., Giovanni Michelucci, S. 19.

25 Vgl. De Simone, La modernizzazione dell'architettura ferroviaria, S. 269f.

26 Vgl. Conforti u.a., Giovanni Michelucci, S. 45; Chiara Toscani, Variazioni del tipo, in: Stazioni. Un sipario urbano, Florenz 2006, S. 101–123, hier S. 109f.

27 Vgl. Severati, Cronaca, S.62.

28 Zum Ausdruck kommt dies in Severatis unvollständiger Liste von Zeitungs- und Zeitschriftenartikeln, die für den Zeitraum vom 19. Februar bis 14. 5. 1933 nicht weniger als 87 Beiträge zur Debatte um den neuen Florentiner Bahnhof umfasst. Vgl. Severati, Cronaca, S. 62f.

29 Vgl. Capobianco, La nuova stazione, S. 43; Artikel I progetti per la Stazione – Domenica. Quarantamila persone, in: La Nazione vom 14. 3. 1933.

30 Als Gegner des «Progetto Michelucci» sind zu nennen die «Reale Accademia delle Arti e del Disegno di Firenze», das «Sindacato fascista ingegneri» und die «associazione Leonardo da Vinci». Vgl. Conforti u. a., Giovanni Michelucci, S. 136f.

31 Vgl. Palla, Firenze nel regime fascista, S. 357; Conforti u. a., Giovanni Michelucci, S. 137; Giuseppe Pagano, La nuova stazione di Firenze, in L'Universale vom 10. 4. 1933; Cresti, Firenze, capitale mancata, S. 269; Alfredo Forti u.a. (Hg.), Angiolo Mazzoni (1894–1979). Architetto nell'Italia fra le due guerre. Galleria comunale d'arte moderna, Bologna (Ausstellungskatalog), Bologna 1984, S. 174; Brief Calza Binis an Mussolini vom 27. März 1933, abgedruckt in Severati, Cronaca, S. 64.

32 Il Tevere vom 27. 3. 1933, zitiert nach Koenig, Architettura in Toscana, S. 27. Die Metapher des «Cassone d'imballagio» wurde zu einer häufig benutzten Schmähbezeichnung in der Polemik. Vgl. Il Giornale d'Italia vom 26. 2. 1933, nach Severati, Cronaca, S. 62.

33 Vgl. La Mostra in Palazzo Venezia, in: La Nazione vom 29. 2. 1933; Ugo Ojetti, Il concorso per la nuova stazione di Firenze, in: La Nazione vom 9. 3. 1933. Zum Ausdruck kommen diese Vorwürfe auch bei der Deklaration der «Reale Accademia delle Arti del Disegno di Firenze». Vgl. Anm. 99 in Palla, Firenze nel regima fascista, S. 359.

34 Vgl. Filippo Tomaso Marinetti, Conclusione sulla Polemica dell'architettura, in: Futurismo vom 26. 2. 1933; Il Bargello, Nr. 11 vom 12. 3. 1933, Auszüge davon abgedruckt in Palla, Firenze nel regima fascista, S. 360f.; Alberto Luchini, Architettura razionale, in: L'Universale vom 10. 3. 1933; La stazione di Firenze, in: Il Giornale d'Italia vom 11. 6. 1933.

35 Vgl. diverse Artikel der Zeitschrift *Casabella*, Nr. 3 vom März 1933. Ausschnitte zitiert in Capobianco, La nuova stazione, S. 61–64; Giuseppe Pagano, La nuova stazione di Firenze,

in: L'Universale vom 10. 4. 1933; Brief Calza Binis an Mussolini vom 27. 3. 1933, abgedruckt in Severati, Cronaca, S. 64.
36 Vgl. La Mostra in Palazzo Venezia, in: La Nazione vom 29. 2. 1933.
37 Das immense Interesse an der Polemik schien das Regime vom Potenzial von Architekturwettbewerben als «Ersatzbefriedigung» und für die Massenmobilisierung zu überzeugen. In den Jahren 1933/34 wurden in Italien insgesamt 117 Architekturwettbewerbe durchgeführt. Vgl. Paolo Nicoloso, I concorsi di architettura. Durante il fascismo, in: Casabella, 64, 2000, Nr. 683, S. 4–7.
38 Vgl. Capobianco, La nuova stazione, S. 73. Im September begannen die vom Ingenieur Gino Checcucci geleiteten Bauarbeiten, bei welchen neben circa 700 Arbeitern auch die sechs Florentiner Architekten des Gruppo Toscano stark engagiert waren. Der Architekt Sarre Guarnieri erlebte die Fertigstellung «seines» Bahnhofes jedoch nicht, da er am 20. Oktober 1933 im Alter von nur 29 Jahren verstarb. Vgl. Savi, Storie di Santa Maria Novella, S. 45.
39 Opera omnia di Benito Mussolini, hg. von Edoardo u. Duilio Susmel, Florenz 1951–1963, hier Bd. 19, S. 187f., zitiert nach Estermann-Juchler, Faschistische Staatsbaukunst, S. 17.
40 Vgl. Nicoloso, Mussolini architetto, S. XVIII, 129f. u. 151–155; Estermann-Juchler, Faschistische Staatsbaukunst, S. 45f.
41 Zur Geschichte der Bewegung, die durch ein Manifest des Mailänder «Gruppo 7» (1926/27 in der Zeitschrift *La Rassegna Italiano* publiziert) ins Leben gerufen wurde, siehe Pfammatter, Moderne und Macht, S. 164–187.
42 Beispielhaft zum Ausdruck kommt diese Unterwerfung im «Manifesto per l'architettura razionale», das 1931 anlässlich der zweiten MIAR-Ausstellung in Rom erschien, siehe Luciano Patetta, L'Architettura in Italia 1919–1943. Le polemiche, Mailand 1972, S. 192f. Vgl. auch den Brief Bardis an Mussolini von 1931, der mit den Sätzen endet: «Was Mussolini auch antworten wird, es wird gut gehen. Mussolini hat immer Recht.» Abgedruckt in Patetta, L'Architettura in Italia, S. 182–190, hier S. 190.
43 Im «Manifesto per l'architettura razionale» wurden die «alten Architekten» als «Symbol einer Impotenz» gebrandmarkt, welche die faschistische Revolution negieren würde. Vgl. Patetta, L'Architettura in Italia, S. 192.
44 Ebd.
45 Pfammatter, Moderne und Macht, S. 14.
46 Unter dem Begriff «Architetto culturalista» subsumierten die Rationalisten die Exponenten der traditionalistischen und moderaten Architekturströmungen. Vgl. Primo Manifesto del Razionalismo italiano, abgedruckt in Pfammatter, Moderne und Macht, S. 164–187.
47 Erklärungen zum «Tavolo degli orrori» der zweiten Ausstellung des MIAR in Rom, abgedruckt in Patetta, L'Architettura in Italia, S. 191f.
48 Adalberto Libera, La mia esperienza di architetto, zitiert nach Nicoloso, Mussolini architetto, S. 153.
49 Vgl. Estermann-Juchler, Faschistische Staatsbaukunst, S. 46; Nicoloso, Mussolini architetto, S. 197.
50 Brief Calza Binis an Mussolini vom 27. 3. 1933, abgedruckt in Severati, Cronaca, S. 64.
51 Dass Mussolinis Meinung für die Realisierung des «Progetto Michelucci» letztlich entscheidend war, ist durch Quellen nicht zweifelsfrei zu belegen. Briefe Cianos (11. 6. 1932) und Calza Binis (27. 3. 1933) sowie Mussolinis Tendenz, sich in alle möglichen Dinge

selbst einzumischen (vgl. Nicoloso, Mussolini Architetto, S. 129) lassen jedoch auf einen direkten Einfluss schließen. Eine umstrittene These – allerdings ohne Quellenverweise – nennt Koenig, Architettura in Toscana, S. 35; Margheritta Sarfatti habe mit dem Argument, dass der Entwurf der Florentiner Architekten aus der Vogelperspektive einem Liktorenbündel gleiche, Mussolini zur Entscheidung zugunsten des Gruppo Toscano bewogen. Vgl. dazu auch Estermann-Juchler, Faschistische Staatsbaukunst, S. 123.

52 Palla, Firenze nel regima fascista, S. 357.
53 Michele Capobianco kommt zum Ergebnis, dass von 87 Artikeln, welche Severati zur Polemik des Frühlings 1933 auflistet, 26 das Projekt des Gruppo Toscano unterstützen und 52 es ablehnten. Capobianco, La nuova stazione, S. 70; Severati, Cronaca, S. 62f.
54 Vgl. La Nazione vom 28. 2. 1933; Il Resto del Carlino vom 9. 3. 1933; Telegrafo vom 9. 3. 1933; Il Messaggero vom 10. 3. 1933, Ausschnitte in Severati, Cronaca, S. 62.
55 Pietro Maria Bardi, La Stazione di Firenze, in: L'Ambrosiano vom 16. 3.1933.
56 Protokoll zur Ratssitzung vom 20. 5. 1934, abgedruckt in Patetta, L'Architettura in Italia, S. 363ff.
57 Die Rede Mussolinis ist abgedruckt in Cresti, Firenze, capitale mancata, S. 272.
58 Pressemitteilung der Agenzia Stefani vom 10. 6. 1934, abgedruckt in Severati, Cronaca, S. 64.
59 So meinte Mussolini: «Der Bahnhof ist ein Bahnhof und er muss nichts anderes sein als ein Bahnhof.» Cresti, Firenze, capitale mancata, S. 272.
60 Nicoloso, Mussolini architetto, S. 3–6.
61 Vgl. Il Re inaugura la stazione di Firenze, in: La Tribuna vom 31. 10. 1935, sowie Il Re inaugura a Firenze la nuova stazione fra vibrante manifestazioni di popolo, in: Corriere della Sera vom 31. 10. 1935.
62 Vgl. Manifesto per l'architettura razionale, siehe Patetta, L'Architettura in Italia, S. 192f. Die zweite Ausstellung des MIAR von März/April 1931 provozierte laute Empörung verschiedener etablierter Architekten – u. a. auch den Unmut des Sekretärs des nationalen Architektensyndikats, der die Rationalisten des Verlusts «der elementarsten Normen des hierarchischen Respekts und der gewerkschaftlichen Disziplin» bezichtigte, vgl. Alberto Calza Bini, Comunicato ufficiale di deplorazione del MIAR e della Seconda Mostra italiana di architettura razionale, in: Architettura e Arti Decorative vom 9. 5. 1931. Im Juni desselben Jahres bemühte sich der Rat des nationalen Architektensyndikats jedoch bereits darum, «unsere jungen Freunde» des MIAR in das Syndikat zu integrieren, was ihm derart gut gelang, dass sich das MIAR noch Ende desselben Jahres offiziell auflöste. Vgl. Estermann-Juchler, Faschistische Staatsbaukunst, S. 110f.
63 Brief Calza Binis an Mussolini vom 27. 3. 1933, abgedruckt in Severati, Cronaca, S. 64.
64 Marcello Piacentini, Difesa dell'Architettura italiana, in: Il Giornale d'Italia vom 2. 5. 1931.
65 Piacentini schien bewusst zu werden, was ihm der Rationalist und zukünftige Verbündete Pagano bereits im April 1931 entgegengehalten hatte: «Man kann nicht gegen den Strom laufen», um eine «akademische Formel» zu verteidigen. Giuseppe Pagano, Del Monumentale nell'architettura moderna, in: Casabella, 6, April 1933, Nr. 4.
66 Die Zeitschrift war zu diesem Zeitpunkt bereits auch offizielles Organ des Syndikats. Vgl. Brunetti, Architetti e fascismo, S. 190; Estermann-Juchler, Faschistische Staatsbaukunst, S. 111.

67 Vgl. Conforti u. a., Giovanni Michelucci, S. 136. Brasini und Bazzani sind zu den traditionalistischen «accademici» zu zählen, die an den Universitäten stark vertreten waren. Deren Bauwerke zeichneten sich durch eine eklektische Stilmischung und durch regen Gebrauch neoklassizistischer Elemente aus. Dementsprechend wenig überzeugend begründete Brasini seine Zustimmung zum Projekt des Gruppo Toscano. Er war der Ansicht, dass sich das geplante Projekt «jeder architektonischen Form verweigern» würde und sich nur dadurch in eine Stadt voller architektonischer Glanzlichter einfügen könne. Armando Brasini, L'intervento di S. E. Brasini nella polemica della Stazione di Firenze, in: La Nazione vom 8. 3. 1933.

68 Marcello Piacentini, Gli archi, le colonne e la modernità di oggi, in: La Tribuna vom 2. 2. 1933.

69 Marcello Piacentini, Piacentini dice addio a Ojetti, in: La Tribuna vom 26. 2. 1933.

70 So schrieb Bardi während der Polemik um Santa Maria Novella: «Das Schicksal hat uns einen hässlichen Streich gespielt. Wisst ihr, wer die Seite des Menschen im Wettkampf mit den Zeiten unterstützt hat? Unglaublich: S. E. Marcello Piacentini, der Architekt, welcher in seinem Leben nichts anderes gemacht hat, als auf der Basis von Bögen und Säulen zu bauen.» Bardi, La Stazione di Firenze, in: L'Ambrosiano vom 16. 3. 1933.

71 Vgl. Conforti u. a., Giovanni Michelucci, S. 10, 13 u. 40; Nicoloso, Mussolini architetto, S. 149.

72 Micheluccis erster Kontakt mit Piacentini fand 1923 in dessen Studio statt, nachdem der junge Pistoieser Architekt ein Kinogebäude Piacentinis in der Zeitschrift *Fantastica* gerühmt hatte. Danach trafen sich die beiden gemäß Michelucci erst wieder auf der Baustelle der Villa Valiani. Vgl. Franco Borsi, Giovanni Michelucci, Florenz 1966, S. 49.

73 Vgl. Conforti u. a., Giovanni Michelucci, S. 13. Michelucci versuchte in den sechziger Jahren sein enges Verhältnis zu Piacentini, der nach dem Krieg zur Persona non grata erklärt wurde, zu relativieren. So meinte er: «Ich glaube, er [Piacentini] hatte jenes, was ich gemacht habe, immer als toskanische Episode betrachtet, beschränkt, eingeschlossen in eine allzu eifersüchtige Schale.» Zitiert nach Borsi, Giovanni Michelucci, S. 49.

74 Brief Bellis an Bardi vom 7. 3. 1933, zitiert nach Conforti u. a., Giovanni Michelucci, S. 44.

75 Vgl. Bardi, La Stazione di Firenze, in: L'Ambrosiano vom 16. 3. 1933.

76 Bei der Ausstellung von 1931 präsentierte er ein eigenes Projekt. Einige Wochen später war er Mitunterzeichner eines Artikels der Römer Rationalisten, in welchem Piacentinis polemische Reaktion als «parole, parole, parole» (Geschwafel) abgetan wurde. Vgl. Pietro Aschieri u. a., Difesa del Razionalismo. Replica all'articolo di Piacentini. Difesa dell'architettura italiana, in: Il giornale d'Italia vom 8. 5. 1931. Vgl. Paolo Nicoloso, Gli architetti di Mussolini. Scuole e sindacato, architetti e massoni, professori e politici negli anni del regime, Mailand 1999, S. 127.

77 Roberto Papini, Architetti giovani in Roma, in: Il Dedalo von 1932, abgedruckt in Patetta, L'Architettura in Italia, S. 96–103, hier S. 102.

78 Zitiert nach Borsi, Giovanni Michelucci, S. 49.

79 Vgl. Deklaration Oddones an Ciano vom 14. 3. 1933, abgedruckt in Severati, Cronaca, S. 59ff., hier S. 61.

80 Vgl. Conforti u. a., Giovanni Michelucci, S. 141.

81 Vgl. Estermann-Juchler, Faschistische Staatsbaukunst, S. 123.

82 Selbst Michelucci meinte fünfzig Jahre nach der Projektierung des Bahnhofs, dass dieser kein «Werk rationalistischer Architektur» darstelle, sondern «durch verschiedene Beiträge, die keinen einheitlichen Stil respektierten», geprägt worden sei. Artikel Micheluccis in: La Nazione vom 2. 4. 1983, zitiert nach Cresti, Firenze, capitale mancate, S. 272.

83 Vgl. Gamberinis Brief an Roberto Papini vom 23. 10. 1935, abgedruckt in Vittorio Savi, De Auctore, Florenz 1985, S. 48–52. Michelucci schrieb 1966 zum Konflikt mit seinen Mitstreitern: «In der Gruppe liefen die Dinge für einige Zeit ziemlich gut; dann nicht mehr. Es entstanden Diskussionen […] zu verschiedenen Problemen und diese erkennt man vielleicht in einer gewissen formalen Unstimmigkeit des Werks wieder.» Zitiert nach Borsi, Giovanni Michelucci, S. 53. Als direkte Folge des Zerwürfnisses ist wohl der Umstand zu deuten, dass der Gruppo Toscano im Oktober 1934 ohne Michelucci am Wettbewerb für den Bahnhof Santa Lucia von Venedig teilnahm. Vgl. Conforti u. a., Giovanni Michelucci, S. 15.

84 Savi, Storie di Santa Maria Novella, S. 46f.; Conforti u. a., Giovanni Michelucci, S. 141/143. Partei für Michelucci ergriff ein Jahr später auch Raffaello Brizzi, Direktor der «Scuola superiore di Architettura di Firenze». Dieser rühmte sich bei Roberto Pappini dafür, dass er in einem Gespräch den «vier allzu jungen Architekten» «ein wenig Vernunft» zurückgegeben hätte, und kritisierte Michelucci für die Naivität, «diese Jungen» als Gleichberechtigte behandelt zu haben. Vgl. Brief Brizzis an Pappini vom 17. 11. 1935, abgedruckt in Savi, De Auctore, S. 61ff., hier S. 63.

85 Vgl. Brief Piacentinis an Ciano vom 18. 2. 1933, abgedruckt in Severati, Cronaca, S. 61. Im Januar 1938 schrieb Piacentini im Giornale d'Italia: «In den reinen und kühlen Rationalismus fügt sich heute eine neue Bestrebung der italienischen Architektur ein. […] Eines der größten Vergehen des jüngsten, ungeregelten architektonischen Schaffens ist es, die regionalen Wesensarten der italienischen Architektur verraten zu haben.» Vgl. auch Ugo Ojetti, Piacentini ha ragione, vom Februar 1938; siehe Patetta, L'architettura in Italia, S. 278–283, hier S. 278f.

86 Pagano war noch zu Beginn der dreißiger Jahre als Wortführer der Rationalisten aufgetreten, ordnete sich aber bereits bei der Città universitaria und wenig später beim Wettbewerb für den Römer Palazzo del Littorio vollständig Piacentinis monumentalistischem Stil unter. Vgl. Pfammatter, Moderne und Macht, S. 101–104.

87 Zitiert aus dem Brief Micheluccis an Roberto Papini vom 14. 11. 1935, nach Savi, De Auctore, S. 56f. Gut ersichtlich wird die Abkehr von rationalistischen Prinzipien beim 1936 bis 1939 erbauten Palazzo del Governo von Arezzo und bei Micheluccis Plänen für die E42. Vgl. Conforti u. a., Giovanni Michelucci, S. 158–163 u. 176ff. 1940 schrieb Michelucci schließlich ganz im Stile Piacentinis, dass «ein Regierungspalast nicht einem Bahnhof oder einer Werkstatt» gleichen dürfe. Giovanni Michelucci, Fatti personali, in: Il Frontespizio, Nr. 1 vom Januar 1940.

88 Ein Beispiel ist der Wettbewerb für den Palazzo del Littorio von Rom. Obwohl auch überzeugte Rationalisten wie Terragni, Ridolfi und Libera Projekte einreichten, die mit monumentalistischen Elementen den Bezug zum antiken Rom herzustellen versuchten, ging der Zuschlag schließlich an den Traditionalisten Enrico Del Debbio. Vgl. Pfammatter, Moderne und Macht, S. 101–104.

89 Bei der E42, mit deren Planung sich ab 1937 um die fünfzig Architekten unterschiedlichster Provenienz auseinandergesetzt hatten, präsentierte das Regime jenen vom «Sentimento

classico» inspirierten, monumentalistischen Stil, der sich seit der Proklamation des «Impero» immer stärker herauskristallisiert hatte. Vgl. Niccoloso, Mussolini architetto, XXVII/ S. 210; Estermann-Juchler, Faschistische Staatsbaukunst, S. 21.
90 Den Begriff des «Architetto integrale» kreierte Gustavo Giovannoni. Seine Aufgabe bestand darin, mit den Kompetenzen eines Künstlers, Ingenieurs und Universalgelehrten sozialpolitische, ökonomische und repräsentative Bedürfnisse des Staates in Einklang zu bringen. Vgl. Giorgio Ciucci, Gli architetti e il fascismo. Architettura e città 1922–1944, Turin 2002, S. 9ff. u. 22.

Dante und der Duce. Zu den politischen Motiven der Umgestaltung historischer Städte in der Toskana

Klaus Tragbar

Der 600. Todestag Dante Alighieris 1921, der in ganz Italien mit großem Gepränge begangen wurde, bot in den historischen Stadtzentren der Toskana Anlass für zum Teil umfangreiche Restaurierungsmaßnahmen. So zeigte die bereits 1038 erwähnte Torre della Castagna in Florenz[1] vor 1921 noch ihren ursprünglichen, hohen und schmalen Zugang sowie dessen spätere Veränderung durch eine breitere, mit einem Segmentbogen überspannte Öffnung. Mit der 1921 vorgenommenen Restaurierung verschwand dieser Befund; die Torre präsentiert seither mit der Rekonstruktion der hohen und schmalen Öffnung ihren ältesten Bauzustand und gibt über ihre darauf folgende Baugeschichte keinerlei Auskunft mehr.[2] Etwa zum gleichen Zeitpunkt erfolgte auch die Restaurierung der Torre degli Alberti. Ältere Photos lassen im oberen Teil einen Putz mit aufgemalter Quaderstruktur erkennen; nach der Restaurierung Anfang der zwanziger Jahre ist die Fassade steinsichtig, auch an den benachbarten Bauten sind die Putze weitgehend entfernt worden – und damit auch wertvolle historische Befunde.[3] Die Reihe der Beispiele ließe sich fortsetzen.

In den Fresken des 14. Jahrhunderts wie Duccios «Heilung des Blinden» (1308–1311) oder Ambrogio Lorenzettis «Allegorie der Guten Regierung» (1335–1337) werden die Bauten verputzt dargestellt, und auch wenn die Farbgebung selbst nicht realistisch sein mag, so hat die Kernaussage Bestand, dass es sich größtenteils um verputzte Bauten handelte. Doch in den zwanziger Jahren tobte ein regelrechter Kampf gegen den Putz, den man für nachmittelalterlich hielt und der, wie man meinte, das ursprüngliche, raue und strenge Antlitz der mittelalterlichen Städte verfremdete. Die leidenschaftlich geführte Diskussion über verputzte oder steinsichtige Fassaden ist in der Literatur dieser Zeit gut verfolgbar. So beklagt 1922 Giorgio Piranesi das Verschwinden des ihm vertrauten Stadtbildes von San Gimignano;[4] der damalige Soprintendente Gino Chierici verteidigte hingegen vehement die Steinsichtigkeit mittelalterlicher Architektur und das Entfernen der «gewöhnlichen Putze»[5], worauf ihn wiederum Piranesi der Ahistorizität bezichtigte.[6] Die Idee der Steinsichtigkeit mittelalterlicher Fassaden, die ständige Beschwörung des, wie es hieß, Patrimonio dantesco folgte einem idealisierenden Mittelalterbild und ignorierte etwaig vorhandene Befunde. Initiatoren und Träger dieser Maßnahmen waren in der Regel die Kommunen, in denen seit dem Ende des Ersten Weltkriegs zunehmend Vertreter der faschistischen Partei das Sagen hatten. Mit deren Machtübernahme 1922 und der Festigung des Regimes nach 1926 begann in den historischen Stadtzentren der Toskana eine ganze Serie von Sanierung- und Restaurierungsmaßnahmen zur Wiedergewinnung des freilich stark idealisierten, mittelalterlichen Stadtbildes. Die Faschisten bedienten sich dabei, parallel zu ihrem Rekurs auf die Antike, zum einen eben dieses idealisierten Mittelalterbildes, dessen latent nationalistischer Unterton zudem ideologisch wunderbar passte, zum anderen eines universell einsetzbaren Kronzeugen.

Dante Alighieri

Dante Alighieri (1265–1321) entstammte zwar einer guelfischen Familie, setzte sich aber für die Unabhängigkeit seiner Heimatstadt Florenz von jeglicher päpstlicher Autorität ein und war ein glühender Verehrer des Kaisertums. In seiner lateinisch verfassten *Monarchia* (1310–1312) propagierte er, wortreich und durch zahlreiche Zitate antiker Philosophen und aus der Bibel belegt, die Notwendigkeit eines weltumspannenden weltlichen Kaisertums. So heißt es im ersten Buch: «Was durch eines verwirklicht werden kann, bei dem ist es besser, wenn es durch eines verwirklicht wird als durch mehrere»,[7] ein Gedanke, der dem Sparsamkeitsprinzip Williams of Ockham (circa 1285–1347) sehr nahe steht.

Dante fährt fort, es sei «also besser, die menschliche Gattung werde durch einen beherrscht als durch mehrere, nämlich durch den Monarchen, der der einzige Herrscher ist. Und wenn dies besser ist, dann ist es Gott wohlgefälliger, da Gott stets das will, was besser ist», und er folgert, «dass die menschliche Gattung sich im besten Zustand befindet, wenn sie von einem beherrscht wird. Und deshalb ist für das Wohl der Welt die Monarchie notwendig»[8].

Im zweiten Buch reklamierte er dieses hohe Amt für die Römer: «Ich bewunderte einst das römische Volk, da es ohne jeden Widerstand die Herrschaft über den ganzen Erdkreis errungen hat. Weil ich die Sache nur oberflächlich wahrnahm, glaubte ich, es habe diese Vorherrschaft einzig durch Waffengewalt, nicht aber von Rechts wegen errungen. Aber nachdem ich die Sache mit den Augen meines Geistes eindringlicher geprüft […] und erkannt habe, dass die göttliche Vorsehung dies bewirkt hat, […] stellte sich eine gewisse höhnische Verachtung ein, wenn ich sehe, wie die Völker sich gegen den Vorrang des römischen Volkes auflehnen; […].»[9] Dante rühmt dessen edlen Charakter: «Es ziemt sich, dass das adligste Volk einen Vorrang vor allen andern besitzt. Das römische Volk war das adligste. Also ziemt es sich, dass es vor allen andern einen Vorrang besitzt.»[10] Das werde schon in der mit Äneas beginnenden Ahnenreihe deutlich, dessen Mutter Aphrodite/Venus war und in dessen drei Gattinnen Kreusa, Dido und Lavinia sich die Erdteile Asien, Afrika und Europa verbinden. Dante argumentiert mit dem christlichen Glauben, «Das römische Imperium wurde zu seiner Vollkommenheit durch die Beihilfe von Wundern unterstützt. Also ist es von Gott gewollt. Und folglich war es und ist es von Rechts wegen»[11], ebenso wie mit Aristoteles, «Das römische Volk wurde von der Natur zum Herrschen eingesetzt […] gewisse andere zum Gehorchen und Dienen, wie der Philosoph in der Politik erwähnt. Für solche […] ist das Beherrschtwerden nicht nur förderlich, sondern sogar gerecht, auch wenn sie dazu gezwungen werden»[12] – eine Auffassung, die sich auch der von Dante hoch verehrte Stauferkaiser Friedrich II. zu eigen gemacht hatte. Dante schließt, es sei «jetzt hinreichend offenkundig […], dass das römische Volk das Imperium des Erdkreises von Rechts wegen in Anspruch genommen hat»[13].

Diese Argumentation Dantes passte nahtlos zur Ideologie des Faschismus, der sich ja nicht nur die Wiederherstellung des Imperium romanum auf die Fahnen geschrieben hatte, sondern auch die Trennung von Staat und Kirche propagierte, wie sie schließlich in den Lateranverträgen vom 11. Februar 1929 niedergelegt werden sollte. Die Instrumentalisierung Dantes für die politischen Ziele des Faschismus war zudem ein äußerst geschickter Schachzug: Dante hatte mit seiner *La Commedia* (1307–1316) die italienische Literatur und die italienische Sprache begründet; er war eine Institution, ein überzeitlicher Heros, der sich als Identifikationsfigur für ganz Italien eignete. Nicht nur sein Geburtsort Florenz, nahezu jede toskanische Stadt reklamierte einen Bezug Dantes zu sich.[14] Denn noch immer fehlte es an Nationalbewusstsein, noch immer galt es, die Forderung Massimo d'Azeglios aus dem Risorgimento zu erfüllen, nach der Erschaffung Italiens müsse man nun an die Erschaffung der Italiener gehen: «Fatta l'Italia, bisogna fare gli italiani.»[15] In Analogie zum Begriff der Romanità, dem Rekurs auf die römische Antike, suchte man auch nach Italianità im Sinne eines gemeinsamen italienischen Erbes. Intellektuelle wie Gabriele d'Annunzio, Benedetto Croce oder Giovanni Gentile setzten sich dezidiert für die Erneuerung des italienischen Geisteslebens ein.

Manche der Gedanken Dantes aus der *Monarchia* finden sich schon im Risorgimento: Giuseppe Mazzini postulierte den kulturellen Primat der Italiener über andere Völker und leitete daraus eine neue Zivilisationsmission Italiens ab, und die 1910 in Florenz gegründete Associazione Nazionalista Italiana forderte die imperiale Expansion als notwendige Bedingung für die Existenz Italiens. Das Mittelalter bot zusätzlich zum Imperium romanum der Antike einen weiteren Kristallisationspunkt für nationale Gefühle. Zeitlich definierte man es großzügig und sah sein Ende erst 1530 in der Invasion Karls V. Dadurch konnte man neben Dante auch Francesco Petrarca und Giovanni Boccaccio als Mitbegründer der italienischen Literatur feiern, die politischen Schriften von Niccolò Macchiavelli und Lorenzo de Medici als die Grundlagen moderner Politik ansehen, die Verfassungen der italienischen Stadtstaaten als Vorläufer des korporativen faschistischen Staates und vieles mehr. Auch wenn dieser Hintergrund nur flüchtig skizziert werden kann, gilt es doch festzuhalten, dass die Italianità keine originär faschistische Idee ist, sondern im Risorgimento wurzelt und wie vieles andere durch den Faschismus assimiliert und konkretisiert wurde.

Mitbegründer der Associazione Nazionalista Italiana war Enrico Corradini (1865–1931), der 1903 in Florenz gemeinsam mit Giovanni Papini, Vilfredo Pareto und Giuseppe Prezzolini die Zeitschrift *Il Regno* als Sprachrohr nationalistischen Gedankengutes mitbegründet hatte. Mitarbeiter dieser Zeitschrift waren in Florenz auch Conte Fabio Bargaglio Petrucci und Conte Pier Ludovico Occhini, beide etwa zehn Jahre jünger als Corradini, hochgebildet und dezidiert nationalistisch gesinnt, beide dem toskanischen Adel entstammend und in den folgenden Jahren Protagonisten eines lokal verankerten Nationalismo artistico, der die Kunst als Virtù nazionale[16] und die Bewahrung dieses Erbes als heilige Pflicht ansah.

Siena

Conte Fabio Bargaglio Petrucci (1875–1939)[17] trat in seiner Heimatstadt Siena schon früh für eine national verstandene, lokal verankerte Kunst ein und sah darin ein wichtiges Mittel zur Identifikation mit der eigenen Stadt. 1902 kritisierte er das nationale Gesetz zur Pflege des künstlerischen Erbes als ineffizient und forderte eine ernsthaftere Absicht zur Bewahrung und einen besseren Schutz dieses Erbes, höhere staatliche Mittel für Ausgrabungen, Ankäufe, Unterhaltsmaßnahmen, Galerien, Museen sowie eine radikal bessere Kenntnis der Italiener ihrer eigenen Kunstschätze und die Neuordnung der künstlerischen Ausbildung.[18] Er wollte weniger Künstler, sondern mehr Kunsthandwerker ausgebildet sehen und propagierte eine angewandte Kunst für die Industrie. Zur Pflege des lokalen künstlerischen Erbes rief Petrucci 1903 die Società Senese degli Amici dei Monumenti ins Leben, organisierte 1904 die Mostra dell'Arte Antica Senese, gründete 1905 die Zeitschrift *Rassegna d'Arte Senese* mit der Beilage *Siena Monumentale* und 1908, gemeinsam mit Occhini, die überregionale Zeitschrift *Vita d'Arte* als Sprachrohr des Nazionalismo artistico.[19] Petrucci regte die erste italienische Scuola Superiore di Architettura in Siena an, die vom Winter 1909/10 bis 1915 in Betrieb war und an der er selbst Kunstgeschichte lehrte. In Zusammenarbeit mit Corrado Ricci gab er die Buchreihe «L'Italia Artistica» heraus und verfasste darin mehrere Titel zu sienesischen Städten.

Im Dezember 1926 wurde Petrucci, den Occhini in seinem Nachruf als «einen Faschisten im Geiste, einen hundertprozentigen Faschisten» bezeichnete,[20] Podestà[21] von Siena und konnte nun seine Vorstellungen von der Bewahrung und Pflege des kulturellen, das heißt in Siena primär mittelalterlichen, dantesken Erbes umsetzen. So sorgte er 1928 für eine Überarbeitung des traditionellen Palio und entwarf höchstpersönlich neue Kostüme für die Repräsentanten der Kommune.[22] Versuche anderer Städte, die während des «Ventennio fascista» ebenfalls die identitätstiftende Kraft (pseudo-)historischer Kostümfeste entdeckten, ähnlich wie Siena einen Palio einzurichten, vereitelte er 1935 durch eine Intervention bei Benito Mussolini.[23]

In enger Abstimmung mit dem Soprintendenten Péleo Bacci ließ er zahlreiche Restaurierungsprojekte «zur Wiedergewinnung der Größe und des künstlerischen Reichtums»[24] von Siena durchführen. So wurde der Hof des Palazzo Pubblico restauriert und dessen trecenteske Arkaden wieder geöffnet, das nahe gelegene Quartiere Salicotto wurde grundlegend saniert, sprich im Wesentlichen abgerissen und in einem neomittelalterlichen Stil wiederaufgebaut,[25] und die Stadttore Porta Camollia, Ovile, Romana und Tufi wurden freigestellt und mit neuen Zinnenkränzen versehen.[26] In diesen Kontext gehört noch ein weiteres Projekt, welches das Weichbild von Siena erheblich verändert hätte.

Im Generalbebauungsplan von 1932, dem Piano regolatore generale, taucht erstmals der Plan auf, im Zuge von Straßenbaumaßnahmen den Turm des Palazzo Ballati und zwei Türme nahe des Castellare aus ihrer umgebenden Bebauung herauszuschälen und zu rekonstruieren.[27] Davon ausgehend lässt Petrucci bis 1934 durch den Maler Arturo Viligiardi (1869–1936)[28] ein Projekt ausarbeiten, das weit über dieses Vorhaben hinausgeht und die Rekonstruktion von zunächst 34, später über 40 Geschlechtertürmen in Siena vorsieht (Abb. 34).[29] Am 5. Juni 1935 präsentiert er das Projekt Benito Mussolini, der begeistert zustimmt. Man kommt überein, dass die Finanzierung je zur Hälfte durch den Staat und die Kommune getragen werden soll. Das Projekt hätte Siena ein noch mittelalterlicheres Stadtbild verliehen, vor allem die Fernwirkung hätte die von San Gimignano noch bei Weitem übertroffen. Zweifel an dieser Vorspiegelung von Geschichte oder etwa an der vorgesehenen Konstruktionsweise in Stahlbeton mit lediglich einer Ummantelung aus Werk-

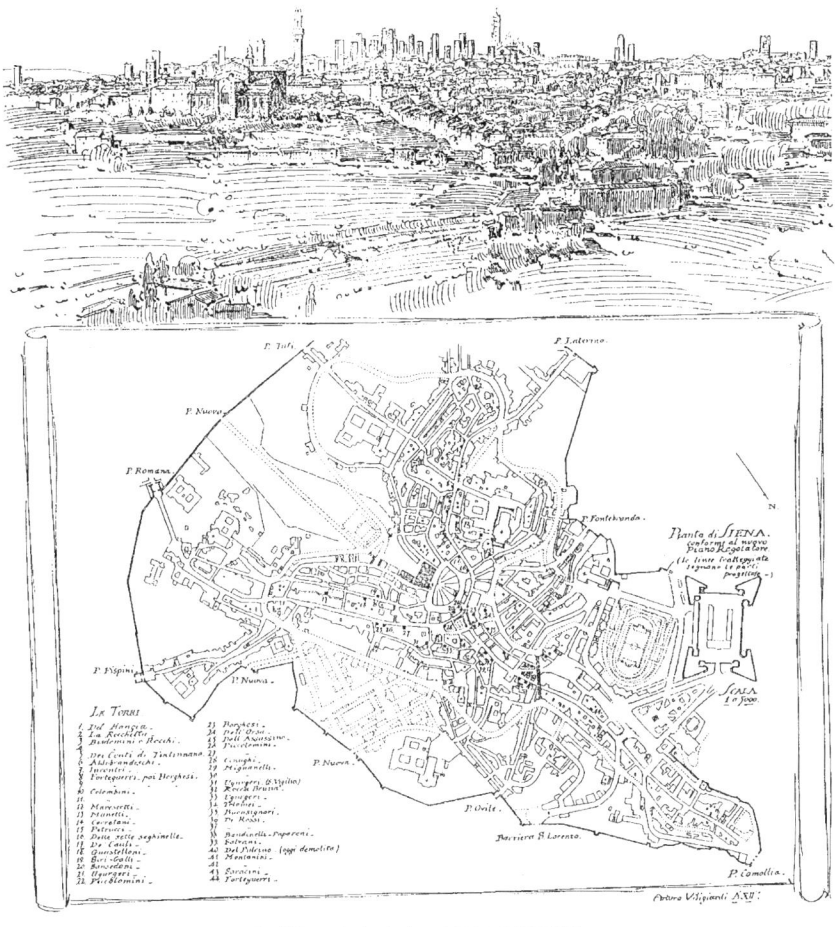

Abb. 34: Siena, Ansicht mit rekonstruierten Geschlechtertürmen, Arturo Viligiardi, 1934.

stein oder Ziegeln schien Petrucci nicht gehabt zu haben, die Wiedergewinnung der «Größe und des künstlerischen Reichtums von Siena» und die Aufwertung des Tourismus waren ihm weitaus wichtiger.

Aufgrund der außenpolitischen Situation, vor allem des Äthiopienfeldzugs, wurde die in Aussicht gestellte staatliche Hilfe zunächst verschoben. Unmittelbar nach dessen Ende 1936 bat Petrucci angesichts der Kosten von circa zwei Millionen Lire den Präfekten der Provinz Siena erneut um finanzielle Unterstützung, die dieser unter Verweis auf die wirtschaftliche Situation ablehnte und der Kommune vorschlug, doch im Rahmen ihrer Möglichkeiten schon mal mit den Arbeiten zu beginnen.[30] Am 30. Oktober 1936 demissionierte Petrucci jedoch als Podestà von Siena wegen eines Streits um die Bank Monte dei Paschi, Viligiardi verstarb 1936, und das Projekt verschwand endgültig in den Schubladen.

Arezzo

Petruccis Freund aus den gemeinsamen Tagen bei *Il Regno* in Florenz, Conte Pier Ludovico Occhini (1874–1941),[31] war in seiner Heimatstadt Arezzo im Mai 1930 ebenfalls Podestà geworden und hatte, analog zu Petruccis Società Senese, im April 1925 die Brigata Aretina Amici dei Monumenti gegründet, nach Artikel 2 ihrer Satzung eine «permanente bewegliche Miliz zur Verteidigung all dessen, was für Arezzo und Umgebung Schönheit und Dekor bedeutet»[32]. Jedes Mitglied hatte die Pflicht, entsprechende Vergehen unverzüglich anzuzeigen. Darüber hinaus beabsichtigte die Brigata Aretina, den Stolz der Italiener auf ihre Nation und auf ihr kulturelles Erbe zu fördern.[33] 1927 wurde Occhini zum Präsidenten der Brigata Aretina gewählt, Vizepräsident wurde der Architekt Umberto Tavanti.[34] Beide gingen sofort daran, ihre Vorstellung von einem mittelalterlichen Arezzo umzusetzen, dessen von Giorgio Vasari gerühmter Palazzo del Comune mitsamt dem Palazzo del Popolo auf Anordnung Cosimos I. zum Bau der Logge Vasariane niedergelegt worden waren und dessen Silhouette kaum herausragende mittelalterliche Bauten aufwies. Die Wahl Occhinis zum Podestà beschleunigte das Vorhaben erheblich, parallel dazu erschienen in der *Giovinezza!*, dem Parteiblatt der Faschisten in Arezzo, Artikel des ortsansässigen Journalisten Cesare Verani, der die mittelalterliche Vergangenheit der Stadt heraufbeschwor.[35] Leitbild war dabei wie in Siena und andernorts der Patrimonio dantesco, zu dem in Arezzo noch das Faktum trat, dass die Stadt zu jener Zeit unabhängig gewesen und von einer ghibellinischen Signoria regiert worden war; erst 1348 geriet Arezzo unter die Herrschaft von Florenz. Diese Epoche galt es durch geeignete Maßnahmen wie Rekonstruktionen oder Restaurierungen, darunter das auch andernorts beliebte Entfernen störender Putze, zu erhalten beziehungsweise wiederzugewinnen. In Arezzo förderte die Kommune derartige Maßnahmen, selbstredend erst nach Begutachtung durch die Brigata Aretina, durch Zuschüsse und Urkunden.[36] Zu Dante als nationalem Heros gesellte sich Petrarca (1304–1374), dessen Heimatliebe, wie sie im Canzone 128 «Italia mia» deutlich wird, sich gleich Dantes *Monarchia* problemlos in die faschistische Propaganda integrieren ließ.[37]

Die Argumentationstiefe dieser Maßnahmen lässt sich gut daran erkennen, dass Occhini die komplett befundfreie Rekonstruktion der ghibellinischen Zinnen am Palazzo dei Priori damit begründete, dass «Arezzo in der Zeit, in der der Palazzo errichtet wurde, ghibellinisch war»[38]. Da spielte es auch schon keine große Rolle mehr, dass die ghibellinische Zinne an sich eine Erfindung des 19. Jahrhunderts ist …

Abb. 35: Arezzo, Palazzo Cofani und Torre Faggiola, um 1905.

Eine besondere Rolle bei der Umsetzung dieses Leitbildes war der Piazza Grande im Nordosten der Stadt zugedacht; sie sollte zum repräsentativen Stadtzentrum umgestaltet werden.[39] Der Platz wird im Westen durch den Chor der Pieve geprägt, im Nordosten durch die langgestreckten Logge Vasariane, vor allem aber durch die Geschlechtertürme, deren Zinnenkränze die Stadtsilhouette dominieren: An der Piazza selbst erheben sich der Palazzo Cofani mit der anschließenden Torre Faggiola sowie Palazzo und Torre Lappoli; in der näheren Umgebung und in die Piazza hineinwirkend stehen die Torre Borgunto und die Torre Bigazza sowie der Turm des Palazzo dei Priori. Der heutige Zustand zeigt eindrucksvolle, hoch aufragende Türme, an diese angrenzend niedrigere Bauten mit hölzernen Balkonen, dazu die mit hellem Kalkstein eingefasste und mit Ziegeln im Fischgrätverband gepflasterte, zur Pieve hin abfallende Piazza. Das Problem ist nur: Dieses Mittelalter ist eine faschistische Erfindung.

Abb. 36: Arezzo, Palazzo Cofani und Torre Faggiola, 2002.

Uguccione della Faggiola, der Erbauer des Palazzo Cofani[40] auf der Südwestseite der Piazza Grande, hatte als Condottiere häufig und erfolgreich auf Seiten ghibellinischer Städte gekämpft und bot daher der Aretiner Propaganda mit ihrer Abgrenzung gegenüber dem guelfischen Florenz einen höchst geeigneten Identifikationspunkt. Am 30. April 1926 schlug die Brigata Aretina den Eigentümern Gino und Isolina Brizzolari vor, den Palazzo Cofani zu restaurieren.[41] Deren Zustimmung erfolgte wenige Monate später,[42] und im Oktober 1927 begannen die Arbeiten.[43] Die Architekten Tavanti und Giuseppe Castellucci[44] ließen von der ausweislich einer um 1905 entstandenen Fotografie teilweise freskierten Fassade (Abb. 35) den Putz entfernen und rekonstruierten, besser: entwarfen den Palazzo Cofani einschließlich der Torre Faggiola neu, und zwar einschließlich ihrer Baugeschichte. Betrachtet der heutige Besucher die beiden Bauten, glaubt er, als Kern einen Geschlechterturm aus dem späten 12. oder frühen 13. Jahrhundert vor sich zu haben, der im frühen 14. Jahrhundert einen zweistöckigen Anbau erhielt, der wiederum im 16. Jahrhundert aufgestockt und anschließend mit einem vereinheitlichenden Putz versehen wurde (Abb. 36). Das Ideal der Architekten, und sicher auch das der Brigata Aretina, war also nicht eine stilreine Rekonstruktion etwa im Sinne Viollet-le-Ducs, sondern eine frei erfundene Geschichtlichkeit.

Abb. 37: Arezzo, Palazzo und Torre Lappoli, um 1910.

Auch an den schräg gegenüber gelegenen Palazzo und Torre Lappoli[45] findet sich dieses Ideal wieder. Fotografien vom Anfang des 20. Jahrhunderts dokumentieren lediglich die Zweiteilung des Komplexes, in der Fassade des Turmstumpfes ist im zweiten Obergeschoss der hochgelegene Zugang zu erkennen – nicht mehr (Abb. 37). 1929 bis 1931 erfolgte dann die vollständige Rekonstruktion, die im Falle der Torre freilich eher ein Neubau als eine Rekonstruktion darstellte (Abb. 38). Architekten waren wiederum Tavanti und Castellucci, die beide auf ihr Honorar verzichtet hatten. Die Arbeiten galten in beiden Fällen ausschließlich dem Äußeren, das Innere blieb jeweils unangetastet.[46] Die Brigata Aretina war an dieser Maßnahme nicht nur durch Tavanti beteiligt, sondern sie hatte gemäß einem Beschluss der Kommune auch die Gestaltung zu begutachten; ein Verfahren, das seit 1927 auch für alle anderen Maßnahmen dieser Art galt.[47] 1931 beantragte die Brigata Aretina sogar einen Zuschuss der Kommune für den Eigentümer, Giuseppe Paglicci. In der Begründung des Antrags werden ausdrücklich das «neue Dekor» gegenüber dem Chor der Pieve und der Wiedergewinn eines «charakteristischen Werkes historischer Würde» erwähnt.[48] Die Kommune gewährt zunächst 6000 Lire, was etwa der Summe der veranschlagten Baukosten entspricht, ein Jahr später stellt sie erneut 2000 Lire zur Verfügung.[49]

Abb. 38: Arezzo, Palazzo und Torre Lappoli, 2002.

1928 hatte man auch damit begonnen, an den kleineren Bauten an der Piazza Grande Umbauten vorzunehmen und deren hölzerne Balkone zu rekonstruieren. Im Falle einer an der Einmündung der Piaggia S. Martino in die Piazza Grande gelegenen Fassade wird deutlich, dass der Ufficio Tecnico Comunale zwar vorhandene Befunde wie die ornamentierten Ziegelstreifen an den Bogenrücken im Erd- und ersten Obergeschoss sowie die Balkenlöcher über diesem berücksichtigte, den Rest der Fassade und vor allem deren Regelmäßigkeit aber frei entwarf (Abb. 39).[50] Wie detailliert der Ufficio vorging, geht aus seiner Kostenkalkulation für die Restaurierung der Fassade Piazza Grande, 1, hervor, in der 150 Lire für ein Wappen in lokalem Werkstein aufgeführt sind; das Wappen wurde im oberen Teil der Fassade angebracht.[51]

Abb. 39: Arezzo, Wohnhaus Piaggia S. Martino, 2, Zustand vor (links) und nach dem Umbau 1934.

Währenddessen wurde 1929/30 die gesamte Piazza Grande mit Ziegeln im Fischgrätverband neu gepflastert, 1932 errichtete der Ufficio Tecnico Comunale einen neuen Brunnen im mittelalterlichen Stil in der südlichen Ecke der Piazza Grande, angeblich an Stelle eines dort bis ins 15. Jahrhundert befindlichen, und 1933 wurde das Denkmal für Ferdinand III. durch eine schmucke Säule ersetzt.

Ebenfalls 1933 wurde, als eine wichtigsten Maßnahmen, die Torre della Bigazza[52] neben dem als «Casa del Fascio» genutzten Palazzo Camaioni im Corso Italia aufgehöht und als «Torre del Littorio» verwendet. Der Turm war erst 1904 durch Tavanti um einige Meter aufgestockt worden. Architekt dieses neuerlichen Eingriffs war Castellucci, der den Turm auf eine Höhe von nunmehr 32 Metern brachte. Die Impresa Camelli führte die Arbeiten

Abb. 40: Arezzo, Giostra del Saracino auf der Piazza Grande, 1932.

gratis aus, und die Kommune unterstützte die Maßnahme zur Vervollständigung «des wunderbaren künstlerischen Komplexes dieses Abschnitts des Corso» mit 3000 Lire.[53] Als eine der letzten Maßnahmen wurden 1935 die südlich der Piazza Grande gelegene Torre di Borgunto[54] von rund zwanzig auf dreißig Meter aufgehöht sowie zwei Fenster eingebaut, zu den erheblichen Kosten in der Höhe von 15 000 Lire trug die Kommune 7000 Lire bei.[55]

Die zeitgenössischen Reaktionen auf alle diese Maßnahmen waren, wie nicht anders zu erwarten, durchweg euphorisch. Papini beschrieb Arezzo 1933 als «schlafende Schönheit zwischen den Hügeln, die ihren Erwecker gefunden habe»[56], und 1935 hieß es, man dürfe nach dem Umbau der fünf Türme nun nicht aufhören, «weil das Panorama der Stadt [...] sein altes kriegerisches Aus-

sehen wiedergewinnen sollte»[57]. Auch ein deutsches Besucherpaar war voller Bewunderung für das neomittelalterliche Arezzo.[58]

Den theoretischen Hintergrund für alle diese Maßnahmen bildete das Konzept des Ambientismo von Gustavo Giovannoni (1873–1947),[59] der darin die Idee einer kontextuellen Architektur propagierte. Giovannoni verstand Architektur und Städtebau in historischer und geografischer Kontinuität und billigte der Umgebung, dem Ambiente, unmittelbaren Einfluss auf den Entwurf zu. Er ging vom Weiterbestehen der historischen Stadt aus, die für ihn sowohl einen Museums- wie einen Gebrauchswert besaß, und hatte begriffen, dass es längst nicht mehr um das «Ob» ihrer Modernisierung ging, sondern nur noch um das «Wie». Von John Ruskin übernahm er die Vorstellung vom Wert der unscheinbaren, privaten Architektur, die ebenso wie der prächtigste Palast in der Lage sei, eine Verbindung zur Vergangenheit herzustellen.[60] Daraus entwickelte er die Idee einer «kleinen Architektur», allgemeiner formuliert als bei Ruskin und weniger moralisch als ästhetisch begründet. Giovannoni betonte den Wert des Ensembles und fasste es als einer der ersten unter dem Begriff des «städtebaulichen Erbes» zusammen.[61] Giovannonis Ambientismo beruht im Wesentlichen auf den drei folgenden Prinzipien: Der Forderung nach Integration jedes historischen Quartiers in einen Bebauungsplan, um seine Verbindung zur Gegenwart zu definieren, der Forderung nach Berücksichtigung des Ambientes, da die Bedeutung des einzelnen Bauwerks aus seiner Beziehung zur Umgebung resultiert und seine Isolierung einer Verstümmelung gleichkomme, und schließlich der Forderung nach einer Begrenzung der Bandbreite möglicher Eingriffe, bestimmt durch den Respekt vor dem historischen Geist des Ortes in seiner räumlichen Konkretisierung. Neubauten sollten freilich keine falsche Historizität vortäuschen, sondern Maßstab, Rhythmus und Einzelelemente ihrer Umgebung aufnehmen.[62]

Schließlich wurde in Arezzo 1931, ebenfalls auf Initiative Occhinis, die «Giostra del Saracino» wiedereingeführt, ein Reiterwettkampf, dessen Ursprung zwar trotz einer eigens durchgeführten Recherche unklar blieb – die älteste gefundene Regel stammte lediglich aus dem Jahr 1678 –, der aber in Dante Alighieris *La Commedia* erwähnt wird.[63] Occhini ließ neue Regeln erarbeiten, nach denen nur noch die offiziellen Vertreter der vier Stadtquartiere zur Giostra zugelassen wurden – im 17. Jahrhundert reichten persönliche Courage und ein Pate aus –, er ließ wie Petrucci neue Kostüme entwerfen und legte mit dem zweiten Sonntag im September ein neues Datum für die Giostra fest, an dem das Fest bis heute gefeiert wird (Abb. 40).[64] Im selben Jahr wurde nach zwei Jahrhunderten auch der «Calcio Storico» in Florenz wiederbelebt, ebenso 1935 der «Gioco del Ponte» in Pisa und 1932 die «Festa della Croce» in Lucca.

1936 beschloss die Kommune, die Piazza Vasari, wie sie bis zu diesem Zeitpunkt noch immer hieß, in Piazza Grande zurückzubenennen, weil sie in den «Dokumenten von historischer Bedeutung» so genannt werde und diesen Namen auch bis 1882 getragen habe.[65]

Fazit

An den Beispielen aus Siena und Arezzo habe ich aufzuzeigen versucht, wie das faschistische Regime Italiens sich teils diffuser, im Falle des Patrimonio dantesco aber auch recht konkreter mittelalterlicher Mythen bediente und die Rekonstruktion mittelalterlicher urbaner Räume für seine Politik instrumentalisierte. Zu ergänzen sind in diesem Kontext in der Toskana noch San Gimignano, wo Egisto Bellini 1936 die trecenteske Loggia am Palazzo del Podestà rekonstruierte und bei dieser Gelegenheit auch gleich die angrenzende Torre Ardinghelli um rund ein Drittel erhöhte, unter finanzieller Beteiligung der Kommune, des Staates und der Bank Monte dei Paschi di Siena.[66] Ein weiteres Beispiel ist Monteriggioni, wo man zwischen 1920 und 1930 die Türme der Stadtmauer gleich um sieben bis acht Meter aufhöhte; auch hier mag die Erwähnung in Dantes *La Commedia* eine gewisse Rolle gespielt haben.

In Arezzo wusste natürlich jeder Besucher der «Giostra del Saracino» in den dreißiger Jahren ganz genau, wer aus der verwahrlosten Piazza Grande diesen großartigen städtischen Raum, diesen Salon Arezzos gemacht hatte; er wusste ganz genau, wer das vergessene mittelalterliche Fest wieder zum Leben erweckt und so der Stadt ein Stück Tradition und Stolz zurückgegeben hatte – und konnte problemlos die Parallele zum verwahrlosten Italien ziehen, das durch die Faschisten zu neuem Ruhm und Glanz geführt werden würde.

Für die Architekturgeschichte könnte es damit seine Bewandtnis haben. Ein aus meiner Sicht aber nicht ganz geringes Problem ist, dass der heutige

Besucher von Arezzo auf kleinen Informationstafeln lediglich etwas von einigen «Restaurierungen der dreißiger Jahre» erfährt, über deren Umfang und Charakter – wie gezeigt eben keine Restaurierungen, sondern Neuschöpfungen – oder gar deren politisch-historischen Kontext er aber im Unklaren gelassen wird. In seiner Bewunderung für das seiner Auffassung nach mittelalterliche Arezzo (oder Monteriggioni, Siena, San Gimignano usw.) ist er, etwas überspitzt ausgedrückt, noch immer ein Opfer faschistischer Inszenierung – und er weiß es noch nicht einmal.

> Der vorliegende Aufsatz wurzelt in den Forschungen des Verfassers zum mittelalterlichen Wohnbau in der Toskana und in dessen ausgeprägten Irritationen angesichts des Umfangs der Eingriffe in den historischen Stadtzentren während des «Ventennio fascista». Erste Ergebnisse wurden 2005 an der Technischen Universität Darmstadt und auf der 5. Landauer Staufertagung vorgestellt; vgl. Klaus Tragbar, Das schwarze Mittelalter. Zur Umgestaltung historischer Städte in der Toskana während des Faschismus, in: Volker Herzner und Jürgen Krüger (Hg.), Mythos Staufer (Akten der 5. Landauer Staufertagung 2005), Regensburg 2009, im Druck.
> Zur mittelalterlichen Profanarchitektur in der Toskana vgl. Fabio Redi, Edilizia medievale in Toscana, Pisa 1989; Amerigo Restucci (Hg.), L'architettura civile in Toscana. Il medioevo, Siena 1995; Klaus Tragbar, Vom Geschlechterturm zum Stadthaus. Studien zu Herkunft, Typologie und städtebaulichen Aspekten des mittelalterlichen Wohnbaues in der Toskana (um 1100–1350), Münster 2003; zu den baulichen Maßnahmen während des «Ventennio fascista» vgl. Piero Roselli (Hg.), Fascismo e centri storici in Toscana, Florenz 1985; D. Medina Lasansky, The Renaissance perfected. Architecture, spectacle, and tourism in fascist Italy, University Park 2004.
> 1 Vgl. Bollettino d'arte del Ministero della Pubblica Istruzione, 2, 1922, Nr. 1, S. 386; Roselli, Fascismo e centri storici, S. 32; Redi, Edilizia medievale, S. 101; Loris Macci und Valeria Macci, Architettura e civiltà delle torri, Florenz 1994, S. 148f., 202, 205; Tragbar, Vom Geschlechterturm zum Stadthaus, S. 184f.
> 2 Vgl. Kunsthistorisches Institut in Florenz, Photothek, Inv.-Nr. 111562, 289183.
> 3 Ebd., Inv.-Nr. 105627, 183160.
> 4 Giorgio Piranesi, S. Gimignano che se ne va, in: Miscellanea storica della Valdelsa (= MSV), 30, 1922, S. 39–45.
> 5 Gino Chierici, A proposito di S. Gimignano che se ne va, in: MSV, 31, 1923, S. 52–61; vgl. Ders., Restauri a San Gimignano per la commemorazione del centenario dantesco, in: Rassegna d'Arte Senese, 14, 1921, S. 69–77.
> 6 Giorgio Piranesi, Ancora per «S. Gimignano che se ne va», in: MSV, 31, 1923, S. 118–125.
> 7 Dante Alighieri, Monarchia I, 14, 1. Die Zitate daraus nach Dante Alighieri, Monarchia, hg. von Ruedi Imbach und Christoph Flüeler, Stuttgart 1989.

8 Dante Alighieri, Monarchia I, 14, 10–11.
9 Dante Alighieri, Monarchia II, 1, 2–3.
10 Dante Alighieri, Monarchia II, 3, 2.
11 Dante Alighieri, Monarchia II, 4, 4.
12 Dante Alighieri, Monarchia II, 6, 7.
13 Dante Alighieri, Monarchia II, 11, 7.
14 Konkret dazu Gino Chierici, Restauri a San Gimignano per la commemorazione del centenario dantesco; vgl. Studi su Dante e rassegna bibliografica delle pubblicazioni del Secentenario, Florenz 1921; Il Secentenario della morte di Dante MCCCXXI–MCMXXI, Rom, Mailand, Venedig o. J. (1924).
15 Das Zitat wird allgemein Massimo d'Azeglio zugeschrieben (vgl. Maria Cristina Peccianti, Storie della storia d'Italia, Florenz 1988, S. 84), daneben aber auch Conte Camillo Benso di Cavour und Giuseppe Mazzini.
16 Vgl. Enrico Corradini, La vita nazionale, in: Ders., Scritti e discorsi (1901–1914), Turin 1980, S. 88–106.
17 Conte Fabio Bargaglio Petrucci (geb. Siena, 13. 2. 1875, gest. Rom, 2. 5. 1939), Jurist und Kunsthistoriker, Podestà in Siena (24. 12. 1926–29. 10. 1936); vgl. Alessandro Sergardi Biringucci, In memoria del March. Gr. Uff. Avv. Fabio Bargagli Petrucci, Siena 1939; Pier Luigi Occhini, Fabio Bargagli Petrucci, in: Bullettino senese di storia patria (= BSSP), 10, 1939, S. 277–296; Narcisa Fargnoli, Fabio Bargagli Petrucci e il dibattito sulla legislazione di tutela del patrimonio artistico agli inizi del secolo, in: BSSP, 95, 1988, S. 333–361; Marco Falorni, Arte, cultura e politica a Siena nel primo Novecento. Fabio Bargagli Petrucci (1875–1939), Monteriggioni 2000.
18 Fabio Bargagli Petrucci, Arte e burocrazia. Siena 1904, i. B. 49 ff.; Ders., Come possono risorgere le città artistiche, in: Rassegna d'Arte Senese, 1, 1905, S. 55–73; vgl. Fargnoli, Fabio Bargagli Petrucci; Falorni. Arte, culturua e politica, S. 17.
19 Vgl. Marta Balazzi, Vita d'Arte (1908–1913), in: Dies. (Hg.), Siena tra purismo e liberty. Palazzo Publico Siena (Ausstellungskatalog), Mailand, Rom 1988, S. 216–223.
20 Occhini, Fabio Bargagli Petrucci, S. 292.
21 Der Podestà wurde als Ersatz für den Sindaco mit dem Gesetz Nr. 237 vom 4. Februar 1926 für Kommunen unter 5000 Einwohner eingeführt, er war Benito Mussolini direkt unterstellt. Die Amtszeit betrug zunächst fünf, später vier Jahre, eine Wiederwahl war unbegrenzt möglich. Mit dem Gesetz Nr. 1910 vom 3. 9. 1926 bzw. Gesetz Nr. 957 vom 2. 6. 1927 wurde diese Regelung auf alle Kommunen ausgedehnt, nachdem schon zuvor, mit dem Gesetz Nr. 765 vom 15. 4. 1926, für die Kur-, Aufenthalts- und touristischen Orte ein Podestà eingeführt worden war. In Kommunen zwischen 20 000 und 100 000 Einwohnern konnte dem Podestà ein Vicepodestà und ein beratendes Gremium aus 10 bis 24 Personen zur Seite gestellt werden.
22 Ernesto Baggiani, Il rinnovamento degli storici costumi delle contrade, in: La Balzana, 2, 1928, S. 77–83; vgl. Mauro Civai und Enrico Toti, Il Palio e le rose, in: Palio e Contrade tra Ottocento e Novecento, Siena 1987, S. 17–27; D. Medina Lasansky, Political allegories. Redesigning Siena's «Palio» and patron saint during the Fascist regime, in: Cristelle Baskins und Lisa Rosenthal (Hg.), Early modern visual allegory, Aldershot 2007, S. 109–131.

23 Vgl. Alan Dundes und Alessandro Falassi, La terra in piazza. An interpretation of the Palio in Siena, Berkeley 1975, S. 5.
24 Vgl. L'attività dell'amministrazione podestarile. Dall'anno V al XII E.F. (1927–1934), Siena 1934, S. 116.
25 Zur Sanierung des Quartiere Salicotto im Kontext der Idee des Ambientismo Gustavo Giovannonis bereitet der Verfasser eine ausführliche Studie vor.
26 Vgl. Dominga Bianchini, Egisto Bellini e il restauro delle porte di Siena (1927–1937), in: BSSP, 113, 2006, S. 293–330.
27 Vgl. Andrea Mascagni und Ernesto Baggiani, Il Piano Regolatore Generale della città, in: La Balzana, 6, 1932, S. 35–45.
28 Vgl. Innocenzo Cappa, Commemorazione di Arturo Viligiardi, Siena 1938; Gianni Mazzoni, Arturo Viligiardi, in: Siena tra purismo e liberty, Mailand, Rom 1988, S. 192–197 u. 263f.; Francesca Petrucci, A Siena fra Otto e Novecento. La pittura di Arturo Viligiardi, in: Antichità Viva, 27, 1988, Nr. 3/4, S. 50–56.
29 Vgl. Gabriele Maccianti, La lenta corsa del tempo. Arte e cultura a Siena di fronte alla modernità tra il XIX e il XX secolo, Siena 2006, S. 238–244; Gianni Mazzoni, Sul progetto di rialzamento delle torri medievali di Siena, in: Presenza del passato. Political ideas e modelli culturali nella storia nell'arte senese, Siena 2008, S. 251–258.
30 Beide Schreiben sind publiziert bei Maccianti, La lenta corsa del tempo, S. 242–244.
31 Conte Pier Ludovico Occhini (geb. Arezzo, 30.1.1874, gest. Arezzo, 28.3.1941), Journalist, Autor und Politiker; Sindaco in Arezzo (26.4.–6.7.1909), Podestà ebd. (22.5.1930–12.7.1939); vgl. Giovanni Papini, Pier Ludovico Occhini e il nuovo volto di Arezzo, in: Atti e memorie della Reale Accademia Petrarca di lettere, arti e scienze (= AMAP), 14, 1933, S. 177–182; Luigi Federzoni, Pier Ludovico Occhini, in: AMAP, 30/31, 1941, S. 25–36; Giovanni Galli, Pier Ludovico Occhini. Un intellettuale aretino dei primi decenni del Novecento, in: AMAP, 55, 1993, S. 169–191.
32 Brigata Aretina degli Amici dei Monumenti (Hg.), Relazione sull'attività sociale, 2, 1926, S. 73.
33 Ordine del giorno, in: Bolletino della Brigata Aretina degli Amici dei Monumenti (= BBAM), 1927, S. 94. Zum Einfluss der Brigate auf die Restaurierungen vgl. Osanna Fantozzi Micali, La trasformazione dell'immagine della città. Gli interventi sugli edifici antichi, in: Roselli, Fascismo e centri storici, S. 151–161.
34 Umberto Tavanti (geb. Arezzo, 25.9.1862, gest. Arezzo, 18.11.1932), (Bau-)Ingenieur; Diplom Rom 1887, als Direktor des Ufficio Tecnico in Arezzo verantwortlich für die Erneuerung der städtischen Struktur in den zwanziger und dreißiger Jahren unter Occhini, Ideengeber auch der Rekonstruktion des Torre Comunale, die nach seinem Tod realisiert wurde.
35 Vgl. Lasansky, The Renaissance perfected, S. 110.
36 Archivio Storico del Comune di Arezzo (= ASCA), Deliberazione del Podestà 1927 (22.9.1927).
37 Zur Restaurierung bzw. zum Neubau des Geburtshauses von Francesco Petrarca in Arezzo vgl. Lasansky, The Renaissance perfected, S. 125–129.
38 Pier Ludovico Occhini, Recenti restauri aretini, in: Atti del III Convegno nazionale di storia dell'architettura (Roma, 9–13 ottobre 1938), Rom 1940, S. 369–382 (auch in: AMAP, 28/29, 1940, S. 301–312).

39 Zur Stadtplanung in Arezzo während des «Ventennio fascista» generell vgl. Ersilia Agnolucci, Programmazione urbanistica dal 1929 agli anni della distruzione bellica, in: Ersilia Agnolucci u.a., Progetti e sistemazioni edilizie in Arezzo dal periodo napoleonico ad oggi, Arezzo 1980, S. 35–44; Marco Bini, Emergenze e territorio nell'Aretino, 3 Bde., Florenz 1991, hier Bd. 2 – Arezzo; Luca Berti, Lettura, riconsiderazione e falsificazione del passato nella cultura e nella storiografia aretina dell'età moderna e contemporanea, in: AMAP, 54, 1992, S. 304f.; Piero Roselli, Trasformazioni urbane e restauri ad Arezzo tra la seconda metà del XIX. sec. e i primi decenni del '900, in: Arezzo fra passato e futuro. Un'identità nelle trasformazioni urbane, Neapel 1993, S. 41–77; zur Piazza Vasari vgl. Gabriella Orefice, Piazza Vasari ad Arezzo. Il ripristino dell'immagine medievale, in: Storia dell'urbanistica Toscana, 8, 2002, S. 66–82; Lasansky, The Renaissance perfected, S. 107–143.
40 Vgl. Redi, Edilizia medievale, S. 90, 94 u. 97; Restucci, L'architettura civile, S. 52; Tragbar, Vom Geschlechterturm zum Wohnhaus, S. 169.
41 BBAM, 1928.
42 ASCA, Fondo Ufficio Technico, busta 751, 1016/4 «Tettoia Brizzolari».
43 ASCA, Deliberazione del Podestà 1928, Nr. 406 (28. 6. 1928).
44 Giuseppe Castellucci (geb. Arezzo, 28. 4. 1863, gest. Florenz, 8. 4. 1939), Architekt; Schüler von Crescentino Caselli und Vincenzo Micheli sowie von Luigi del Moro, Diplom 1889 an der Accademia di Belle Arti Florenz, 1891 Mitarbeit an den Zeichnungen zu Carl von Stegmann und Heinrich von Geymüller, Die Architektur der Renaissance in Toscana, München 1885–1908, Architekt am Ufficio Regionale per la Conservazione dei Monumenti, zahlreiche Restaurierungen und historistische Bauten in Umbrien und in der Toskana, Architekt der Florentiner Domopera, Mitglied der Arti del Disegno in Florenz, zahlreiche Auszeichnungen; vgl. Dizionario biografico degli Italiani, hg. v. Istituto della Enciclopedia Italiana, Rom 1960-, hier Bd. 22, Rom 1979, S. 805–809.
45 Vgl. Roselli, Fascismo e centri storici, S. 54f.; Redi, Edilizia medievale, S. 90, 94; Restucci, L'architettura civile, S. 51; Tragbar, Vom Geschlechterturm zum Wohnhaus, S. 170.
46 Vgl. BBAM 1928, S. 63–71.
47 ASCA, Deliberazione del Podestà 1927 (22. 9. 1927).
48 ASCA, Deliberazione del Podestà 1931, Nr. 163 (19. 2. 1931).
49 ASCA, Deliberazione del Podestà 1932, Nr. 357 (1. 6.1932).
50 ASCA, Carteggio Ufficio Tecnico ante 1969, busta 166, fasc. 1 sowie busta 189, fasc. 7.
51 ASCA, Carteggio Ufficio Tecnico ante 1969, busta 189, fasc. 7.
52 Vgl. Roselli, Fascismo e centri storici, S. 54; Redi, Edilizia medievale, S. 92, 94; Tragbar, Vom Geschlechterturm zum Wohnhaus, S. 170.
53 ASCA, Deliberazione del Podestà 1933, Nr. 278 (13. 4. 1933); vgl. Roselli, Fascismo e centri storici, S. 54; Redi, Edilizia medievale, S. 94; Tragbar, Vom Geschlechterturm zum Wohnhaus, S. 170.
54 Vgl. Roselli, Fascismo e centri storici, S. 54; Redi, Edilizia medievale, S. 90, 94; Tragbar, Vom Geschlechterturm zum Wohnhaus, S. 167f.
55 ASCA, Carteggio Ufficio Tecnico ante 1969, busta 166, fasc. 1 sowie busta 202, fasc. 4; ASCA, Deliberazione del Podestà 1935, Nr. 60 (17. 1.1935).
56 Papini, Pier Ludovico Occhini, S. 177.
57 Cesare Verani, Torri aretine, in: Bollettino mensile di statistica, 1935, Nr. 3, S. 3–6.
58 Vgl. Corrado Lazzeri, Tra torri e palazzi, in: AMAP, 14, 1933, S. 183–188.

59 Gustavo Giovannoni (geb. Rom, 1. 1.1873, gest. Rom, 15. 7. 1947), vgl. Mario Salmi, Commemorazione di Gustavo Giovannoni, in: Atti del V Convegno nazionale di storia dell'architettura (Perugia, 23 settembre 1948), Florenz 1957, S. 1–10; Guglielmo de Angelis d'Ossat, Gustavo Giovannoni. Storico e critico dell'architettura, Rom 1949; Alessandro Curuni, Riordino delle carte di Gustavo Giovannoni, Rom 1979; Alessandro del Bufalo, Gustavo Giovannoni, Rom 1982.

60 John Ruskin, Seven lamps of architecture, London 1860, VI. § 5; vgl. Françoise Choay, Das architektonische Erbe. Eine Allegorie, Braunschweig, Wiesbaden 1997, S. 105f.

61 Gustavo Giovannoni, Vecchie città ed edilizia nuova, in: Nuova Antologia, 48, 1913, Nr. 995, S. 449–472; ausführlicher Ders., Vecchie città ed edilizia nuova, Turin 1931, S. 113 u. 129, vgl. Choay, Das architektonische Erbe, S. 146–152.

62 Vgl. Klaus Tragbar, «Romanità», «italianità», «ambientismo». Kontinuität und Rückbesinnung in der italienischen Moderne, in: Bericht über die 42. Tagung für Ausgrabungswissenschaft und Bauforschung, Koldewey-Gesellschaft (Hg.), Bonn 2004, S. 72–83.

63 Dante Alighieri, La Commedia, Inf. 22, 1–12.

64 Vgl. Stefano Cavazza, Pier Ludovico Occhini e la Giostra del Saracino, in: AMAP, 55, 1993, S. 193–209; Ders., Piccole patrie. Feste popolari tra regione e nazione durante il fascismo, Bologna 1997, S. 212.

65 ASCA, Deliberazione del Podestà 1936, Nr. 319 (1. 7. 1936).

66 D. Medina Lasansky, Urban editing, historic preservation and political rhetoric. The fascist redesign of San Gimignano, in: Journal of the Society of Architectural Historians, 63, 2004, 3, S. 320–353; Dies., Towers and tourists. The cinematic city of San Gimignano, in: Claudia Lazzaro und Roger J. Crum (Hg.), Donatello among the Blackshirts. History and modernity in the visual culture of Fascist Italy, Ithaca 2005, S. 113–131.

Julisch Venetien. Faschisten als Brandstifter und Bauherren

Rolf Wörsdörfer

Julisch Venetien,[1] die vollständig aus vormals österreichischen Gebieten bestehende Grenzregion im Nordosten des Landes, war die einzige Region Italiens, in der das Auftreten des frühen Faschismus mit einem spektakulären Brandanschlag in Verbindung stand: dem Angriff der Schwarzhemden auf das slowenische Volksheim (Narodni dom) in Triest am 13. Juli 1920.[2] Die nationale und internationale Bedeutung des Anschlags rührte daher, dass das von den Faschisten unter der Aufsicht des Militärs gelegte Feuer nahezu die gesamte Infrastruktur der slowenischen Minderheit in der adriatischen Hafenstadt zerstörte: Büros und Tagungsräume, einen Theatersaal, die Halle des Turnerbunds «Sokol», die Spar- und Darlehenskasse, Anwaltskanzleien, dazu das komplette Hotel Balkan, nach dem der Bau insgesamt oft genannt wurde.[3] Die Folgen des Anschlags waren für die Slowenen in Triest verheerend: Als Treffpunkte blieben ihnen nur noch ein paar Gaststätten und die Schulen des Kyrill- und Method-Vereins, die nicht im Volksheim untergebracht waren. Manche von ihnen, für deren Berufsleben das Gebäude von existenzieller Bedeutung war – wie etwa die Schauspieler des Theaters –, wurden durch den Anschlag gezwungen, ins jugoslawische Exil zu gehen. Ein Journalist der slowenischen Zeitung *Edinost* fühlte sich an die Lage der verfolgten Christen in Rom erinnert. Hätten sich jene immerhin noch in ihren Katakomben sicher gefühlt, so könnten die Slowenen nicht einmal mehr die Kellerräume des Hotels Balkan nutzen. Auch diese seien mit Trümmern bedeckt.[4]

Angesichts der Tatsache, dass die slowenische Inteligencija in Triest einen großen politischen Einfluss auf die Angehörigen der slawischen Minderheiten in der ganzen Region hatte, war das öffentliche Leben Letzterer auch außerhalb der Stadtgrenzen, etwa im Karst oder auf der Halbinsel Istrien, schwer getroffen. Damit nicht genug, steht der Namen des Narodni dom[5] für eine Reihe weiterer Einrichtungen der Slowenen und Kroaten, die von den julischen Grenzlandfaschisten angezündet oder demoliert wurden; ganz ähnlich verfuhren die Schwarzhemden mit den Sitzen der sozialistischen und kommunistischen Arbeiterorganisationen.[6] Die Anschläge erfolgten zum Teil in einem unmittelbaren zeitlichen Zusammenhang mit dem Angriff auf das Hotel Balkan.[7]

Lange bevor das faschistische Regime in der Lage war, die Organisationen der Slowenen und der Linken zu verbieten, hatte der bewaffnete Arm der faschistischen Bewegung, der sogenannte Squadrismo[8], damit begonnen, die organisatorischen Strukturen der politischen, sozialen und ethnischen Opposition in Julisch Venetien zu zerschlagen. Das öffentliche Auftreten der Arbeiterparteien und der slowenischen Vereinigungen liberaler wie katholischer Provenienz wurde auf diese Weise schon zwei Jahre vor dem «Marsch auf Rom» empfindlich beeinträchtigt.

Allein die hohe Anzahl der Zerstörungsakte und die nach dem Machtantritt Mussolinis einsetzende Politik der Zwangsassimilation legen den Schluss nahe, dass der italienische Faschismus vor allem auf zweierlei Weise Besitz von der Grenzregion ergriff: indem er zerstörte und indem er umbenannte. Dies sahen auch die unmittelbar betroffenen Slowenen und Kroaten so. Das Minderheiteninstitut in Ljubljana veröffentlichte in den zwanziger und dreißiger Jahren eine Reihe von Studien zur Entnationalisierungspolitik des Regimes.[9] Im Jahre 1946 erschien in Zagreb ein Büchlein von Hrvoje Mezulić, dessen Titel ins Deutsche übersetzt so viel heißt wie «Faschismus, Täufer und Brandstifter».[10] Damit wollte der Verfasser offenbar auf zwei Grundzüge der italienischen Politik in der Grenzregion hinweisen: Die «pyromane» Seite brachte er nicht so sehr mit dem Anschlag auf das Narodni dom und die anderen um 1920 zerstörten Gebäude in Verbindung, als vielmehr mit der Partisanenbekämpfung in der Provinz Fiume (kroat. Rijeka) zwischen 1941 und 1943, also vom deutsch-italienischen Überfall auf Jugoslawien bis zur Kapitulation Italiens. Damals sah das im Dienste des Regimes stehende Militär vor allem im Niederbrennen ganzer Dörfer eine wirksame Waffe gegen die titoistischen Partisanen.

Mit dem Wort «Täufer» rückte Mezulić die entnationalisierende Praxis der Grenzlandfaschisten ins Zentrum der Aufmerksamkeit. Er beschrieb die Kampagnen, die das faschistische Regime gegen die Benutzung «fremdsprachiger» Toponyme und Eigennamen, ja gegen den Gebrauch der slawischen Sprachen überhaupt führte.[11]

Das vom Faschismus entfesselte destruktive Potential zielte auf die pluriethnische Arbeiterbewegung in der Region[12] und auf die Kultur der julischen Slowenen und Kroaten in ihrer Gesamtheit: angefangen bei der Vernichtung oder Beschlagnahme von Versammlungsräumen über das Verbot der Verwendung slawischer Sprachen in der Öffentlichkeit bis hin zur Tilgung der slowenischen und kroatischen Grabinschriften[13] oder zum Verbot der in manchen Dörfern verbreiteten Sitte, wonach der junge Slowene der von ihm verehrten jungen Frau am Samstagabend vor dem Haus ein Ständchen darbrachte.[14] In einem zweiten Moment begann das Regime, die Realität auf seine Weise umzugestalten. Wie andernorts in Italien auch leisteten ihm Städteplanung und Architektur dabei nützliche Dienste.[15]

Die Frage muss deshalb lauten: In welchem Umfang und mit welchen Mitteln manipulierte der Grenzlandfaschismus die Bevölkerungszusammensetzung, das Stadtbild und generell den öffentlichen Raum in Julisch Venetien?

Die Grenzen zwischen den verschiedenen Sphären des faschistischen Vorgehens sollen dabei keinesfalls verwischt werden: Man kann nicht behaupten, eine mit brachialen Methoden ins Werk gesetzte Altstadt-Sanierung, die hauptsächlich zulasten der italienischen urbanen Unterschichten ging,[16] sei dasselbe wie ein Brandanschlag auf das Zentrum der bedeutendsten nationalen Minderheit im Lande – Letzterer hatte eine ganz andere politische Qualität und wurde auch international anders wahrgenommen. Aber es finden sich doch auch einige Parallelen zwischen beiden Vorgängen.[17] Das Zerstörungswerk wurde regelmäßig in eine Metaphernwelt der Ästhetik und der Hygiene getaucht, und zwar unabhängig davon, ob tatsächlich gerade Aspekte der Gesundheitspolitik und des Dekors von Relevanz waren oder ob das Regime auf eine «politische Hygiene» im totalitären Sinne abzielte. Schon der Ausdruck «Bonifica etnica» («ethnische Melioration») – der verbreitete offizielle Ausdruck für die Assimilationspolitik – weist eine bezeichnende Ähnlichkeit mit dem Konzept der «völkischen Feldbereinigung» auf, wie es von einem Ideologen des ultrakonservativen Alldeutschen Verbandes im Ersten Weltkrieg geprägt wurde.[18] Umgekehrt zählten Ästhetik und Hygiene zu den zentralen Kriterien einer Städteplanung, die über weite Strecken mit den Italianisierungskampagnen des Regimes verflochten war.

Die Forschung hat sich bislang systematisch vor allem mit der Politik der Zwangsassimilation befasst und die architektonische Umgestaltung Triests und Julisch Venetiens durch die Faschisten eher anhand weniger Fallbeispiele gewürdigt.[19] Erst in jüngerer Zeit haben Paolo Nicoloso und Federica Rovello in einem Sammelband den Versuch unternommen, die Architekturpolitik des julischen Faschismus zu rekonstruieren, so weit sie die Stadt Triest selbst betrifft.[20] Die Autorinnen und Autoren untersuchen erstmals die städteplanerischen Initiativen der faschistischen Verwaltung und den architektonischen Wandel Triests.

Ehe ich einige der dort festgehaltenen Resultate – erweitert um eigene Forschungsergebnisse – vorstellen möchte, ist vorab ein Ereignis wie die Brandschatzung des Narodni dom auf seine Bedeutung für das Selbstverständnis des julischen Grenzlandfaschismus zu befragen.[21]

Narodni dom und Grenzlandfaschismus

Am 20. Juli 1933 erschien in der kroatischen Zeitung *Jutarnji list* ein Artikel über den Kult, den die Schwarzhemden um das Foto des brennenden Hotels Balkan in Triest betrieben. Sie behandelten die Trümmer des Gebäudes als eine Art Siegestrophäe und stellten die Fotografie nicht zuletzt auch auf der Mostra della Rivoluzione Fascista in Rom aus.[22] Der Verfasser eines Artikels über den Beitrag Triests zu dieser vielbesuchten Ausstellung interpretierte den Überfall auf das Narodni dom als Attacke auf ein Haus, «in dem verschiedene ausländische (slowenische) Institutionen und das ‹Hotel Balkan› untergebracht waren.[23]

Der Faschist Michele Risolo wählte das Bild des brennenden Narodni dom für die Titelseite seines 1932 erschienenen Buches; das Vorwort verfasste der faschistische Zeitungsverleger Rino Alessi. «Die Flammen des Balkan», schrieb Alessi, hätten «Triest endlich gereinigt»[24]. Überschrieben war der Band mit einem Mussolini-Zitat zur Avantgarde-Rolle des Triester Faschismus. Buch und Vorwort stammten von Vertretern der publizistisch aktiven Parteigruppierung, die nicht mit dem intransigenten Flügel der Squadristi oder den fanatischen Antisemiten und Slawenfeinden innerhalb des örtlichen Partito Nazionale Fascista (PNF) identisch war, hier aber gleichwohl deren Terror publizistisch begleitete beziehungsweise nachträglich wohlwollend kommentierte.[25]

Francesco Giunta, der Leiter des Überfalls auf das Narodni dom, war demgegenüber ein echter Squadrista, ein geschworener Slawenfeind und Judenhasser. Giunta, der aus der Toskana stammte und über die Frontkämpferbewegung zum Faschismus gestoßen war, hatte im April 1920 die Führung des Fascio triestino di combattimento übernommen. Nachträglich legte er das Bekenntnis ab, was er getan habe, habe er nicht für sich, sondern «für ihn», Mussolini, getan.[26] 1932 rühmte Giunta sich in einem Buch mit dem kuriosen Titel *Un po' di fascismo* noch einmal des Anschlags auf das Hotel Balkan, das er einen «geschmacklosen Bau» nannte, der «mehr wie eine Kaserne als wie ein Hotel» ausgesehen habe. Eigentlich lohnt die Beschäftigung mit dem ästhetischen Urteil des faschistischen Traktats überhaupt nicht. Da aber das Narodni dom nicht exakt in der ursprünglichen Form wiederaufgebaut und vor allem auch nicht an die slowenische Minderheit zurückgegeben wurde, müssen die zeitgenössischen Fotos belegen, dass das im Jugendstil errichtete fünfgeschossige Haus alles andere als ein «geschmackloses» Gebäude war. Es zeugte vielmehr von der Zweckbaukunst des im Karst geborenen Architekten Max Fabiani, dessen Werke bis heute auch in Ljubljana und Wien zu besichtigen sind. Die Rautenmuster an der Fassade des fünfstöckigen Baus erinnerten an den Dogenpalast in Venedig, was die Faschisten offenbar nicht störte. Der Rest war – bis hin zu den Verzierungen im Eingangsbereich – rundum solide habsburgisch-pluriethnische Bauweise.[27]

Fragen des Stils dienten im Schmähartikel Giuntas jedoch eher als Vorwand oder als nachträgliche Schutzbehauptung; eine größere Provokation stellte für die Faschisten der Name des Gebäudes dar. Ausschlaggebend für den Anschlag war letztlich dessen Lage im Zentrum der Stadt und damit seine Funktion als Stachel im Fleisch des italienischen Nationalismus. Mit dem Angriff auf das Narodni dom wurde ein Symbolträger erster Ordnung und zugleich eine bedeutende materielle Ressource der Triester Slowenen getroffen, von deren Minderheitenkultur am Ende der Terrorkampagnen des Squadrismo und der Verbotspolitik des Regimes nur noch ein Torso übrig bleiben sollte.

Der Anfang April 1919 gegründete Fascio triestino di combattimento beanspruchte für sich eine Art faschistischen Primat: Die Triester Mussolini-Anhänger sollen die ersten Faschisten in ganz Italien gewesen sein, die das schwarze Hemd als Parteiuniform trugen; der *Popolo di Trieste* war nach Mussolinis fast gleichnamigem Blatt die zweite faschistische Tageszeitung.[28] Allerdings hatte er einen übermächtigen Konkurrenten, die große nationalliberale Tageszeitung *Il Piccolo,* die sich kurz vor dem «Marsch auf Rom» 1922 allmählich an den Faschismus anlehnte und im polykratischen System des julischen PNF – auch vermittelt über die Figur ihres Herausgebers Alessi[29] – die Einbindung des Triester Großbürgertums repräsentierte. Demgegenüber stand die Redaktion des *Popolo di Trieste* für die Intransigenz des Squadrismo, was sich in der bescheidenen Auflage des Blattes manifestierte.[30]

Ein Charakteristikum des julischen Faschismus war seine überaus disziplinierte und schlagkräftige militärische Organisation, deren Aktionsradius über die nordöstliche Grenzregion hinausreichte. Francesco Giunta gehörte zu den Anführern des «Marsches auf Bozen» vom 1. Oktober 1922, der zur Ablösung des deutschsprachigen Oberbürgermeisters und zur Einsetzung einer profaschistischen Stadtverwaltung führte.[31] Im März desselben Jahres hatten die Triester Faschisten zum Sturz der demokratisch gewählten Stadtverwaltung von Fiume unter dem Autonomisten Riccardo Zanella beigetragen.[32]

Sucht man nach den programmatischen Zielen der julischen Schwarzhemden, so wird man sich an eine «Denkschrift» halten, die im Februar 1920 durch Zivilkommissar Antonio Mosconi nach Rom weitergeleitet wurde. Im Schreiben des Beamten sind die Faschisten als im Anwachsen begriffener «Kern von Bürgern» beschrieben, «der als einziger die Italianità und die soziale Ordnung verteidigt»[33].

Die Italianität und die gesellschaftliche Ordnung in eins zu setzen, hieß den Faschismus als nationale und soziale Ordnungsmacht anzuerkennen. Den ersten Aspekt erfasste der Sozialist Giovanni Zibordi 1922 mit seiner Beschreibung des Faschismus in Triest als «nationalistisch und antislawisch».[34] Der zweite Aspekt ist nicht weniger wichtig: Der Faschismus bezog in Triest den Standpunkt der wirtschaftlichen Eliten zu einem Zeitpunkt, an dem Schwarzhemden anderswo noch einzelne soziale Kämpfe in einer allgemein destabilisierenden Funktion unterstützten. Um das nahezu synchrone Vorgehen gegen den sozialen und gegen den nationalen Feind zu legitimieren, prägte die Rechte in Julisch Venetien das Amalgam des Slavocomunismo. Es machte in den Augen der Faschisten keinen Unterschied, ob Arbeiter der Schiffswerften von Monfalcone Lenin und die Sowjets hochleben ließen oder ob ein katholischer Pfarrer in einem nur wenige Kilometer von der Industriestadt entfernten Dorf seine Predigt in slowenischer Sprache hielt. Beides zusammen, den linken Internationalismus und den slawisch-nationalen Katholizismus, rechneten sie dem Bedrohungssyndrom des Slavocomunismo zu.[35]

Der Anschlag auf das Narodni dom bedeutete den Durchbruch der Schwarzhemden gegenüber konkurrierenden nationalistischen Gruppen. Zusammen mit den im Sommer und Herbst 1920 ins Leben gerufenen Fasci der Provinzhauptstädte Friauls und Julisch Venetiens vertrat der Triester Faschismus eine besondere Spielart der faschistischen Bewegung, den sogenannten «Grenzlandfaschismus» (Fascismo di confine). Die Formel diente zur Umschreibung der Gemeinsamkeiten zwischen den örtlichen Gruppen über die verschiedenen Unterströmungen hinaus. Der Fascismo di confine umfasste Mussolini- und Farinacci[36]-Anhänger, gemäßigte und extremistische Faschisten, Schwarzhemden mit katholischem oder jüdischem kulturellem Hintergrund[37], Antisemiten, Bürokraten, Gewerkschaftsfunktionäre, Angehörige der Klientelen von Ministern und Staatssekretären im Pendelverkehr zwischen Triest und Rom.

Letztlich wirkte der Fascismo di confine wie der Deckel eines Kessels, unter dem die örtlichen und regionalen Klientel- und Fraktionskämpfe brodelten. Dabei wurde der Kern der faschistischen Doktrin von den verschiedenen Richtungen nicht in Frage gestellt. Der deutlichste Gegensatz trat zwischen einer großbürgerlichen, mit den Triester Bank- und Versicherungsunternehmen liierten Strömung und den Wortführern der squadristischen Gruppierung auf, die der Polizei des faschistischen Innenministers Ende der dreißiger Jahre als allzu «pro-nationalsozialistisch» auffiel; im Zeitraum zwischen dem «Anschluss» Österreichs an NS-Deutschland und dem Beginn des Zweiten Weltkrieges verfügte sie über enge Beziehungen nach München, 1941 war sie für antisemitische Übergriffe in Triest verantwortlich.[38]

Macht man sich auf die Suche nach *der* faschistischen Architekturpolitik in der Grenzregion der zwanziger und dreißiger Jahre, so trifft man auf eine große Anzahl von Bauwerken unterschiedlichster Natur: den Heldenfriedhof in Redipuglia, das im Zweiten Weltkrieg von den NS-Besatzern demontierte Denkmal für den irredentistischen Märtyrer Nazario Sauro in Capodistria (slow. Koper), den «Leuchtturm des Sieges» zwischen den Triester Stadtteilen Gretta und Barcola sowie die Gedenkstätte für Guglielmo Oberdan[39], den zweiten irredentistischen Helden Julisch Venetiens. Letztere wurde auf der gleichnamigen Piazza im neu errichteten, ebenfalls nach Oberdan benannten Viertel am Rande der Triester Neustadt angelegt.[40]

An keiner anderen Stelle in der Region waren die Funktionen des Brandstifters und des Baumeisters so eng aufeinander bezogen wie gerade dort: Nur einen Steinwurf von der Piazza Oberdan entfernt, befanden sich die Trümmer des von Francesco Giuntas Squadre zerstörten Narodni dom. Man kann mit einiger Berechtigung argumentieren, dass etliche vom Regime errichtete Bauwerke einen Fraktionen und Gruppierungen übergreifenden gesamtfaschistischen Konsens reflektierten, obwohl es dann aus gegebenem Anlass bald zu Rivalitäten zwischen einzelnen Gruppen innerhalb der faschistischen Polykratie kam.[41] Der innerfaschistische Grundkonsens war einigen lokalen Architekten und Bildhauern wie Umberto Nordio und Attilio Selva zugute gekommen, die in den zwanziger und dreißiger Jahren nicht über einen Mangel an Aufträgen klagen konnten. Doch beteiligten sich schnell auch Architekten von nationaler Bedeutung an den Ausschreibungen der Projekte.

Nachdem hier einige strukturelle Voraussetzungen faschistischer Architekturpolitik in Julisch Venetien erläutert worden sind, sollen im Folgenden insbesondere die städtebauliche Problematik – entlang der Diskussionen um die Bebauungspläne der Zwischenkriegszeit – und die eingangs bereits erwähnte Sanierung der Triester Altstadt aufgegriffen werden. In einem eigenen

Abschnitt über die sogenannte «Ära Salem-Morpurgo» ist zu zeigen, welche Verbindungen die Architekten, allen voran Marcello Piacentini, zur unruhigen Welt des julischen Faschismus mit ihren Gruppen- und Cliquenkämpfen unterhielten.

Die Bebauungspläne für die Stadt Triest

Alessandra Marin hebt in ihrem Beitrag zum Band von Nicoloso und Rovello hervor, dass die Bebauungspläne für die Stadt Triest allen politischen Brüchen zum Trotz einige Kontinuitätslinien aufwiesen, die vom Ende des 19. Jahrhunderts bis zur Auflösung des Freien Territoriums Triest im Jahre 1954 reichten.[42] In dieser Zeit erlebte die Grenzregion etliche politische und territoriale Metamorphosen. Gerade die Häufigkeit der Grenzverschiebungen, Regime- und Systemwechsel lässt die Kontinuitäten in der städtebaulichen Entwicklung Triests umso stärker hervortreten. Erst aus diesem Blickwinkel ist es dann sinnvoll, die Frage nach den Spezifika der faschistischen Baupolitik aufzuwerfen. Denn zunächst einmal ist die urbanistische Entwicklung Triests mit den Biografien einiger Persönlichkeiten verwoben, die sich an den Wandel in der Lage der Stadt flexibel anpassten oder nach einer längeren Phase politisch erzwungener beruflicher Abstinenz wieder in die Debatten an Ort und Stelle eingriffen. Max Fabiani, der Erbauer des Narodni dom, unterbreitete noch 1953 dem christdemokratischen Oberbürgermeister Gianni Bartoli einen Piano territoriale, der ältere Überlegungen zur Infrastruktur der Hafenstadt und zum Zusammenwachsen einer Area metropolitina zwischen Monfalcone und Capodistria enthielt – Überlegungen, die sich dann angesichts der heiklen politischen Großwetterlage nicht in die Tat umsetzen ließen.[43]

Der Ingenieur Paolo Grassi, der schon in der habsburgischen Zeit für das kommunale Technische Büro arbeitete, war zugleich der «hauptsächliche Schöpfer der städtebaulichen Pläne […] für die Zwischenkriegszeit».[44] Sein Bebauungsplan aus den Jahren nach 1918 ging von Prognosen zu einer Expansion der Stadt aus, die ziemlich übertrieben waren (Schätzungen von 500 000– 600 000 Einwohner), aber zugleich auch das Lebensgefühl der Triester reflektierten, das über eine längere Zeit hinweg den Anspruch auf eine überdimensionierte Größe und Bedeutung Triests mit einschloss.

Die in der faschistischen Ära auftauchenden Betrachtungen zur «Schönheit» Triests betrafen in erster Linie den anmutigen Charakter der natürlichen Umgebung; den Wert der eigentlichen Bausubstanz schätzte man unter ästhetischen Gesichtspunkten eher gering ein. Grassi behauptete sogar, die Bauten der Hafenstadt seien in etwa hundert Jahren regelrecht zusammengestoppelt worden.[45] «Dekor und Schönheit» bemühten die kommunalen Planer vor allem im Zusammenhang mit der Altstadt-Sanierung und mit der definitiven Gestaltung des Hügels von San Giusto. Ihr erklärtes Ziel war eine «Modernisierung» Triests, die immer auch als «Italianisierung» verstanden wurde. Julisch Venetien und Triest gerieten zu Elementen eines Projekts der Moderne sui generis, das deutlich abgesetzt wurde vom Erbe der Habsburgermonarchie (als «Relikt des Mittelalters») und vom jugoslawischen Nachbarn (als einem «asiatischen Land»). Schon bei der Zerstörung des Narodni dom waren beide Feindbilder präsent: das habsburgische in der Architektur des Gebäudes und das jugoslawische in seiner Nutzung beziehungsweise in seinem Namen. Insofern verfuhren faschistische Brandstifter, Städteplaner und Architekten nach demselben, die «Italianität» Triests exaltierenden ideologischen Muster.

Letztlich waren die Protagonisten der Baupolitik gezwungen, herauszufinden, welche Teile des alten Triest weiterhin als «italienisch» akzeptiert werden konnten. Zugleich unternahmen sie alle nur denkbaren Versuche, die modernen, «italienischen» Teile der Stadt optisch voll zur Geltung zu bringen. Dasselbe gilt in noch viel höherem Maße vom San-Giusto-Hügel, der zu einem Ensemble der Romanità, der Venezianità und der Italianità stilisiert wurde. Vor allem in diesem Zusammenhang tauchte auch die Verklärung Triests zum «Rom des Ostens» auf.[46]

Triest war eine Stadt der Pendler und Migranten (Nahwanderer) mit lebendigen Austauschbeziehungen zu den umliegenden Regionen, darunter Friaul und Istrien, Ober-, Inner- und Unterkrain. Vor allem der regelmäßige Pendlerverkehr – und nicht der vielfach vom Meer her oder über die Alpenpässe nach Triest gelangende Fremdenverkehr – bewog 1934 die Stadtverwaltung, gleich neben dem Hauptbahnhof eine überaus moderne zentrale Busstation anzulegen – die erste in ganz Italien.[47]

Aufschlussreich sind auch die nicht verwirklichten Pläne: 1929 kassierte der Consiglio superiore dei lavori pubblici ein Projekt, die Eisenbahnlinie Venedig–Triest über das Gebiet der Stadt unmittelbar an die Strecke nach Fiume anzubinden, um den zeitraubenden Umweg über den Karst zu sparen. Ein großer Verschiebebahnhof und eine neue Industriezone sollten Arbeitsplätze für Zehntausende von Menschen bieten. Triest erwies sich – aller Rhetorik zum Trotz – in der Regel als etwas zu kleindimensioniert, um das richtige Modell für die ambitionierten Pläne der Urbanisten bereitzustellen. Leichter ließ sich der Ausbau des Straßennetzes bewerkstelligen, was vor allem die direkte Verbindung zwischen Monfalcone im Nordwesten und Istrien im Südosten anging. Bis in die faschistische Zeit hinein hatte das historische Zentrum Triests, die sogenannte Cittavecchia, das Entstehen einer solchen Verbindung blockiert.

Die Sanierung der Cittavecchia und die Baupolitik in der Ära Salem-Morpurgo

Zu Beginn der dreißiger Jahre erscheint Triest immer mehr als eine unter vielen italienischen Städten oder als «eine italienische Stadt wie andere auch»[48]. Wirtschaftlich hatte es einen großen Teil seiner aus der habsburgischen Zeit stammenden unabhängigen Stellung verloren, was mit einem starken Machtverlust der einheimischen Eliten einherging. Die bedeutendsten Unternehmen, eine Großbank und eine Schiffswerft, waren im Zuge der Wirtschaftskrise vom Staatskapital übernommen worden.

Umso mehr gab sich die Stadtverwaltung Mühe, das äußere Erscheinungsbild Triests zu modifizieren. Am Ende sollte eine rundum «nationalisierte» Stadt stehen, «die von den übrig gebliebenen habsburgischen und mitteleuropäischen Schlacken gereinigt war»[49]. Um es in den Worten Elio Apihs auszudrücken: «Die städtebaulichen Eingriffe waren beträchtlich, und Triest belegte mit 500 000 Kubikmetern niedergerissener Bauten den fünften Platz unter den am meisten demolierten Städten Italiens.»[50]

Erste Pläne zur Neuordnung der Altstadt von Triest stammten aus den letzten Jahrzehnten der habsburgischen Herrschaft. Bis Mitte des 18. Jahrhunderts bestand Triest aus einem Labyrinth von Gassen und Gässchen, das sich vom San-Giusto-Hügel bis zum Meer erstreckte, aus der sogenannten Cittavecchia. War die Altstadt einerseits der Wohnort der urbanen Unterschichten, so lebte hier auch ein Teil des Adels. Daneben gab es seit der theresianischen Zeit den Wohnbezirk der «plurinationalen kaufmännischen Schicht» (Marina Cattaruzza), die sogenannte Cittanuova.[51]

Einige Veränderungen traten schon 1719 mit der Errichtung des Freihafens ein. Die Tendenz ging in die Richtung einer Entmischung der Einwohnerschaft nach Klassenkriterien, zu einem deutlich geringeren Teil auch nach der nationalen Zusammensetzung. Adlige und Kaufleute siedelten in die Cittanuova über, während immigrierte Hafenarbeiter sich in der Altstadt niederließen.[52] Binnen weniger Jahrzehnte wurde Letztere dann im 19. Jahrhundert von den in einigen Industriebetrieben dauerhaft beschäftigten Arbeitern und Handwerkern verlassen, so dass sie am Ende vor allem das auf den Hafen fixierte prekäre Proletariat beherbergte und endgültig zu einem Ort der Laster wurde.

Die Lebensbedingungen in der Cittavecchia waren in der Zwischenkriegszeit eher noch schwieriger als in den letzten Jahrzehnten der Habsburgermonarchie, was nicht zuletzt auf den ungebremsten Zustrom an Menschen aus den sogenannten «alten Provinzen» und in erster Linie aus Süditalien zurückzuführen war.[53] Katastrophal waren die hygienischen Verhältnisse.[54]

Die von den Bauherren gewählte Formel von der «redenzione del piccone», der «Erlösung mit der Spitzhacke»[55], musste allerdings in einer ehemaligen «Città irredenta» beinahe frivol klingen. Die Altstadtsanierung ging mit einem deutlichen Bevölkerungsverlust einher: Die Einwohnerzahl der Cittavecchia fiel bis 1938 von 17 904 auf 11 414.

Anlässlich des letzten Mussolini-Besuchs in der Hafenstadt hieß es 1938, anstelle der alten, baufälligen Wohnhäuser seien «beeindruckende private und öffentliche Bauten» entstanden. Darunter waren auch Gebäude, auf deren Errichtung die römische Zentrale besonderen Wert legte, weshalb mit ihrer Realisierung Architekten von nationaler Geltung beauftragt wurden. Dort aber, wo innerhalb der Partei gruppenspezifische Interessen obwalteten, wo also eine auf die Kontrolle der Presse und der Stadtverwaltung angewiesene Gruppierung mit der viel stärker durch den Squadrismo, den Antisemitismus und die NS-Sympathien geprägten Gruppe zusammenstieß, machten sich auch die unterschiedlichen Interessen in der Architekturpolitik geltend. Ein dichtes Beziehungsnetzwerk bestand zwischen Rom und Julisch Venetien, da Grenzlandfaschisten dem faschistischen Großrat ebenso angehörten wie den Kabinetten Mussolinis. Zudem stammten längst nicht alle einflussreichen Schwarzhemden in Triest und Umgebung auch tatsächlich aus der Grenzregion. Viele waren erst bei Kriegsende in Triest geblieben oder nach einer Karriere als Squadristi in Mittelitalien dorthin geeilt. Gestützt auf die bewaffnete Macht der Squadre, die ihrerseits unter dem Schutzschirm der zentralstaatlichen Repressionsorgane (Militär, Polizei) operierten, integrierten sich diese Faschisten sukzessive in die städtischen Eliten oder beteiligten sich an deren Umbau im Sinne eines Maximums an Loyalität dem Regime gegenüber.

Einigen Angehörigen der traditionellen Führungsgruppe blieb die Besetzung der prestigeträchtigsten Positionen im städtischen Machtgefüge vorbehalten. Zu ihnen zählte Enrico Paolo Salem, der Podestà, in dessen durch die antisemitischen Rassengesetze vorzeitig beendeter Amtszeit zahlreiche neue Bauvorhaben realisiert wurden.[56] Salem begann mit einem Fünfjahresplan für öffentliche Arbeiten, der neben einer vollständigen Sanierung der Altstadt auch große Investitionen in den Straßenbau, die Abwasseranlagen, die Märkte und den Schlachthof vorsah.[57] Mussolini empfing ihn innerhalb weniger Jahre dreimal in Rom, um sich von ihm über den Fortgang der Bautätigkeit in der adriatischen Hafenstadt unterrichten zu lassen. Deshalb ist es auch nicht verwunderlich, dass unter den führenden Baumeistern in Triest ein römischer Stararchitekt war, der gerade Mitte der dreißiger Jahre auf den Zenit seiner Karriere zusteuerte. Marcello Piacentini, so der Name dieses Architekten, hielt machiavellistisch zwischen den verschiedenen streitenden Faktionen Kurs.

Piacentini erfreute sich nicht nur eines engen Zugangs zu Mussolini, sondern hatte auch gute Verbindungen zu Giuseppe Cobolli Gigli – der italianisierte Name war an die Stelle des allzu slawisch klingenden Cobol getreten.[58] Dieser wiederum war als einer der Wortführer des gemäßigten Flügels der julischen Grenzlandfaschisten zwischen 1935 und 1939 Minister für Öffentliche Arbeiten in Rom, seit 1938 zudem Vizebürgermeister von Triest. Seine Stellung erlaubte es ihm, Architekten zu fördern oder fallenzulassen – vorausgesetzt, Mussolini war damit einverstanden. Doch pflegte Piacentini auch den

Kontakt zum intransigenten und antisemitischen PNF-Flügel in Triest, an dessen Spitze wiederum Francesco Giunta stand.[59]

Ohne darin einen großen Widerspruch zu sehen, blieb der Architekt dem großbürgerlich-finanzkapitalistischen Flügel der Triester Eliten eng verbunden, für den Enrico Paolo Salem und Edgardo Morpurgo von den Assicurazioni Generali standen. Der erste bedeutende Bau, der an die Stelle von Häusern der demolierten Altstadt trat, war das beeindruckende Verwaltungshaus der Versicherungsgruppe Morpurgos. Mit ihm gab Piacentini die architektonische Richtung an, der auch die anderen neuen Gebäude folgen sollten.[60]

Der Faschismus bereicherte alsbald die frei gewordenen Flächen der ehemaligen Altstadt um Neubauten, wobei das Endergebnis ein von weiten Teilen der Bevölkerung – Angehörige der slowenischen Minderheit und politisch bewusste Teile der Arbeiterschaft ausgenommen – so akzeptiertes Gesamtbild war.

Als Mussolini 1938 Julisch Venetien besuchte, weihte er in Triest und Umgebung eine ganze Reihe von Gebäuden ein, die von den Architekten des Faschismus in den Jahren zuvor errichtet worden waren. Unter den vom «Duce» besuchten Baustellen oder Rohbauten fehlte bemerkenswerterweise das Verwaltungsgebäude der Assicurazioni Generali, dessen Auftraggeber im Zusammenhang mit der rassistischen Wende des Regimes bereits in Ungnade gefallen war.[61]

Zwei Fallbeispiele: Die «Casa del Fascio» und die Universität

Grundsätzlich unterscheidet man heute unter städteplanerischen und architekturpolitischen Gesichtspunkten zwischen einer neo-bürgerlichen Orientierung unter dem Podestà Enrico Paolo Salem und der lokalistischen Ausrichtung, die vom Federale des PNF-Provinzverbandes Emilio Grazioli repräsentiert wird. Das markanteste unter den von dieser Richtung in Auftrag gegebenen Bauwerken ist die «Casa del Fascio», der Sitz der Federazione provinciale des PNF.[62] Der Auftrag ging 1937 an ein bis dahin nicht sehr in den Vordergrund getretenes Zweigespann, einen Architekten und einen Ingenieur, die den unzweifelhaften Vorteil hatten, gleichzeitig Sekretäre der jeweiligen faschistischen Berufsorganisation für Architekten und Ingenieure zu sein.

Die Pläne für den Bau wurden mehrfach deutlich überarbeitet und modifiziert. Dies geschah nicht zuletzt auch deshalb, weil das Jahr 1938 eine neue Periode in der Geschichte des Faschismus in Triest und anderswo einläutete. Als das Gebäude dann von dem Architektenduo Raffaello Battigelli und Ferruccio Spangaro endlich fertiggestellt worden war, reflektierte es den Geschmack der über den Ersten Weltkrieg und die Erfahrung des Squadrismo sozialisierten faschistischen Generation. Auffallend war vor allem der Festungscharakter des Baus, der bei aller im Jahrzehnt zuvor vom Grenzlandfaschismus zur Schau getragenen Mäßigung an dessen militaristische Ursprünge erinnerte. Die Nähe zu den römischen Ausgrabungen des Hügels von San Giusto sollte wiederum die Kontinuität zur Antike signalisieren.

Hiervon hob sich der Bau der Universität bis zu einem gewissen Grade ab.[63] Das Gebäude beherbergte die östlichste Hochschule des Landes und zugleich für lange Zeit die einzige, die in einer Region mit starken nationalen Minderheiten untergebracht war. Letztlich sollte sie auch einen Schlussstrich unter den langen Kampf für eine italienische Universität in den zunächst noch österreichischen Gebieten ziehen.

Die Planung und der Baubeginn der Triester Universität fielen in eine Zeit, in der zwischen Italien und Jugoslawien ausgeglichene oder sogar freundschaftliche Beziehungen bestanden. Mussolini hatte bei seinem Triest-Besuch 1938 am Grenzübergang von Caccia-Planina den obersten Verwaltungsbeamten der Drau-Banschaft Marko Natlačen getroffen und ihn Grüße an den jugoslawischen Ministerpräsidenten Milan Stojadinović ausrichten lassen.[64] Das Königreich Jugoslawien suchte zu dieser Zeit nach einem neuen Gleichgewicht, indem es den traditionell Frankreich-freundlichen außenpolitischen Kurs aufgab und enge Verbindungen nach Rom wie Berlin suchte. Unter diesen Umständen traten bei der Errichtung des neuen Universitätsgebäudes Italianità und Romanità ein wenig in den Hintergrund. Stattdessen nahm man einzelne Anleihen bei den Griechen, erkenntlich etwa an der H-Form des Gebäudes, die schon Zeitgenossen an den Pergamon-Altar erinnerte, und an der stolzen Hügellage, die Erinnerungen an die Akropolis weckte. Allerdings war man bei den Ausgrabungen auf dem Hügel von San Giusto auch auf einen kleinen Jupiter, Minerva und Juno gewidmeten römischen Tempel gestoßen, der eine ähnliche H-Form aufwies. Letztlich blieb die Antwort auf die Frage, warum ausgerechnet diese Form für das weithin sichtbare, repräsentative Universitätsgebäude gewählt wurde, ein Geheimnis der beiden Architekten, Raffaello Fagnoni aus Florenz und Umberto Nordio aus Triest.[65]

Klar ist nur so viel, dass man in Triest hoffte, die Universität werde eine Ausstrahlung in Richtung Balkanraum entfalten können. Für eine kurze Zeit handelte es sich um eine Art Neubestimmung der Funktion Triests und seiner Inteligencija. Die militärischen Aggressionen Mussolinis in Südosteuropa wurden zum ersten großen Hindernis auf dem Weg zu einer Realisierung dieser Hoffnungen. Das zweite Hindernis war die Blockkonfrontation bis 1948 und der politische Kurs Titos in den fünfziger bis siebziger Jahren. Die im Übrigen erst 1950 fertiggestellte und eingeweihte Universität hat erst seit den neunziger Jahren wieder die Chance, in nennenswertem Umfang Studierende aus den Balkanländern anzuziehen.

Ergänzende Schlussbemerkungen

Zerstören und Bauen waren in der nordöstlichen Grenzregion nicht nur geografisch eng benachbarte Tätigkeiten. Mit dem Niederbrennen von Volksheimen und Zeitungsredaktionen ebenso wie mit der Errichtung von Monumental- und Zweckbauten zielte der Faschismus darauf ab, der Italianità in Julisch Venetien Geltung zu verschaffen. Vielfach wurde dabei der auf eine imperiale Expansion hin ausgerichtete italienische Nationalstaat mit der Moderne identifiziert und von der mitteleuropäischen Vergangenheit (Österreich-Ungarn) ebenso abgesetzt wie von der «balkanischen» Nachbarschaft (Jugoslawien).

Wo beides miteinander amalgamiert werden konnte, wie im Falle des Narodni dom, traten Grenzlandfaschisten auch als Brandstifter auf. Ähnlich verfuhren die Schwarzhemden bei der Identifikation von Slawismus und Internationalismus, die sie im Kampfbegriff des Slavocomunismo verdichteten. Die ganze Wucht der Attacken, die andernorts vor allem die Arbeiterorganisationen zu spüren bekamen, traf in Julisch Venetien auch die Vereinigungen der nationalen Minderheiten. Bis zur Verkündung der Rassengesetze von 1938 waren die julischen Slawen die am schärfsten unterdrückte Bevölkerungsgruppe in ganz Italien.

Im Gefolge der Assimilationspolitik des Regimes, die letztlich jeden einzelnen Slowenen und Kroaten traf, ließ sich dann die Baupolitik als stabilisierendes Element zur definitiven Etablierung der Italianità einsetzen. Triest und seine Region sollten ihrer kosmopolitisch-habsburgischen und im Falle der Cittavecchia auch ihrer levantinischen Züge beraubt werden. Die Monopolstellung der «Italianität» im öffentlichen Raum leitete über zu einer immer erdrückender werdenden Präsenz des Regimes, seiner Mythen und Symbole. Hierzu ließ sich das Gedenken an die italienischen Opfer des Ersten Weltkrieges ebenso einsetzen wie der Kult um die Märtyrer des Irredentismus.

Anders als im Falle Bozens, wo es vor 1918 kaum Italiener gab und wo das Regime vor allem durch die Siedlungs- und Industrialisierungspolitik eine neue Bevölkerungsmehrheit installierte, konnte der Faschismus in Triest an eine italicnisch-nationale Tradition anknüpfen.[66] Letztere wies von der risorgimental-mazzinianischen bis zur imperial-nationalistischen alle auch in den alten Provinzen Italiens vertretenen Unterströmungen auf. Die im Nordosten Italiens schon vom Irredentismus etablierte Genealogie, die von der kapitolinischen Wölfin über den Markuslöwen bis zu den Symbolen des italienischen Einheitsstaats reichte, ließ sich leicht um die Insignien der faschistischen Herrschaft erweitern. Das «Nationale» wurde nicht so sehr neu erfunden als vielmehr aus seinem pluriethnischen Zusammenhang herausgelöst, isoliert und hochstilisiert.

Die Architektur hatte auch eine unmittelbar der Assimilationspolitik zugeordnete Funktion, etwa beim Bau neuer Schulen, Kindergärten und Erholungsheime der faschistischen Nationalwerke, denen die Formung neuer Italienerinnen und Italiener oblag. Manche dieser Einrichtungen wurden – wie andere Symbolträger des Regimes – zu Zielpunkten von Anschlägen des slowenischen und kroatischen Widerstands.

Wie andernorts überwog an der Nordostgrenze ein Eklektizismus der Stilrichtungen: Man oszillierte zwischen einer neu-alten, doch wieder an die Fassaden des habsburgischen Triest erinnernden Bauweise und Experimenten mit klassischen oder militärischen Vorbildern. In der Regel gab die Stadt Triest örtlichen Baumeistern den Vorzug, berücksichtigte aber bei besonders repräsentativen Bauten auch Architekten von nationaler Bedeutung.

Am Beispiel der «Casa del Fascio» und der Universität lässt sich zeigen, wie groß die Spannbreite der faschistischen Baupolitik gegen Ende der dreißiger Jahre geblieben war. Die im Squadrismo wurzelnde militaristische Tradition stand hier einem architektonisch signalisierten Anspruch auf die intellektuelle Hegemonie im Donau-Adria-Raum gegenüber, der sich binnen kurzer Zeit als Illusion erwies.

Die Heterogenität des julischen Grenzlandfaschismus machte sich in der Architekturpolitik deutlich bemerkbar, auch wenn einige Grundentscheidungen von einem breiten innerfaschistischen Konsens getragen wurden. Die auf Dekor und Hygiene, auf Modernisierung und Italianisierung ausgerichtete Baupolitik ließ sich bis in die zweite Hälfte der dreißiger Jahre gemeinsam mit Teilen der alten Eliten durchsetzen. Dann traten Brüche auf, die mit einer Marginalisierung von Angehörigen des wirtschaftlichen und politischen Führungspersonals einhergingen, im Falle der großenteils aus der liberalnationalen Strömung hervorgegangenen jüdischen Komponente bis hin zur Ausgrenzung und Verfolgung.

---

1 Zur Geschichte der Region vor allem Roberto Finzi, Claudio Magris, Giovanni Miccoli (Hg.), Storia d'Italia. Le regioni dall'Unità a oggi. Il Friuli-Venezia Giulia, 2 Bde., Turin 2002. Einen nach wie vor brauchbaren Überblick über die Geschichte der slowenischen Minderheit bieten Milica Kacin Wohinz, Jože Pirjevec, Storia degli sloveni in Italia. 1866–1998, Venedig 1998. Siehe jetzt auch Jože Pirjevec, Trst je naš! Boj Slovencev za morje (1848–1954), Ljubljana 2007.

2 Die umfangreichste Aufsatzsammlung über das Gebäude und seine vielfältigen Funktionen ist der in slowenischer Sprache erschienene Band von Marko Kravos, Marko Pozzetto u. a. (Hg.), Narodni dom v Trstu 1904–1920, Triest 1995.

3 Marina Cattaruzza, L'Italia e il confine orientale, Bologna 2007, S. 141–145. Neben den bedeutenderen slowenischen Organisationen hatten auch serbische, kroatische und tschechische Gruppen ihren Sitz im Narodni dom.

4 «Le persecuzioni dei primi cristiani … e quelle degli sloveni a Trieste!», in: Edinost, 22. 8. 1920. Die italienische Übersetzung des slowenischen Originals findet sich in: Archivio Centrale di Stato, Presidenza del Consiglio dei Ministri, Ufficio Centrale Nuove Provincie (1919–1922), busta 86.

5 Das Wort «dom» ist im Slowenischen männlichen Geschlechts. Es wird mit einem kurzen, offenen «o» ausgesprochen. In Analogie zur deutschen Bedeutung findet hier und im Folgenden der sächliche Artikel Verwendung.

6 Angelo Tasca schrieb, dass auf das Konto des Squadrismo in der Grenzregion 134 zerstörte Häuser oder Räumlichkeiten, darunter hundert Kulturzirkel, zwei Volksheime, 21 gewerkschaftliche Büros (Arbeitskammern) und drei Sitze von Genossenschaften gingen. Vgl. Elio Apih, Italia, fascismo e antifascismo nella Venezia Giulia (1918–1943), Bari 1966, S. 154. Eine lange Liste der betroffenen Organisationen findet sich bei Dario Mattiussi, Il Partito Nazionale Fascista a Trieste. Uomini e organizzazione del potere 1919–1932, Triest 2002, S. 17f.

7 Dies gilt beispielsweise für das Volkshaus in Pola (kroat. Pula) und für die Redaktion der katholischen Tageszeitung *Pučki Prijatelj* im istrischen Pisino (kroat. Pazin), die beide am Tag nach dem Anschlag von Triest zerstört wurden. In anderen Fällen waren bestimmte Einrichtungen über einen längeren Zeitraum hinweg mehrfach das Ziel faschistischer Überfälle: Die sozialistische Tageszeitung *Il Lavoratore* wurde im August 1919, im Oktober 1920 und im Februar 1921 von den Faschisten angegriffen. Bei der letzten Gelegenheit zerstörten die Squadristi die Druckerei des Blattes und verbrannten sie. Vgl. Lavo Čermelj, Sloveni e croati in Italia tra le due guerre, Triest 1974, S. 115.

8 Der Terminus Squadrismo geht zurück auf das italienische Wort Squadra («Mannschaft»), die Bezeichnung für bewaffnete, durch die Benutzung von Lastkraftwagen hochmobile Gruppen faschistischer Gewalttäter. Vgl. vor allem Sven Reichardt, Faschistische Kampfbünde. Gewalt und Gemeinschaft im italienischen Squadrismus und in der deutschen SA, Köln 2002.

9 Zur Geschichte des Instituts vgl. Janez Stergar, Sedem desetletij ljubljanskega Inštituta za narodnostna vprašanja, Ljubljana 1995; außerdem Rolf Wörsdörfer, Krisenherd Adria. Konstruktion und Artikulation des Nationalen im italienisch-jugoslawischen Grenzraum 1915–1955, Paderborn, München 2004, S. 207–213.

10 Hrvoje Mezulić, Fašizam Krstitelj i palikuća, Zagreb 1946.

11 Letztlich sind diese Kampagnen aus der einschlägigen Literatur ihrer Befürworter und Organisatoren ebenso bekannt wie aus den Anklageschriften der Opfer und Gegner faschistischer Zwangsassimilation. Vgl. Paolo Parovel, L'identità cancellata, Triest 1985; Aldo Pizzagalli, Per l'italianità dei cognomi nella provincia di Trieste, Triest 1929.

12 Sabine Rutar, Kultur-Nation-Milieu. Sozialdemokratie in Triest vor dem Ersten Weltkrieg, Essen 2004.

13 «Die Operation erreichte sogar die Gefallenen der österreichisch-ungarischen Streitkräfte, deren Kreuze auf den Militärfriedhöfen der heutigen ‹Venezia Giulia› vielfach italienisierte Namen anstelle der ursprünglichen führen.» (Parovel, Identità cancellata, S. 260.)

14 Cattaruzza, Italia, S. 181.

15 Vgl. unter den neueren Standardwerken zur faschistischen Architekturpolitik die Bände von Emilio Gentile, Fascismo di pietra, Rom, Bari 2007 und Paolo Nicoloso, Mussolini architetto. Propaganda e paesaggio urbano nell'Italia fascista, Turin 2008. Siehe auch Aram Mattioli, «Edificare per il fascismo». Macht und Architektur in Mussolinis Italien, in: Geschichte und Region / Storia e regione, 17, 2008, Nr. 1 (Faschismus und Architektur. Architettura e fascismo, hg. von Aram Mattioli u. Gerald Steinacher), S. 17–49, und den reich bebilderten Band zur Architektur von Gebäuden der faschistischen Parteijugend, Rinaldo Capomolla, Marco Mulazzani, Rosalia Vittorini, Case del Balilla. Architettura e fascismo, Mailand 2008.

16 Vgl. Marco Massimiliani, Lo sventramento della Cittavecchia di Trieste, ragioni politiche e conseguenze sociali (1934–1939), in: Qualestoria, 33, 2005, Nr. 1, S. 25–46.

17 Der Anschlag auf das Narodni dom kam auf der Friedenskonferenz in Paris zur Sprache, wo die jugoslawischen Delegierten Erklärungen verlangten. In Rom protestierten die sloweni-

schen Kammerabgeordneten, während auf den Straßen der größeren jugoslawischen Städte Demonstrationen stattfanden. Vgl. Cattaruzza, Italia, S. 144.
18 Vgl. Wörsdörfer, Krisenherd Adria, S. 223.
19 So fehlt etwa ein Beitrag zur Architekturpolitik in dem Sammelband von Finzi, Magris und Miccoli, Storia d'Italia. Ähnliches gilt für den einige Jahre zuvor erschienenen Band Friuli e Venezia Giulia. Storia dell'900, A cura dell'Istituto Regionale per il Movimento di Liberazione nel Friuli-Venezia Giulia (mit einer Einführung von Giampaolo Valdevit), Gorizia 1997.
20 Paolo Nicoloso, Federica Rovello, Trieste 1919–1954. Guida all'architettura, Triest 2005.
21 Die Argumentation folgt hier im Wesentlichen der Darstellung in Wörsdörfer, Krisenherd Adria, S. 77–81.
22 Die kroatische Zeitung schrieb ferner, das Datum des Attentats werde von den Faschisten jedes Jahr am 13. Juli gefeiert, zur Erinnerung an die Zeit der Straßenkämpfe. Vgl. Notiziario delle manifestazioni irredentiste avvenute nel corso del III trimestre 1933, Terzo trimestre, 25.11.1933, in: Archivio storico-diplomatico del Ministero degli Esteri, Affari politici 1931–1945, busta 39. Ein Hinweis auf das Foto des brennenden Narodni dom findet sich im offiziellen Katalog der faschistischen Revolutionsausstellung. Vgl. Dino Alfieri, Luigi Freddi (Hg.), Mostra della Rivoluzione Fascista. Guida storica, Rom 1933, S. 140.
23 Sehr schnell ging der Autor zu sogenannten geopolitischen Fragestellungen über: Der Name des Hotels, so behauptete er, stehe für die Auffassung der Triester Slowenen, «unser Land gehöre geografisch nicht zu Italien, sondern zur Balkanhalbinsel!». Vgl. C., Trieste alla Mostra del Fascismo, in: Rivista mensile della città di Trieste, 7, 1932, S. 270f., hier S. 270.
24 Rino Alessi, Francesco Giunta e il momento politico triestino, in: Michele Risolo, Il fascismo nella Venezia Giulia. Dalle origini alla marcia su Roma, Triest 1932, S. XI–XVIII, hier S. XV.
25 Rino Alessi war ein ehemaliger Sozialist, der mit Mussolini zusammen zum Lehrer ausgebildet worden war und sich auch in den dreißiger Jahren noch zu den persönlichen Freunden des «Duce» rechnete. Er war zugleich einer der wenigen offenen Gegner der antisemitischen Kampagne des Jahres 1938. Vgl. Renzo De Felice, Storia degli ebrei italiani sotto il fascismo, Turin 1993, S. 263–266.
26 Mattiussi, Partito Nazionale, S. 14–16. Siehe auch den Artikel «Giunta, Francesco», in: Martin Jevnikar (Hg.), Primorski slovenski biografski leksikon, 4 Bde., Gorica 1974–1994, Bd. 1, S. 585–586.
27 Vgl. Marco Pozzetto, Max Fabiani, Wien 1983. Fabianis eigene, im Triester Karst gelegene Villa wurde ebenfalls gebrandschatzt, und zwar von den NS-Besatzern, die sie zusammen mit einigen Dörfern als Repressalie für einen gelungenen Partisanenüberfall zerstörten.
28 Vgl. Anna Maria Vinci, Il fascismo e la società locale, in: Friuli e Venezia Giulia, S. 221–258, hier S. 222.
29 Die Verquickung der Auseinandersetzung um Rino Alessi und den Piccolo mit der antisemitischen Kampagne des Regimes rührte u. a. daher, dass der Eigentümer der Tageszeitung Teodoro Mayer ein mit dem Faschismus sympathisierender Triester Jude war.
30 Das offizielle Organ der Federazione provinciale del P.N.F. bestand seit 1919 und erreichte als reines Parteiblatt eine maximale Auflage von 5000 Exemplaren. Im Mai 1941 ging der Popolo di Trieste in der Abendzeitung Il Piccolo della sera auf.
31 Rolf Steininger, Südtirol im 20. Jahrhundert, Innsbruck 1997, S. 61–68.
32 Cattaruzza, Italia, S. 165f. Autonomisten nannten sich die italienischsprachigen Verfechter einer Autonomie Fiumes als «freier Stadt» bei gleichzeitiger Beibehaltung der Bindungen an die italienische Kultur. Die liberale Strömung wurde von den italienischen Nationalisten

ebenso scharf bekämpft wie später von den kroatischen Kommunisten. Riccardo Zanella, ihr Wortführer, verbrachte sein ganzes Leben im politischen Exil.
33 Commissario Generale Civile Venezia Giulia an Ufficio Centrale Nuove Provincie, 8.2.1920, in: Archivio Centrale dello Stato, Presidenza Cosiglio dei Ministri, Ufficio Centrale Nuove Province, b. 58.
34 Giovanni Zibordi, Critica socialista del fascismo (Biblioteca di studi sociali diretta da Rodolfo Mondolfo, Bd. 7), Bologna 1922, S. 10.
35 Gegen die faschistischen Übergriffe auf slowenische und kroatische Kleriker protestierte Papst Benedikt XV., nachdem er vom Triester Bischof Bartolomasi auf die gravierende Situation hingewiesen worden war. Vgl. Rolf Wörsdörfer, «Slawischer» und «lateinischer» Katholizismus im Nationalitätenkonflikt. Der Streit um die Liturgie- und Unterrichtssprache in den adriatischen Diözesen Österreich-Ungarns, Italiens und Jugoslawiens (1861–1941), in: Archiv für Sozialgeschichte, 40, 2000, S. 171–201, hier S. 193f.
36 Roberto Farinacci (1892–1945), Mitbegründer des italienischen Faschismus, Leiter des PNF im norditalienischen Cremona, stand als Wortführer des Squadrismo mehrfach in Opposition zu Mussolini. Farinacci war schon vor 1938 als Antisemit bekannt. Er war 1925/26 Generalsekretär des PNF, ab 1935 Mitglied des faschistischen Großrats. Bei Kriegsende wurde er von Partisanen erschossen.
37 Vgl. zum Verhältnis der Triester Juden zum italienischen Nationalismus und Faschismus die Überlegungen von Anna Millo, L'elite del potere a Trieste. Una biografia collettiva, 1891–1938, Mailand 1989, S. 331–338.
38 Silva Bon, Gli ebrei a Trieste. Identità, persecuzione, risposte, Gorizia 2000, S. 209–233; Wörsdörfer, Krisenherd Adria, S. 280.
39 Wörsdörfer, Krisenherd Adria, S. 113–119.
40 Roberto Dulio, Sistemazione del quartiere Oberdan, in: Nicoloso, Rovello, Trieste, S. 161–165.
41 Siehe etwa das Beispiel des 50. Jahrestags der Hinrichtung Oberdans in Wörsdörfer, Krisenherd Adria, S. 118.
42 Alessandra Marin, Piani regolatori per «una più grande Trieste», in: Nicoloso, Rovello, Trieste, S. 35–45.
43 Ebd., S. 45.
44 Ebd., S. 35.
45 Ebd., S. 38.
46 Zur Neugestaltung des Hügels von San Giusto vgl. Wörsdörfer, Krisenherd Adria, S. 106f.
47 Giulia Scomersi, Stazione autocorriere, in: Nicoloso, Rovello, Trieste, S. 175f. Der deutsche Konsul in Triest beobachtete, dass der öffentliche Nahverkehr dem Regime auch die Möglichkeit zur Bespitzelung der Pendler und Migranten gab. Vgl. Deutsches Konsulat Triest an Auswärtiges Amt, 8.9.1928, in: Politisches Archiv des Auswärtigen Amts, Bonn (heute: Berlin), Abteilung II, Geheimakten 1920–1936, Rassenfragen, Nationalitätenfragen, Fremdvölker.
48 Giorgio Negrelli, Trieste nel mito, in: Finzi, Magris, Miccoli (Hg.), Storia d'Italia, S. 1337–1370, hier S. 1363.
49 Fulvio Salimbeni, Prefazione, in: Edoardo Marini, Il Duce a Trieste, Triest 1999, S. 5f., hier S. 6.
50 Elio Apih, Trieste. Storia delle città italiane, Rom, Bari 1988. Aus Rom, wo ohne Zweifel insgesamt weitaus größere Mengen alten Wohnraums zerstört wurden als in Triest, liegen

Zahlen nur zur «Befreiung» des Colle della Velia im Rücken der Massenziobasilika vor. Bei Emilio Gentile heißt es, dieser Teil der «sgombri» habe zur «Beseitigung von über 300 000 Kubikmetern Erde, Fels und Trümmern» geführt. Vgl. Gentile, Fascismo, S. 78.
51 Marina Cattaruzza, Slowenen und Italiener in Triest 1850–1914, in: Andreas Moritsch (Hg.), Alpen-Adria-Städte. Redaktionelle Bearbeitung Harald Krahwinkler, Klagenfurt, Celovec 1997, S. 199–242, hier S. 224.
52 Massimiliani, Sventramento, S. 26.
53 Ebd., S. 30.
54 Die Säuglings- und Kindersterblichkeit lag bei 86 von 1000 für den Zeitraum 1935–1937 und war damit deutlich höher als in Turin, Mailand, Genua und Venedig, vergleichbar «nur mit den großen Städten Süditaliens». Vgl. Annamaria Vinci, Il fascismo al confine orientale, in: Finzi, Magris, Miccoli (Hg.), Storia d'Italia, S. 377–513, hier S. 498.
55 Massimiliani, Sventramento, S. 47.
56 Enrico Paolo Salem hatte zunächst als leitender Angestellter für verschiedene Triester Banken gearbeitet und war dann Präsident der Banca Triestina geworden. Seit 1921 Mitglied des PNF, wurde er im Oktober 1933 Podestà von Triest. So weit es dem Triester Liberalnationalismus gelungen war, als angepasste Meinungsströmung innerhalb der Faschistischen Partei präsent zu bleiben, wurde diese Strömung u. a. von Salem repräsentiert. Vgl. Il nuovo Podestà, in: Il Piccolo, 21.10. 1933; Bon, Ebrei, S. 104.
57 Marin, Piani regolatori, S. 40.
58 Cobolli, dessen Nachnamen etliche Metamorphosen miterlebte, war der Autor eines Artikels zur Lage der Minderheiten in Julisch Venetien mit dem Titel «Il fascismo e gli allogeni», in: Gerarchia, Nr. 9, 1927, S. 803–806, hier S. 805. Darin ließ er keinen Zweifel an der Tatsache aufkommen, dass nach Ansicht der Triester Faschisten die Assimilationspolitik, wenn sie auf Widerstand träfe, rasch zu einem «Polizeiproblem» werden könne.
59 Paolo Nicoloso, Architettura per la città fascista 1933–1939, in: ders., Rovello, Trieste, S. 47–57, hier S. 50. Nicoloso schreibt u. a., Giunta habe einen Antrag Piacentinis unterstützt, in die Akademie der Wissenschaften aufgenommen zu werden.
60 Ebd., S. 48.
61 Ebd., S. 55. Zum Mussolini-Besuch auch Marini, Duce a Trieste. Mit der Verkündung der antisemitischen Rassengesetze wurde der großbürgerlichen Strömung innerhalb des Triester Faschismus der Boden unter den Füßen entzogen, Salem wurde als Podestà durch einen Kommissar ersetzt.
62 Nicoloso, Architettura, S. 52; Irene Sardei, Casa del Fascio, in: Nicoloso, Rovello, Trieste, S. 217–222.
63 Massimo De Sabbata, Università, in: Nicoloso, Rovello, Trieste, S. 227–234.
64 Wörsdörfer, Krisenherd Adria, S. 151; Marini, Duce a Trieste, S. 55f.
65 De Sabbata, Università, S. 229–231. Siehe auch das etwas abweichende Urteil von Nicoloso, Architettura, S. 55–57.
66 Vgl. zur Entnationalisierungspolitik in Bozen und seiner Provinz Steininger, Südtirol, S. 95–116; zur Architekturpolitik in Südtirol Harald Dunajtschik, Aram Mattioli, Die faschistischen Um- und Neugestaltungsprojekte in Bozen, in: Petra Terhoeven (Hg.), Italienische Geschichte im 19. und 20. Jahrhundert. Neue Forschungsperspektiven (im Erscheinen), sowie beider Artikel in diesem Band.

Die Totenburgen des italienischen Faschismus. Beinhäuser und politischer Gefallenenkult

Alexander de Ahsbahs / Gerald Steinacher

In Italien hat sich nach 1945 lange ein positives Bild des Ersten Weltkriegs und der italienischen Kriegsteilnahme 1915 bis 1918 halten können. Selten ist ein Ereignis der italienischen Geschichte so verklärt worden. Noch im Jahr 1978 konnte der einflussreiche liberale Historiker Rosario Romeo schreiben, der Erste Weltkrieg sei «der größte Triumph» der italienischen Geschichte gewesen.[1] Im Gegensatz zum «schmutzigen» und ambivalenten Zweiten Weltkrieg zwischen «Duce»-Imperium und Bürgerkrieg schien der Erste Weltkrieg für eine gerechte Sache gefochten, der nationale Sieg strahlend und ohne Makel.

Die Kriegserfahrung half auch bei der nationalen Selbstfindung Italiens. Der erste entscheidende Sprung zur Nationalisierung der Massen wurde zweifellos nach dem Ersten Weltkrieg gemacht. Die Gefallenenehrungen und die Kriegsdenkmäler, die sich nun in ganz Italien verbreiteten, gelten als der erste flächendeckende und verschiedene Milieus übergreifende politische Kult des geeinten Italiens und verhalfen einer quasi-patriotischen Zivilreligion zum Durchbruch.[2] Die Toten des Weltkrieges wurden in Italien nach 1918 durch einen aufwändig betriebenen Gefallenenkult, der einen zentralen Bestandteil der «Religion» des Nationalismus bildete, zu «Helden» stilisiert.[3] Wut und Hass auf die Verantwortlichen sollten so in Trauer und Stolz verwandelt werden. Die Disziplinierung der Trauer und die Heroisierung des Krieges und Soldatentodes waren überdies Voraussetzungen der Kriegspolitik, wie sie das faschistische Regime in der Mitte der dreißiger Jahre eingeschlagen hatte. Dik-

233

taturen sind auf Opferbereitschaft angewiesen. Zur Verherrlichung des Kampfes und Instrumentalisierung der Kriegstoten errichtete der Faschismus ab 1931 Monumentaldenkmäler entlang der ehemaligen Front. Die alten Kriegsfriedhöfe wurden aufgegeben und die Toten in teils riesigen Beinhäusern, in sogenannten Ossarien, beigesetzt.[4]

Namenloses Sterben

Die Kriegsbegeisterung war bei Ausbruch des Konflikts 1914 keineswegs überall verbreitet. Der Appell an die nationale Solidarität, die Aktivierung nationaler Bedrohungsängste und Feindbilder sowie die Propagierung nationaler Kriegsziele zeigten aber Wirkung. Im Krieg kam es dann zu einem Schulterschuss gegen den äußeren Feind, um den hohen Opferzahlen und Entbehrungen einen Sinn zu verleihen. Die italienische Kriegsbewegung verfügte außerdem über einen tragfähigen gemeinsamen und schlagkräftigen Nenner: «Trento e Trieste» hieß die zündende Parole und territoriale Minimalforderung. Die «Befreiung» italienischsprachiger Gebiete von österreichischer Herrschaft stellte ein populäres Kriegsziel dar. Sogar der demokratische Sozialismus war großteils aktiv für den Krieg. Diese Stoßrichtung erhielt noch Schwung nach der italienischen Niederlage bei Caporetto 1917, da man nun einen Verteidigungskampf und nationalen Befreiungskampf führte. Die Traditionen der nationalen Einigung Italiens aus dem 19. Jahrhundert, die Symbole des «Risorgimento», waren wieder wirkmächtig.[5]

Durch den Kriegseintritt Italiens im Mai 1915 wurde das Grenzgebiet zwischen Italien und Österreich zum Kriegsschauplatz. Vom Stilfser Joch bis Triest erstreckte sich mit einem Mal eine zusätzliche, rund 775 Kilometer lange Front[6], die Österreich von Süden her direkt bedrohte. Der italienische Durchbruch ins Kernland der Monarchie gelang im Laufe des Krieges aber nie. Die neu entstandene Kampflinie verlief zu einem großen Teil im Gebirge. Die Front in «Fels und Eis» erstarrte und verlief zwischen 1915 und 1917 in groben Zügen entlang der Vorkriegsgrenze. Insgesamt starben am südwestlichen Kriegsschauplatz (Gebirgs- und Isonzofront) fast 1,5 Millionen Menschen.[7]

Die Bergung und Bestattung der Toten an der Alpenfront gestaltete sich in der Kriegs- und in der Friedenszeit wegen des unwegsamen Geländes äußerst schwierig. Die toten Soldaten, verstorbenen Kriegsgefangenen und Zivilarbeiter wurden in Gräben knapp hinter der Kampflinie oder in der Nähe der Hauptverbandsplätze und Spitäler, in eigenen Soldatenfriedhöfen, im Gottesacker einer Gemeinde oder in «Notgräbern» irgendwo im Gelände bestattet.[8] Das führte dazu, dass viele Soldaten unerkannt blieben. Bereits bestattete Soldaten, die in nahe der Front angelegten Soldatenfriedhöfen ruhten, wurden oft durch eine Frontverschiebung und die damit verbundene Verwüstung des Gebiets zu unbekannten Soldaten.

Viele Soldatenfriedhöfe lagen fern der Wohnorte der Angehörigen und waren nur durch großen Aufwand zu erreichen. Die große Zahl von kleinen Grabanlagen ergab nach dem Krieg zunächst eine disparate und verstreute Lage der Friedhöfe. Das schwer zugängliche Gelände machte eine ständige Pflege kaum möglich. Doch die Verwilderung der Grabstätten, allmählicher Verfall und Unscheinbarkeit passten nicht zum Heldenmythos.[9] Der Krieg der Berge hatte besondere Faktoren: Es war kein ferner Krieg. Die lokale Bevölkerung kämpfte in bekanntem Territorium. Front und Heimat, ziviles Leben und Krieg befanden sich oft in derselben Region, weshalb das Interesse an ordentlichen Friedhöfen und Grabstätten groß war.[10]

Seit dem Waffenstillstand vom November 1918 schweigen zwar die Waffen an der ehemaligen Südwestfront, aber die Toten, die in den Soldatenfriedhöfen ruhten, hatten noch lange nicht die «ewige Ruhe» gefunden. In den Jahren 1918 bis 1943 wurden umwälzende Veränderungen der «Gräberlandschaft» an der ehemaligen Front vorgenommen. Heute existieren daher nur noch wenige der alten Frontfriedhöfe von 1918.[11] Durch den Vertrag von St. Germain zwischen Österreich und Italien war jede Signatarmacht verpflichtet, die auf ihrem Territorium befindlichen Soldatenfriedhöfe – sowohl die eigenen als auch die der ehemaligen Gegner – «würdig zu erhalten». Der größte Teil der Soldatenfriedhöfe an der ehemaligen Südwestfront lag nach 1919 auf italienischem Staatsgebiet.

Um die vielfältigen Probleme zu lösen, war eine Neukonzeption der Grabanlagen notwendig. So begann man 1919/20 mit der Systematisierung von circa 2000 Frontfriedhöfen.[12] Man versuchte Ordnung in das «Chaos» der vielen kleinen und verstreut liegenden Friedhöfe entlang der Alpenfront zu bringen, allerdings ohne über einen Konsens zu verfügen, wie mit den kleinen Friedhöfen umzugehen sei. Von offizieller österreichischer Seite ging man in den zwanziger Jahren an die Auflassung der kleinsten und entlegenen Frontfriedhöfe.

Die Errichtung von Denkmälern ist ein weiteres zentrales Element der Erinnerungsarbeit an den Krieg, zumal sie diesen und seine Todesopfer aus heutiger Sicht am offensichtlichsten repräsentieren. Die Denkmäler garantieren jedoch nicht, dass die Erinnerung am Leben erhalten bleibt und ihnen eine Bedeutung zugeschrieben wird. Denn Denkmäler müssen «gebraucht» werden. Sie helfen bei der Trauerarbeit, aber aus politischer Sicht auch bei der Ritualisierung besonderer Kriegs-Gedenktage.[13] Dabei spielte besonders die Erfahrung des Massentodes im Ersten Weltkrieg eine Rolle. Der Erste Weltkrieg forderte rund 13 Millionen Menschenleben. Erstmals waren Menschen mit dem modernen Krieg und dem Massensterben konfrontiert. Bei den Soldaten und in der Zivilbevölkerung entstand bereits während des Krieges ein Gefallenenkult, der in den Jahren nach dem Krieg zunehmend an Bedeutung gewann. Das Massenphänomen in seinen kriegerischen, gesellschaftlichen und sozialen Aspekten rückte in den Vordergrund und machte es notwendig, den Tod zu transzendieren, um ihn begreifen zu können.[14]

Die katholische Kirche hat sich in erheblichem Umfang an den Gefallenenehrungen beteiligt. Das war ein Novum, denn bisher hatten sich nationale und kirchliche Kulte und Symboliken in Italien kaum vermischt. Mit den Lateranverträgen von 1929 schloss die Kirche mit dem weltlichen Italien endgültig Frieden. Nun stand einer kirchlich-weltlichen Totenverehrung nichts mehr im Wege. Der Krieg erschien als Opfergang. Die formale Matrix des freiwilligen Opfers ist eine Brücke, die eine Verbindung zwischen christlichen und nationalen Deutungen von Krieg und Tod erlaubt. Der Kriegstod wurde so oft in die Nähe des christlichen Martyriums gerückt.[15]

Trauer und Apotheose der Gefallenen waren dominierende Merkmale in der Gestaltung der Begräbnisstätten der unmittelbaren Nachkriegszeit. In den frühen zwanziger Jahren sprach man noch vom Schrecken des Krieges, die gefallenen Feinde wurden in das Totengedenken «ritterlich» einbezogen. Begriffe wie «Heldentum» und «Opfer» kamen kaum vor, dagegen wurde neutral von «Soldaten» und «Gefallenen» gesprochen. Sogar die Trauer der Soldatenmütter hatte in den zwanziger Jahren noch ausführlich Platz in den italienischen Publikationen über die Kriegerfriedhöfe an der Dolomitenfront.[16]

Die Trauer wurde teils weltlich, teils religiös ausgedrückt, wohingegen die Apotheose stets einen religiösen Ausdruck finden musste. Die beiden Topoi wurden – wenn auch in unterschiedlicher Gewichtung – im Laufe der Zeit durch den Aspekt des Heldentums und der Opferbereitschaft für Glauben und Vaterland ergänzt und gaben dem Tod und den Entbehrungen somit einen Sinn, der im Zuge einer allgemeinen Unzufriedenheit mit der Nachkriegsordnung unentbehrlich war. Die politischen Deutungen, Symbole und Inschriften waren in den ersten Nachkriegsjahren noch sehr unterschiedlich. Neben religiösen Motiven gab es Anspielungen auf das Risorgimento, das Christentum und den Totenkult sowie eine Verherrlichung des Leidens und Sterbens Jesus. Erstmals standen nicht allein Heerführer, Monarchen oder Politiker im Mittelpunkt des Heldenkultes, sondern der einfache Soldat. Damit trugen die Erbauer der Gedächtnisstätten dem Egalisierungsschub des großen Krieges Rechnung. Der Erste Weltkrieg lieferte viel Material für den politischen Gebrauch und Missbrauch: Helden, Opfer, Blut, Erinnerung und Gedenken sind alles Elemente, um an starke Traditionen anzuknüpfen. Der frühe Faschismus, der noch keine festen ideologischen Wurzeln hatte, nahm diese Anknüpfungspunkte auf.[17]

Totenburgen des Faschismus

Mit der Machtübernahme der Faschisten 1922 trat der italienische Gefallenenkult langsam in eine neue Phase ein. Neue Akzente wurden schon bald mit den nationalen Beinhäusern gesetzt.

Das Regime Benito Mussolinis versuchte, Nation und Faschismus zur Deckung zu bringen. Die Erinnerung an den großen Krieg wurde in den Dienst des Faschismus, seiner Geschichte und seiner Ziele eingeordnet. Die Kriegsgefallenen deutete man zu Vorkämpfern des Faschismus um, den Weltkrieg zur Geburtsstunde des Faschismus. Einfluss nahm der Faschismus vor allem dort, wo bisher noch keine Denkmäler für die Gefallenen errichtet worden waren.[18] In den dreißiger Jahren begann man faschistische Totenhäuser zu errichten, in denen das Symbol des Sieges die Pietät überragen sollte.[19] Zwischen 1922 und 1930 konzentrierte man sich mehr auf die Denkmäler in den Städten. Man denke nur an den Aufwand und die Inszenierung des Bozner Siegesdenkmals.[20] Der Trend zum Monumentalen sollte unter dem faschistischen Regime seine Fortentwicklung und Perfektion erfahren. Mit der Errichtung gewaltiger Anlagen für die Gefallenen und zum Andenken an den Krieg und die faschistische «Revolution» veränderte sich die Botschaft der Denkmäler und der Totenkult nahm eine neue Dimension an.

Der erste Schritt zur Verwirklichung der Monumentaldenkmäler entlang der ehemaligen Front war ein Gesetz vom 12. Juni 1931, das den Abriss der alten Kriegsfriedhöfe und die Zusammenlegung der Toten in Kollektivgräbern und Beinhäusern vorsah.[21] Das Regime erklärte die sterblichen Überreste als Teil des Vermögens des Staates und der Nation, wodurch sie nicht nur «sprichwörtliche» Erinnerung darstellten, sondern zu einem integrativen Bestandteil eines vitalen Organismus wurden, der die Opfer für sich in Anspruch nahm.[22]

Im Zuge dieser ehrgeizigen Projekte wurde die Bestattung der Kriegstoten zentralistisch reorganisiert. Das Ziel waren Großfriedhöfe, die den monumentalen neuen Anspruch Italiens auf imperiale Größe symbolisieren sollten. In den dreißiger Jahren begann Italien damit, seine «gefallenen Helden» in großen Friedhöfen oder monumentalen «Knochen-Tempeln» – sogenannten Ossarien – zu sammeln.[23]

Die monumentalen Bauten wurden in den dreißiger Jahren immer mehr zum Standard. Die Erinnerung an den Ersten Weltkrieg, der Mythos und die Verherrlichung des Faschismus waren hier die entscheidenden Elemente. Bei den Kriegerdenkmälern ging es nicht mehr nur um Opfer und Schmerz, sondern vor allem um «Italien», «Sieg», «Ruhm», «Dankbarkeit» und «Anerkennung». Diese Kriegsverherrlichung sollte gleichzeitig eine Verherrlichung des Faschismus sein; denn eigene Denkmäler, die an den «Ruhm der faschistischen Machtübernahme» erinnerten, gab es kaum.[24] Dem Rutenbündel verlieh ein Dekret vom 12. Dezember 1926 den Charakter des offiziellen Staatsemblems, weshalb es viele Denkmäler zierte.[25] Das aggressive Symbol der neuen Macht knüpfte deutlich an den Ersten Weltkrieg und die angebliche Herkunft des Faschismus als «Wiedergeburt Italiens» aus den Schützengräben an.

Bei den neuen Gedenkstätten handelte es sich um keine einfachen Soldatenfriedhöfe mehr, sondern um faschistische Kultstätten, die den «Heldentod» für das Vaterland glorifizierten und die Lebenden aufforderten, für Italien freudig in den Tod zu gehen, wenn dies der «Duce» forderte. Ossarien und Soldatendenkmäler begründeten eine Art Pilgerwesen und wurden zu Symbolorten der Nation, indem sie auch dazu dienten, eine Antwort auf die Frage zu geben, warum Italien eigentlich in den Ersten Weltkrieg eingetreten war – einen Krieg, der so viele Opfer forderte. Die Gefallenen waren für die Eroberung noch «unerlöster Gebiet des Vaterlandes» gestorben, so die in Stein gemeißelte Botschaft.[26]

Auch in der architektonischen Gestaltung beschritten die Denkmäler der faschistischen gegenüber der liberalen Ära neue Wege. Die Bauwerke wurden nicht nur monumentaler, sondern auch wuchtiger, massiger und entwickelten sich hin zu wehrhaften Totenburgen. Der Grund hierfür war der Wunsch, monumentale Denkmäler mit Massencharakter zu erschaffen, die den neuen Staat und Italiens «neue Größe» zur Schau stellen und auf dessen imperiale Zukunft verweisen würden, die in der Tradition des römischen Imperiums stehen sollte.[27]

Der Faschismus inszenierte seinen Totenkult in den dreißiger Jahren monumental, wozu es in Europa kaum Gleichzusetzendes gibt. Noch am ehesten sind die Ossarien Mussolinis mit den deutschen «Totenburgen» vergleichbar. Der Begriff «Totenburg» stammt aus dem Dritten Reich und wurde Mitte der dreißiger Jahre erstmals benutzt.

Der Architekt Wilhelm Kreis wurde zum Beauftragten Adolf Hitlers für die Kriegerfriedhöfe, doch aufgrund des Kriegsverlaufs blieb es meist bei Projekten und Planungen. Die deutsche «Totenburg» auf dem Pordoijoch etwa konnte kriegsbedingt erst 1959 eingeweiht werden.[28] Die «Totenburg» in El Alamein in Nordafrika, die Wilhelm Kreis geplant hatte, wurde wie das Ossarium am Pordoijoch erst in den fünfziger Jahren vollendet. Vorbild dafür war die Hohenstaufer-Burg Castel del Monte in Apulien, die in der Mystik und Esoterik der nationalsozialistischen Schutzstaffel (SS) eine Rolle spielte.

Der Begriff «Totenburg» ist auf die italienischen Groß-Ossarien sehr gut anwendbar, auch wenn die italienische Historiografie diesen Begriff bis dato vermeidet. Denn die italienischen Anlagen tragen aggressive Botschaften und stellen ebenfalls symbolische Verteidigungsanlagen mit den Toten als Grenzwächter dar. Der Totenkult und die Kriegsverherrlichung sind den «Totenburgen» des Dritten Reiches und den italienischen Beinhäusern des Faschismus gemein. Während der Nationalsozialismus aber die Umsetzung seiner Pläne mehrheitlich auf die Zeit nach dem «Endsieg» verschob, verwirklichte der italienische Faschismus seine Ossarien in großer Zahl.[29]

Oslavia und Redipuglia

Abb. 41: Ossarium von Oslavia, 2006.

Das Ossarium von Oslavia gehört zu den Prototypen der italienischen Totenburgen der Zwischenkriegszeit. Beim Beinhaus von Oslavia (57 200 Tote) nahe der slowenischen Grenze unweit von Görz handelt es sich um eine stilisierte Burganlage mit drei Wehrtürmen und einem Hauptturm in der Mitte.

Das Denkmal und seine Gefallenen, 1938 vollendet, stellen eine Schutzburg mit den Verteidigern Italiens als «Besatzung» dar. Wie die Toten das Gebiet in der Vergangenheit befreit und gegen den ehemaligen Feind behauptet hatten, so würden sie in Zukunft über die Grenzen wachen. Auch der religiöse Bezug fand in Oslavia seinen architektonischen Niederschlag. Der Grundriss des Ossariums ist ein gleichschenkliges Dreieck, das in der christlichen Ikonografie eine Allegorie auf die Dreifaltigkeit ist und Vollkommenheit ausdrückt.[30] Zum einen ist der segnende beziehungsweise heilige Aspekt in dieser Gestaltung zu suchen, zum anderen handelt es sich um eine politische Aussage über die dort Beigesetzten, die als Gemeinschaft den Sieg errungen haben. Wieder verschmilzt das Profane mit dem Sakralen.

Durch die Kreisform der inneren Anlage mit vier verbundenen Etagen entsteht ein akustisches Phänomen der Ubiquität. Halten sich sprechende Personen im Ossarium auf, dringen Geräusche von überall auf diese ein. Die Geräuschquelle kann nicht verortet werden, da diese aus allen Richtungen, besonders aber aus den Wänden zu kommen scheint, in welche die Gefallenen eingelassen sind. Dies erzeugt ein beinahe mystisches Phänomen, das die Toten präsent erscheinen lässt. Die Akustik ist denn auch ein zentrales Element bei der Wahrnehmung des Denkmals.

Da es sich bei den Anlagen um Friedhöfe – also geweihten Boden (Zona sacra) – handelt, die auch Repräsentations- und Artikulationsbauten eines Regimes sind, spielen die Altäre in zweierlei Hinsicht eine wichtige Rolle. Alle Altäre haben neben dem religiösen den weltlichen Aspekt eines «Altars des Vaterlandes», auf dem die Soldaten ihr Leben opferten. Je näher dieser an den Soldaten und Befehlshabern liegt, desto größer wird dieses Symbol. Besonders deutlich ist dies aber erst dort, wo ein weltlicher Altar alleine oder neben einem religiösen Altar existiert. Auf der oberen Etage des Mausoleums in Trient liegt der Sarkophag von Cesare Battisti, der wie ein heidnischer Altar anmutet. Es handelt sich also um einen sakralen Raum einer säkularen Religion, der das «Opfer» Battistis heiligen soll und ihn zu einem antiken Helden stilisiert. Stärker ist das Symbol in Asiago, bei dem der löwenkopfverzierte, heidnische Altar unter dem Triumphbogen im Freien steht, während der christliche Altar direkt darunter im Ossarium seinen Platz hat.

Abb. 42: Ossarium von Oslavia, Innenraum, 2006.

Neben der Größe ändert sich gegenüber den vorfaschistischen Bauten ein weiteres konzeptionell-architektonisches Merkmal. Denkmäler der liberalen Ära besaßen markante Bauelemente, die höchstens einem Toten als Ruhestätte dienten und die weithin sichtbaren Elemente der Anlage darstellten. In diesen Elementen waren meist die Kapellen untergebracht. Das Gros der Soldaten befand sich also nicht im primären Mittelpunkt der Anlage. Dies änderte sich während der faschistischen Ära weitgehend, da die Toten nun in die Wände der Ossarien eingelassen wurden, so dass der Eindruck entsteht, als seien die Gebeine das tragende Element des Gebäudes. Dies suggeriert wiederum, dass es die Gefallenen sind, auf die sich das Denkmal – als Sinnbild der Nation –

stützt. Gleichzeitig trat hierdurch ein Masseneffekt der scheinbar unendlichen Namenstafeln auf. Ein Effekt, der mit einer einheitlichen Gestaltung der Friedhöfe einherging und zu einem wesentlichen Merkmal bei der Erfahrung der Denkmäler wurde, bei dem auch die Ehrung der einzelnen Gefallenen ihren Durchbruch fand.[31] In der faschistischen Ideologie spielte die Einheit und die Einheitlichkeit der Massen eine große Rolle. Dies spiegelt sich in den Monumenten der dreißiger Jahre wider, da jeder Soldat einheitlich in einer eigenen Grabnische beigesetzt, einzeln mit Namen ausgewiesen und alphabetisch eingeordnet wurde. Aufgeführt wurden der militärische Rang und eventuell erworbene Auszeichnungen. Die Erwähnung des Einzelnen war ein Hinweis auf seinen Beitrag zur Erfüllung einer Mission, dabei war er aber Mitglied eines Kollektivs, das nur in Kooperation das Ziel erreichen konnte.

Der Begriff der Einheitlichkeit war also gestalterisches und ideologisches Element. Die Grabnischen und der Massencharakter der enormen Anzahl an Toten trugen zur Bildung eines Einheitsmythos bei, der während des Krieges durch die Kameradschaft entstanden war und auch im Tode seine Gültigkeit fortsetzen sollte. Des Weiteren kam hier das Streben nach einer nationalen und gesellschaftlichen Einheit zum Ausdruck. Gefallene aus unterschiedlichen Regionen waren gleichartig beigesetzt und hatten ihr Leben für ein gemeinsames Ziel geopfert. Man bestattete «Italiener», Angehörige einer geeinten Nation.

Zur Komplettierung dieser Einheit wurden bisweilen die Befehlshaber, meist in hervorgehobener Position, bei ihren Soldaten beigesetzt. Somit stellte man in den faschistischen Denkmälern symbolisch eine inhaltliche Einheit der Armee heraus und versuchte dadurch den Eindruck der Geschlossenheit zu erwecken. Neu war hingegen die Konzeption, die Befehlshaber auf einem niedrigeren Niveau beizusetzen als jenem der einfachen Soldaten. Die Leistung des einzelnen Soldaten beziehungsweise ihrer militärischen Einheit wurde über die strategische und taktische Leistung der Befehlshaber gestellt. Man wertete hierdurch die Massen und das jugendliche Italien gegenüber den alten Eliten auf und stellte ihre Leistung in den Vordergrund.

Das größte Beinhaus respektive die größte Gedenkstätte des Ersten Weltkriegs wurde vom Architekten Giovanni Greppi und dem Bildhauer Giannino Castiglioni in Redipuglia, in der Provinz Görz errichtet.[32] Die nationale Gedenkstätte sollte die metaphysischen Interpretationen des kollektiven Opfers darstellen. Die Anlage in Redipuglia wurde 1938 eingeweiht und beherbergt über 100 000 Gefallene des Ersten Weltkriegs, darunter die Gebeine von 60 000 nicht identifizierten Leichen. Die Anlage ist der weltweit größte Soldatenfriedhof für die Toten des Ersten Weltkriegs, eine gigantische Apotheose der militärischen Ordnung des Soldatentodes und der politischen Gesellschaftsordnung des Faschismus.

Abb. 43: Neuer Friedhof von Redipuglia, 2006.

Die Totenfeiern waren intensive Rituale, bei denen die Nennung der Toten mit dem faschistischen Kampfruf «presente» – «Ich bin hier» der Menge beantwortet wurde.[33] Dieser Anwesenheitsappell, der den Lebenden die Toten in Erinnerung rief, sie als wachend anwesend erscheinen lassen sollte, wurde zum obersten Ritual der faschistischen «Staatsreligion».[34] Bei dieser «mystischen Kommunion der Lebenden und der Toten» sollte nicht die Melancholie dominieren, sondern der Glaube an Zukunft und Unsterblichkeit durch die Hingabe für das Vaterland.[35] Die Gefallenen waren gleichsam zum Appell vor Staat und «Duce» angetreten. In Redipuglia wird die tote Armee zu einer Armee der Toten. Ewige Ruhe ist ihnen verwehrt.[36] «Wundern wir uns doch nicht, dass wir so lange zu keinem Frieden kamen, wir, die wir nicht einmal unseren Toten den Frieden gönnten, nicht einmal den politisch ganz harmlosen, ewigen Frieden. Vielmehr überantworteten wir sie in Gedanken einem ewigen Krieg, denn keine anderen Symbole setzen wir auf ihre Gräber als Stahlhelme und eiserne Kreuze, Schwerter und Schilde; wohlverstanden: nicht als Anklage, sondern als Waffe», schrieb der Sozialist Adolf Behne.[37] Mit den Ossarien wollte der Faschismus Monumente für die Ewigkeit schaffen: «Unsere Gefallenen könnten kein dauerhaftes und würdigeres Denkmal schaffen. So wird es die Jahrhunderte und vielleicht sogar die Jahrtausende überstehen.»[38]

Das Beispiel Redipuglia zeigt auch, dass der Umgang mit diesen faschistischen Kultorten lange Zeit unkritisch blieb. In einem Buch, das 1966 vom italienischen Verteidigungsministerium herausgegeben wurde, steht über Redipuglia zu lesen: «Das Treuesiegel. Es wurde am 19. September 1938 in einem feierlichen Ritual angebracht, das in Ton und Wortlaut einem Schwur entsprach, um allen Italienern die Ruhmestaten von Redipuglia zur andächtigen Verehrung zu überantworten.»[39] Dieser pathetische Kommentar könnte ebenso gut aus der Zeit des Faschismus stammen und nicht aus dem demokratischen Italien.

Ossarien im Grenzland Südtirol

Neben den monumentalen «Ehrenstätten» mitten im ehemaligen Front- und Kampfgebiet legte der italienische Staat in den dreißiger Jahren kleinere Ossarien in Südtirol an – also an der neuen Grenze zu Österreich, wo es im Verlauf des Ersten Weltkriegs zu keinen Kampfhandlungen gekommen war.

Das südliche Tirol wurde im November 1918 von Italien militärisch besetzt und 1920 offiziell an das Königreich Italien angeschlossen. Nach der Machtübernahme des Faschismus 1922 stand die vollkommene Italianisierung von Südtirol auf dem Programm. Die mehrheitlich deutsch und rätoromanisch (ladinisch) sprechende Bevölkerung wurde einer gewaltsamen Entnationalisierungspolitik unterworfen, die sie schrittweise «italienisch» machen sollte.

Mussolini ging es auch darum, den durch den Sieg von 1918 erkämpften neuen Grenzverlauf symbolisch zu markieren und die ehemals österreichischen Territorien als rechtmäßig zu «Großitalien» gehörig erscheinen zu lassen.[40] Bei dieser Grenzwacht der besonderen Art spielte das architektonisch unterstützte Gedenken an die rund 500 000 gefallenen Soldaten[41] des Ersten Weltkrieges eine Hauptrolle. Tatsächlich entstanden in den Grenzräumen zu Österreich und Jugoslawien mit seinen «border minorities» innerhalb weniger Jahre eine ganze Reihe faschistischer Gedenkstätten, Heldenfriedhöfe und Kriegsdenkmäler.[42] Die Ossarien in Südtirol nehmen sich allerdings im Vergleich mit den Bauten an Italiens Ostgrenzen eher bescheiden aus. Ein Grund dafür könnte sein, dass die faschistische Politik gegenüber den Slawen viel brutaler und aggressiver war, als jene gegenüber den Südtirolern.[43]

Nach dem Vorbild von Redipuglia, aber in viel kleinerem Ausmaß, errichteten die Ossarien-Erbauer des Regimes, der Architekt Greppi und der Bildhauer Castiglioni, in Südtirol drei Beinhäuser.[44] Sie wurden in der Nähe der neuen Staatsgrenzen am Reschenpass, in der Nähe des Brennerpasses und im Pustertal erbaut: Die Ossarien wurden bewusst an den neuen italienischen Grenzen errichtet, um eine symbolische Grenzwacht darzustellen. Die Gefallenen, welche «für das Vaterland» zur Eroberung dieser Gebiete gestorben waren, sollten die neuen Staatsgrenzen «bewachen». Wie beim Bozner Siegesdenkmal wollte man aber auch ehemalige Frontverläufe an der neuen italienischen Nordgrenze vortäuschen. Der Eindruck sollte entstehen, dass hier die italienische Front im Ersten Weltkrieg verlaufen sei und man das Gebiet militärisch erobert habe. Hierfür exhumierte man gefallene italienische Soldaten aus verschiedenen Frontabschnitten und setzte ihre Knochen in den Beinhäusern Südtirols bei. Die Ossarien stellen damit eine üble Verzerrung der Geschichte dar, denn die Frontlinie im Ersten Weltkrieg war etwa siebzig bis achtzig Kilometer weiter südlich am Gardasee verlaufen.[45] Die Toten wurden als Grenzwächter an Italiens Brennergrenze vereinnahmt.

Die Errichtung der Ossarien in Südtirol war und bleibt letztlich eine «wahrhaft krampfhafte Zwangshandlung» («un'autentica forzatura»), wie es der Trentiner Historiker Vincenzo Calì formuliert.[46] Alle auf ehemals österreichisch-ungarischem Territorium gelegen, schrieben diese «Heldendenkmäler» einen Besitzanspruch nach der Devise «Italien ist dort, wo italienische Gräber sind» fest. An den äußersten Grenzen Italiens wurden damit wahre Altäre geschaffen, die symbolisch die Alpengrenzen Italiens nachzeichneten und gleichzeitig als «ewige Wächter über das Schicksal der Nation wachen sollten».[47]

Welche Absichten Italien mit dem Bau dieser «Ehrenstätten» im ehemals feindlichen Hinterland verfolgte, lässt sich verschieden auslegen. Unter anderem sollte damit die «Heiligkeit» und Unantastbarkeit der neuen Grenze, welche Italien eine hohe Zahl an Menschenleben gekostet hatte, untermauert werden. Jedem Durchreisenden an den Hauptachsen des Nord-Süd-Verkehrs wurde der italienische Gebietsanspruch durch die «Opfer-Helden» bekräftigt. Das Programm wurde schon durch das Siegesdenkmal in Bozen vorgegeben. Die zentrale Botschaft und Inschrift des Denkmals in Bozen lautet: «An der Grenze des Vaterlandes, setze die Feldzeichen.» In der Zeit des Faschismus sollten die Denkmäler in den Grenzgebieten der nichtitalienischen Bevölkerung auch eine Warnung sein. Die «Monumente waren wie Schützengräben» («come monumenti in trincea»), meint daher Calì.[48]

Auffallend ist, dass unter den italienischen Gefallenen auch Südtiroler – also ehemalige österreichische Soldaten, die aus k.u.k. Frontfriedhöfen zu diesem Zwecke überführt wurden – liegen. Auf der Malser Heide handelt es sich offenbar um 17 und in Innichen und Gossensaß um je 5 ehemalige österreichische Soldaten.[49] Im Ehrenmal Pocol bei Cortina müssten sich laut Ausbettungslisten etwa 32 Südtiroler unter den 6000 Bestatteten befinden. In Rovereto befinden sich unter den 12 200 Italienern auch 451 Südtiroler mit italienisierten Vornamen, die zwischen den übrigen Italienern und somit als italienische Soldaten begraben liegen.[50]

Ein gutes Beispiel für den Wandel in der Ausrichtung des Totengedenkens in den ersten Nachkriegsjahren ist der italienische Militärfriedhof («Cimitero Militare Italiano») in Innsbruck. Daran zeigt sich exemplarisch der Übergang von Versöhnung über Vermischung mit nationalem Anspruch und Grenzwacht bis hin zu Vereinnahmung der Toten für politisch territoriale Ansprüche sowie Eroberungen.

Nach Erreichen des Brenners am 10. November 1918 marschierten italienische Truppen in Innsbruck ein und besetzten weitere wichtige Ortschaften in Nord- und Osttirol. Erst nach Ratifizierung des Vertrages von St. Germain verließ die italienische Militärmission im Dezember 1920 Tirol nördlich des Brenners. An die zweijährige italienische Militärpräsenz in Innsbruck erinnert heute nur mehr sehr wenig. Ein Zeuge jener Jahre ist der italienische Militärfriedhof im Stadtteil Amras. Auf dem Friedhof ruhen 178 österreichische Soldaten aus allen Teilen der Monarchie und 618 Italiener. Es handelte sich dabei meist um italienische Kriegsgefangene, darunter Kranke und Verletzte, die im nahen Militärspital verstorben waren. Nach der Besetzung Innsbrucks durch italienische Truppen 1918 ging das Divisionskommando sogleich an die Planung des italienischen Militärfriedhofes. Die feierliche Einweihung erfolgte im Januar 1921, anwesend war neben italienischen Militärs und dem Konsul auch der Generalkommissär für Trentino-Südtirol, Luigi Credaro.

Die Inschriften und Symbole des Friedhofs zeigten 1919 noch einen versöhnlichen Charakter, Trost spielte eine große Rolle.[51] Doch schon bald kamen neue Botschaften hinzu. In den Jahren zwischen 1919 und 1921 wandelte sich die Intention des Friedhofes deutlich. Besonders auffallend sind die Gräber von 5 Südtirolern und 15 Trentinern auf dem Friedhof, die explizit als italienische Soldaten ausgewiesen werden. Bei der Planung 1919 waren noch keine Südtiroler oder Trentiner als italienische Gefallene aufgeführt.[52]

Aufgrund des Anspruches von Italien auf Trentino-Südtirol zählten Trentiner und Südtiroler der k.u.k. Armee offenbar auch zu den «Soldaten italienischer Nationalität». Die verwundeten Trentiner und Südtiroler Soldaten, die nach 1918 in den Innsbrucker Lazaretten verstarben, wurde so als eine Art «Kriegsbeute» für den italienischen Friedhof beansprucht und dies noch vor der Annexion Trentino-Südtirols durch Italien. Mit dem italienischen Friedhof sollte der italienische Anspruch auf die Brennergrenze manifestiert werden. Dies geschah offenbar aus der Ideologie des Blutrechts heraus: Südtiroler und Trentiner seien für die «Befreiung ihrer Heimat vom österreichischen Joch» in Innsbruck gefallen – ein unglaubliches Maß an Geschichtsfälschung wurde damit in Kauf genommen. Der italienische Militärfriedhof in Innsbruck ist daher ein frühes Beispiel des italienischen Ossarium-Mythos. Neben der Besitznahme des neu eroberten Landes nahm man auch die toten Körper in Besitz. Dieser Besitzanspruch und die Nationenzuschreibung post mortem ist aus anderen Regionen wie Rijeka (Fiume) bekannt.[53]

Das Beinhaus in Innichen im Pustertal (250 Tote) besteht aus zwei übereinandergestellten Zylindern, in deren Inneren sich eine kleine Krypta befindet. Auch dieses Beinhaus wurde bewusst in Grenznähe errichtet. Einmal mehr handelt es sich jedoch um faschistische Propaganda, die sich in pietätloser Weise der sterblichen Überreste gefallener Soldaten bediente.

Beim Beinhaus in Gossensaß (120 Tote) am Brenner handelt es sich um ein in den Fels gehauenes Ossarium, dessen Front durch weißen Marmor verkleidet ist. Von zwei Seiten her führt eine Treppe zur Empore bei den Grabnischen, in deren Mitte sich eine dunkle Marmortafel mit der Aufschrift befindet: «Sia Sacra Agli Italiani La Via Dove Passarono I Fanti» («Möge den Italienern der Weg heilig sein, auf dem die Soldaten zogen»).

Abb. 44: Ossarium in Mals am Reschenpass, 2007.

Das größte Beinhaus Südtirols (330 Tote) befindet sich am Reschenpass. Der Bauherr dieser Anlage auf der Malser Heide war der Commissario straordinario del Governo Onoranze Caduti in Guerra in Italia ed all'Estero, der Auftrag zur Planung ging an das bekannte Ossarien-Bauer-Duo Greppi und Castiglioni aus Mailand. Ausgeführt wurden die Bauarbeiten von der Firma Hermann Delugan in Meran. Die Arbeiten begannen im Juni 1939 und waren 1941 größteils fertiggestellt.[54] Durchschnittlich waren etwa 39 Arbeiter am Bau eingesetzt.[55] Die offizielle Einweihung erfolgte am 14. September 1941, also über ein Jahr nach dem Kriegseintritt Italiens im Juni 1940 auf Seiten Deutschlands.

Der in Naturstein gehaltene, kreisförmig angelegte Bau am Reschenpass sollte den Eindruck einer «rechtmäßig und tapfer erkämpften» Grenze erwecken. Tatsächlich kam es in diesen Gebieten nie zu Kriegshandlungen, und viele der dort beigesetzten Soldaten sind sogar erst nach dem Ersten Weltkrieg verstorben. 1938 wurden die Gebeine einer nicht näher bekannten Anzahl österreichischer Soldaten und 179 italienischer Soldaten aus dem Friedhof St. Jakob bei Bozen beziehungsweise aus dem daran anschließenden italienischen Teil exhumiert und im Ossarium in Burgeis auf der Malser Heide beigesetzt.[56] So wurden ins Ossarium auf der Malser Heide Südtiroler Soldaten der österreichisch-ungarischen Armee gebracht, die somit kurzerhand zu italienischen Gefallenen umfunktioniert wurden. Schon in den Jahren 1926 bis 1928 holte sich der italienische Staat «seine» Kriegstoten aus St. Jakob und einige Südtiroler für das Ossarium bei Rovereto. Diese Soldaten der k.u.k. Armee wurden so zu «militari» der italienischen Armee der Jahre 1915 bis 1918 gemacht und als «caduti italiani», wie dies am Eingang des Mausoleums in Rovereto zu lesen ist, begraben.[57] Auf diese Weise wurden die Gefallenen von der Machtpolitik des Regimes vereinnahmt.[58] Woher die toten Soldaten in die drei Ossarien umgebettet wurden, ist nicht immer leicht zu klären, jedenfalls nicht in allen Details. Ein besonders kurioser Fall illustriert dieses ungewöhnliche Vorgehen italienischer Stellen in punkto Ossarien. Im Denkmal am Reschenpass ist etwa auch ein gewisser David Mariottini als Gefallener des Weltkriegs beerdigt, der erst im Juni 1919 in Terlan bei Bozen in einem Teich ertrunken ist. Mariottini war ein italienischer Soldat in der «37a Colonna Careggio» und 23 Jahre alt. Die Leiche von Mariottini wurde am 27. April 1938 von einem Feldkaplan exhumiert und in das Ossarium am Reschenpass überführt.[59]

Noch im Jahre 1942 wurden zusätzliche Arbeiten am Ossarium am Reschenpass ausgeführt. Die erforderliche Summe wurde vom «Duce del Fascismo, Capo del Governo» nachträglich per Dekret genehmigt. Offenbar waren diese Bauwerke an der Grenze noch mitten im Zweiten Weltkrieg von politischem Stellenwert.

Ein Zusammenhang dürfte auch mit dem «Vallo alpino del Littorio», dem Befestigungswall aus Bunkersystemen an der Grenze zu Deutschland, bestehen. Deutschlands Staatsgrenze verlief seit dem «Anschluss» Österreichs 1938 am Brenner. Trotz des Bündnisses mit Deutschland traute Mussolini Hitlers «Grenzzusicherungen» offenbar nicht und veranlasste die Bauarbeiten zu einem ausgedehnten Befestigungsring entlang des Alpenhauptkammes. An

Verzeichniß der in der Pfarre Terlan im Jahre 1919 gestorbenen Personen.

Nom. currens	Sterbezeit, Tag, Monat, Stunde	Wohnort, Gasse und Haus-Nummer	Des Verstorbenen Name, Zuname, geboren wo und wann. Charakter. Bei Ledigen der Name und Zuname beider Eltern. Bei Verehelichten u.: Witwern der Name und Zuname des gehabten Ehegenossen.	Religion katholisch	Religion nichtkatholisch	Geschlecht männlich	Geschlecht weiblich	Alter	Todesart oder Krankheit, mit oder ohne heil. Sterbsakramente. Tag und Stunde der Beerdigung.
0	Mai 27. 7½ Uhr Abends Morgen	Gschnofer Hof	von Egen Alexander, Sohn des Alexander v. Egen, Gutsbesitzer u. der Maria Sekkari, geboren am 13. November 1900.— ledig.—	1	—	1	—	18 Jahre	Tuberculose Cons. Sacr. prov. gestorben in Meran.— Eingraben sind am 29. V. 2 Uhr Nachm.
19	Juni 21.	7 Eich	Mariottini David ital. Soldat in der 37ª Colonna Careggio, 1° Parto Sohn des Raffaelo Mariottini u. der Camilla Perissi, geboren im Jahre 1896 zu Pulisciano, Provinzia Arezzo, wohnhaft in Marsiglia (grand chemin Tolone 222, Francia ledig, kathol.	1	—	1	—	23 Jahre	Ertrunken, während er mit 5 Bedienten in einem Lastken in Siebeneich Eingraben sind am 23. Juni 5 Uhr Nachm. in der Nähe der Seitertitz-Kapelle, 1 gr... in der Reihe Nord./ Süd. von ihn Feldkapellen.
20.	Juli 7. 12 Uhr Mittags	Terlan Dorf	Stocker Anton, geboren sind am 6. Juli 1919, Sohn des Franz Stocker, Ak...besitz. u. der Anna Hafner, zu-ständig in Terlan.—	1	—	1	—	1 Tag	Frühgeburt Lebensschwäche Beerdigt am 9. VII. 7 Uhr früh.
21.	Juli 11. 7 Uhr abds	Klaus unter-Speiser	Schrott Aloisia, ledig, Tochter des Peter Schrott, Bauern beim Unterspeiser u. der Sabina Gottardi, geboren in Chizola bei Roveredo u. dort zuständig, geb. 4. April 1896.	1	—	—	1	23 Jahre	Lungentuberculose Rippenfell-Entzündung Beerdigt am 13. VII. 2 Uhr Nachm.
22.	Juli 14. 7 Uhr abds	Jubilae-umshof in Vilpian	Niederstätter Johan, led. Knecht, zuständig u. geboren in Villanders am 24. December 1889, Sohn des Peter Niederstätter, Untergasser-Bauer in Villanders u. der Barbara Pichler. R. als nachträglich	1	—	1	—	29 Jahre	Selbstmord indem er sich hinter dem Bozen-Meraner Zug legte, nachdem er vom Haberer angesehen seinem Dienstplatz verlassen. Ausser-ordentlich eröffnet zu werden auf

Abb. 45: Der Fall Mariottini dokumentiert beispielhaft die Manipulationen beim Totengedenken.

diesem von der lokalen Bevölkerung halb scherzhaft genannten «Non-mi-fido-Wall» (Ich-traue-dir-nicht-Wall) wurde noch bis 1942 gebaut. Am 8. September 1943 marschierte die Wehrmacht in Italien ein und übernahm auch die Kontrolle über Südtirol, was in einigen Bereichen einer De-Facto-Annexion gleichkam. Der Bau der Ossarien an der Alpengrenze wurde nun vollständig eingestellt. Der Baumeister der Anlage am Reschen, Hermann Delugan aus Meran, musste für die Auszahlung alter Rechungen kämpfen und nun auch seine arische Abstammung gegenüber den neuen Herren belegen. Die deutschen Machthaber setzten das italienische Finanzministerium unter Druck, woraufhin im Februar 1944 wenigstens die von Delugan hinterlegte Sicherheitskaution von der Finanzintendanz in Bozen ausbezahlt wurde.[60]

Die Ossarien in Südtirol sind bis heute umstritten und Gegenstand von Kontroversen zwischen den Sprachgruppen. Trotz der öffentlichen Präsenz gibt es aber kaum Untersuchungen oder Forschungen zum Thema, unseres Wissens auch keinen einzigen wissenschaftlichen Artikel zum Thema. Die wenigen publizierten Angaben über Tote, Bauzeit, Intention und so weiter sind oft sehr allgemein und ungenau, meist begnügt man sich in der (Fach-)Literatur mit wenigen Sätzen zur Geschichte der Ossarien. Obwohl die Ossarien medial weit weniger präsent sind als das Bozner Siegesdenkmal, spielen sie in der politischen Auseinandersetzung in Südtirol immer wieder eine prominente Rolle. In den sechziger Jahren des 20. Jahrhunderts waren sie Ziel von Bombenanschlägen, in neuester Zeit von Sprayaktionen. Hohe Vertreter des Militärs und Exponenten rechtsgerichteter italienischer Parteien legen jeweils am 4. November zum Jahrestag des Sieges Italiens über Österreich-Ungarn im Ersten Weltkrieg Kränze an den Denkmälern nieder. Bei jedem Beinhaus weht allzeit eine italienische Fahne. Im Januar 2009 beschloss die Südtiroler Landesregierung einen von der Abteilung Denkmalpflege erarbeiteten Text, der – in vier Sprachen – vor den Gedenkstätten auf Tafeln oder Schildern angebracht werden soll. Der ausführliche Text erklärt die Entstehungsgeschichte und den historischen Hintergrund der Ossarien in Südtirol. Der abschließende Satz lautet: «Heute sind die Beinhäuser Orte des Gedenkens, doch auch mahnendes Beispiel dafür, wie das faschistische Regime die Katastrophe des Weltkriegs zur Verfolgung der eigenen politischen und propagandistischen Ziele zu benutzen versuchte.»[61] Ob sich diese Tafeln wie geplant realisieren lassen, ist noch völlig offen. Für Konfliktstoff zwischen den Sprachgruppen Südtirols ist jedenfalls gesorgt. Noch künden erst neulich vom Staat renovierte Tafeln von den an Brenner und Reschen angeblich gefallenen italienischen Soldaten des Ersten Weltkriegs.[62] Als letzte Bastione nationaler und (verbal-)aggressiver Identitätsstiftung erscheinen Denkmäler wie stürmische Klippen, in der ansonsten ruhig gewordenen Südtiroler Wirklichkeit. Besonders der Südtiroler Schützenbund (ein politisch engagierter Kultur- und Traditionsverband) hat sich auf die Ossarien «eingeschossen». Im April 2008 war in einer Festschrift der Schützen zu lesen: «Dieses und die anderen faschistischen Denkmäler sind weder aus historischen, noch aus politischen, oder aus kunsthistorischen Gründen aufzubewahren! […] Diese Denkmäler gehören alle schärfstens geächtet.»[63] Vor wenigen Jahren war noch deren Schleifung von Seiten der Südtiroler Schützen verlangt worden.

Viele Architekten und Historikerinnen Südtirols fordern die längst fällige Historisierung der faschistischen Denkmäler: «Es geht nicht darum, das Bauwerk aus Marmor und Bronze zu entfernen. Es geht vielmehr darum, ihm jene Bedeutung und Symbolik zu nehmen, die ihm sowohl die eine als auch die andere Seite zuschreiben. Das Ziel soll sein, das Denkmal vom Ballast der gegensätzlichen Ideologien zu befreien und es als das zu betrachten, was es zwischenzeitlich geworden ist: ein Zeugnis vergangener Zeiten.»[64]

Fazit

Abschließend lässt sich sagen, dass die Mythen von Krieg und Tod in den Denkmälern erfolgreich durch den Faschismus besetzt werden konnten. Und so waren es eben diese Denkmäler, die eine wichtige konzeptionelle Rolle bei der Vermittlung und Funktionalisierung dieser Mythen einnahmen.

Zunächst hatten die Ossarien einen praktischen Sinn: Man konzentrierte die Masse der Gefallenen an wenigen Orten, um diese erreichbar für die Familien zu machen, damit Trauerarbeit und Gedenken möglich wurden. Viel bedeutender aber war die politische Intention, die Großdenkmäler zu heiligen Räumen einer nationalen Liturgie und Heldenverehrung zu machen, an denen man die Auferstehung und die «Göttlichkeit» des Vaterlandes durch Massenveranstaltungen pries und das Interesse vieler auf wenige Orte einer nationalen Kollektivität konzentrierte.[65]

Auf Mythen, Rituale und Symbole – als Elemente der Massenpolitik – zur Aufrechterhaltung von Macht angewiesen, nahm die Bedeutung dieser Wirkung mit dem Krieg in Äthiopien und der Intervention Mussolinis im Spanischen Bürgerkrieg zu.[66] Für die kommenden Kriege bedurfte es einer ideologischen Militarisierung der Bevölkerung,[67] die den Krieg zu einem gesellschaftlich akzeptierten Phänomen werden lassen sollte. Das kollektive Gedächtnis der Nation sollte eine dafür notwendige Kultur etablieren.[68] Der Faschismus verband in seiner Erinnerungskultur kommunikatives und kulturelles Gedächtnis, die erlebte Geschichte mit einer zeremonialisierten, gestifteten Erinnerung. Dies trug zur Bildung einer affektiven Gedächtniskultur bei, die dort Tradition und Kontinuität vermitteln sollte, wo sie fehlte. Die Denkmäler waren deshalb sowohl ein Blick in die Vergangenheit (die Uneigennützigkeit des Opfers), als auch ein Ausblick auf die Zukunft Italiens (die Verpflichtung der Lebenden).[69] Durch die Instrumentalisierung der Toten fand eine propagandistische Kommunikation zwischen Staat und Bevölkerung statt, die sich durch die Visualität und Authentizität selbst beglaubigen sollte.[70] Die neue Größe der Denkmäler war aber darüber hinaus ein Symbol der Macht und der politischen Größe des Faschismus: Sie waren keine Friedhöfe mehr, sondern ein Pantheon, in dem ein Kult zelebriert wurde, der den Tod fürs Vaterland verherrlichte.

---

1 Rosario Romeo, L'Italia unita e la prima guerra mondiale, Bari 1978, S. 157.
Die Verfasser bedanken sich bei Dr. Christine Roilo, Dr. Hans Heiss und Dr. Leopold Steurer für wichtige Informationen und Hinweise auf Archivalien.
2 Oliver Janz, Zwischen Trauer und Triumph. Politischer Totenkult in Italien nach dem Ersten Weltkrieg, in: Jost Duelfer, Gerd Krumeich (Hg.), Der verlorene Frieden. Politik und Kriegskultur nach 1918, Essen 2002, S. 61–75, hier S. 63.
3 George L. Mosse, Gefallen für das Vaterland. Nationales Heldentum und namenloses Sterben, Stuttgart 1993, S. 14.
4 Fernando Biscaccianti, Ossario Rovereto, Castel Dante, in: Patrizia Marchesini, Massimo Martignoni (Hg.), Monumenti della Grande Guerra. Progetti e realizzazioni in Trentino 1916–1935, Trient 1998, S. 62.
5 Oliver Janz, Nationalismus im Ersten Weltkrieg. Deutschland und Italien im Vergleich, in: ders., Pierangelo Schiera, Hannes Siegrist (Hg.), Zentralismus und Föderalismus im 19.

und 20. Jahrhundert. Deutschland und Italien im Vergleich (Schriften des Italienisch-Deutschen Historischen Instituts in Trient, Bd. 15), Berlin 2000, S. 163–184.
6 Vgl. Walther Schaumann, Peter Schubert, Süd-West-Front. Österreich-Ungarn und Italien 1914–1918, Klosterneuburg, Wien 1992, S. 20f.
7 Vgl. Schaumann, Schubert, Süd-West-Front, S. 21.
8 Brigitte Strauß, Soldatenfriedhöfe in den Dolomiten – Relikte des Ersten Weltkrieges. Mit einem Anhang über die Gestaltung zeitgemäßer Informationstafeln am Beispiel des Soldatenfriedhofes Nasswand bei Toblach, Dipl.-Univ., Innsbruck 2003, S. 56.
9 Lisa Bregantin, Culto dei caduti e luoghi di riposo nell´arco alpino, in: Hermann W. J. Kuprian, Oswald Überegger (Hg.), Der Erste Weltkrieg im Alpenraum. Erfahrung, Deutung, Erinnerung, La Grande Guerra nell'arco alpino. Esperienza e memoria (Veröffentlichungen des Südtiroler Landesarchivs, Bd. 23), Bozen 2006, S. 383–396.
10 Bregantin, Culto dei caduti, S. 384
11 Strauß, Soldatenfriedhöfe, S. 58.
12 Massimo Martignoni, Il territorio e la memoria dei caduti, in: ders., Marchesoni, Monumenti della Grande Guerra, S. 23–49.
13 Sørensen, Zwischen regionaler und nationaler Erinnerung, S. 405.
14 Mosse, Gefallen für das Vaterland.
15 Oliver Janz, Der Krieg als Opfergang und Katharsis. Gefallenenbriefe aus dem Ersten Weltkrieg, in: Rüdiger Hohls, Iris Schröder, Hannes Siegrist (Hg.), Europa und die Europäer. Quellen und Essays zur modernen europäischen Geschichte, Stuttgart 2005, S. 397–402.
16 Vgl. Gino Damerini, Cimiteri di Guerra in montagna, in: Le vie d' Italia. Rivista mensile del Touring Club Italiano, 28, 1922, S. 377–382.
17 Bregantin, Culto dei caduti, S. 389
18 Janz, Zwischen Trauer und Triumph, in: Dülfer, Krumeich (Hg.), Der verlorene Frieden, S. 70f.
19 Lucio Fabi, Redipuglia. Storia, memoria, arte e mito di un monumento che parla di pace, Triest 2002, S. 7.
20 Vgl. Thomas Pardatscher, Das Siegesdenkmal in Bozen. Entstehung, Symbolik, Rezeption, Bozen 2002. Harald Dunjatischik, Aram Mattioli, Eroberung durch Architektur. Die faschistischen Um- und Neugestaltungsprojekte in Bozen, in: Petra Terhoeven (Hg.), Italienische Geschichte, Göttingen 2009 (im Erscheinen).
21 Biscaccianti, Ossario Rovereto, in: Marchesini, Martignoni, Monumenti della Grande Guerra, S. 62. Vgl. Staatsgesetz vom 12. 6. 1931, n. 877 (GU n. 161 del 15/07/1931) Sistemazione definitiva delle salme dei caduti di guerra, abrufbar unter: www.italgiure.giustizia.it/nir/lexs/1931/lexs_86248.html [1. 3. 2009].
22 Bregantin, Culto dei caduti, S. 389
23 Marchesini, Martignoni (Hg.), Monumenti della Grande Guerra, Tafel Nr. 13.
24 Flavio Fergonzi, Dalla Monumentomania alla scultura arte monumentale, in: ders., Maria Teresa Roberto, La scultura monumentale negli anni del Fascismo. Arturo Martini e il monumento al Duca d'Aosta, Turin 1992, S. 136–200, hier S. 139.
25 Emilio Gentile, The Sacralization of Politics in Fascist Italy, Cambridge 1996, S. 45
26 Vgl. Vincenzo Calì, Monumenti in trincea. Il conflitto mondiale e i suoi caduti nella mo-

numentalistica regionale del dopoguerra, in: Marchesini, Martignoni (Hg.), Monumenti della Grande Guerra, S. 11.
27 Fabi, Redipuglia, S. 26 u. 28.
28 Strauß, Soldatenfriedhöfe, S. 71.
29 Gunnar Brands, Bekenntnisse eines Angepassten. Der Architekt Wilhelm Kreis als Generalbaurat für die Gestaltung der Deutschen Kriegerfriedhöfe, in: Ulrich Kuder (Hg.), Architektur und Ingenieurwesen zur Zeit der nationalsozialistischen Gewaltherrschaft 1933–1945. Berlin 1997, S. 124–156. Vgl. Christian Fuhrmeister, Die «unsterbliche Landschaft», der Raum des Reiches und die Toten der Nation. Die Totenburgen Bitoli (1936) und Quero (1939) als strategische Memorialarchitektur, in: Kritische Berichte, Heft 2/2001, S. 56–70.
30 J. M. M. Timmers, Drei, Dreieck, in: Engelbert Kirschbaum (Hg.), Lexikon der christlichen Ikonographie. Bd. 1: Allgemeine Ikonographie. A-Ezechiel, Freiburg 1968, Sp. 524f.
31 Mosse, Gefallen für das Vaterland, S. 62.
32 Vgl. Fabi, Redipuglia; Alexander de Ahsbahs, «… tu sei la mia patria». Der Kriegs- und Revolutionsmythos in faschistischen Denkmälern und Ossarien Nordostitaliens, Diss. phil., Münster 2007.
33 Gentile, Sacralization of Politics, S. 27
34 Ebd.
35 Frank Vollmer, Die politische Kultur des Faschismus. Stätten totalitärer Diktatur in Italien, Köln 2007, S. 381.
36 Janz, Zwischen Trauer und Triumph, in: Dülfer, Krumeich (Hg.), Der verlorene Frieden, S. 75.
37 Adolf Behne zitiert nach Claudia Cavallar, Monumentale Jämmerlichkeiten. Heldendenkmäler in Italien, in: Jan Tabor (Hg.), Kunst und Diktatur. Architektur, Bildhauerei und Malerei in Österreich, Deutschland, Italien und der Sowjetunion 1922–1956, Bd. 2, Baden bei Wien 1994, S. 668–673, hier S. 673.
38 «I nostri caduti non potevano avere un monumento più solenne e duraturo. Esso sfiderà i secoli e forse anche i millenni». Morti più vivi dei vivi, in: Il Popolo del Friuli, 20 settembre 1938, zitiert nach Paolo Nicoloso, Settembre 1938. Mussolini nella Venezia Giulia. Indirizzi totalitari e architetture per il fascismo, in: Enrico Biasin, Raffaella Canci, Stefano Perulli (Hg.), Torviscosa. Esemplarità di un progetto, Udine 2003, S. 13–26.
39 «Il suggello di fede. Fu messo il 19 settembre 1938. Per affidare, con un austero rito che ebbe il tono e la voce di un giuramento, la gloria di Redipuglia al culto ed alla devozione degli italiani» Ministero della Difesa – Commissariato Generale pe le Onoranze ai Caduti in Guerra (Hg.), Sacrari Militari nella Venezia Giulia e Friuli (Redipuglia, Oslavia, Udine, Fogare', Timau, Aquileia, Oltre Frontiera, Caporetto, Fiume, Zara, Pola), Rom 1966, S. 11.
40 Patrizia Dogliani, Redipuglia, in: Mario Isnenghi (Hg.), I luoghi della memoria. Simboli e miti dell'Italia unita. Bd. 1, Rom, Bari 1996, S. 386. Zur Idee von Großitalien siehe Emilio Gentile, La Grande Italia. Ascesa e declino del mito della nazione nel ventesimo secolo, Mailand 1997.
41 Rüdiger Overmans, Kriegsverluste, in: Gerhard Hirschfeld, Gerd Krumeich, Irina Renz (Hg.), Enzyklopädie Erster Weltkrieg, Paderborn, München 2003, S. 664f.

42 Vgl. Aram Mattioli, «Edificare per il fascismo.» Macht und Architektur in Mussolinis Italien, in: Geschichte und Region / Storia e regione, 17, 2008, Heft 1, S. 17–49.
43 Die faschistische Politik gegenüber den als «minderwertig» angesehenen Slawen an Italiens Ostgrenzen war ganz anders und in vielerlei Hinsicht brutaler und rücksichtsloser als gegenüber den deutschsprachigen Südtirolern. Hinter der slowenisch-kroatischen Minderheit stand als «Schutzmacht» das feindliche Jugoslawien, dessen Grenzen Italien von Beginn an in Frage stellte. Schon vor 1914 waren die Slawen in den Augen des italienischen national-liberalen Bürgertums in Triest und Umgebung «Barbaren», ja fast «Untermenschen». Auch Kirchenkreise unterstützten die totale Italianisierung seit 1918. Erzbischof Celestino Endrici von Trient und der Vatikan setzten sich dagegen stark für deutschen Religionsunterricht in Südtirol ein. Hinter den deutschsprachigen Südtirolern und Südtirolerinnen standen nicht zuletzt der mit Mussolini-Italien «befreundete» Staat Österreich, aber auch Deutschland als heimliche Schutzmacht der «Deutschen» an Italiens Brennergrenze. Dies dürfte mit ein Grund dafür sein, warum die Ossarien in Südtirol sich eher bescheiden ausnehmen.
Die Südtirolerinnen und Südtiroler selbst wurden vom italienischen Faschismus wegen ihrer angeblichen Charaktereigenschaften oft sehr positiv gesehen (autoritätsgläubig gegenüber jeder staatlichen Obrigkeit, arbeitsam, kinderreich, ehrlich, sauber, Sinn für Disziplin und Ordnung) und hatten damit quasi nur einen Makel: Sie sprachen deutsch statt italienisch, verehrten Hitler statt Mussolini und Deutschland statt Italien.
44 Vgl. Harald Dunjatschik, Gerald Steinacher, Die Architektur für ein italienisches Südtirol 1922–1943, in: Geschichte und Region/Storia e regione, 17, 2008, Heft 1, S. 101–137. Vgl. auch Massimo Martignoni (Hg.), Illusioni di pietra, iterari tra architettura e fascismo, Quaderno di archivio trentino, Trento 2001, S. 92 ff.
45 Martignoni, Illusioni di pietra. S. 92ff. Vgl. Rolf Steininger, Südtirol im 20. Jahrhundert. Vom Leben und Überleben einer Minderheit. Innsbruck, Wien 1997, S. 108.
46 Calì, Monumenti in trincea, in: Marchesini, Martignoni (Hg.), Monumenti della Grande Guerra, S. 9. Vgl. Sergio Benvenuti, Christoph H. von Hartungen (Hg.), Ettore Tolomei (1865–1952), Un nazionalista di confine. Die Grenzen des Nationalismus, Museo Storico in Trento 1998 (Beilage zur Nr. 1/1998 von «Archivio trentino»).
47 Bruno Tobia, Monumenti ai caduti. Dall' Italia liberale all' Italia fascista, in: Oliver Janz, Lutz Klinkhammer (Hg.), La morte per la patria. La celebrazione dei caduti dal Risorgimento alla Repubblica, Rom 2008, S. 61.
48 Calì, Monumenti in trincea, S. 9.
49 Strauß, Soldatenfriedhöfe in den Dolomiten, S. 60ff.
50 Hans Duffek, Südtiroler Schwarzes Kreuz. Dokumentation Südtirol. Unveröffentlchtes Manuskript 1997, o. S.
51 Monumento. Ai soldati d'Italia morti in Innsbruck durante la guerra 1915–1919. Nuovo Cimitero Militare, Innsbruck 1919.
52 Vgl. Gerald Steinacher, «An der Grenze des Vaterlandes. Setze die Feldzeichen». Entstehung und Intention des italienischen Militärfriedhofes in Innsbruck 1915–1921, in: Zeit – Raum – Innsbruck. Schriftenreihe des Innsbrucker Stadtarchivs, 2, 2002, S. 97–105.
53 Auskunft Dr. Sacha Zala, 17. 10. 2008.
54 Südtiroler Landesarchiv (SLA), Bestand Architekt Delugan, Busta Sacrario Colle Resia,

Commissariato Straordinario del Governo Onoranze Caduti in Guerra in Italia ed all'Estero, an die Firma Ermanno Delugan, Meran, 20.2.1942. «Impresa Delugan Ermanno / Merano Lavori di costruzione del sacrario Colle Resia contratto 28.6.1939 n. 1273.»

55 SLA, Bestand Architekt Delugan, Busta Sacrario Colle Resia, Arbeitsbuch 1939/40.
56 Strauß, Soldatenfriedhöfe, S. 99.
57 Vorbild für diese Vorgangsweise dürfte der italienische Militärfriedhof in Innsbruck von 1919/21 sein, vgl. Steinacher, An der Grenze des Vaterlandes.
58 Samantha Schneider, Der Repräsentationsbau des Faschismus in Südtirol, Phil.-Dipl., Univ. Innsbruck 1997, S. 228ff.
59 SLA, Sterberegister, Terlan, Juni 1919, Davide Mariottini.
60 SLA, Bestand Architekt Delugan, Busta Sacrario Colle Resia, Schreiben Intendenza di Finanza di Bolzano an Ermanno Delugan Meran, 18. 2. 1944.
61 Presseaussendung, Landespresseamt Bozen, «Land will ‹aufklärende› Schautafeln bei Beinhäusern», 19. 1.2009, vgl. Artikel in Südtirol Online, abrufbar unter: www.dolomiten.it/nachrichten/artikel.asp?KatId=da&ArtId=131642 [16. 2. 2009].
62 Vgl. Steininger, Südtirol im 20. Jahrhundert, S. 108.
63 Gastkommentar von Günther Andergassen, Mut zur Wahrheit wäre angebracht! in: Festschrift 50 Jahre Südtiroler Schützenbund, Bozen, April 2008, S. 14–16, hier S. 15.
64 Vorwort von Michael Seeber in: Oswald Zoeggeler, Lamberto Ippolito, Die Architektur für ein italienisches Bozen 1922–1944, Lana 1992, S. 6.
65 Sørensen, Zwischen regionaler und nationaler Erinnerung, S. 397–411; Mosse, Gefallen für das Vaterland. S. 123ff.; Reinhart Koselleck, Der Einfluss der beiden Weltkriege auf das soziale Bewusstsein, in: Wolfgang Wette (Hg.), Der Krieg des kleinen Mannes. Eine Militärgeschichte von unten, München 1992, S. 336.
66 Vollmer, Politische Kultur, S. 159.
67 Bregantin, Culto dei Caduti, S. 392.
68 Astrid Erll, Kollektives Gedächtnis und Erinnerungskulturen. Eine Einführung, Weimar 2005.
69 Ebd. S. 28.; Wolfgang Hardtwig, Der bezweifelte Patriotismus, in: Historische Denkmäler. Vergangenheit im Dienste der Gegenwart? Studienkonferenz der Thomas-Morus-Akademie Bensberg (Bensberger Protokolle, Bd. 81), Bergisch Gladbach 1994. S. 103–126.
70 Vollmer, Politische Kultur, S. 82.

Die «Città nuova» von Bozen. Eine Gegenstadt für eine Parallelgesellschaft

Harald Dunajtschik / Aram Mattioli

«In der Südtiroler Provinzhauptstadt gibt es Sehenswürdigkeiten, die in keinem Reiseführer stehen.»[1] – Mit diesem Paradox wies der Journalist Reinhard Kuntzke 1998 auf eine der dichtesten und weiträumigsten Ansammlungen faschistischer Macht- und Repräsentationsarchitektur im heutigen Italien hin. Tatsächlich ist die im «Ventennio nero» errichtete Bozner Neustadt weitgehend im Originalzustand erhalten geblieben. Auf Schritt und Tritt treffen Spaziergänger am rechten Ufer der Talfer, die eine unsichtbare Grenze zwischen der spätmittelalterlichen, stark österreichisch geprägten Altstadt und der vom faschistischen Regimearchitekten Marcello Piacentini entworfenen «Zona monumentale» bildet, auf die architektonischen Zeugnisse aus der finstersten Zeit der italienischen Geschichte: nicht nur auf im faschistischen Stil gestaltete Häuserzeilen, Plätze und axiale Straßen, sondern auch auf eine an Italiens Aggressionskriege und die in ihnen gefallenen «Etschländer» erinnernde Siegessäule; auf zwei gusseiserne Straßenlaternen, auf deren Sockel Liktorenbündel eingraviert sind; auf eine an einem Hausfries angebrachte Vergil-Inschrift mit imperialer Botschaft; auf Torbögen, die die Gestalt eines stilisierten «M» (für Mussolini) aufweisen, und beim Finanzamt sogar auf ein riesiges Relief, auf dem der Diktator hoch zu Ross, die rechte Hand stolz zum «römischen Gruß» gereckt, dem Betrachter entgegenwinkt. In diesem Relief werden nicht nur Episoden aus der faschistischen Regimegeschichte visualisiert. Bis heute ist neben dem Namen der ehemaligen Staatspartei (P. N. F.) und Abkürzungen von einigen ihrer Vorfeldorganisationen (OND, GIL, GUF, MVSN) auch das faschistische Motto «credere, obbedire, combattere» zu lesen – ganz so, als ob die Zeit seit dem Sturz der faschistischen Diktatur Ende Juli 1943 stehengeblieben wäre.

In nicht einmal zwanzig Jahren verwandelten Mussolinis Stadtplaner Bozen von einer noch stark ländlich geprägten Stadt mit 33 920 Einwohnern (1922) zu einer italienischen Mittelstadt, in der 1939 bereits 67 500 Menschen lebten, viele davon in den beiden Arbeiterwohnsiedlungen «Littorio» und «Dux», die in kürzester Zeit auf enteigneten Wiesen und Obstgärten regelrecht hochgezogen wurden.[2] Hatten 1910 nur gerade 1600 Italiener in Bozen gelebt, stieg ihre Zahl bis 1939 auf 48 000 an. Kurz vor dem Zweiten Weltkrieg war aus dem altösterreichischen Bozen das von den römischen Machthabern erträumte Bolzano mit einer italienischstämmigen Bevölkerungsmehrheit geworden und damit die deutschsprachigen Südtiroler zu einer Minderheit in der eigenen Stadt.

Der Architekturhistoriker Klaus Tragbar hat in diesem Zusammenhang treffend von einem europaweit «nahezu einmaligen Versuch einer Eroberung durch Architektur»[3] gesprochen. Diese Tatsache wirft für eine kulturwissenschaftlich sensibilisierte Geschichtswissenschaft eine Reihe von Fragen auf. In diesem Beitrag soll die intensive Bautätigkeit in und um Bozen nicht nur als Ausdruck eines von den Faschisten offensiv geführten Symbolkrieges gedeutet, sondern auch hinsichtlich ihrer Funktion für Mussolinis Politik gegenüber Südtirol analysiert werden.

Das kulturelle und ethnische Homogenisierungsprojekt des Faschismus

Seit ihrer Machtübernahme Ende Oktober 1922 legten die italienischen Faschisten eine unübersehbare Neigung zu einem «maßlosen Einheits-, Reinheits- und Stärkedenken»[4] an den Tag. «Italien über alles» – hieß ihre chauvinistische Losung. Gleichzeitig redete die Propaganda den Italienern ein, dass die faschistische Zivilisation, die das Erbe des antiken Rom als Verpflichtung für die Gegenwart verstand, allen übrigen in Europa turmhoch überlegen sei. Als Ultranationalisten träumten Benito Mussolini und seine «gerarchi» von einem starken und zentralistischen, aber auch von einem kulturell und ethnisch homogenen Nationalstaat.[5]

Das kulturelle und ethnische Homogenisierungsprojekt richtete sich insbesondere gegen die nationalen Minderheiten. Tatsächlich gerieten die slowenische und kroatische Bevölkerung in der Julisch Venetien ebenso wie die französischsprachige im Aostatal und die deutsch- und ladinischsprachige in Südtirol bereits in den ersten Jahren nach dem «Marsch auf Rom» unter einen starken Assimilationsdruck.[6] Die italienischen Faschisten schreckten nicht davor zurück, ethnisch unerwünschte Minderheiten durch eine drakonische Politik der Zwangsassimilation kulturell auszulöschen; eine xenophobe und rassistische Praxis, für die sich in der Forschung der Begriff des Ethnozids einbürgert.[7] Anders als später die Nationalsozialisten glaubten Italiens Faschisten daran, dass Slowenen, Kroaten, Bewohner des Aostatals sowie deutsch- und ladinischsprachige Südtiroler durch Zwang von oben und etwas guten Willen zu «richtigen Italienern» umgepolt werden könnten, kurz: an die Möglichkeit, Fremdstämmige («allogeni») in der überlegenen römischen Zivilisation («Italianità») aufgehen und sie von der italienischen Rasse («stirpe italiana») absorbieren zu lassen. Die Fremdstämmigen sollten «entnationalisiert», ihrer kulturellen Identität vollständig beraubt und damit zwangsassimiliert werden.

Am drakonischsten gingen die Faschisten in ihrer Politik der Zwangsassimilation gegen die slawischen «border minorities» an der Ostgrenze Italiens[8] vor, die sie, wie Mussolinis Zeitung Il Popolo d'Italia 1930 schrieb, für einen «unterentwickelten Menschenschlag» hielten, eine Art «Mittelding zwischen primitivem Slawentum und niederem österreichischen Deutschtum»[9]. Eine ähnliche Haltung kam auch gegenüber den deutsch- und ladinischsprachigen Südtirolern zum Tragen. Systematisch drängten die neuen Machthaber das Deutsche als Verkehrssprache im öffentlichen Raum zurück, verboten diverse Vereine und deutsche Zeitungen, italianisierten Orts-, Flur- und Straßennamen, ja selbst die Vornamen, indoktrinierten die Kinder in den staatlichen Schulen im faschistischen Geist und erließen 1923 ein Verbot, künftig den Namen «Tirol» mit all seinen Ableitungen zu gebrauchen. Auf Roms Anordnung hin hieß das Gebiet südlich des Brenners fortan «Alto Adige» («Oberetschland») und seine Bewohner mussten sich «Atesini» («Etschländer») nennen lassen. Das faschistische Italien war jenes europäische Land, das gegenüber nationalen Minderheiten erstmals das gesamte Arsenal einer zwangsassimilatorischen Politik einsetzte. Um 1930 besaß es den Ruf, bezüglich Minderheitenpolitik die repressivste Macht auf dem alten Kontinent überhaupt zu sein, vielleicht mit Ausnahme der Sowjetunion.[10]

Darüber hinaus versuchten die faschistischen Machthaber, die althergebrachte Südtiroler Gesellschaft mit symbolischen Mitteln auszulöschen. So wurde der Anspruch Italiens auf Südtirol mit Argumenten aus dem Steinbruch der Geschichte «legitimiert». Südtirol habe bereits in der Antike zum Imperium gehört, Bozen sei eine Gründung des römischen Feldherrn Drusus. Erst nach dem Untergang des Imperium romanum sei das Gebiet südlich des Brenners von germanischen «Barbaren» besiedelt worden.[11] Für die Verbreitung dieser Sicht sorgte auch die faschistische Architektur- und Denkmalpolitik.[12] Die Bozner «Città nuova», die voller Anspielungen auf die vermeintlich wiedergefundene Größe des imperialen Rom[13] steckt, ist das herausragendste Beispiel dafür.

Wortführer der Zwangsitalianisierung Südtirols war Ettore Tolomei, ein aus Rovereto stammender Irredentist und integraler Nationalist.[14] Bezeichnenderweise führte er seit dem späten 19. Jahrhundert eine verbissene Kampagne für die Annexion Südtirols, auch unter Verwendung fragwürdiger Argumente. So unterstützte er die vom Geografen Giovanni Marinelli formulierte Theorie, dass der Alpenhauptkamm Italiens «natürliche Grenze» bilde. Die Bayern und Tiroler hielt er für eine gleichermaßen unkultivierte wie zurückgebliebene und minderwertige «Rasse» («stirpe»).[15] Früh schon gehörte er auch zu den Befürwortern eines italienischen Kriegseintritts, von dem er sich umfangreiche Gebietsgewinne erhoffte. 1915 brachte Tolomei seine Vorstellungen zu Papier, welche Maßnahmen zu ergreifen seien, wenn Südtirol dereinst vom Königreich Italien einverleibt werden würde. Für die deutschsprachigen Südtiroler sah sein Annexionsplan eine Zwangsassimilation vor. Selbst die Forderung nach ihrer Aussiedlung tauchte 1915 schon in ersten Umrissen auf. So propagierten Adriano Colocci-Vespucci und Augusto Sartorelli, zwei von Tolomeis Weggefährten, mitten im Krieg ein «italienisches Recht auf Vertreibung» («diritto italiano di sfrattare e ricacciare») von unerwünschten Volksgruppen.[16] Europaweit gehörten Colocci-Vespucci und Sartorelli damit zu den ersten integralen Nationalisten, die «ethnische Säuberungen» im höheren Interesse der eigenen Nation für gerechtfertigt hielten.[17]

1916 veröffentlichte Tolomei eine «Übersetzung» von rund 12 000 Orts- und Flurnamen, meistens stümperhafte Übertragungen, ganz ohne Kenntnis der etymologischen Bedeutung der deutschen Namen. Häufig hängte er der alten Orts- oder Flurbezeichnung einfach nur eine italienisch klingende Endung an. Seine diesbezüglichen «Studien» fasste er als «Re-Italianisierungswerk» auf, weil Orts-, Flur- und Familiennamen in diesem angeblich seit der Antike römisch geprägten Gebiet vor nicht allzu langer Zeit willentlich «germanisiert» worden seien.

Tolomeis Stunde schlug mit der Machtergreifung der Faschisten. Unter stürmischem Beifall der mit Sonderzügen angereisten Zuhörer verkündete der frisch ernannte Senator am 15. Juli 1923 im Bozner Stadttheater seine 32 «Provvedimenti per l'Alto Adige»[18]. Dieses auf einen veritablen Ethnozid zielende Programm wurde in den folgenden Jahren Schritt für Schritt verwirklicht. Beinahe jeder Bereich des gesellschaftlichen Lebens wurde davon berührt.[19] Im Blick auf die angestrebte Zwangsassimilation hob Tolomei immer wieder die Schrittmacherfunktion hervor, die der Stadt Bozen zukomme. «Bozen ist die wichtigste Etappe. Wir müssen die Herren von Bozen werden.»[20] Von hier aus sollten die «faschistischen Feldzeichen in die Täler und Dörfer» getragen werden, um schließlich ganz Südtirol zu einer vollständig italianisierten Region zu machen.

Neben zahlreichen Forderungen, die den Lebensnerv der einheimischen Bevölkerung trafen, gab es in Punkt 17 auch eine auf der Ebene der symbolischen Politik: die Entfernung des Denkmals Walthers von der Vogelweide, das 1889 am damals größten Platz der Stadt feierlich enthüllt worden war, um den «deutschen Charakter» der Stadt öffentlich kundzutun.[21] Der damalige deutschnationale Bürgermeister Julius Perathoner hatte Bozen als «letzte deutsche Stadt im Süden» bezeichnet. Walther von der Vogelweide, gemäß einer populären Überlieferung um 1170 im Lajener Ried nördlich von Bozen geboren, wurde in diesen Jahren zu einem gesamtdeutschen Symbol, dem außer in Bozen noch in fünf weiteren Städten des deutschen Sprachraums ein Denkmal gewidmet wurde.[22] Die erste sichtbare Reaktion darauf erfolgte 1896 im etwas südlicher gelegenen, damals zum italienischsprachigen Teil Österreich-Ungarns gehörenden Trient, wo ein Standbild Dante Alighieris enthüllt wurde. Während Walther von der Vogelweide in Bozen nach Süden schaut, richtet Dante in Trient seinen Blick nach Norden und demonstriert mit einer erhobenen Hand seine Abwehrhaltung.[23]

Die Forderung nach einer Entfernung der Walther-Statue führte ab 1925 zu Auseinandersetzungen zwischen den Südtiroler Faschisten und dem Diktator in Rom. In einem Memorandum verlangte Tolomei vom «Duce», an dieser Stelle ein Drusus-Denkmal zu errichten, denn jener sei der «lateinische Held, der das Oberetsch eroberte», um der «römischen Zivilisation neue Wege» zu weisen. Mussolini lehnte dies am 26. Januar 1926 unter Berufung auf negative außenpolitische Folgen ab und beließ es zu diesem Zeitpunkt noch bei einer Umbenennung des «Walther-Platzes» in «Piazza Vittorio Emanuele III».[24] Trotz dieses Machtworts verlangte der Abgeordnete Italo Lunelli am 5. Februar 1926 die Entfernung des Walther-Denkmals. Tolomei schlug vor, dieses durch eine Plastik von Cesare Battisti zu ersetzen, der in Italien als Märtyrer für die nationale Sache verehrt wurde. Battisti hatte sich als österreichischer Staatsbürger der italienischen Armee angeschlossen und war dafür im Juli 1916 von den Österreichern gehängt worden. Tatsächlich kündigte Mussolini ein Battisti-Denkmal an, das aber ein anderes Tiroler Denkmal ersetzen sollte: ein 1917 begonnenes und Fragment gebliebenes österreichisches Kaiserjäger-Ehrenmal rechts der Talfer gegenüber der Altstadt. Diese Initiative führte schließlich innerhalb von zwei Jahren zur Errichtung des zentralen Symbols der «Italianità» in Bozen: des «Monumento alla Vittoria».

Die beginnende Faschisierung des öffentlichen Raums

Mussolinis Ankündigung war eine direkte Reaktion auf eine am Tag davor gehaltene Rede des bayerischen Ministerpräsidenten Heinrich Held gegen die faschistische Südtirolpolitik. Held hatte im bayerischen Landtag am 5. Februar 1926 heftig «gegen die brutale Vergewaltigung des Deutschtums, die sich heute in Südtirol vollzieht», protestiert und gleichzeitig Opfer angekündigt, um die Südtiroler «wieder auf den Weg der Freiheit zu führen».[25] In der gleichgeschalteten römischen Deputiertenkammer reagierte der «Duce» darauf mit einer aggressiven Entgegnung. In seiner Rede machte er sich nicht nur über die «mediokre Dichtkunst»[26] von Walther von der Vogelweide lustig, sondern verwies vor allem auf die von der «unfehlbaren Hand Gottes gezogene Brennergrenze».[27] Die Südtiroler würden keine nationale Minderheit, sondern ein «ethnisches Relikt» bilden. 80 000 von ihnen seien Italiener, die übrigen 100 000 ein «Restbestand barbarischer Invasionen»[28]. Italien habe das Recht, diesen «Staat im Staate» mit einer «Politik der Italianità» zu bekämpfen.[29] «Wir werden diese Region italienisch machen», kündigte der Diktator an, «weil sie italienisch ist, italienisch in geografischer, italienisch in historischer Hinsicht.»[30] Und mit deutlicher Warnung an die Adresse Österreichs betonte er ganz zum Schluss, dass Italien die Trikolore am Brenner niemals einziehen werde. Notfalls werde man sie über ihn hinaustragen.[31]

Genau einen Monat später beauftragte Mussolini die zuständigen Regierungsstellen, nach Mitteln und Wegen zu suchen, um «dem einhelligen und unbeugsamen Willen der Nation» eine steinerne Gestalt zu verleihen. Schnell zeichnete sich ab, dass das Denkmal nicht Cesare Battisti, sondern dem Sieg Italiens über Österreich im Ersten Weltkrieg gewidmet werden sollte. Ein «Monumento alla Vittoria» sollte an den Sieg über den «Feind jenseits der Alpen» erinnern und Italiens Anspruch auf Südtirol und die Brennergrenze unterstreichen. In Wahrheit hatte Italien in Südtirol nie «gesiegt»: Kein italienischer Soldat hatte während des Krieges Südtiroler Boden betreten, die Annexion des Gebietes war ein Ergebnis von Geheimdiplomatie. Dennoch löste Mussolinis Denkmalplan für Bozen unter nationalistisch gesinnten Italienern im In- und Ausland Euphorie aus. Eine Spendenaktion, an der sich der «Duce» mit einem persönlichen Beitrag beteiligte, übertraf alle Erwartungen.[32]

Den Planungsauftrag erhielt schließlich Marcello Piacentini, der führende Kopf der «Scuola romana», die einem neoklassizistischen, stark an der römischen Antike orientierten Monumentalismus verpflichtet war. Piacentini sah im Siegesdenkmal einen ersten Schritt zur Neugestaltung der gesamten Umgebung.[33] Die Grundsteinlegung fand am 12. Juli 1926, dem zehnten Jahrestag der Hinrichtung Cesare Battistis, statt und wurde von Viktor Emanuel III. höchstpersönlich vorgenommen. In den Grundstein wurde eine vom König und den anwesenden hohen Persönlichkeiten unterzeichnete, vom Dichterfürsten Gabriele D'Annunzio auf Pergament geschriebene Erklärung eingemauert, die besagte, dass mit diesem Denkmal den Südtirolern die Macht des italienischen Staates vor Augen geführt werden solle.[34] Bezeichnenderweise kam das Siegesdenkmal in Form eines Triumphbogens zur Ausführung, einem Typ von Repräsentationsarchitektur, der im Römischen Reich verbreitet, später von den Habsburgern wieder verwendet und schließlich vor allem 1806 mit dem von Kaiser Napoleon I. in Auftrag gegebenen «Arc de Triomphe» in Paris wiederbelebt worden war.

Abb. 46: Das Siegesdenkmal von Marcello Piacentini, erbaut 1926–1928.

Auf den Tag genau zwei Jahre nach der Grundsteinlegung wurde das Siegesdenkmal vom König Italiens, der wie 1926 von einem Tross von Ministern, Staatssekretären und anderen Notabeln begleitet wurde, in einem aufwändigen Staatsakt eingeweiht. Im metropolitanen Italien blieb der Bozner Triumphbogen – ganz im Unterschied zu den afrikanischen Kolonien – fast ein Unikum. Das bekannteste Gegenstück auf der Apenninenhalbinsel ließ

Mussolini von 1923 bis 1931 in Genua, ebenfalls von Piacentini entworfen, errichten. Der «Arco della Vittoria» auf dem dortigen Siegesplatz ist jedoch ein Ehrenmal, das an die aus der Stadt stammenden Soldaten erinnert, die ihr Leben im Ersten Weltkrieg verloren hatten. Das Siegesdenkmal in Bozen hat einen umfassenderen Widmungszweck und besitzt eine expressivere Symbolsprache, welche die Einheit von Nation und Faschismus verkündet.

Das Ungetüm aus Marmor, im Volksmund schon bald «Liktorentempel» genannt, ist als faschistisches Gesamtkunstwerk konzipiert, für das nur die wertvollsten Baustoffe Verwendung fanden. Das riesige Monument ist 19 Meter breit, 20,5 Meter hoch und 8 Meter tief.[35] Bemerkenswert sind aber nicht so sehr die Ausmaße des Baukörpers, sondern dessen Symbolik. Die Symbolsprache des Siegesdenkmals enthält sowohl nationalistische und religiöse als auch spezifisch faschistische Elemente.[36] Der mächtige Architrav ruht auf 14 Säulen, die in Form von Rutenbündeln gestaltet sind. Die Rutenbündel ihrerseits sind mit mächtigen Beilen und Adlerköpfen verziert.[37] Die liktorische Säulenordnung suggerierte, dass der Faschismus das Schicksal Italiens geschultert hatte, und versinnbildlichte gleichzeitig dessen Macht und Herrschaftsanspruch in der neuen Grenzprovinz.

Demonstrativ wird mit dem Siegesdenkmal die vermeintliche Überlegenheit der italienisch-faschistischen Zivilisation über die deutschsprachigen Südtiroler zur Schau gestellt. Die anmaßende wie aufreizende Inschrift «HIC PATRIAE FINES SISTE SIGNA / HINC CETEROS EXCOLUIMUS LINGUA LEGIBUS ARTIBUS»[38] dachte sich Unterrichtsminister Pietro Fedele aus. Ursprünglich sollte es nicht «ceteros», sondern «barbaros» heißen. Die Hauptbotschaft des Siegesdenkmals besagt, dass das kulturell, politisch und militärisch überlegene Italien den Menschen in einem zurückgebliebenen Randgebiet des Imperiums die Zivilisation in Form des Faschismus bringe. Über dieser Inschrift wurde am Architrav eine sieben Meter breite Skulptur angebracht, die die römische Siegesgöttin «Vittoria» darstellt, die ihren Bogen in Richtung Brennergrenze spannt – eine unverhohlene militärische Drohgebärde an die ehemaligen Besitzer des Gebietes.

Auf der Rückseite des Siegesdenkmals wird in einer weiteren Inschrift der Gefallenen des «siegreichen Italiens» gedacht, «die in einem gerechten Krieg entschlossen gekämpft und mit ihrem Blut dies Vaterland geschaffen haben»[39].

Diese Inschrift verweist auf die andere Hauptfunktion des Monuments, die zugleich als Märtyrerstätte für die gefallenen Söhne des Vaterlandes geplant wurde.[40] Allerdings war nicht einer der hier geehrten Toten im Ersten Weltkrieg in Südtirol ums Leben gekommen, was der Gefallenenehrung von Anfang an etwas Artifizielles gab. Passend zur Inszenierung wurden in Nischen des Innenraums Büsten der irredentistischen «Märtyrer» Cesare Battisti, Damiano Chiesa und Fabio Filzi platziert, neben der Figur eines auferstandenen Christus, durch die ein religiöser Bezug hergestellt wird. Im kultischen Weiheraum der Krypta stellen überdimensionierte Fresken des venezianischen Malers Guido Cadorin «Die Wächterin des Vaterlandes» und «Die Hüterin der Geschichte» dar.[41] Und um die faschistische Symbolik zu vervollständigen, fehlte an der Südseite auch der Hinweis auf den eigentlichen Initiator und Auftraggeber des Siegesdenkmals nicht. «BEN. MUSSOLINI, ITAL. DUCE A. VI»[42] – stand dort auf Latein in gut sichtbaren Lettern geschrieben. Das Siegesdenkmal war als faschistische Machtdemonstration gegenüber den deutschsprachigen (Süd-)Tirolern konzipiert, und als Provokation wurde es von den «anderen» auch verstanden. In Innsbruck fand am Tag der Einweihung am Berg Isel eine Protestkundgebung statt, an der rund 10 000 Personen teilnahmen, darunter auch Vertreter aus Südtirol.[43]

Neben dem Siegesdenkmal und dem ebenfalls 1928 eingeweihten neuen Bahnhofsgebäude[44] war die Drususbrücke bis 1931 das wichtigste Bauwerk der faschistischen Umgestaltung Bozens. Sie sollte eine zweite Verbindung mit dem neuen Stadtteil Gries schaffen und zugleich auf die angeblich römischen Wurzeln des Territoriums hinweisen. Ihr augenfälligstes Merkmal waren vier mächtige auf einer Weltkugel thronende Adler, die über gigantischen, mit Liktorenbündeln geschmückten Mittelpfeilern angebracht waren. Die Stahlbetonkonstruktion wurde am 28. Oktober 1931, dem neunten Jahrestag des «Marschs auf Rom», dem Verkehr übergeben.[45] Gleichzeitig wurde in Sichtweite das Drusus-Stadion an der Mündung der Talfer in den Eisack eingeweiht, das im Jahr darauf um die südwestlich daran anschließende Badeanstalt «Lido» ergänzt wurde.[46] In unmittelbarer Nachbarschaft dazu folgte 1935 die «Casa della G.I.L. femminile»[47], das bedeutendste Werk des Rationalismus in Bozen.

Mit dem Siegesdenkmal, dem neuen Bahnhofsgebäude und der Drususbrücke waren nun bereits drei markante Bauwerke in das Stadtbild Bozens gesetzt. Eine systematische Stadtplanung im Hinblick auf ein italienisches Bozen ließ aber immer noch auf sich warten. Eines der ersten Großprojekte war der «Rione Battisti», der 1925 nach dem Entwurf des Architektenduos Clemens Holzmeister und Luis Trenker errichtet wurde. Die Siedlung enthielt 52 Wohnungen und 2 Geschäftslokale. Die vierstöckige Anlage erinnerte in ihrer Ausführung an den sozialen Wohnungsbau im Wien der zwanziger Jahre. Im Inneren orientierte sie sich mit einer Reihe von zweistöckigen Gebäuden und kleinen Gärten am Modell der sogenannten Gartenstadt.[48] Bewusst oder unbewusst erfüllte diese Wohnanlage bereits die doppelte Anforderung an die spätere «Città nuova», sowohl funktionalen als auch symbolischen Erfordernissen gerecht zu werden.[49] Mit der Schaffung von Wohnraum für die neuen Eliten wurden organisatorische Voraussetzungen für eine italienische Infrastruktur in Bozen geschaffen, mit Loggien anstelle von Balkonen auch Symbolpolitik betrieben.

Der südlich davon ab 1927 für den gehobenen Mittelstand errichtete «Rione Venezia» nahm unter anderem auch regionale Stilelemente auf, was bei der Stadtumgestaltung einzigartig blieb. Bei der Gestaltung dekorativer Elemente griffen die Planer auf Muster des aus Venedig übernommenen gotisch-byzantinischen Stils zurück. Die am Modell der Gartenstadt orientierten Häuser sind im traditionell-venezianischen Stil gehalten. Man kann den «Rione Venezia» als einen Versuch verstehen, «im Nachhinein eine gewisse venezianische Architekturtradition beweisen zu wollen».[50] Individuell unterschiedlich gestaltete Säulen, Renaissancebalkone, Terrassen und byzantinische Ornamente schmücken die Fassaden, an einer zentralen Stelle befindet sich auch das Relief eines Markuslöwen. Bis heute sind Seitenstraßen nach Städten des Veneto benannt, eine sogar nach Fiume, dem heutigen Rijeka in Kroatien.[51]

Die «Città nuova» – der Bau eines Anti-Bozen

Als das faschistische Regime Ende der zwanziger Jahre fest im Sattel saß, ging Rom zu einer systematischen Stadtplanung über.[52] 1929/30 wurde ein nationaler Wettbewerb ausgeschrieben, in dessen Rahmen ein «Regulierungsplan» der

Stadt Bozen erarbeitet werden sollte. Eine massive Erweiterung auf 100 000 Einwohner war die Zielvorgabe, Vorsitzender der Jury Marcello Piacentini. Neun Architektengruppen nahmen am Wettbewerb teil. Obwohl man drei erste und zwei zweite Preise verlieh, wurde keines der eingereichten Projekte je verwirklicht.[53] Stattdessen erhielt 1933 zunächst der Chefingenieur der Gemeinde Bozen, Guido Ferrari, den Auftrag, aus den verschiedenen eingereichten Entwürfen einen eigenen Plan zu erarbeiten. Auch dieser wusste nicht zu überzeugen. Schließlich wurde 1934 Marcello Piacentini selbst mit der Ausarbeitung eines Plans für die Stadt Bozen beauftragt.[54] Die Grundidee des Piacentini-Plans bestand darin, das Siegesdenkmal zum symbolischen Mittelpunkt von Bolzano zu machen. Von hier aus sollten die beiden zentralen Achsen Bozens mit eindrucksvollen Laubengängen ihren Ausgang nehmen: gegen Westen der «Corso Littorio» zum zentralen Platz des 1925/26 eingemeindeten Dorfes Gries, nach Osten eine diesem Corso angeglichene Altstadtachse. Damit sollten die «Città nuova» mit dem alten Stadtteil verbunden und völlig neue architektonische Akzente gesetzt werden.[55]

Der Siegesplatz, der seit 1935 hinter dem «Monumento alla Vittoria» angelegt wurde, war als Verkehrsdrehscheibe und Ausgangspunkt wichtiger Straßen konzipiert. Von den geplanten Prachtstraßen, die von dieser Stelle aus ihren Anfang nehmen sollten, wurde allerdings nur der als westliche Achse vorgesehene «Corso Littorio» verwirklicht, der rechts am Siegesdenkmal vorbeiführt, und der nach der Annexion Äthiopiens und der Ausrufung des Impero[56] am 9. Mai 1936 in «Corso IX Maggio» umbenannt wurde. Die Funktion von Siegesdenkmal und Siegesplatz als neuem urbanen Mittelpunkt kam durch die unmittelbare Nähe zu gleichfalls neu errichteten wichtigen Plätzen zum Ausdruck. In Sichtweite befanden sich im Norden die «Piazza IV Novembre» und im Westen die «Piazza dell'Impero», von der nach Süden die breite «Viale Giulio Cesare» ihren Ausgang nahm.[57]

Eingerahmt ist der Siegesplatz im Osten vom Siegesdenkmal und in den anderen Himmelsrichtungen von etwa fünf Meter hohen Bogengängen, geprägt von einer für Piacentinis «Scuola romana» typischen neoklassizistischen Monumentalarchitektur. Ein einheitliches und geschlossenes Bild entsteht durch die Gestaltung der Fassaden der Gebäude, etwa durch die Simse, welche die verschiedenen Häuser miteinander verbinden und dem Monumentalen etwas von seiner wuchtigen Schwere nehmen. Wiederkehrende und verbindende Elemente sind auch die Reliefs und Inschriften an den Fassaden, die an die Tradition des römischen Imperiums anknüpfen. So sieht man auf dem Gebäude gegenüber dem Siegesdenkmal ein Relief, auf dem die bäuerliche Arbeit dargestellt wird. Nördlich auf der Seite des «Corso Littorio» befindet sich bis heute eine Inschrift mit einem Zitat aus dem sechsten Buch von Vergils *Aeneis;* sie ist als durch das römische Altertum beglaubigte Handlungsanleitung für den Umgang mit den Südtirolern zu verstehen und lautet: «PACISQUE IMPONERE MOREM PARCERE SUBIECTIS ET DEBELLARE SUPERBOS.»[58]

Abb. 47: INA-Gebäude mit «Mussolini-Bogen» am Siegesplatz.

Bei der Gestaltung des «Corso Littorio» nahm man sich die mittelalterlichen Laubengänge der Altstadt zum Vorbild. Freilich sind die Gänge entlang des «Corso Littorio» weit monumentaler gestaltet als jene in der Altstadt. Außerdem wurden alle Gebäude entlang dieser Straße mit Flachdächern oder Dachterrassen versehen – in Anlehnung an die römische Wohnarchitektur und wiederum im Gegensatz zur Altstadt, in diesem Fall zu deren Giebeldächern. Letztlich blieb der «Corso Littorio» beziehungsweise «Corso IX Maggio» ein Fragment. Der zweite Teil von der «Piazza dell'Impero» zur «Piazza Grande Italia» wurde erst nach dem Zweiten Weltkrieg gebaut, dann unverfänglich in «Freiheitsstraße» umbenannt.[59]

Die Altstadt konnte Marcello Piacentini nur ansatzweise nach seinen Vorstellungen umgestalten. Dabei wurde er nicht von den Grenzen der technischen Machbarkeit gebremst, sondern von hohen Behörden des faschistischen Staates. Teilweise verwirklicht wurde seine Idee, den Blick von der «Città nuova» auf die Altstadt zu versperren, um den Siegesplatz optisch zu «schützen». Verzichten musste Piacentini aber insbesondere auf seine Idee, die spätmittelalterlichen Laubengänge der Altstadt und die sich westlich daran bis zur Talferbrücke anschließende Museumsstraße umzugestalten. Durch Abriss einer Häuserreihe sollten diese Straßenzüge verbreitert und die Fassaden umgestaltet werden. Das Innere der Laubenhäuser wollte Piacentini ebenso «sanieren» wie die Lichthöfe zu größeren Innenplätzen zusammenfassen.[60]

1935 hatte die Gemeinde Bozen den Piacentini-Plan noch uneingeschränkt genehmigt. Doch 1936 protestierte die «Soprintendenza alle Belle Arti per la Venezia Tridentina», worauf der «Consiglio Superiore dei Lavori Pubblici» in Rom 1937 den Plan mit verschiedenen Auflagen verband. Vor allem die Erweiterung der Laubengasse zur Zufahrtsstraße wurde abgelehnt. Erst 1939 wurde der Piacentini-Plan schließlich vom «Consiglio Superiore» definitiv genehmigt. Ganz verschont von Eingriffen blieb die Altstadt dennoch nicht; sie beschränkten sich allerdings auf Einzelfälle.[61] So wurde 1935 die Walther-Statue doch noch entfernt. Parallel dazu wurde 1932 bis 1936 der Dominikanerplatz umgestaltet und vergrößert, um damit dem Waltherplatz seinen Rang als zentralen Platz der Altstadt streitig zu machen.[62] 1938 wurde das 1904 von Wilhelm Kürschner im Stil des bayerischen Barock entworfene Sparkassengebäude den Häusern der «Città nuova» angeglichen.[63] Das gleiche Schicksal erlitt das Bozner Stadtmuseum, dessen aus der Altstadt-Silhouette vertikal herausragender Turm abgerissen wurde.[64] Denn mit dem Museumsturm hatte das Siegesdenkmal in faschistischen Augen eine optische Konkurrenz auf Augenhöhe, und das in einem «deutschen» Architekturstil.

Unbeirrt davon ließ Piacentini ab 1935 auf der anderen Seite der Talfer weiterbauen, wofür er junge Architekten nach Bozen holte.[65] Nach seinem Entwurf wurde 1934/35 an der neu geplanten Piazza IV Novembre das Armeekommando («Palazzo degli Alti Commandi») errichtet.[66] Das Grundmuster des Gebäudes hatte er bereits in einem seiner früheren Werke erprobt, der «Casa Madre» der Kriegsopfervereinigung, die zwischen 1925 und 1928 in Rom entstanden war. Wie beim römischen Vorbild laufen auch beim Armeekommando in Bozen zwei symmetrisch auseinanderstrebende Gebäudeflügel auf einen triumphalen Eingang zu. Hier sind es allerdings zwei Rundtürme als symbolische Festungsbollwerke.[67] Die hoch aufragende Fassade unterstreicht diese Grundidee ebenso wie die Schlichtheit der Form, um den monumentalen und heroischen Charakter deutlicher hervortreten zu lassen.[68] Im weiträumigen Innenhof wurde eine überlebensgroße Statue von Julius Cäsar platziert. Der Festungscharakter des Gebäudes und seine kalkulierte Nähe zum Siegesplatz betonten die herausgehobene Rolle der Streitkräfte und waren als weitere Machtdemonstration gegenüber den «anderen» gedacht.[69]

Ein markanter Bau wurde auch für die regionale Sektion der Staatspartei realisiert. 1938 wurde der Beschluss gefasst, ein Parteigebäude zu errichten, mit dessen Ausführung der PNF die Architekten Guido Pelizzari, Luis Plattner und Francesco Rossi beauftragte.[70] In der «Casa Littoria» wurden die Büros der Partei sowie einige ihrer Vorfeldorganisationen untergebracht. Im Innenhof befand sich – vom Vorplatz sichtbar – eine zweistöckige Gedächtnisstätte für die Gefallenen des Ersten Weltkriegs («Sacrario dei Caduti»).[71] Von der Spitze einer 36 Meter hohen «Torre Littorio» sollten Scheinwerfer Lichtbündel über die Stadt werfen. Dieser faschistische Turmbau wurde allerdings nie verwirklicht.[72] Bis 1942 wurde die nach dem verstorbenen Bruder des Diktators benannte Piazza Arnaldo Mussolini gestaltet, an der sich das konvex gewölbte Parteigebäude, das heutige Finanzamt, und nördlich davon das konkav geformte Gerichtsgebäude gegenüberstehen. Beide sind im Stil des «Razionalismo» gehalten.[73] Der Auftrag für das Gerichtsgebäude ging an die Architekten Paolo Rossi de Paoli und Michele Busiri Vici.[74] Das Gebäude wurde in der damals für Justizpaläste in Italien üblichen monumentalen Form errichtet. Am unteren Ende des breiten Treppenaufgangs stehen links und rechts zwei Stelen mit jeweils fünf Medaillons von römischen Staatsmännern wie Julius Cäsar oder Cicero und weiteren Symbolfiguren der italienischen Geschichte wie Dante Alighieri.⁷⁵ Etwas südlich versetzt auf der gegenüberliegenden Straßenseite wurde eine katholische Kirche errichtet, womit drei Stützen des Regimes an einem Ort konzentriert waren. Der Weg in das Stadtzentrum führte damit durch ein «symbolisches Dreigestirn, das die Funktion eines ideologischen Stadttores erfüllte».⁷⁶ Den Passanten wurde der umfassende Machtanspruch des Regimes sinnfällig vor Augen geführt.

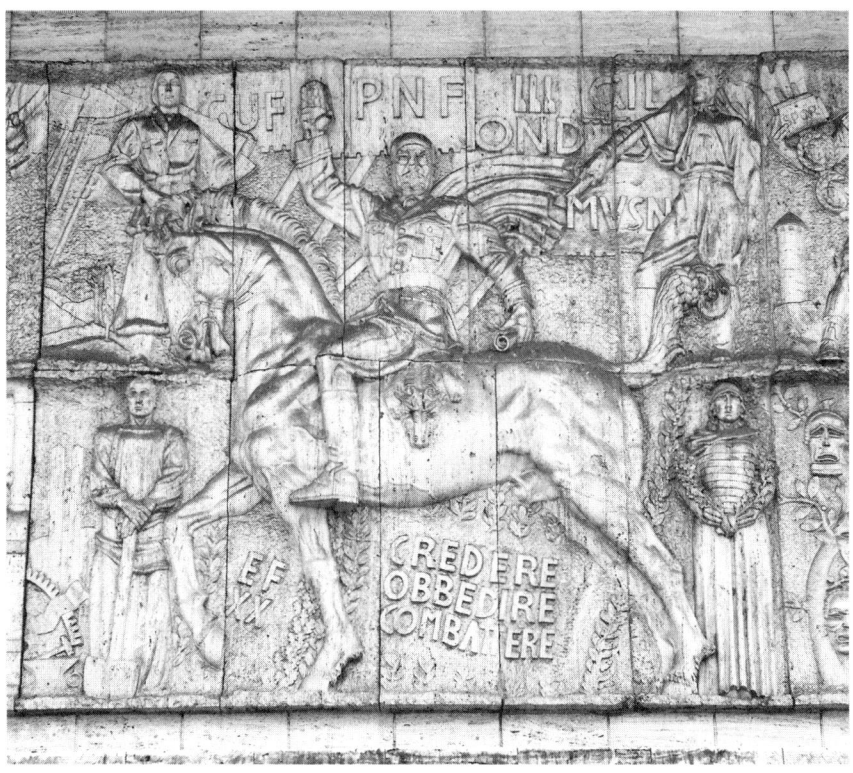

Abb. 48: Mussolini-Relief mit den Symbolen seiner Macht am ehemaligen Parteigebäude, heute Finanzamt.

Am Gerichtsgebäude befindet sich eine Darstellung der Justitia⁷⁷ – ohne Augenbinde, dafür mit Blick auf das sich direkt gegenüber befindliche Relief und dessen Mittelpunkt: ein auffällig großes Mussolini-Bildnis im Zentrum eines gigantischen «Bassorilievo» aus Travertin, das 36 Meter lang und 5,5 Meter hoch ist. In der Mitte des vom Südtiroler Künstler Hans Piffrader geschaffenen Reliefs ist der «Duce» zu sehen, in Soldatenuniform auf einem Pferd reitend, den Arm zum «römischen Gruß» gereckt. Inspiriert wurde Piffrader wie zahlreiche andere zeitgenössische Bildhauer und Maler dabei möglicherweise vom Reiterstandbild Marc Aurels auf dem Kapitol.[78] Bei diesem riesigen Relief handelt es sich nicht um die einzige erhalten gebliebene Abbildung des «Duce». In Sabaudia ist Mussolini sogar an einer Kirchenfassade zu sehen: als einfacher Landarbeiter während der «Getreideschlacht». Dennoch ist das Mussolini-Relief in Bozen selbst für italienische Verhältnisse im Umgang mit der faschistischen Vergangenheit des Landes im negativen Sinne herausragend.[79] Während an der Fassade der 1935 eingeweihten Kirche Santissima Annunziata in Sabaudia Mussolini fast schon bescheiden im Hintergrund einfache landwirtschaftliche Arbeit verrichtet, ist er am Bozner Finanzamt überlebensgroß und zentral platziert – und seitlich von den gesammelten «Heldentaten» seiner Bewegung eingerahmt.

Zwei übereinanderstehende Bilderzyklen erzählen vom Aufstieg und Triumph des Faschismus. Auf der linken Bildfläche sind Szenen vom Ende des Ersten Weltkrieges bis zum «Biennio rosso» dargestellt, anschließend Stationen der Machtergreifung, unter anderem der Gründungsakt der ersten «Fasci di combattimento» (1919) und der zu einer Revolution hochstilisierte «Marsch auf Rom» (1922). Die rechte Hälfte des Reliefs ist der faschistischen Expansionspolitik gewidmet, gefolgt von friedlichen, geradezu idyllischen Motiven, welche die Errungenschaften der neuen faschistischen Zivilisation idealisieren. Deren Abschluss bildet ein zweites, nicht ganz so auffälliges Mussolini-Bildnis: In einer markanten Szene bauen zwei Männer ein Haus. Der eine ist ein Arbeiter, der einen schweren Holzbalken stemmt, der andere ein vornehm gekleideter Mann mit ernster Miene, der den Bauplan in der Hand hält. Bei Letzterem weist ein in der Nähe angebrachtes «D» auf dessen Funktion als «DUX» hin.

Selbst innerhalb der «Città nuova» ist dieses Relief seiner geballten faschistischen Botschaft wegen herausragend. Ungeschminkt verherrlicht es bis heute den unerklärten Bürgerkrieg vor dem «Marsch auf Rom», die auf ihn folgende Gewaltherrschaft und selbst die völkerrechtswidrigen Angriffs- und Eroberungskriege des faschistischen Italien sowie das kurzlebige «Impero», das 1942 vor seinem Kollaps stand. Ein Hinweisschild mit einer distanzierenden Erklärung zu diesem Propagandamachwerk findet sich bis heute nicht.

Majorisierung durch Bevölkerungstransfer

In den ersten Jahren nach dem «Marsch auf Rom» leiteten die faschistischen Machthaber gegenüber deutsch- und ladinischsprachigen Südtirolern zunächst eine Politik der forcierten Zwangsassimilation ein. Diese repressive Politik stieß südlich des Brenners bereits um 1926 an ihre Grenzen, weil die meisten von ihnen keine übermäßige Bereitschaft an den Tag legten, ihre von Rom aus als «deutsch» und «barbarisch» gebrandmarkte Kulturidentität zugunsten einer verordneten Zugehörigkeit zur «Italianità» aufzugeben. Fast zeitgleich mit dem Übergang zu einer pronatalistischen Politik,[80] die unter anderem jede weitere Massenmigration von Italienern ins Ausland unterbinden wollte, änderte das Regime den Kurs gegenüber den alteingesessenen Menschen in der «speziellen Provinz»[81] teilweise. Fortan verfolgte das Regime eine Majorisierungspolitik. So ordnete der Diktator in einer Weisung an Umberto Ricci, den ersten Präfekten der neuen Provinz Bozen, am 15. Januar 1927 an, die «Italianisierung des Gebietes aufs Äußerste» voranzutreiben, «und zwar, indem man die gegenwärtige deutsche Mehrheit durch eine italienische Mehrheit oder sehr starke Minderheit ersetzt oder wenigstens damit vermischt, um dem Gebiet den überwiegend deutschen Charakter zu nehmen, den es heute hat. Es handelt sich also nicht darum, die Deutschen von heute in ebenso viele Italiener umzuwandeln. Es handelt sich vielmehr darum: a) die Zahl der Italiener aufs Höchste zu steigern; b) den neuen Generationen ein italienisches Gepräge zu geben, was praktisch durch die Schule möglich ist.»[82] Bald schon kam es zu einem organisierten Bevölkerungstransfer von Italienern nach Bozen. Ermöglicht wurde er durch die Schaffung von industriellen Arbeitsplätzen.

In Kardaun, einem nördlichen Nachbarort von Bozen, eröffnete der Herzog von Aosta 1929 in Anwesenheit des Diktators das damals modernste und größte Wasserkraftwerk Europas.[83] Beim Bau dieser Anlage wurden ausschließlich Arbeiter aus den alten Provinzen eingesetzt, was zum beabsichtigten Nebeneffekt führte: der weiteren Erhöhung des italienischen Bevölkerungsantei-

Abb. 49: Die Arbeitersiedlungen Rione Littorio (im Hintergrund) und Rione Dux.

les.⁸⁴ Aber erst als im Gefolge der Saar-Abstimmung vom 13. Januar 1935 immer mehr Südtiroler ihre Hoffnung auf ein Großdeutsches Reich richteten, erfolgte der ganz große Schlag zur Majorisierung der Südtiroler: die Errichtung der Bozner Industriezone. Um entsprechende Ansiedlungen in einem wirtschaftlich so unattraktiven Gebiet zu fördern, gewährte das Regime Steuer- und Eisenbahntarifererleichterungen. Die im April 1935 in Kraft getretenen «Maßnahmen zur industriellen Entwicklung der Gemeinde Bozen» sagten den Unternehmen Zollfreiheit, Befreiung von der Einkommenssteuer sowie staatliche Subventionen zu.⁸⁵ Die Betriebe erhielten zudem staatliche Zuschüsse, die proportional zur Anzahl der eingestellten Arbeiter gestaltet wurden, wobei die für die Verteilung zuständige Kommission klarstellte, dass man dabei in erster Linie an Arbeiter aus Altitalien dachte.⁸⁶

Als Baugrund für die Industriezone wählte man das am linken Eisackufer südwestlich der Stadt gelegene Gelände «Am Grutzen», das durch umfangreiche Enteignungen verfügbar gemacht wurde.⁸⁷ Mitten in einem Gebiet intensiven Obstbaus entstanden innerhalb weniger Jahre vor allem Betriebe der Schwerindustrie. Im Herbst 1935 begann man mit der Planierung des Geländes, wofür etwa 50 000 Obstbäume kurz vor der Ernte gefällt wurden. Zur gleichen Zeit besuchte Mussolini die Baustelle.⁸⁸ Die offizielle Eröffnung der Industriezone mit großem Rahmenprogramm fand am 20. Dezember 1936 statt. Zu diesem Zeitpunkt waren schon 320 000 der im Bebauungsplan vorgesehenen 364 000 Quadratmeter für die industrielle Nutzung und weitere 150 000 für Straßen und Plätze verbaut worden. Weitere 220 000 Quadratmeter waren als Erweiterungsflächen festgelegt worden.⁸⁹ Ein halbes Jahr später begann eine Gießerei des Turiner Automobilwerks Lancia als erster Betrieb mit der Produktion.⁹⁰ In den folgenden Jahren bis zum Ende der faschistischen Herrschaft in Südtirol im Sommer 1943 kam es zu zahlreichen weiteren Betriebsgründungen – darunter ein Stahlwerk der Mailänder Falck-Gruppe, ein Aluminiumwerk der Montecatini-Gesellschaft und ein Magnesiumwerk der Società Italiana per il Magnesio.⁹¹

Für die Arbeiter und deren Familien, die überwiegend aus dem strukturschwachen Veneto stammten, wurden am gegenüberliegenden Ufer des Eisack zwei Siedlungen errichtet: Der 1935 begonnene «Rione Littorio» im Stadtteil Quirein bestand aus vier- bis fünfgeschossigen großen Mietskasernen, den «case popolari».[92] Er sollte ein «autonomes Viertel» werden, ein eigenständiger und autarker Komplex außerhalb des repräsentativen neuen Stadtzentrums.[93] Dies galt auch für den westlich davon 1937 begonnenen «Rione Dux», der allerdings im Gegensatz zum «Rione Littorio» als halbländliche Siedlung («semirurali») konzipiert und damit auch ein Beispiel für die antiurbanen Leitbilder des Regimes war. Diese Siedlung bestand überwiegend aus zweistöckigen Zwei- und Vierfamilienhäusern mit Wohnungen in minimalem Ausbaustandard und einem Garten zur teilweisen Selbstversorgung der Bewohner. Neben dem Modell der Gartenstadt («Città-giardino») war das des ländlichen Weilers («Borgata rurale») als dezentrales, vor der Verstädterung sicheres Wohnviertel die zweite ideologische Bezugsgröße.[94] Die im Namen «Rione Dux» zum Ausdruck kommende Reminiszenz an den «Duce» drückte sich architektonisch im Treppenaufgang an der Außenmauer aus, der an das Geburtshaus Mussolinis in Predappio erinnern sollte.[95] Das isolierte Dasein der beiden Arbeitersiedlungen verschärfte die ethnische Teilung der Stadt. Der von den deutschsprachigen Boznern, traditionell im Handel und Fremdenverkehr sowie in der Landwirtschaft verankert, für die Arbeitersiedlungen verwendete und wenig schmeichelhaft gemeinte Name «Schanghai» drückte neben der ethnischen auch eine soziale Stigmatisierung aus, die sich sehr weit über das Ende des Faschismus halten sollte.

Fazit

Seit der Schaffung der Provinz Bozen (1927) verfolgte das faschistische Regime in Südtirol ein ehrgeiziges Programm der Binnenkolonisation, das innerhalb weniger Jahre zum Aufbau einer italienischen Parallelgesellschaft führte. In dieser teilweise neu ausgerichteten Politik bildete die zwangsassimilatorische Repression nur noch ein Mittel neben der systematischen Neuansiedlung von italienischen Zuwanderern aus dem Veneto. Rom behandelte die Provinz südlich des Brenners als eine Art inneritalienisches Kolonialgebiet, das ganz auf die demografischen und wirtschaftlichen Bedürfnisse des Zentrums ausgerichtet werden musste. Der Bautätigkeit kam dabei eine entscheidende Rolle zu. Schließlich konnte die vom Regime forcierte Peuplierungspolitik nur unter der Bedingung gelingen, dass zunächst in mindestens einer Stadt des Alto Adige genügend Wohnraum und Arbeitsplätze für italienische Neusiedler geschaffen wurden. Tatsächlich verwandelten die Faschisten Bozen ab den späten zwanziger Jahren in eine Großbaustelle, da sie der nunmehrigen Provinzhauptstadt die Rolle eines Brückenkopfs zudachten, von dem aus schließlich das ganze Gebiet südlich des Brenners «italianisiert» werden sollte.

In nur gerade 15 Jahren verpassten Marcello Piacentini und sein Architektenteam, darunter sein Schüler Paolo Rossi de Paoli, der ehemals österreichischen Stadt ein gänzlich neues Gesicht. Auf dem Weg zur Großstadt Bolzano ließen sie den Altstadtkern weitgehend intakt und sahen hier – vereinzelte kleinere Eingriffe ausgenommen – von einer Umstrukturierung ab.[96] In Bozen bot sich Marcello Piacentini die Chance, eine Neustadt auf dem westlichen Ufer der Talfer zu entwerfen und in kurzer Zeit auch zu verwirklichen. Dabei handelte es sich nicht um eine Stadterweiterung im engen Sinn, die das Bestehende weiterzuführen versuchte, sondern um die Gründung einer weiträumigen und monumentalen Parallelstadt, die vom Genie des faschistischen Ingenieurgeistes künden sollte – ähnlich wie die Neustädte auf dem trockengelegten Agro Pontino südlich von Rom.[97] Nirgendwo sonst im faschistischen Italien wurde allerdings wie in Bozen eine repräsentative Neustadt in nächster Nähe zu einem bereits bestehenden Provinzstädtchen hochgezogen. Ähnliche urbanistische Strategien verfolgten die faschistischen Machthaber sonst nur noch in den Kolonien: etwa in Tripolis und Rhodos.[98]

Neben der Binnenkolonisation diente Piacentinis «Anti-Bozen»[99] der Selbstinszenierung und Legitimation des faschistischen Italien in einer widerspenstigen Grenzprovinz. Mit ihren Monumentalbauten, axialen Straßen und überdimensionierten Plätzen sollte die «Città nuova» die Altstadt grandios übertrumpfen. In der ersten Stadt nach der Brennergrenze wollte sich das Regime im besten Licht präsentieren und einen architektonischen Glanzpunkt setzen. Freilich ging es auch darum, den Herrschaftsanspruch über Südtirol im Raum einzuschreiben und den Machtwillen des faschistischen Roms über die Tiroler «Barbaren» sichtbar zu dokumentieren. Das in der «Città nuova» umgesetzte Bauprogramm gab sich römisch-imperial. «PRO ITALICO IMPERIO VIRTUTE IUSTITIA HIERARCHIA UNGUIBUS ET ROSTIBUS»[100] – verkündet ein Schriftzug bis heute vollmundig vom Architrav des Gerichtsgebäudes. Es ist nur eine von vielen Inschriften ähnlichen Inhalts.

Trotz des gigantischen Aufwandes, der mit der Errichtung der «Città nuova» betrieben wurde, wies die «Zona monumentale» rund um das Siegesdenkmal unübersehbare funktionale und infrastrukturelle Defizite auf. So gab es im neuen Stadtzentrum 1940 kein Postamt, keine Bankfiliale, keine Arztpraxis, kein Kino und nicht einmal Lebensmittelläden, was selbst den hier wohnenden Beamten und Staatsangestellten etwas zu spartanisch vorkam.[101] Die funktionale Eigenständigkeit, die die übrigen Neustadtgründungen im faschistischen Italien auszeichnete, fehlte der «Città nuova».[102] Allerdings wurde Mussolinis Hauptziel, ein italienisch geprägtes Bolzano zu schaffen, durchaus erreicht – mit unschönen Nachwirkungen bis in die Gegenwart. Wenigstens brachte die Gemeinde Bozen 2004 vor dem Siegesdenkmal Mahntafeln an, auf denen sie sich in vier Sprachen indirekt vom Geist dieses Bauwerks distanziert.[103] Das ist ein Anfang, dem weitere Schritte gleicher Art folgen müssen.

---

1 Reinhard Kuntzke, Der Duce noch immer hoch zu Ross, in: Die Zeit, Nr. 46, 5. November 1998, S. 69.
2 Zur demografischen Entwicklung vgl. Claus Gatterer, Im Kampf gegen Rom. Bürger, Minderheiten und Autonomien in Italien, Wien 1968, S. 559; Karin R. Lehmann, Städtebau und Architektur als Mittel der Kolonisation am Beispiel der Provinz Bozen, Diss. Aachen 2000, S. 110.
3 «Hic patriae finis?» Bozen und die Architektur des Faschismus. Vortrag von Prof. Dr. Klaus Tragbar an der Universität Innsbruck, 23. 11. 2005.
4 Robert O. Paxton, Anatomie des Faschismus, München 2006, S. 10.
5 Grundlegend für Europa Matthias Beer (Hg.), Auf dem Weg zum ethnisch reinen Nationalstaat? Europa in Geschichte und Gegenwart, Tübingen 2004.
6 Vergleichend angelegte Studien zur faschistischen Minderheitenpolitik sind nach wie vor dünn gesät. Einen Versuch in dieser Richtung leistet die Dissertation von Winfried Adler, Die Minderheitenpolitik des italienischen Faschismus in Südtirol und im Aostatal 1922–1939, Trier 1979. Eine sehr gedrängte Gesamtschau gibt der Aufsatz von Aram Mattioli, Das faschistische Italien – ein unbekanntes Apartheidregime, in: Gesetzliches Unrecht. Rassistisches Recht im 20. Jahrhundert, hg. im Auftrag des Fritz Bauer Instituts von Micha Brumlik u. a., Frankfurt am Main, New York 2005, S. 155–178. Unter konzeptionellen Gesichtspunkten ist die Habilitationsschrift von Rolf Wörsdörfer, Krisenherd Adria 1915–1955. Konstruktion und Artikulation des Nationalen im italienisch-jugoslawischen Grenzraum, Paderborn, München 2004 als fruchtbar hervorzuheben.

7 Wörsdörfer, Krisenherd Adria, S. 225.
8 Vgl. dazu den sehr informierten Überblick von Marina Cattaruzza, L'Italia e il confine orientale, Bologna 2007, in dem die neuere Spezialforschung verarbeitet ist.
9 Wörsdörfer, Krisenherd Adria, S. 132.
10 Ebd., S. 236f.
11 Vgl. die entsprechende Kindheitserinnerung von Claus Gatterer, Schöne Welt, böse Leut. Kindheit in Südtirol, Bozen, Wien 2003, S. 9f.
12 Vgl. Claudia Cavallar, Von fremdländischem Anstrich befreit. Die patriotischen Umgestaltungen von Bozen in der Mussolini-Zeit, in: Jan Tabor (Hg.), Kunst und Diktatur. Architektur, Bildhauerei und Malerei in Österreich, Deutschland, Italien und der Sowjetunion 1922–1956. Künstlerhaus Wien (Ausstellungskatalog), Bd. 2, Baden bei Wien 1994, S. 652–659.
13 Dass die Erinnerung an die römisch-imperiale Antike in der von Marcello Piacentini verkörperten Richtung der faschistischen Architektur eine zentrale Rolle spielte, ist schon von Margrit Estermann-Juchler, Faschistische Staatsbaukunst. Zur ideologischen Funktion der öffentlichen Architektur im faschistischen Italien, Köln, Wien 1982, breit belegt worden. Näheres zu den verschiedenen Architekturrichtungen im faschistischen Italien in: Klaus Tragbar, «Romanità», «italianità», «ambientismo». Kontinuität und Rückbesinnung in der italienischen Moderne, in: Koldewey-Gesellschaft (Hg.), Bericht über die 42. Tagung für Ausgrabungswissenschaft und Bauforschung vom 8. bis 12. Mai 2002 in München, Stuttgart 2004, S. 72–83 sowie speziell für den «Razionalismo» in Ueli Pfammatter, Moderne und Macht. «Razionalismo» – Italienische Architekten 1927–1942, Braunschweig ²1996.
14 Näheres zu Tolomeis Biografie und seinem politischen Wirken bei Gisela Framke, Im Kampf um Südtirol. Ettore Tolomei (1865–1952) und das «Archivio per l'Alto Adige» [Diss. Köln 1982], Tübingen 1987.
15 Ebd., S. 231.
16 Ebd., S. 83 u. 195ff.
17 Vgl. zur Gesamtproblematik Norman M. Naimark, Flammender Hass. Ethnische Säuberung im 20. Jahrhundert, München 2004 sowie Peter Alter, Nationalismus, Frankfurt am Main 1985, S. 43–56.
18 Framke, Im Kampf, S. 178–185.
19 Vgl. dazu Rolf Steininger, Südtirol im 20. Jahrhundert. Vom Leben und Überleben einer Minderheit, Innsbruck, Wien, München, Bozen ³2004, S. 77–92, sowie Stefan Lechner, Die Eroberung der Fremdstämmigen. Provinzfaschismus in Südtirol 1921–1926, Innsbruck 2005.
20 Martha Verdorfer, Das Zentrum der «città nuova», in: Gabriele Rath, Andrea Sommerauer, Martha Verdorfer (Hg.), Bozen – Innsbruck. Zeitgeschichtliche Stadtrundgänge, Wien, Bozen 2000, S. 18–21.
21 Martha Verdorfer, Das Denkmal Walther von der Vogelweide, in: Rath, Sommerauer, Verdorfer (Hg.), Bozen – Innsbruck, S. 46.
22 Ebd., S. 46f. Walther soll laut neueren Forschungen nicht aus Südtirol stammen, sondern aus dem historischen Raum des heutigen Oberösterreich, wo ein Vogelweiderhof nachgewiesen werden konnte.
23 Ebd., S. 49.

24 Thomas Pardatscher, Das Siegesdenkmal in Bozen. Entstehung – Symbolik – Rezeption, Bozen 2002, S. 34.
25 Ebd., S. 108.
26 Benito Mussolini, Difesa dell'Alto Adige, in: Opera omnia di Benito Mussolini, hg. von Edoardo u. Duilio Susmel, Florenz 1951–1963, hier Bd. 22, S. 69.
27 Ebd., S. 73. «Veramente del confine del Brennero si può dire che è un confine segnato dalla mano infallibile di Dio (Vivissimi applausi).»
28 Ebd.
29 Ebd., S. 71.
30 Ebd., S. 73.
31 Ebd.
32 Pardatscher, Siegesdenkmal, S. 36–41.
33 Ebd., S. 46–51.
34 Ebd., S. 52ff.
35 Martha Verdorfer, Das Siegesdenkmal, in: Rath, Sommerauer, Verdorfer (Hg.), Bozen – Innsbruck, S. 23.
36 Ebd., S. 23ff.
37 In der römischen Antike stellten die «Fasces» die Amtsgewalt der altrömischen Liktoren dar, bevor die Faschisten das Rutenbündel mit Beil zu ihrem offiziellen Partei- und 1926 auch zum Staatssymbol erhoben.
38 Lehmann, Städtebau und Architektur, S. 167. Die deutsche Übersetzung lautet nach Karin Lehmann: «Hier sind die Grenzen des Vaterlandes, setze die Feldzeichen. Von hier aus haben wir die Übrigen gebildet durch die Sprache, die Gesetze und die Künste.» Thomas Pardatscher übersetzt die Inschrift leicht anders: «Setze hier als Zeichen die Grenzen des Vaterlandes. Von hier haben wir die anderen in der Sprache, den Gesetzen und Künsten unterwiesen.»
39 Pardatscher, Siegesdenkmal, S. 84.
40 Lehmann, Städtebau und Architektur, S. 168.
41 Pardatscher, Siegesdenkmal, S. 82.
42 Die deutsche Übersetzung lautet sinngemäß: «Benito Mussolini, Duce Italiens, im Jahre 6 der faschistischen Zeitrechnung.»
43 Pardatscher, Siegesdenkmal, S. 100ff.
44 Oswald Zoeggeler, Lamberto Ippolito, Die Architektur für ein Italienisches Bozen 1922–1942, Lana 1992, S. 128ff.; Lehmann, Städtebau und Architektur, S. 170ff.
45 Zoeggeler, Ippolito, Architektur für ein Italienisches Bozen, S. 143.
46 Ebd., S. 134–136 und S. 160–167.
47 Ebd., S. 167–173.
48 Martha Verdorfer, Quartiere Monumentale, in: Rath, Sommerauer, Verdorfer (Hg.), Bozen – Innsbruck, S. 29f.
49 Verdorfer, Das Zentrum der «città nuova», in: Rath, Sommerauer, Verdorfer (Hg.), Bozen – Innsbruck, S. 19.
50 Zoeggeler, Ippolito, Architektur für ein Italienisches Bozen, S. 20.
51 Martha Verdorfer, Rione Venezia, in: Rath, Sommerauer, Verdorfer (Hg.), Bozen – Innsbruck, S. 39f.

52 Einen kenntnisreichen Überblick über die faschistische Baupolitik in Südtirol geben Harald Dunajtschik, Gerald Steinacher, Die Architektur für ein italienisches Südtirol 1922–1943, in: Geschichte und Region / Storia e regione, 17, 2008, Nr. 1 (Faschismus und Architektur. Architettura e fascismo, hg. von Aram Mattioli u. Gerald Steinacher), S. 101–137.
53 Zoeggeler, Ippolito, Architektur für ein Italienisches Bozen, S. 22; Verdorfer, Das Zentrum der «città nuova», in: Rath, Sommerauer, Verdorfer (Hg.), Bozen – Innsbruck, S. 19.
54 Zoeggeler, Ippolito, Architektur für ein Italienisches Bozen, S. 36–42; Verdorfer, Das Zentrum der «città nuova», S. 19.
55 Verdorfer, Das Zentrum der «città nuova», S. 19.
56 Vgl. Aram Mattioli, Experimentierfeld der Gewalt. Der Abessinienkrieg und seine internationale Bedeutung 1935–1941. Mit einem Vorwort von Angelo Del Boca, Zürich 2005, S. 131f.
57 Verdorfer, Das Zentrum der «città nuova», S. 19.
58 In deutscher Übersetzung lautet Vergils Vers: «Und gedenke, den Brauch des Friedens anzuwenden, nämlich die Untertanen zu schonen und die Hochmütigen niederzuwerfen.»
59 Verdorfer, Das Zentrum der «città nuova», S. 15.
60 Zoeggeler, Ippolito, Architektur für ein Italienisches Bozen, S. 36; Verdorfer, Das Zentrum der «città nuova», S. 21.
61 Martha Verdorfer, Korrekturen am Straßenbild, in: Rath, Sommerauer, Verdorfer (Hg.), Bozen – Innsbruck, S. 43ff.
62 Zoeggeler, Ippolito, Architektur für ein Italienisches Bozen, S. 147ff.; Lehmann, Architektur und Städtebau, S. 182f.; Verdorfer, Das Denkmal Walther von der Vogelweide, in: Rath, Sommerauer, Verdorfer (Hg.), Bozen – Innsbruck, S. 50.
63 Zoeggeler, Ippolito, Architektur für ein Italienisches Bozen, S. 36–42; Verdorfer, Korrekturen am Straßenbild, S. 44.
64 Giorgio delle Donne, Die «moderne» Stadt, in: Arbeitsgruppe für ein Museum in den «Semirurali» (Hg.), Nicht nur Semirurali, Bozen 2004, S. 90–100, hier S. 95.
65 Zoeggeler, Ippolito, Architektur für ein Italienisches Bozen, S. 42.
66 Martha Verdorfer, Quartiere Monumentale, in: Rath, Sommerauer, Verdorfer (Hg.), Bozen – Innsbruck, S. 27f.
67 Zoeggeler, Ippolito, Architektur für ein Italienisches Bozen, S. 154.
68 Ebd.; Verdorfer, Quartiere Monumentale, S. 27.
69 Lehmann, Städtebau und Architektur, S. 202.
70 Ebd., S. 208.
71 Zoeggeler, Ippolito, Architektur für ein Italienisches Bozen, S. 143–144; Lehmann, Städtebau und Architektur, S. 208.
72 Zoeggeler, Ippolito, Architektur für ein Italienisches Bozen, S. 144; Lehmann, Städtebau und Architektur, S. 209.
73 Martha Verdorfer, Dreigestirn der Herrschaft, in: Rath, Sommerauer, Verdorfer (Hg.), Bozen – Innsbruck, S. 31–34, hier S. 31–33; Zoeggeler, Ippolito, Architektur für ein Italienisches Bozen, S. 144–147.
74 Lehmann, Städtebau und Architektur, S. 210.

75 Ebd.; Verdorfer, Dreigestirn der Herrschaft, S. 31f.
76 Verdorfer, Dreigestirn der Herrschaft, S. 31.
77 Lehmann, Städtebau und Architektur, S. 210; Verdorfer, Dreigestirn der Herrschaft, S. 31f. Die Waage in der Hand dieser Justitia wird überall erwähnt, nirgends jedoch die fehlende Augenbinde.
78 Mathias Frei, Entwürfe zum Relief am Gebäude der Finanzämter in Bozen. Bozzetti per il rilievo del Palazzo degli Uffici Finanziari di Bolzano, in: Hans Piffrader. 1888–1950, hg. vom Südtiroler Künstlerbund zur Ausstellung in der Galerie Prisma Bozen, Bozen 2005. Die folgenden Angaben zu diesem Relief stützen sich auf diesen detaillierten Aufsatz, der leider ohne Seitenangaben gedruckt wurde.
79 Näheres dazu bei Filippo Focardi, Die Unsitte des Vergleichs. Die Rezeption von Faschismus und Nationalsozialismus in Italien und die Schwierigkeiten, sich der eigenen Vergangenheit zu stellen, in: Gian Enrico Rusconi, Hans Woller (Hg.), Parallele Geschichte? Italien und Deutschland 1945–2000, Berlin 2006, 107–139; Aram Mattioli, Die Resistenza ist tot, es lebe Onkel Mussolini! Vom Umdeuten der Geschichte im Italien Berlusconis, in: Mittelweg 36, 17, 2008, S. 75–93.
80 Näheres dazu in Carl Ipsen, Dictating Demography. The problem of population in Fascist Italy, Cambridge 1996; Victoria De Grazia, Die Radikalisierung der Bevölkerungspolitik im faschistischen Italien. Mussolinis «Rassenstaat», in: Geschichte und Gesellschaft, 26, 2000, S. 219–254; Mattioli, Experimentierfeld, S. 61f.
81 Benito Mussolini an Umberto Ricci, 15. Januar 1927, übersetzt nach der italienischen Originalfassung in: Umberto Corsini, Rudolf Lill, Südtirol 1918–1946, hg. von der Autonomen Provinz Bozen-Südtirol, Bozen 1988, S. 218–222, hier S. 218.
82 Ebd., S. 219.
83 Vgl. Wittfrida Mitterer (Hg.), Megawatt & Widerstand. Die Ära der Groß-Kraftwerke in Südtirol, Bozen 2005.
84 Steininger, Südtirol im 20. Jahrhundert, S. 109f. Die erste gezielte Einwanderung italienischer Arbeiter erfolgte im Zuge der Errichtung einer Ammoniakfabrik der Montecatini-Gruppe in Sinich bei Meran, das bis zur Gründung der Bozner Industriezone einzige Beispiel dieser Art in Südtirol. Ebd., S. 100. Vgl. auch Martha Verdorfer, Die Industriezone, in: Rath, Sommerauer, Verdorfer (Hg.), Bozen – Innsbruck, S. 59.
85 Steininger, Südtirol im 20. Jahrhundert, S. 114f.; Lehmann, Städtebau und Architektur, S. 145f.
86 Steininger, Südtirol im 20. Jahrhundert, S. 114.
87 Verdorfer, Die Industriezone, S. 56; Lehmann, Städtebau und Architektur, S. 149–157.
88 Steininger, Südtirol im 20. Jahrhundert, S. 114.
89 Lehmann, Städtebau und Architektur, S. 157.
90 Zoeggeler, Ippolito, Architektur für ein Italienisches Bozen, S. 216.
91 Steininger, Südtirol im 20. Jahrhundert, S. 115.
92 Lehmann, Städtebau und Architektur, S. 158–160; Martha Verdorfer, Das Semirurali-Viertel, in: Rath, Sommerauer, Verdorfer (Hg.), Bozen – Innsbruck, S. 60.
93 Zoeggeler, Ippolito, Architektur für ein Italienisches Bozen, S. 214ff.
94 Ebd., S. 216ff.; Verdorfer, Das Semirurali-Viertel, S. 62.
95 Lehmann, Städtebau und Architektur, S. 161f.

96 Vgl. zu den urbanistischen Maßnahmen im faschistischen Italien Wolfgang Schieder, Merkmale faschistischer Urbanisierungspolitik in Italien 1922–1943, in: Friedrich Lenger, Klaus Tenfelde (Hg.), Die europäische Stadt im 20. Jahrhundert. Wahrnehmung – Entwicklung – Erosion, Köln, Weimar, Wien 2006, S. 157–170.

97 Vgl. zu den faschistischen Gründungsstädten Riccardo Mariani, Fascismo e «città nuove», Mailand 1976; Diane Ghirardo, Building New Communities. New Deal America and Fascist Italy, Princeton 1989; Christoph Kühberger, Faschistische Selbstdarstellung. Eine Retortenstadt Mussolinis als Bühne des Faschismus, Berlin 2001. Näheres zur Idee, mit den Neugründungsstädten eine moderne faschistische Agrikulturzivilisation ins Leben zu rufen, findet sich in Alexander Nützenadel, Landwirtschaft, Staat und Autarkie. Agrarpolitik im faschistischen Italien (1922–1943), Tübingen 1997 sowie in Eduard Führ, Städtebau und Propaganda im Faschismus. Sabaudia und der Agro Pontino, in: Hans-Jörg Czech, Nikola Doll (Hg.), Kunst und Propaganda im Streit der Nationen 1930–1945, Deutsches Historisches Museum Berlin (Ausstellungskatalog), Dresden 2007, S. 96–105.

98 Vgl. Ghirardo, Building New Communities; Pasquale Culotta, Giuliano Gresleri, Glauco Gresleri (Hg.), Città di fondazione e plantatio ecclesiae, Bologna 2007 und Simona Martinoli, Eliana Perotti, Architettura coloniale italiana nel Dodecaneso 1912–1943, Turin 1999. Weiterführende Überlegungen finden sich überdies in den Beiträgen von Roberta Pergher und Eliana Perotti in diesem Band.

99 Lehmann, Städtebau und Architektur, S. 205.

100 Auf Deutsch übersetzt lautet diese Inschrift: «Für das italische Imperium in Tugend, Gerechtigkeit und Hierarchie mit Klauen und Zähnen.»

101 Lehmann, Städtebau und Architektur, S. 202ff.

102 Ebd., S. 205.

103 Pardatscher, Das Siegesdenkmal in Bozen, S. 190, erwähnt den zum Zeitpunkt der Drucklegung des Buches im Jahre 2002 aktuellen, vom Bozner Bürgermeister 1998 vorgelegten deutschsprachigen Textvorschlag, der sinngemäß 2004 auch angebracht wurde: In einem ersten Satz wird die Entstehungsgeschichte des Siegesdenkmals geschildert, in einem zweiten Satz «erteilt Bozen heute jeder Form von Nationalismus eine Absage und verpflichtet sich, die Zwistigkeiten der Vergangenheit […] zu überwinden».

Zwischen Monumentalbauten und Kleinsiedlungen. Faschistische Siedlungspolitik in Libyen und Südtirol

Roberta Pergher

Im Jahre 164 n. Chr. wurde im heutigen Tripolis in Libyen ein Denkmal zu Ehren des römischen Kaisers Mark Aurel erbaut. Der fast quadratisch angelegte Bogen, der vollständig erhalten geblieben ist, hat zwar imposante Ausmaße, wirkt aber eigentümlich bezugslos zu seiner Umgebung in der Altstadt der libyschen Metropole. Es gibt keine geradlinig auf ihn hinführenden Straßen und die Sichtachsen privilegieren ihn nicht. Kurz, der Bogen scheint für westlich geprägte Betrachter zwar ein herausgehobenes Bauwerk zu sein – immerhin handelt es sich um ein Zeichen von Sieg und militärischer Überlegenheit –, ohne dass ihm jedoch, etwa im Vergleich zum Pariser Arc de Triomphe oder den Triumphbögen in Rom, städtebaulich ein bevorzugter Rang eingeräumt würde. Die eigenartige Stellung des Aurelius-Bogens im Stadtbild von Tripolis wird allerdings vor dem Hintergrund seiner Geschichte verständlich.[1]

Aurelius-Bogen und Siegesdenkmal

Nachdem der Bogen in osmanischer Zeit während Jahrhunderten völlig unbeachtet geblieben und als Teil des Basars seiner ursprünglichen Symbolik beraubt worden war, erfuhr er in den ersten Jahrzehnten des 20. Jahrhunderts einen radikalen Bedeutungswandel. Mit der italienischen Kolonisation Libyens nach 1911 wurde der bis dahin sogar teilweise verschüttete, im Kontext der osmanischen und arabischen Kulturen unbedeutende Bogen nachgerade zum Sinnbild des imperialen Selbstverständnisses der neuen Kolonialmacht. Die nackte Materialität des antiken Bogens avancierte schon vor dem Ersten Weltkrieg, vor allem dann aber in der Zwischenkriegszeit, zum Emblem einer ideologisch aufgeladenen Vision eines zwar faktisch inexistenten, aber bereits antizipierten italienischen Imperiums, das sich als Wiedergeburt des Imperium romanum begriff. Die Rückbesinnung auf vermeintlich lückenlose Traditionen aus der Antike, versinnbildlicht in der Restauration des Aurelius-Bogens, war nicht grundsätzlich neu; sie findet sich in Europa seit dem ausgehenden Mittelalter in sehr verschiedenen Konstellationen, so auch zur ideologischen Fundierung der deutschen Nation, die angeblich aus dem antiken Germanentum hervorgegangenen sei. In vergleichbarer Weise ignorierte die tendenziöse italienische Forschung zur römischen Herrschaft in Nordafrika die vielschichtigen historischen Entwicklungen des nordafrikanischen Küstenstreifens mit seinen Hafenstädten Sabratha, Leptis Magna und Oea, dem heutigen Tripolis. Dies wird vor allem durch den Umstand deutlich, dass die fiktiven Kontinuitätslinien, welche die neuen Kolonialherren zwischen römischer Antike und italienischer Gegenwart herstellten, sowohl die vorrömische Geschichte der Berber, Phönizier, Punier, Griechen und Vandalen wie auch die vielen Kulturen, die der römischen Herrschaft in Nordafrika gefolgt waren, vor allem jene der Byzantiner, Araber und Osmanen, einfach unterschlugen.[2]

Über die Jahrhunderte hatte sich der Bogen allmählich in die Medina, in die arabische Altstadt, integriert; sein Innenraum wurde von den Libyern als Handelsplatz genutzt. Der Bogen war gleichsam in die Medina hineingewachsen, die seine Fundamente ein paar Meter unter sich begrub. In der arabischen Altstadt unternahmen die Italiener nach der Inbesitznahme 1911/12 nur vereinzelt Sanierungs- oder Baumaßnahmen, dem Ehrenbogen des Mark Aurel widmeten sie hingegen große Aufmerksamkeit.[3] Sie legten nicht nur seine Fundamente frei, sondern rissen auch die umliegenden Gebäude ab, damit er – nunmehr freistehend – überhaupt eine Wirkung auf die Betrachter entfalten konnte. Erst über den um ihn geschaffenen offenen Raum wurde der Bogen zum historischen Denkmal und verlor seinen vorherigen Charakter als «Gebrauchsbauwerk».

Abb. 50: Tripolis, Bogen zu Ehren des römischen Kaisers Mark Aurel, errichtet 164 n. Chr. (2004).

Die Baumaßnahmen um den Bogen herum im Verlaufe weniger Jahrzehnte stehen stellvertretend für viele Aspekte in der urbanen Neugestaltung von Tripolis.[4] So errichtete die Kolonialregierung in den dreißiger Jahren einen an die Medina angrenzenden neuen Stadtteil, in dem italienische Kolonialbeamte, Angestellte, Händler, Lehrer und Arbeiter sich auch räumlich von ihren nordafrikanischen Untertanen abgrenzten. Die Medina blieb als Wohngebiet hingegen den Libyern vorbehalten.

Die italienischen Architekten hatten den Ehrenbogen als Sinnbild einer symbolträchtigen Machtpolitik neu gestaltet. Einige Journalisten deuteten ihn als Ausdruck von Autorität und Tatkraft der italienischen Kolonialherrschaft und stellten ihn den angeblich kümmerlichen libyschen Gebäuden gegenüber. Das neue, im ideologischen Schatten des Bogens entstehende italienische Wohngebiet sollte Rationalität und auch Modernität einer offenen, sauberen, gesunden, sich männlich verstehenden Kultur repräsentieren, die sich von dem als schmutzig, laut, rückständig, verwahrlost und effeminiert gedeuteten Fremden abhob. Räumliche Segregation war nicht nur Teil einer politischen Ideologie, die auf rassisch und religiös begründeten Gegensätzen beruhte, die Trennung der verschiedenen Sphären materialisierte sich auch in der Geografie und Architektur der Stadt. In der Anordnung des Raumes spiegelten sich die Politik der europäischen Kolonialherren und deren Legitimation wider.[5] Allerdings wünschten nur wenige Italiener eine derartige totale räumliche Trennung bis in das alltägliche Leben hinein, da dies ihrem Streben nach ökonomischem Gewinn weitgehend zuwiderlief.[6]

Die Restauration des Aurelius-Bogens war für die koloniale Geografie und Architektur von Tripolis ein maßgeblicher intellektueller Bezugspunkt, wie die expansionistische Politik Italiens im 20. Jahrhundert zu veranschaulichen sei. Die architektonische wie auch die durch Stadtplanung verräumlichte Repräsentation der kolonialen Sozialbeziehungen ist dabei keineswegs für den italienischen Kolonialismus spezifisch, sondern findet sich in der Geschichte des europäischen Kolonialismus seit der frühen Neuzeit. Im italienischen Fall ist Kolonialpolitik jedoch auch immer als faschistische Politik zu verstehen, auch weil es bis zur Machtergreifung Mussolinis 1922 nur wenige nachhaltige kolonialpolitische Konzepte des liberalen Italien gab. Damit ist die Frage unausweichlich, welche Maßnahmen als spezifisch «faschistisch» und welche in den kolonialpolitischen Praktiken anderer Kolonialmächte ebenfalls zu identifizieren sind. Die Antworten auf diese Frage haben die vielschichtigen Verflechtungen zwischen faschistischer Ideologie und der Wirtschafts- und Gesellschaftspolitik in ihrer Bedeutung für den italienischen Kolonialismus zwischen 1922 und 1943 zu berücksichtigen, deren Diskussion den Rahmen dieses Aufsatzes sprengen würde. Aber es kann festgehalten werden, dass die «faschistische Kolonialpolitik» auch in genuin innovativen Ordnungskonzepten sowohl für den urbanen als auch den agrarischen Raum ihren Ausdruck fand.

Phantasien über die Inbesitznahme und Gestaltung kolonialen Raumes durch die Errichtung von Monumentalbauten und Siedlungen ruhten auf den Fundamenten einer imaginären Vergangenheit und schufen eine virtuelle Zukunft. Die «spatial politics» der kolonialen Repräsentativarchitektur versinnbildlichte die asymmetrische Beziehung zwischen den italienischen Besatzern und der libyschen Bevölkerung. Das wiederhergestellte Denkmal des Mark Aurel sollte Italiens Dominanz demonstrieren und die arabische Kultur regelrecht in seinen Schatten stellen. Die Historikerin Krystyna von Henneberg bemerkte in Anlehnung an die Geschichtsschreibung der «invention of traditions»: «… hätte es den Bogen nicht schon gegeben, hätte er erfunden werden müssen.»[7] Genau das geschah in Südtirol.

1926 reiste der italienische König Viktor Emanuel III. zur Grundsteinlegung des gewaltigen «Monumento alla Vittoria», eines Denkmals, das dem italienischen Sieg im Ersten Weltkriegs gewidmet war, nach Bozen (siehe Abb. 46).[8] Der Entwurf für das zwanzig Meter hohe Denkmal in Form eines Triumphbogens stammte von Marcello Piacentini, der in Anbetracht der vielen Entwürfe und Bauten für die faschistische Regierung oft als «Architekt des Regimes» bezeichnet wird.[9] Das im neoklassizistischen Stil aus weißem Marmor erbaute und mit Insignien des Faschismus überdeckte Siegesdenkmal hätte sich nach seiner Fertigstellung 1928 kaum stärker von seinem architektonischen Umfeld abheben können, da der monumentale Stil des Bogens in scharfem Kontrast zu den doch eher bescheidenen Bauten des kleinstädtischen Bozen stand.

Auch in Bozen, wo das Denkmal zwar am westlichen Stadtrand erbaut wurde, ging die Gestaltung eines faschistischen Raumes mit der Enteignung von Land und dem Abriss von Gebäuden einher. Interessant ist ferner, dass die Darstellung faschistischer Macht auf dem bereits errichteten Fundament eines für die gefallenen Soldaten eines in Bozen stationierten österreichischen Regiments geplanten Denkmals erfolgte. Aus Sicht der im Ersten Weltkrieg noch österreichischen Bevölkerung Südtirols radierte das faschistische Denkmal die eigenen Opfer des Krieges aus.

Im darauf folgenden Jahrzehnt markierte das Denkmal den Grenzstein zwischen dem alten, vornehmlich von der deutschsprachigen Bevölkerung bewohnten Bozen und dem rasch heranwachsendem Bolzano, der italienischen Stadtseite mit seinen modernistisch anmutenden Wohn- und Bürohäusern, hohen Einkaufsarkaden und breiten Straßen, das ausschließlich italienischsprachige Zuwanderer, Angestellte, Soldaten und Arbeiter sowie deren Familien bewohnten.[10] Die Trennung zwischen der alten und der neuen Stadt, die sich sowohl in der räumlichen Anordnung wie auch in den unterschiedlichen Baustilen ausdrückte, war in Bozen genauso markant wie in Tripolis.

Dem jeweiligen Bogen hatten die lokalen Obrigkeiten eine ähnliche Aufgabe zugedacht: Beide signalisierten die ethno-kulturelle Trennung innerhalb der Städte, in denen sie standen. In einem Aspekt übertraf das Denkmal in Bozen allerdings den Aurelius-Bogen. Achtzig Kilometer südlich der Brennergrenze gelegen, trug das Siegesdenkmal der Faschisten eine eindeutige Inschrift und übermittelte die kühne Nachricht: «Hier sind die Grenzen des Vaterlandes. Setze das Zeichen. Von hier aus bildeten wir die anderen durch Sprache, Recht und Kultur.»[11] Auf Lateinisch, in deutlicher und direkter Anlehnung an die römische Antike, markierte die Inschrift die Grenze zwischen «uns» – den Überbringern von Sprache, Recht und Kultur – und den «anderen», also denjenigen, die der italienischen Sprache, des italienischen Rechts und der italienischen Kultur dringend bedurften. Auch in Südtirol wurden räumliche Realitäten geschaffen, die auf einer selektiv konzipierten Kontinuität zwischen Gegenwart und Antike beruhten und welche die von den Römern begonnene und von italienischen Faschisten zu vollendende «missione civilizatrice» räumlich verankerten. Die Konstrukteure des Bogens setzten die Idee der römischen Zivilisation als rhetorisches Hilfsmittel ein, um eine nationale «Zivilisierung», das heißt eine sprachliche und kulturelle Assimilation innerhalb der italienischen Staatsgrenzen zu propagieren. Die Machthaber setzten in der Grenzprovinz Südtirol Gedankengut ein, das sie in der Zwischenkriegszeit sonst nur mit dem kolonialen Raum in Verbindung brachten. In Libyen wie auch in Südtirol erhoben triumphale «römische» Bögen auf ähnliche Weise Anspruch auf ein Territorium, das als «fremd» demarkiert und als zu «italienisierend» vereinnahmt wurde.

«Oasen» und «Little Italies»

Die Ansiedlung von «ethnischen Italienern» in Regionen, die dem italienischen Staatsgebiet einverleibt wurden, stellt die Quintessenz dessen dar, was in historischer Perspektive als das maßgebliche faschistische Element der italienischen Kolonialpolitik in den zwanziger und dreißiger Jahren bezeichnet werden kann.[12] Die Tatsache, dass die Faschisten ihre eigenen Visionen einer innovativen Kolonialpolitik sowohl in Libyen als auch in Südtirol verfolgten, also in zwei landschaftlich sehr verschiedenen und hinsichtlich ihres kulturellen Erbes extrem divergierenden Landstrichen, ist nicht zuletzt dem Umstand geschuldet, dass Südtirol und Libyen in kurzem Abstand voneinander – Libyen 1911/12 und Südtirol 1919/20 – Teile des Königreichs Italien wurden. Weil die Neugestaltung der politischen Ordnung und der Alltagswelten in Südtirol und Libyen so offensichtliche Parallelen aufweist, müssen der faschistischen Kolonialpolitik dabei weit mehr systematische Konzepte zugrunde gelegen haben, als es auf den ersten Blick den Anschein hat. Diese Konzepte konvergieren in einer wesentlichen Zielsetzung, nämlich der konsequenten Italianisierung neu erworbener Gebiete durch Ansiedlung von «Italienern» aus dem alten Staatsgebiet, womit die Machthaber einen Verdrängungswettbewerb mit der autochthonen Bevölkerung initiierten.

Unter der faschistischen Regierung wurden beide Territorien in einem mehrstufigen Prozess administrativ dem zunehmend zentralisierten Staatsgebilde zugeordnet. Südtirol, zunächst zusammen mit dem Trentino ein Teil der Region Venezia Tridentina, wurde 1926/27 von dieser losgelöst und als Provinz direkt dem Zentralstaat unterstellt. Libyen war zunächst als Kolonie eingestuft, bis dann 1939 der Küstenstreifen als eine in vier Provinzen unterteilte Region in den italienischen Staat eingegliedert wurde, während der südliche Teil Libyens weiterhin der italienischen Militärverwaltung unterstand. Im Zuge der administrativen Neugestaltung forcierte die Regierung die Darstellung, sowohl Libyen als auch Südtirol seien Gebiete mit Vorbildcharakter für die Entwicklung des neuen faschistischen Italien: Beide Regionen galten als *die* Experimentierfelder, in denen neue Wirtschafts-, soziale und kulturelle Beziehungen gemäß der faschistischen Ideologie, losgelöst von störenden historischen Traditionen, erprobt und weiterentwickelt werden konnten.

In Libyen und in Südtirol stellten die Siedler die «Humanressource», das «lebende Bollwerk» gegen Bedrohungen von innen und außen dar.[13] Dabei hatte die Idee des Bollwerks zwei verschiedene Implikationen. Zum einen trugen die Siedler durch ihre schiere Präsenz dazu bei, einen soziokulturellen Überformungsprozess einzuleiten, der die alteingesessene Bevölkerung – deutsch- und ladinischsprachige Altösterreicher in Südtirol sowie Araber und andere ethnische Gruppen in Libyen – im politischen wie auch im Alltagsleben allmählich zurückdrängte; zum anderen galten die Siedler als eine dem italienischen Staat loyal ergebene Bevölkerungsgruppe, die zur militärischen, aber auch kulturellen «Sicherung» der Grenzregionen gegen potenzielle Aggressionen von außen beitrug. In dieser Logik sollten Bauern und deren Familien die neu gewonnenen Landstriche bearbeiten und dort, gleichsam symbolisch, «ihre Wurzeln schlagen».[14]

Mit der anvisierten Italianisierung war durch die hiermit im Zusammenhang stehende Umsiedlung von Italienern aus dem italienischen Kernland ein bis dahin in Südtirol und Libyen ungekannter demografischer Wandel verbunden. Die Verschiebung größerer Bevölkerungssegmente spiegelte sich selbstverständlich in den Raumordnungsplänen wider. Sowohl in Tirol wie auch in Libyen gingen staatliche Interventionen weit darüber hinaus, Ehrenbögen als repräsentative Machtsymbole neu zu errichten oder zu restaurieren. Vielmehr ging es darum, den urbanen und agrarischen Raum mit einem erheblichen Aufwand an materiellen und immateriellen Ressourcen von Grund auf umzugestalten. Jedoch unterschieden sich die Strategien im Falle von Libyen und Südtirol nachhaltig.

Da die akquirierten libyschen Gebiete, wider besseres Wissen, als leer, substanzlos und verfügbar galten, verwundert es kaum, dass das Regime ganze Dörfer neu aufbaute, um diese libysche «Tabula rasa» in eine italienische «Heimat» zu verwandeln. Und wieder waren es «invented traditions», unter anderem in Gestalt römischer Legionärssiedlungen, die die Neugestaltung mit einer grandiosen Vergangenheit rechtfertigen und gleichzeitig wahrhaftig machen sollten, obwohl es solche Legionärssiedlungen in römischer Zeit in Libyen gar nicht gegeben hatte.[15] Zudem beriefen sich die Behörden auf ein ungebrochenes Vertrauen in ihre kulturelle Überlegenheit und einen überragenden Glauben an die Macht des faschistischen Willens, der allein schon das

Unmögliche möglich machte. Faktisch beruhte die italienische Siedlungspolitik jedoch auf der radikalen Räumung der akquirierten Gebiete und der Internierung der vertriebenen Bevölkerung in speziellen Lagern. Nach Schätzungen sollen in den späten zwanziger und frühen dreißiger Jahren bis zu sechzig Prozent der libyschen Bevölkerung der Cyrenaika in Internierungslagern und auf Gewaltmärschen den Tod gefunden haben.[16] Diese Strategie brach den Widerstand der Libyer und zerstörte auf lange Sicht deren Lebensweise. Erst im Anschluss an die «Evakuierung» der Bevölkerung konnten 1932 die Staatsorgane mit der von ihnen finanzierten landwirtschaftlichen Erschließung und umfassenden Bebauung Libyens beginnen.

Als 1938 die «Ventimila», die «zwanzigtausend Siedler» (wobei sich die genaue Zahl auf knapp unter 16 000 Siedler belief), unter großer Fanfare in Libyen eintrafen, waren für diese in sehr kurzer Zeit und fast aus dem Nichts heraus über dreißig Siedlungen erbaut worden.[17] Diese Siedlungen, «Centri agricoli» genannt, verfügten über ein Parteihaus (Casa del Fascio), eine Schule, eine Kirche, eine Warenhandlung mit Schenke (spaccio), eine Polizeistation, Unterkünfte für das Aufsichtspersonal, Magazine für gemeinschaftlich genutzte Maschinen sowie Geräte und Speicher für die Ernte. Um jungen männlichen Einwanderern die Möglichkeit zu geben, mit italienischen Mädchen in Kontakt zu treten, sah die Planung darüber hinaus eine Piazza vor.[18] Jeder Kernfamilie war ein eigenes Bauernhaus mit anliegendem Grundstück zugeteilt, allerdings erstreckten sich die Unterkünfte der Siedler, die «poderi», zumeist weitläufig in die Umgebung. Die bis ins kleinste Detail geplanten und bis heute nahezu unverändert erhaltenen modernistischen Dörfer erinnern an die berühmteren faschistischen Siedlungen des Agro Pontino südlich von Rom, auch wenn diese mit den libyschen nicht völlig identisch waren. Benannt nach Kriegshelden und Märtyrern des italienischen Irredentismus und des Faschismus, standen sie wie weiße Oasen inmitten der Wüste.

Die von den Behörden ausgewählten Familien hatten verschiedene Kriterien zu erfüllen: Sie mussten als politisch zuverlässig gelten, gesund sein und landwirtschaftliche Kenntnisse besitzen. Ferner war auch die regionale Herkunft ausschlaggebend, vorzugsweise wurden sie im Veneto, in der Emilia-Romagna und auch in Sizilien angeworben. Zwei-Generationen-Familien, die bereits mehrere Kinder hatten, im Idealfall zwei erwachsene Söhne, wurden ebenfalls bevorzugt; Großfamilien, die sich über mehrere Generationen erstreckten, wurden dagegen prinzipiell nicht zugelassen. Die Präferenz für Familien mit Söhnen hatte schon auf kurze Sicht ein Ungleichgewicht der Geschlechter in der Kindergeneration zur Folge.

Abb. 51: Landwirtschaftliche Siedlung («Centro agricolo») Baracca in der Cyrenaika, besiedelt 1938 (2004).

Die patriarchale Kernfamilie war hier nicht nur dem Namen nach eine Einheit, sondern wurde von der Regierung als die einzige soziale Formation gewertet, welche die nötige sozio-ökonomische Schlagkraft entfalten konnte, um Wüste in Ackerland zu verwandeln, anders als beispielsweise bei der Auswanderung in die USA oder in Teile des südlichen Afrikas im Verlauf des 19. Jahrhunderts, wohin oft vereinzelte, ungebundene Männer gingen. Mittels harter Arbeit, gestützt von der «naturgegebenen» Ordnung der Familie, sollte die neue faschistische Gemeinschaft als Summe von Kleinfamilien entstehen, etwa im Unterschied zu den zeitgleich vermehrt gegründeten Kibbuzim in Palästina. Jedoch verkannten die Behörden die Überlebenskraft von Traditionen, welche die Siedlerfamilien aus ihren Herkunftsregionen mitbrachten. Wenn der Staat unvermittelt von sämtlichen Familienmitgliedern erwartete, dass sie auf dem Feld arbeiteten, auch wenn dies nicht ihren lokalen Gebräuchen entsprach, wurden Unstimmigkeiten sehr schnell deutlich. So war es in sizilianischen Familien völlig unüblich, dass Frauen auf dem Felde arbeiteten.[19] Unweigerlich kamen die männlichen Familienvorstände und die staatlichen Verwalter in direkten Konflikt über die geschlechtsspezifischen Rollen der verschiedenen Familienmitglieder in der Wohn- und Arbeitswelt der Grenzgebiete.

Die zahlreichen inneren Widersprüche des faschistischen Kolonialprojekts zwischen Modernität und Tradition lassen sich gerade an den Konflikten ablesen, welche die räumliche Ordnung betreffen. Beschaffenheit und Anordnung der Siedlungen waren mehr als nur eine modernistisch anmutende Fassade, hinter der sich die Italianisierung Libyens abspielen sollte. Die Pflichten der Siedler waren an das Verständnis des Raumes als nationales Gut gekoppelt. Direktiven, wie, wann und aus welchen Gründen die Distanzen zwischen Haus und Dorf zu bewältigen waren, geben Aufschluss über die Präsenz, die das Regime im täglichen sozialen Leben der Siedler beibehielt. So konnten sich die Siedler nur an Sonntagen ohne Erlaubnis von ihren Bauernhöfen ins Dorf begeben. An allen anderen Tagen mussten sie eine Genehmigung einholen, auch für lebensnotwendige Verrichtungen wie den persönlichen Einkauf oder die Lieferung ihrer landwirtschaftlichen Produkte, welche die Behörden selbstverständlich akribisch koordinierten und überprüften.

Abb. 52: Von den Italienern im Zuge des Siedlungsprogramms 1938 erbauter Bauernhof in der Cyrenaika, 2004.

Zwar wurden Spaten und «Duce»-Porträts, wenn auch auf Rechnung der Siedler, für die Urbarmachung bereitgestellt, aber ein «Podere», ein «Centro agricolo» und die hochgepriesenen «Ventimila» machten aus Libyen noch kein Italien. Dessen ungeachtet feierte die Propaganda die Umsiedlung einiger tausend Italiener als Erfolg der neuen imperialen Ausdehnung der italienischen Nation und stellte sie als Zeichen der Macht des technologischen Zeitalters dem «natürlichen» Totalitarismus der Wüste entgegen. Bei genauerer und nüchterner Betrachtung ist jedoch kaum zu übersehen, dass die Siedlungen wenig mehr als sich selbst überlassene Behausungen in einer fremden, menschenfeindlichen Wüste waren.

Mit den siedlungspolitischen Entwicklungen in Libyen korrespondierende Bestrebungen des italienischen Staates lassen sich auch in Südtirol nachzeichnen, wo ähnlich illusionäre Visionen über die zu erschaffende faschistische Gemeinschaft entwickelt wurden. Die traditionelle Südtiroler Geschichtsschreibung gliedert die faschistische Ära in Südtirol in drei Phasen: In den zwanziger und frühen dreißiger Jahren hätte das Regime eine zunehmend gewaltsame, direkte Italianisierungspolitik der deutsch- und ladinischsprachigen Bevölkerung betrieben, was allerdings nicht sonderlich erfolgreich gewesen sei. Die zweite Phase in der Mitte der dreißiger Jahre hätte sich durch aggressive Siedlungspolitik ausgezeichnet – so sollte nun der massive Zuzug von Industriearbeitern aus dem alten Staatsgebiet die Italianisierung vorantreiben. Als auch diese Absicht fehlgeschlagen sei, hätten sich Benito Mussolini und Adolf Hitler unter dem Gesichtspunkt der «ethnischen Homogenisierung» auf eine Abschiebung der deutschsprachigen Bevölkerung und deren Umsiedlung innerhalb der Grenzen des nach der Annexion Österreichs 1938 nunmehr «Großdeutschen Reichs» geeinigt.[20] Es müssen jedoch Zweifel angemeldet werden, inwieweit diese schematische Interpretation tatsächlich stimmig ist, etwa unter dem Gesichtspunkt der faschistischen Vorstellungen von Raum und Raumordnung.

Zum einen strebte die liberale Regierung gleich nach der Annexion die Ansiedlung von Italienern aus den Nachbarprovinzen an. Ein umfangreiches Projekt, das die Urbarmachung des Etschtales und dessen landwirtschaftliche Nutzung durch zugewanderte italienischsprachige Bauern vorsah, war bis in die späten zwanziger Jahre auf höchster politischer Ebene im Gespräch, wurde aber aus Kostengründen fallengelassen, ungeachtet zahlreicher privater Initiativen, italienischsprachige Bauern ins Land zu bringen.[21] Außerdem übernahm die Veteranenorganisation Opera Nazionale Combattenti (ONC), eine staatlich geförderte Vereinigung, die vornehmlich für ihre Ansiedlungsaktionen im Agro Pontino bekannt wurde, die Aufgabe, etwa zwanzig von deutschen und österreichischen Auswanderern verlassene Bauernhöfe geschlossen zu verwalten.[22] Der italienische Veteranenverband verpachtete diese Höfe oberhalb Merans an italienische Veteranen, die genauso wie die ONC-Siedler im Agro Pontino und auch die Siedler in Libyen ein Jahrzehnt später, eigens selektiert wurden. Diese sollten nicht nur politisch verlässlich sein, sondern mussten zwingend im Ersten Weltkrieg auf italienischer Seite gekämpft haben. Diese Bestimmung ermöglichte es dem Veteranenverband, die nun «italienisch» gewordenen Südtiroler, die aber während des Krieges auf österreichischer Seite gestanden hatten, aus seinen Förderungsmaßnahmen auszuschließen.

Trotz der begrenzten Anzahl der Bauernhöfe, die durch italienischsprachige Zuwanderer bewirtschaftet wurden, schien die Siedlungspolitik des Regimes schon früh vielversprechende Erfolge zu zeigen. So sprach der italienische Konsul in Innsbruck 1928 von «oasi di italianità», «bedeutenden Oasen genuiner und purer Italianität», die das soziale und kulturelle Milieu in Südtirol sichtbar und fühlbar verwandelten.[23] Gerade der Begriff der «Oase» fand in Bezug auf die Siedlungspolitik in Libyen keine Anwendung, und so ist es vielleicht bezeichnend, wenn ein Vertreter des Regimes für das alpine Südtirol eine Metapher verwendet, die in Libyen sehr gut in die Landschaft gepasst hätte, dort aber vermieden wurde. Die Aussage des Konsuls scheint dasselbe Dilemma anzusprechen, mit dem auch die libyschen Siedler konfrontiert waren, nämlich das Gefühl, von etwas Fremdem und teilweise auch Bedrohlichem, wenn nicht gar Unbezwingbarem umringt zu sein. Es scheint so, dass Südtirol als fremdbeherrschte «Kultur-Wüste» nachgerade «erfunden» werden musste, um eine Siedlungspolitik wie jene in der libyschen Wüste zu rechtfertigen.

Ungeachtet der frühen Ansiedlungspolitik im ländlichen Raum setzt für die Südtiroler Geschichtsschreibung die systematische Italianisierung der alpinen Region erst mit der Industrialisierung von Bozen ein, mit welcher der Zuzug von italienischsprachigen Industriearbeitern, vor allem aus den Nachbarprovinzen, aber auch aus dem restlichen Italien einherging.[24] Zwar siedelten sich in den dreißiger Jahren tatsächlich vermehrt italienische Arbeiter in Südtirol an, so dass die Wohn- und Bürogebäude für die wachsende Industrie- und Beamtenschaft das Bild der Stadt Bozen veränderten (siehe Abb. 49; Arbeitersiedlung Rurali). Dennoch ist festzuhalten, dass es sich um eine lokal begrenzte Entwicklung handelte, die nicht allein die flächendeckende Italianisierung der Provinz herbeiführte. Trotz des verstärkten Versuchs, die Umgestaltung des Tiroler Raumes durch Industrialisierung voranzutreiben, ließen sich die räumlichen Ausgangsbedingungen auch nicht durch faschistische Willenskraft neu definieren. Wo in Libyen die schieren Ausmaße des Landes, die Unbegrenztheit des erzwungenen «leeren Raumes» für eine «Oasenbildung» von italienischen Höfen verantwortlich war, ließ sich in Südtirol der nötige «leere Raum» kaum schaffen, weswegen sich nur in und um Bozen herum eine beschränkte Massenansiedlung von italienischsprachigen Industriearbeitern und Angestellten entwickelte.

Zudem ist die Industrialisierung Bozens nicht allein auf eine gesteuerte Italianisierungspolitik zurückzuführen, sondern vor allem im Zusammenhang mit allgemeinen volkswirtschaftlichen Strategien unter den Vorzeichen der Weltwirtschaftskrise zu verstehen. Damit entspricht der Zuzug der italienischen Industriearbeiterschaft einem Muster, das eher der ökonomisch motivierten Auswanderung von Italienern in die industriellen Zentren Belgiens oder Frankreichs folgte als etwa der Siedlungspolitik des italienischen Staates in Libyen. Dagegen wurde die staatlich betriebene Siedlungspolitik der dreißiger Jahre im ländlichen Umfeld systematischer vorangetrieben. Diese erfuhr 1931 besonderen Aufschwung durch die Neugestaltung eines Staatsbetriebes, der gleichzeitig als Kreditverband und Übermittlungsagentur fungierte. Die als Ente Nazionale per le Tre Venezie (ENTV) bekannt gewordene Institution hatte die Aufgabe, landwirtschaftliche Betriebe von der alteingesessenen Bevölkerung aufzukaufen und an italienische Einwanderer zu vermitteln.[25] Allerdings hatten diese Ansiedlungsversuche in ländlichen Gegenden wie auch die auf die Stadt fokussierten Bemühungen nicht den durchschlagenden Erfolg, den sich manche Verwalter, Politiker und Agitatoren erhofften.

So sollten die italienischen Zuwanderer, ob auf dem Land oder in der Stadt, dafür Sorge tragen, dass die italienische Kultur, welche die Zuwanderer gleichsam «verkörperten», gegenüber der mehrheitlich deutsch- oder ladinischsprachigen Bevölkerung in Südtirol prägend und dominant werde. Dass die gesellschaftliche Realität von der Ideologie drastisch abwich, führte zu keiner Korrektur an der siedlungspolitischen Rhetorik, auch nicht, als die lokalen Behörden einen permanenten Wohnungsmangel für italienische Zuwanderer beklagten und die vielen Obdachlosen und unzulänglich untergebrachten Ansiedler ihnen ein Schauspiel der Verwahrlosung boten. Vielmehr griffen die angestammten Südtiroler diese Verhältnisse allmählich auf und verkehrten die Rhetorik vom Glanz und Reichtum der italienischen Gesellschaft und Kultur in ihr Gegenteil, indem sie die faschistischen Arbeitersiedlungen in Südtirol mit den «Little Italies» in den Elendsvierteln der amerikanischen Großstädte verglichen. Eine solche Umkehrung der kulturellen Dominanzbeziehung stellte die zugewanderten Italiener mit den mittellosen Einwanderern in der Neuen Welt gleich und kompromittierte das Bild der modernen Vermittler von Sprache, Kultur und Recht, auf welches das Regime so bedacht war.[26]

Die Umsiedlung der deutschsprachigen Bevölkerung, die Mussolini und Hitler 1939 durch ein Abkommen anvisierten, stellte mit Sicherheit den radikalsten Versuch dar, aus der zunehmend als «naturgegeben» und unüberwindlich interpretierten Andersartigkeit von Deutschen und Italienern politische Konsequenzen zu ziehen.[27] Aus einem radikal nationalistischen und völkisch begründeten Politikverständnis heraus war die ethnische Homogenisierung die einzige Möglichkeit, den Brenner als eine «natürliche» Grenze zwischen der deutschen und der italienischen «Nation» zu erhalten. Die Umsiedlung der deutschsprachigen Südtiroler bot dem italienischen Staat zugleich die Möglichkeit, Italiener aus dem alten Staatsgebiet in Südtirol anzusiedeln, da dieser Raum nun tatsächlich «leer» werden sollte.

Territoriale Expansion und völkisches Denken

Die Projekte zur räumlichen Neuordnung, die das faschistische Regime systematisch betrieb, sind nicht von der italienischen Kolonialpolitik dieser Zeit zu trennen, auch wenn das Regime diese Projekte in so verschiedenen Regionen wie Südtirol und Libyen verfolgte. Den hier besprochenen Projekten ist gemeinsam, dass sie die Ansiedlung von italienischen Kleinbauern und ihren

Kernfamilien aus dem alten Staatsgebiet in die kurz vor und nach dem Ersten Weltkrieg neu erworbenen Gebiete zum Ziel hatten. Libyen und Südtirol waren typische Grenzregionen, in denen die Ansiedlung «ethnischer Italiener» dazu beitragen sollte, «fremdes» Territorium endgültig für die italienische Nation zu vereinnahmen, das heißt durch selektierte «Humanressourcen» quasi zu befestigen.

Zur Legitimation dieser siedlungspolitischen Strategie suchte der zeitgenössische Agronom Arrigo Serpieri, ein Verfechter der «Bonifica agraria», des staatlichen Programms zur «Verbesserung der Landwirtschaft», historische Beispiele. Er meinte, Vorläufer der aktuellen italienischen Bestrebungen in der Limespolitik des Römischen Reiches, der Besiedlung Irlands durch Engländer und Schotten im 16. und 17. Jahrhundert und der Bismarckschen Siedlungspolitik in den polnischen Provinzen des Deutschen Reiches gefunden zu haben.[28] Die siedlungspolitischen Pläne der Nationalsozialisten für Osteuropa nach einem gewonnenen Krieg gegen die Sowjetunion fügte er, der erwarteten Entwicklung vorgreifend, dieser Aufzählung hinzu. Ironischerweise stellte gerade das Römische Reich, dessen Vorbildcharakter die Faschisten für die eigene Siedlungspolitik immer hervorhoben, eine Ausnahme bei den von Serpieri genannten Fallbeispielen dar. Zwar betrieben die Römer Siedlungspolitik zur Festigung der Außengrenzen des Reichs und zur Entschädigung ihrer Soldaten, es handelte sich hierbei aber nicht um eine «Nationalisierung» der Grenzregionen, da es in der Antike eine Idee der Nation wie im 19. und 20. Jahrhundert nicht gab und demzufolge eine ethnische Homogenisierung als Grundlage von Nationenbildung undenkbar war.

Die übrigen Beispiele Serpieris beziehen sich auf klassische koloniale Verhältnisse zwischen einer ethnisch weitgehend homogenen Minderheit von Siedlern mit politischem und gesellschaftlichem Dominanzanspruch (Engländer, Schotten, Deutsche, Italiener) und einer als ethnisch different und kulturell unterlegen dargestellten Mehrheit (Iren, Polen, Araber), mit der hinlänglich bekannten Geschichte von gewaltsamer Vertreibung bis hin zur Vernichtung und der ambivalenten Einstellungen bezüglich der ethno-kulturellen Assimilierung der Kolonisierten an die durch die Siedler repräsentierte Dominanzkultur. Die notorischen Bruchstellen dieser ideologischen Konstruktion werden am Beispiel der Südtiroler ganz offensichtlich, da sie als Angehörige des deutschen Sprachraums nicht ohne Weiteres einer minderwertigen Kultur zuzuordnen waren. Vielmehr galten sie in der biologistischen Terminologie der Zeit als «Arier» und somit aus deutscher und deutsch-österreichischer Perspektive gegenüber den «südländischen» Italienern als «rassisch privilegiert». Daher war die Eingliederung der Südtiroler in das «Großdeutsche Reich» 1939, jenseits von allianzstrategischen Aspekten, nur die logische Folge einer konsequent gedachten völkischen Politik auf beiden Seiten der Achse.

Im Unterschied zur «Deutschtumspolitik», vor allem in ihrer nationalsozialistischen Ausgestaltung, erscheint das faschistische Verständnis von «Italianität», die italienische Variante völkischen Denkens, weniger eindeutig und konstant über die Zeit.[29] Es orientierte sich wechselweise entweder an einem als überragend gedeuteten kulturellen Erbe römisch-italienischer Provenienz oder aber an heterogenen biologistischen Auffassungen von «Volk» und «Rasse». Jenseits dieser intellektuellen Inkongruenzen ist jedoch unverkennbar, dass die Machthaber eine Gesellschaftsformation im Blick hatten, die «rein italienisch» war, so variabel diese «Italianität» auch definiert war. Libyen und Südtirol stehen exemplarisch für faschistische Visionen einer ethnisch uniformen Gesellschaft. In beiden Gebieten bedienten sich die Machthaber einer ähnlichen Machtsymbolik und vergleichbarer Methoden des «social engineering», um aus gewöhnlichen Italienern eine neue, dem Faschismus loyale Bauerngesellschaft zu kreieren. In der faschistischen Zielsetzung des unverkennbar auf weitere territoriale Expansion ausgerichteten Italien war demnach eine zwangsläufige demografische, «rassische» Umwälzung eine maßgebliche gesellschaftspolitische Komponente.

Die Parallelen zwischen Südtirol und Libyen zeigen überdies, dass die konventionellen Unterscheidungen zwischen nationaler Konsolidierung und imperialer Expansion weniger eindeutig sind, als häufig in der Geschichtswissenschaft angenommen. In Südtirol setzte faschistisches «nation building» imperiale Methoden der Kolonisation ein, wohingegen faschistisches «empire building» den Mittelmeerraum nationalisierte. In Libyen fand diese Politik ihren Höhepunkt 1939, als der Küstenstreifen als «quarta sponda», «vierte Küste» Italiens, administrativ in die italienische Nation einverleibt wurde, dem (vermutlich) die ethnische Homogenisierung dieser Region gefolgt wäre.

303

Dass die italienische Regierung im gleichen Jahr die Südtiroler an Deutschland «abtrat», kann als die andere Seite derselben Medaille verstanden werden, in der das Konzept der ethno-kulturellen Reinheit Ausdruck fand. Sowohl in Südtirol als auch in Libyen inszenierte sich das faschistische Italien als Überbringer römischer Suprematie. Aber in beiden Fällen war es nicht empfänglich für die römischen Herrschaftsmaxime des «divide et impera» und betrieb stattdessen eine Politik der totalen Nationalisierung, die nicht nur in Südtirol, sondern auch in Libyen scheiterte. Ungeachtet der wenigen neuen Fakten, die das faschistische Regime im Sinne der forcierten Nationalisierung bis zum Beginn des Zweiten Weltkrieges schuf und die sich letztlich auf einige Denkmäler und Siedlungen beschränkten, ist es aus konzeptioneller Sicht gleichwohl bedeutsam festzuhalten, dass die Faschisten bei der räumlichen Neuordnung die Nation als unbegrenzten imperialen Raum verstanden und gleichzeitig das Imperium in die Nation überführen wollten. In der Auflösung der Grenzen zwischen Nation und Imperium ist die Verwandtschaft zu den Konzepten der nationalsozialistischen Siedlungspolitik mit ihrer auf ethnische Homogenität abzielenden Planung unverkennbar, vor allem in Hinblick auf den osteuropäischen Raum.[30] Offen bleibt jedoch weiterhin, in welcher möglichen Kontinuität faschistische und nationalsozialistische Expansionspolitik zum Kolonialismus Italiens und Deutschlands in der Zeit vor dem Ersten Weltkrieg stehen und welche Elemente als spezifisch «faschistisch» und «nationalsozialistisch» einzustufen sind. Die Diskussion hierüber hat in der Geschichtswissenschaft gerade erst begonnen.[31]

---

1 Ich danke Anne Berg und Mark Roseman für den wertvollen Gedankenaustausch und die hilfreichen Vorschläge bei der Fassung dieses Aufsatzes. Ganz besonders danke ich Pascal Grosse, der mir sowohl sprachlich als auch konzeptuell hilfreich zur Seite gestanden ist.

2 Einen in dieser Hinsicht bedeutenden Wissenschaftszweig stellte zum Beispiel die Archäologie dar. Zu Italiens Bemühungen bei der Restaurierung von Überresten aus der Antike und der Bedeutung archäologischer Funde für Italiens geopolitische Interessen im Mittelmeerraum Massimiliano Munzi, L'epica del ritorno. Archeologia e politica nella Tripolitania italiana, Rom 2001. Siehe auch Stefan Altekamp, Rückkehr nach Afrika. Italienische Kolonialarchäologie in Libyen, 1911–1943, Köln 2000; Marta Petricioli, Archeologia e Mare Nostrum. Le missioni archeologiche nella politica mediterranea dell'Italia 1898/1943, Rom 1990.

3 Für eine detaillierte und scharfsinnige Analyse der Restauration des Aurelius-Bogen Krys-

tyna von Henneberg, The Construction of Fascist Libya. Modern Colonial Architecture and Urban Planning in Italian North Africa (1922–1943), Univ. Diss., Berkeley 1996, S. 242–251. Zur Restauration des Bogen siehe auch die zeitgenössischen Aufsätze von R. Micacchi, L'arco di Marco Aurelio in Tripoli e la sistemazione della zona adiacente, in: Rivista delle Colonie Italiane, 8, 1934, Nr. 10, S. 824–839 und Michele Marelli, Relazione al progetto di sistemazione dell'arco di Marco Aurelio in Tripoli, in: Africa Italiana, 5, 1933, Nr. 3–4, S. 162–171.

4 Näheres zu Italiens kolonialer Stadtplanung in Krystyna von Henneberg, The Construction of Fascist Libya; Dies., Imperial Uncertainties. Architectural Syncretism and Improvisation in Fascist Colonial Libya, in: Journal of Contemporary History, 31, 1996, Nr. 2 (Special Issue – The Aesthetics of Fascism), S. 373–395; Dies., Public Space and Public Face. Italian Fascist Urban Planning at Tripoli's Colonial Trade Fair sowie Mia Fuller, Preservation and Self-absorption. Italian Colonization and the Walled City of Tripoli, Libya, beide in: Ruth Ben-Ghiat, Mia Fuller (Hg.), Italian Colonialism, New York 2005. Ausführlicher dazu Mia Fuller, Moderns Abroad. Architecture, Cities and Italian Imperialism, New York 2007; Mia Fuller, Colonial Constructions. Architecture, Cities, and Italian Imperialism in the Mediterranean and East Africa, London 2003; Mia Fuller, Building Power. Italy's Colonial Architecture and Urbanism, 1923–1940, in: Cultural Anthropology. Journal of the society for cultural anthropology, 3, 1988, Nr. 4, S. 455–487.

5 Näheres zu kolonialer Architektur und Stadtplanung in Gwendolyn Wright, The Politics of Design in French Colonial Urbanism, Chicago 1991; Nezar AlSayyad (Hg.), Forms of Dominance. On the Architecture and Urbanism of the Colonial Enterprise, Brookfield 1992; Felix Driver, David Gilbert (Hg.), Imperial Cities. Landscape, Display, and Identity, New York 1999; Anthony King, Writing Colonial Space. A Review Article, in: Comparative Studies in Society and History, 37, 1995, Nr. 3, S. 541–554; Robert J. Ross, Gerard J. Telkamp (Hg.), Colonial Cities. Essays on Urbanism in a Colonial Context, Dordrecht 1985.

6 Mia Fuller hat in einem Aufsatz genau diese raumübergreifenden Beziehungen in Tripolis behandelt. Vgl. Mia Fuller, Oases of ambiguity. On how Italians did not practice planned urban segregation in Tripoli, in: Federico Cresti (Hg.), La Libia tra Mediterraneo e mondo islamico. Atti del convegno di Catania, Mailand 2006.

7 Von Henneberg, Construction of Fascist Libya, S. 251. Die Anlehnung an die «invented traditions» bezieht sich auf Eric Hobsbawm, Terence Ranger, The Invention of Tradition, New York 1983.

8 Ausführlicher zum Siegesdenkmal in Bozen Thomas Pardatscher, Das Siegesdenkmal in Bozen. Entstehung, Symbolik, Rezeption, Bozen 2002; Ugo Soragni, Enrico Guidoni, Il Monumento alla Vittoria di Bolzano. Architettura e scultura per la città italiana, 1926–1938, Vicenza 1993.

9 Zu Marcello Piacentini vgl. Mario Pisani, Architetture di Marcello Piacentini. Le opere maestre, Rom 2004; Sandro Scarrocchia, Albert Speer e Marcello Piacentini. L'architettura del totalitarismo negli anni trenta, Mailand 1999.

10 Näheres zur städtebaulichen Umwälzung Bozens in Karin Ruth Lehmann, Städtebau und Architektur als Mittel der Kolonisation am Beispiel der Provinz Bozen. Städtebau und Siedlungsbau in Südtirol und insbesondere in Bozen unter dem Faschismus, Univ. Diss., Aachen 2000; Flavio Schimenti, Armando Ronca, Memorie di architettura a Bolzano e in

Alto Adige, 1929–1969, Bozen 1999; Oswald Zoeggeler, Lamberto Ippolito, Die Architektur für ein Italienisches Bozen, Lana 1992. Zur Industriezone Bozen Olivo Barbieri, Gabriele Basilico, Bolzano città e contrasti. Il centro e la «zona», Bozen 1998.
11 Lat. Original: «Hic patriae fines siste signa hinc ceteros excoluimus lingua legibus artibus.»
12 Für einen allgemeinen Überblick zur Präsenz der Italiener in Libyen siehe Angelo Del Boca, Gli Italiani in Libia, Rom 1986 (Bd. 1 – Tripoli Bel Suol D'Amore, Rom 1986 / Bd. 2 – Dal Fascismo a Gheddafi) sowie Nicola Labanca, Oltremare. Storia dell'espansione coloniale italiana, Bologna 2002.
13 Näheres zur italienischen Bevölkerungspolitik in Maria Sophia Quine, Italy's Social Revolution. Charity and Welfare from Liberalism to Fascism, New York 2002; Anna Treves, Le nascite e la politica nell'Italia del Novecento, Mailand 2001; Victoria De Grazia, Die Radikalisierung der Bevölkerungspolitik im faschistischen Italien. Mussolini's «Rassenstaat», in: Geschichte und Gesellschaft, 26, 2000, S. 219–254; Preti, Venturoli, Fascismo e stato sociale, in: Vera Zamagni (Hg.), Forme di povertà e innovazioni istituzionali in Italia dal medioevo ad oggi. Bd. 2, Bologna 1999, S. 1–24; Carl Ipsen, Dictating Demography. The Problem of Population in Fascist Italy, New York 1996; David G. Horn, Social Bodies. Science, Reproduction, and Italian Modernity, Princeton 1994; R. M. Russo, La politica dell'assistenza. Storia dello sviluppo capitalistico e del sottosviluppo assistenziale in Italia dal 1860 ai giorni nostri, Rimini 1974. Die Geschichtsschreibung hat sich im Allgemeinen auf die Versuche des Regimes, Quantität und Qualität der Bevölkerung zu steigern, konzentriert. Genauso wichtig für die faschistischen Machthaber war die Verteilung der Bevölkerung über das Territorium, sowohl innerhalb des Staatsgebiets als auch in den Kolonien und im Ausland. Vgl. hierzu Ipsen, Dictating Demography.
14 Zur Agrarpolitik des faschistischen Regimes Mauro Stampacchia, «Ruralizzare l'Italia!» Agricoltura e bonifiche tra Mussolini e Serpieri (1928–1943), Mailand 2000; Alexander Nützenadel, Landwirtschaft, Staat und Autarkie. Agrarpolitik im faschistischen Italien (1922–1943), Tübingen 1997; Paul Corner, Fascist Agrarian Policy and the Italian Economy in the Inter-war Years, in: John A. Davis (Hg.), Gramsci and Italy's Passive Revolution, New York 1979. Zum Vergleich Italien–Deutschland in Bezug auf Agrarpolitik Gustavo Corni, La politica agraria del fascismo. Un confronto fra Italia e Germania, in: Studi Storici, 28, 1987, S. 386–387.
15 Munzi, L'epica del ritorno, S. 124. Als Beleg dafür, dass es in Libyen keine Ansiedlung von römischen Legionären gegeben habe, weist Munzi auf die Studie von D. J. Mattingly, Tripolitania, London 1995, hin.
16 Näheres zu den Internierungslagern und zum Krieg gegen den libyschen Widerstand in Eric Salerno, Genocidio in Libia, Mailand 1979; Gustavo Ottolenghi, Gli italiani e il colonialismo. I campi di detenzione italiani in Africa, Mailand 1997; Nicola Labanca (Hg.), Un nodo. Immagini e documenti sulla repressione coloniale italiana in Libia, Rom 2002. Für eine parteiliche Darstellung der Repression des Aufstandes Rodolfo Graziani, Pace romana in Libia, Mailand 1937. Der libysche Gesichtspunkt ist ersichtlich in Ali Abdullatif Ahmida, Forgotten Voices. Power and Agency in Colonial and Postcolonial Libya, New York 2005. Vgl. dazu Knud Holmboe, Desert Encounter. An Adventurous Journey through Italian Africa, New York 1937.

17 Federico Cresti, Oasi di Italianità. La Libia della colonizzazione agraria tra fascismo, guerra e indipendenza (1935–1956), Turin 1996.
18 Archivio Storico Istituto Nazionale per la Previdenza Sociale (ASINPS), Carte Colonizzazione Libia (CCL), f. 115: Servizio dell'assicurazione per la disoccupazione involontaria, Commissione per la colonizzazione, 22. Oktober 1937.
19 ASINPS, CCL, f. 5: ordine servizio 46, village Bianchi, 28. 3. 1938.
20 Ein allgemeiner Überblick zur Geschichte Südtirols zur Zeit des Faschismus findet sich in Michael Gehler, Tirol im 20. Jahrhundert. Vom Kronland zur Europaregion, Innsbruck, Wien 2008; Andrea Di Michele, Die unvollkommene Italianisierung. Politik und Verwaltung in Südtirol, 1918–1943, Innsbruck 2008; Geschichte und Region / Storia e regione, 9, 2000, Nr. 1 (Themenheft Faschismus in der Provinz. Fascismo in provincia); Rolf Steininger, Südtirol im 20. Jahrhundert. Vom Leben und Überleben einer Minderheit, Innsbruck 2004; Walter Freiberg, Josef Fontana, Südtirol und der italienische Nationalismus, Innsbruck 1989; Leopold Steurer, Südtirol zwischen Rom und Berlin, 1919–1939, Wien 1980; Mario Toscano, Alto Adige, South Tyrol. Italy's Frontier with the German World, Baltimore 1975; Alfons Gruber, Südtirol unter dem Faschismus, Bozen 1974; Antony Evelyn Alcock, The History of the South Tyrol Question, London 1970.
21 Archivio Centrale dello Stato (ACS), Opera Nazionale Combattenti (ONC), Servizio Agrario – Aziende agrarie e bonifiche – Alto Adige – Castel di Nova, b, 28, f. 2/7/2/ Relazioni sulla borgata rurale.
22 ACS, ONC, Servizio Agrario – Aziende agrarie e bonifiche – Alto Adige – Castel di Nova.
23 ACS, Pubblica Sicurezza (PS), G1: Associazioni in Italia e all'estero – Affari Generali, b. 25, f. 275: Opera Nazionale dei Combattenti, Alto Adige: 9. 3. 1928.
24 Zur Industrialisierung Bozens Maurizio Visintin, La grande industria in Alto Adige tra le due guerre mondiali, Trient 2004; N.N., Uomini e macchine. Lancia e Viberti a Bolzano. Due stabilimenti, una storia. / Lancia e Viberti. Zwei Betriebe, eine Geschichte, Bozen 2001; N.N., Il tempo delle fabbriche. Alumix – archeologia industriale a Bolzano, Bozen 2000; Tiziano Rosario (Hg.), C'era una volta un villaggio … Frammenti e immagini di storia operaia a Bolzano, Bozen 1999; N. N., Un sistema museale per la città di Bolzano. Aspetti dell'industrializzazione, Bozen 1998; Olivo Barbieri, Gabriele Basilico, Bolzano città e contrasti. Il centro e la «zona», Mailand 1998; Waldimaro Fiorentino, Industrie e industriali in Alto Adige, Bozen 1995; Irmgard Mitterer, Industriebau zur Zeit des Faschismus in Südtirol, in: Christoph Bertsch (Hg.), Industriearchäologie. Nord-, Ost-, Südtirol und Vorarlberg, Innsbruck 1992; Rolf Petri, Storia di Bolzano, Padua 1989.
25 Die Körperschaft wurde 1920 für die Provinzen Venedig und Treviso ins Leben gerufen. Sie wechselte mehrmals den Namen und ihr Aufgabenbereich wurde wiederholt erneuert. 1931 wurde sie auf das gesamte Gebiet des heutigen Veneto, Friuli-Venezia-Giulia und Trentino-Südtirol ausgedehnt. Seit der «Option» war die Körperschaft als Ente Nazionale per le Tre Venezie bekannt.
26 ACS, PS, Polizia politica, b. 176, f. 4: Società Montecatini: 28. 10. 1935.
27 Näheres zum deutsch-italienischen Abkommen von 1939, das als «Option» bekannt ist, siehe Mauro Scroccaro, Dall'aquila bicipite alla croce uncinata. L'Italia e le opzioni nelle nuove provincie Trentino, Sudtirolo, Val Canale, 1919–1939, Trient 2000; Rudolf Lill, Die Option der Südtiroler 1939, Bozen 1991; Klaus Eisterer, Rolf Steininger, Die Option.

Südtirol zwischen Faschismus und Nationalsozialismus, Innsbruck 1989; N.N., Option. Südtirol 1939–1945. Option, Umsiedlung, Widerstand, Bozen 1989; Maria Veronika Rubatscher, Die Option 1939 in Südtirol. Ein Zeugnis zur Geschichte, Trient 1986. Vgl. auch Joseph Zoderer, Wir gingen. Erzählung, Bozen 2004.

28 Arrigo Serpieri, L'agricoltura nell'economia della nazione, Florenz 1940, S. 200. Zu Serpieri vgl. Fabrizio Marasti, Il fascismo rurale. Arrigo Serpieri e la bonifica integrale, Rom 2001; Gino Passerini, Arrigo Serpieri, 1877–1960, Florenz 1960.

29 Vgl. z. B. Michele Nani, Ai confini della nazione. Stampa e razzismo nell'Italia di fine Ottocento, Rom 2006; Enzo Collotti, Il fascismo e gli ebrei. Le leggi razziali in Italia, Rom 2003; Michele Sarfatti, Gli ebrei nell'Italia fascista. Vicende, identità, persecuzioni, Turin 2000; Alberto Burgio (Hg.), Il razzismo nella storia d'Italia, 1870–1945, Bologna 1999; Angelo Del Boca, Le leggi razziali nell'impero di Mussolini, in: Angelo Del Boca, Massimo Legnani, Mario G. Rossi (Hg.), Il regime fascista. Storia e storiografia, Rom 1995.

30 Vgl. dazu Jürgen Zimmerer, The Birth of the Ostland out of the Spirit of Colonialism. A Postcolonial Perspective on the Nazi Policy of Conquest and Extermination, in: Patterns of Prejudice, 39, 2005, S. 197–219; Elizabeth Harvey, Women and the Nazi East. Agents and Witnesses of Germanization, New Haven 2003; Michael Burleigh, Germany Turns Eastward. A Study of Ostforschung in the Third Reich, New York 1988.

31 Edward Ross Dickinson, The German Empire – an Empire?, in: History Workshop Journal, 2008, Nr. 66, S. 129–162; Matthew P. Fitzpatrick, The Pre-History of the Holocaust? The *Sonderweg* and *Historikerstreit* Debates and the Abject Colonial Past, in: Central European History, 41, 2008, S. 477–503; Pascal Große, What has German Colonialism to do with National Socialism? A Conceptual Framework, in: Eric Ames, Marcia Klotz, Lora Wildenthal (Hg.), Germany's colonial pasts, Lincoln 2005, S. 115–134. Für Italien siehe Aram Mattioli, Experimentierfeld der Gewalt. Der Abessinienkrieg und seine internationale Bedeutung 1935–1941, Zürich 2005.

Eine koloniale Visitenkarte für Italien. Architektonische und städtebauliche Strategien auf den Inseln des Dodekanes

Eliana Perotti

Die Architektur und der Städtebau, die unter der Regie der italienischen Besatzungspräsenz (1912–1943) auf den Inseln des Dodekanes während der ersten Jahrzehnte des 20. Jahrhunderts verwirklicht wurden, gehören zu den «vergessenen» Episoden der mittlerweile von der Forschungswelt intensiver erkundeten und beachteten italienischen Kolonialgeschichte. Der ausgeprägte Mangel an Interesse seitens der Fachwelt für das koloniale architektonische und städtebauliche Wirken auf den Inseln der Ägäis war schon zur Zeit seiner Entfaltung, nämlich in den zwanziger und dreißiger Jahren, augenscheinlich. Wenn man die zahlreichen italienischen Architekturzeitschriften jener Jahre konsultiert, stellt man fest, dass sogar in den Zeiten euphorischster Kolonialbegeisterung die Bautätigkeit im Dodekanes spärlich dokumentiert ist, ganz im Gegensatz zu derjenigen in den afrikanischen Kolonien, die freilich mit akkreditierten Architektenpersönlichkeiten werben konnten.[1] Das Schattendasein der Inseln zu jener Zeit erklärt sich zum einen sicherlich mit dem bescheidenen Umfang des Territoriums und seiner folglich geringen Bedeutung im politischen und wirtschaftlichen Zusammenhang. Zum andern bewirkte auch die verwaltungstechnische Zuordnung zum Außenministerium, anstatt zum Kolonialministerium, die Isolation der Inseln von den zentralistischen Instanzen der Kolonialplanung im Mutterland und von ihren Propagandainstrumenten.[2] Etwas anders verhielt es sich mit den archäologischen und denkmalpflegerischen Unternehmungen der italienischen Besatzer. Sie ernteten von Anfang an beträchtliche Medienresonanz und wurden auch von einer internationalen Öffentlichkeit wahrgenommen. Die politische Funktion der Inseln, für die wirtschaftliche und demografische Argumente nicht glaubwürdig hervorgebracht werden konnten, bestand in erster Linie in ihrer Rolle als Vorzeigekolonie gegenüber der europäischen Staatengemeinschaft. Die «diplomatische» und propagandistische Funktion dieser Rolle wird 1933 von der italienischen Tageszeitung der Inseln, dem *Messaggiero di Rodi,* in klaren Worten umschrieben: «Wenn auch der Gedanke nicht logisch erscheint, dass Italien, vom Bedarf bedrängt, in den überseeischen Territorien Produktionszentren für Rohstoffe und Expansionsmöglichkeiten für seine wachsende Bevölkerung zu finden, ein solches dem kleinen ‹Possedimento dell'Egeo› abverlangen würde, so ist es doch zulässig zu bedenken, dass seine Aufgabe, hier unten, den nationalen Zielen genauso dienlich war, wie diejenige, die man in den Kolonien übernommen hatte. Tatsächlich ist unser Italien hier, um seine Reife zur Übernahme von Führungsfunktionen in allen Bereichen unter Beweis zu stellen, in Kontakt zu Bevölkerungen, die einen ähnlichen Zivilisationsgrad erreicht haben, wie unser eigener; es handelt sich um eine Art Prüfung, der sich Italien unter den Augen der Anderen unterzieht: denen der neuen Untertanen, die es aus einer langen Lethargie zu erwecken gilt, denen der Ausländer, die in nahen Gebieten dieselbe Aufgabe übernommen haben.»[3] Die Aufgabe stellte sich freilich anders als auf dem afrikanischen Kontinent, denn auf den Inseln bestand eine Zivilisationsform, die schwerlich als unterentwickelt beschrieben werden konnte. Wollte man die koloniale Kompetenz und die «natürliche» Leitfunktion Italiens unter Beweis stellen, sah man sich gezwungen, eine komplexere und differenziertere Kulturpolitik zu betreiben, die sich wesentlich auf die historische und architekturhistorische Dimension der Orte einlassen musste.[4]

Die Formulierung einer kolonialen Identität im Bereich der Urbanistik und der Architektur erfolgte im Dodekanes maßgeblich während der Regierungszeit des Gouverneurs Mario Lago von 1923 bis 1936. Er war Diplomat und Politiker aus dem Umfeld von Giovanni Giolitti und hatte in jenem Jahr, als ihm von der Regierung Mussolini die Aufgabe in der Ägäis übertragen wurde, das Amt eines königlichen bevollmächtigten Ministers und dasjenige des Generaldirektors für europäische Angelegenheit und solche der Levante inne. Als verbindliche Leitbilder seiner integrativen Politik galten ihm das

Vorgehen von Libyens Generalgouverneur Giuseppe Volpi wie auch die koloniale Geschäftsführung von Louis Hubert Gonzalve Lyautey in Marokko.[5] Nachdem 1936 Cesare Maria De Vecchi, ehemaliges Quadriumvirats-Mitglied beim «Marsch auf Rom» und Gouverneur von Somalia (1923–1928), das Gouverneursamt auf den Inseln übernommen hatte, wurde eine Kulturpolitik eingeleitet, die der Architektur hauptsächlich die Aufgabe zusprach, faschistisch zu sein.[6] Doch kennzeichnend für beide Phasen der italienischen Kulturpolitik Italiens im sogenannten «Possedimento delle isole italiane dell'Egeo» blieb die kontinuierliche Auseinandersetzung mit dem historischen Substrat der Inseln, die jedoch vielfach von einer selektiven und instrumentellen Geschichtsdeutung geprägt war.

In meinen Ausführungen steht die Frage im Zentrum: Wie konstituieren der Umgang mit dem Historischen, die städtebaulichen Grundsatzentscheide und die Stilfrage die Identitäts- und Imagefindung Italiens in dessen kolonialer Rolle?

Der «Possedimento delle isole italiane dell'Egeo»

Im Verlauf des italienisch-türkischen Krieges um die Eroberung Libyens von 1911 bis 1912 werden die damals unter türkischer Herrschaft stehenden Dodekanes-Inseln von den italienischen Streitkräften eingenommen. Bis zum Vertrag von Sèvres im Jahr 1920 verwaltet eine Militärregierung den Archipel, später abgelöst von einer Zivilregierung, die durch einen mit weitreichenden Kompetenzen ausgestatteten Gouverneur vertreten wird. Die italienische Besatzungszeit geht dann 1940 in eine Kriegsregierung über und endet drei Jahre später mit der Machtübernahme der deutschen Wehrmacht. Nach einer britischen Übergangsregierung wird Rhodos 1947, zusammen mit den übrigen Inseln, Bestandteil des nationalen Territoriums des damals noch von Parteikämpfen geschüttelten griechischen Staates.

Die ethnische und kulturelle Diversität der Inseln mit griechischer, türkischer und jüdischer Bevölkerung sowie ihre bedeutsame wie auch wechselvolle Vergangenheit als politisch unabhängiger Bestandteil der antiken Welt, als byzantinische Provinz, als Kreuzritterbastion und osmanische Peripherie, stellen die italienischen Besatzer vor eine komplexe administrative und kulturpolitische Aufgabe. Die machtpolitische Legitimierungsstrategie der italienischen Präsenz in einer Grenzzone zwischen Okzident und Orient greift zu geschichtlichen Argumenten und versucht sich in der Statuierung von historischen Kontinuitätslinien und kulturellen Identifikationsmotiven zwischen erobertem Territorium und Okkupationsmacht. Sehr früh schon, bevor 1920 der Vertrag von Sèvres die Inseln einer italienischen Zivilregierung anvertraut, setzt die Auseinandersetzung mit den baulichen, vor allem den monumentalen Zeugnissen der insularen Geschichte ein. Archäologie und Denkmalpflege übernehmen eine bestimmende Funktion in der Erarbeitung einer selektiven, den kolonialen Bedürfnissen kongeniale Vergangenheitsvision.[7] Seit Anbeginn, also seit ihrer Entstehung nach der italienischen Nationalstaatbildung in der zweiten Hälfte des 19. Jahrhunderts, hatten die italienischen archäologischen Missionen in fremden Ländern die Rolle einer kulturdiplomatischen Vorhut für außenpolitische Interessen übernommen. Sie zeichnen als erste Institutionen des kolonialen Machtapparates verantwortlich für die Erarbeitung von Geschichtsbildern, die das von den Kolonisatoren beanspruchte Kulturprimat untermauern. Die sogenannte «mediterrane Option» der italienischen Kolonialpolitik erfährt eine Entsprechung in der Konzentration der archäologischen Interessen und Aktivitäten auf den Mittelmeerraum. Die 1910 gegründete Scuola archeologica italiana in Athen ist Ausgangsbasis für die Entsendung einer Mission auf die Inseln des Dodekanes im selben Jahr ihrer Besetzung, wobei die Finanzierung vom italienischen Außenministerium und vom Okkupationskorps getragen wird. Der Leiter der Mission hat gleichzeitig auch das Amt des obersten Denkmalpflegers inne, was ihn mit erweiterten Befugnissen ausstattet. Die Institutionalisierung der Archäologie und der Denkmalpflege auf den Inseln erfolgt im Zuge des Übergangs von den Verwaltungsstrukturen der provisorischen Militärbesatzung zu einer zivilen Gouverneursregierung im Jahr 1920. Wie in Libyen sucht man in den Ruinen des imperialen Roms die historische Legitimierung für Italiens koloniale Berufung und die Bestätigung des Kulturprimats, wobei der Einseitigkeit dieser Auslegung die reichen archäologischen Funde der griechischen Antike in die Quere kommen.[8]

Abb. 53: Akropolis von Rhodos. Der Tempel des Apollon Pythios während der Restaurationsarbeiten, 1938–1940.

In den Jahren der italienischen Besetzung entfaltet sich auch eine intensive Beschäftigung mit der mittelalterlichen Bausubstanz der Ritterstadt von Rhodos. Die befestigte Stadt, ein herausragendes Denkmal johannitischer Baukunst, entstand zwischen 1309 und 1521 und wird von der italienischen Besatzungsmacht, nach vier Jahrhunderten osmanischer Herrschaft, in weitgehend erhaltenem Zustand vorgefunden. Erstes kulturpolitisches Ziel der fremdländischen Okkupation ist die ideelle Inbesitznahme der ehemaligen christlichen Hochburg an den Toren des Morgenlandes, ein Vorgehen, welches die traditionelle Ikonografie der befreiten Stadt entfaltet und in der Presse und in zahlreichen Publikationen wirksam werden lässt.[9] Das bauliche Glanzstück der johannitischen Epoche lässt sich bestens als Ausgangspunkt einer Geschichtsdarlegung nutzen, welche die italienische Okkupation als Wiederkehr des Christentums in die Levante feiert. Zu den rasch einsetzenden, aufwändigen Restaurationsarbeiten an der Bausubstanz der Ordensritterzeit und zur Bereinigung der Spuren osmanischer Präsenz gesellen sich später auch die vollständige Neuerrichtung prominenter Bauten wie des Großmeisterpalasts und die Erbauung von neumittelalterlichen Architekturen.[10]

Schon früh setzen die Italiener kapillar die architektonischen Zeichen ihrer Präsenz, indem auch die kleinste Insel zumindest mit einem Verwaltungsgebäude der neuen Besatzungsmacht ausgestattet wird. Die Insel Rhodos und insbesondere ihre Kapitale sind aber Hauptschauplatz der italienischen Bautätigkeit, die es sich zur Aufgabe gemacht hat, Rhodos in eine «moderne» europäische Stadt zu verwandeln: die Bauaufgaben reichen vom Theater bis zum Krankenhaus, vom Sportstadion bis zum Schlachthof. Doch die eigentliche Zukunft der Insel und ihrer Hauptstadt wollen die italienischen Kolonialherren in ihrem touristischen Potenzial erkannt haben, so dass eine dichte Infrastruktur an Anlagen entsteht, die für den Fremdenverkehr konzipiert sind. Nicht nur Rhodos ist Gegenstand der italienischen Bemühungen um die Schaffung einer nach westlichen Kriterien konzipierten neuen Stadt, auch Kos wird nach dem heftigen Erdbeben von 1933 weitgehend «ex novo» errichtet. In den dreißiger Jahren planen und realisieren zudem die Architekten und Techniker der lokalen Administration eine Militärstadt für 30 000 Einwohner auf der Insel Leros.

Koloniale Strategien des Städtebaus

Zum Zeitpunkt der italienischen Besetzung ist die Stadt Rhodos von einer territorialen Aufteilung nach Ethnien gekennzeichnet, die aus türkischer Zeit herrührt: Die Altstadt wird von der moslemischen Bevölkerung und einer jüdischen Minderheit bewohnt und ist außerhalb der Mauern von den Anlagen der islamischen und hebräischen Friedhöfe umschlossen. Die griechisch-orthodoxe Gemeinschaft, die den größten Teil der Stadtbevölkerung ausmacht, ist hingegen auf sieben Vorstadtquartiere verteilt. Ab 1918 setzt ein Restaurationsprogramm der Befestigungsanlage ein und 1920 wird um die Stadt und den Mauerwall eine Schutzzone – «Zona monumentale» – in Form eines «green belt» gelegt. Gemeinsam mit den denkmalpflegerischen Verfügungen und dem Baureglement von 1925, das jegliche Bautätigkeit «intra muros» untersagt, erweist sich die Einführung der «Zona monumentale» als fortschrittliche Maßnahme zur Unterschutzstellung der gesamten befestigten Stadt. Man hatte offenbar aus den in Tripolis gesammelten Erfahrungen Lehren gezogen, denn dort bereute man bereits die in der Folge des Stadtbebauungsplanes von 1915 bis 1916 erfolgte Zerstörung der Stadtmauer.[11]

Abb. 54: Das «Foro Italico», Zentrum der Neustadt von Rhodos, Aufnahme vor 1937.

Der mittelalterliche Stadtkern von Rhodos ist bei der Konzipierung des Stadtbebauungsplans bestimmend. Er wird vom römischen Architekten Florestano Di Fausto im Auftrag des Gouverneurs Mario Lago im Jahre 1926 entworfen. Die geplante italienische Neustadt umschließt, in Wahrung eines begrünten Abstandes, nördlich die Altstadt; dem Mandraki-Hafen entlang entsteht das neue Zentrum des modernen Rhodos, das sogenannte «Foro Italico». Südöstlich des antiken Nukleus soll sich das Industriequartier ansiedeln, während im übrigen Umkreis der Ritterstadt die Wohngebiete vorgesehen sind. Ebenso wie in Eritrea, Somalia und Libyen entwickelte sich die neue Kolonialstadt von Rhodos um die bestehende Stadt. Ihre Entstehung geht aus einer vermittelnden Haltung gegenüber den Gegebenheiten hervor. Dies bedeutet, ähnlich wie für die Mittelmeer-Anrainerstädte Tripolis und Bengasi, eine mehr oder weniger formalisierte Trennung zwischen den ursprünglichen, «eingeborenen» Teilen der Stadt und den neuen, «metropolitanen» Ergänzungen.[12] Die urbanistische Lösung für Rhodos orientiert sich, wie so viele der italienischen Eingriffe im Überseeterritorium, an den Modellen der französischen kolonialen Städtebaupraxis in Nordafrika, bei denen die Medina als eingeborene Altstadt erhalten und die neue Kolonialstadt daneben oder rundum errichtet wird. Auch das konstitutive Prinzip des kolonialen Städtebaus, die ethnische Segregation, wird in Rhodos gewahrt, indem die ethnische Separierung aus osmanischer Zeit perpetuiert wird. Die mittelalterliche Stadt ist aber nicht der Eingeborenenstadt gleichzusetzen, vielmehr sind es die griechisch-orthodoxen Vorstadtviertel, die diese Rolle übernehmen. Im Zuge der von den Italienern vorgenommenen urbanen Umdisponierung wird die historische und suggestive Kulisse der Ritterstadt von Rhodos der Kultur – entsprechende Institutionen beziehen dort ihren Sitz –, dem Tourismus und der Folklore geweiht. Die zerstörte Ordenskirche der Johanniter, San Giovanni, wird bezeichnenderweise in der italienischen Neustadt am «Foro Italico», gleich neben dem Regierungspalast, neu errichtet. Die urbane Topografisierung der Machtverhältnisse ist auch im neuen Stadtplan und Stadtbild von Rhodos als koloniales Schema zu erkennen. Die neue italienische Stadt nimmt auch mittels der Architektursprache ihrer Bauten den Dialog zum historischen Substrat der Insel auf. Gleichwohl präsentiert sie sich als Gegenmodell zur «strukturlosen» und «chaotischen» Urbanität des Orients, nämlich als moderne, europäische Stadt mit entsprechenden Gebäuden, Infrastrukturen, Straßen und Wohnquartieren für das koloniale Personal, die nach dem Vorbild der Gartenstadt angelegt sind.[13]

Auch Kos, der Hauptort der gleichnamigen Insel, wird nach dem verheerenden Erdbeben von 1933 städtebaulich neu entworfen, wobei das nun empfindlich erweiterte archäologische Grabungsgelände einen zentralen Stellenwert bei der Konzeption der neuen Stadtanlage einnimmt. Die Neudefinition der Stadt Kos wendet ein Zonierungssystem an, nach dem drei Hauptgebiete unterschieden werden: Die mittlere Zone ist als kommerzielles und finanzielles Zentrum vorgesehen und schließt einen ausgedehnten archäologischen

Abb. 55: Die Kathedrale San Giovanni in Rhodos, Architekt Florestano di Fausto, 1924–1925.

Park, die johannitische Festung, bürgerliche Wohnquartiere und das muslimische Viertel mit ein. Westlich des Mandracchio-Hafens und entlang dem Lungomare, an dem das «Foro Italico» das politische Zentrum markiert, erstreckt sich ein weiteres Gebiet mit gehobenen Wohngegenden, während die vornehmlich von Griechen bewohnten Handwerker- und Arbeiterviertel östlich des Hafens an die periphere Industriezone anschließen. Der von den Architekten und Technikern des kolonialen Bauamtes redigierte Bebauungsplan für Kos entwirft ein modernes Gartenstadtschema. Die aufwändige Anlage des Grüns, die eine Art von Grundraster bereitstellt, erfüllt eine sowohl trennende als auch verbindende Funktion: Getrennt werden die verschiedenen Zonen, in das Stadtbild integriert die archäologischen Ausgrabungsstellen, die auch reiche Funde aus römischer Zeit zutage gefördert hatten, so beispielsweise die Casa romana oder das Odeion. Die Zonierung bewirkt durch ihren sozialsegregativen Charakter eine, wenn auch nicht explizite, doch wirksame ethnische Separierung der Bevölkerung. Das alte, verschlungene Verbindungssystem und das dichte, orientalische Stadtgewebe weichen einer übersichtlichen und gelockerten Struktur mit begradigter und erweiterter Straßenführung. Das neue italienische Kos, das «Pompei der

Ägäis», wie es in der zeitgenössischen Presse propagiert wurde, präsentiert, ähnlich wie die Hauptstadt Rhodos, eine deutliche koloniale Prägung. Die strategische Einbeziehung des lokalen Kulturerbes, die das Zentrum der Stadt in einen musealen Archäologieparcours verwandelt, dient wiederum zur Formulierung historischer Legitimationshypothesen und kultureller Primatsbekundungen.[14]

Die im selben Jahr 1933 auf dem Reißbrett entworfene Militärstadt Porto Lago auf der Insel Leros soll dem Problem des Mangels an Wohnmöglichkeiten und an Infrastruktur für die Militärangehörigen des italienischen Marine- und Luftwaffenstützpunktes Abhilfe schaffen. Die neue, für 30 000 Einwohner konzipierte Stadt entsteht «ex novo» auf mehrheitlich unverbautem Land und präsentiert sich als einheitlicher Wurf, der nicht auf Bestehendes Rücksicht zu nehmen hat und auch formal eine klare Eigenständigkeit signalisiert. Der Planentwurf wählt ein hypertrophes Straßennetz zum bestimmenden Gestaltungselement. Die Betonung der Mobilität und Dynamik entfaltet als Metapher technisierter Militärlogistik eine stark rationalistische Sprache: Der städtebauliche Entwurf dringt gestalterisch durch bis zur architektonischen Bestimmung der Gebäude im Sinne einer «organischen» Konzeption.[15]

Die koloniale Stilfrage

Die Frage nach dem am besten geeigneten Stil, mit dem die neuen Bauten der Besatzungsmacht auf den ägäischen Inseln das Bild der jungen, erfolgreichen Kolonialmacht glaubwürdig verkörpern sollen, artikuliert sich als solche erst später, im Verlauf der Entwicklung der Kultur- und Kolonialpolitik im Mutterland. Die Architektursprache der italienischen Bauten in der Ägäis verändert sich im Verlauf der Jahrzehnte und widerspiegelt zum einen den Wandel des italienischen Architekturgeschehens, zum andern aber auch die Festigung der ideologischen Richtlinien des italienischen Kolonialdiskurses. Innerhalb dieses Diskurses und seiner Strategien wird in Anlehnung an das französische Kolonialmodell in Nordafrika und in Übereinstimmung mit der propagandistischen Bauwut des metropolitanen Faschismus der Architektur eine eminent repräsentative Rolle zugedacht. Sie ist zugleich Symbol und konkretes Zeugnis der italienischen Anwesenheit, ihres Willens zur Kontrolle und Neuordnung und ihrer zivilisatorischen «Überlegenheit».

Bei der ersten Generation von Bauten auf den Inseln, etwa bis zur Mitte der zwanziger Jahre, kommt ein etwas abgetragener, akademischer Historismus zum Einsatz, der den römischen Manierismus und Barock wiederaufleben lässt. Als eindeutiger «italienischer Importstil», der dem fremden Kontext den Stempel italienischer Hochkultur aufdrückt, entspricht er dem sogenannten «style du vainqueur», mit dem vor allem im 19. Jahrhundert die Franzosen in ihren Kolonien Erfahrungen gesammelt hatten.[16] Der Entwerfer dieser frühen Architekturversuche im «Possedimento delle isole italiane dell'Egeo», der römische Architekt Florestano Di Fausto, entwickelt in den darauf folgenden Jahren eine eigenwillige Variante von orientalischem Eklektizismus, die auf die lokalen Kultureigenheiten der Inseln zugeschnitten sein soll. Aus der Hochsprache der osmanischen Architektur werden Themen und Motive entlehnt: Monumentalnischen, Flachkuppeln, Zinnenbekrönungen und Kacheln islamischer Inspiration. Mit ihnen wird eine orientalische Traumkulisse für den Fremdenverkehr aufgespannt.[17] Ein typisches Beispiel hierfür ist das zwischen 1925 und 1927 von Di Fausto und Michele Platania entworfene Luxushotel Albergo delle Rose in Rhodos. Es präsentiert schon aus der Ferne dem vom Meer anreisenden Besucher die helle, zinnenbekrönte Front und die Kuppeln als ein Versprechen von Orient. Der Zugriff der italienischen Architekten auf den orientalischen Stilvorrat ist vielseitig und fokussiert auf die ornamentalen Aspekte, die auch der anonymen, vernakularen Tradition abgewonnen werden. Sie werden in einem Idiom verarbeitet, das dem Art déco oder dem Protorationalismus verpflichtet ist. Die von Di Fausto initiierte synkretistische Stilformel variiert ihr Repertoire auch mit Versatzstücken der orientalisierenden venezianischen Gotik. Exemplarisch ist der von ihm entworfene Regierungspalast von Rhodos, der den Dogenpalast in Venedig paraphrasiert und explizit auf Venedig als Seemacht und auf ihre Präsenz in der Ägäis verweisen soll. Diese spielerische und andeutungsreiche Variante orientalisierender Architektur, die den touristischen Charakter der Insel als Badestation klar hervorkehrt, scheint den politischen Ernst ihrer Repräsentationsaufgabe zu unterschätzen. Im italienischen Parlament debattiert man 1927 über die Angemessenheit einer solchen Architektur und bemängelt das Fehlen von Kennzeichen einer originär italienischen Herkunft.[18] Diesen Verwarnungen zum Trotz kann bis zur Mitte der dreißiger Jahre hin eine Kontinuität aufgezeigt werden, die den Dialog der italienischen Architektur auf den Inseln mit der lokalen Bautradition auszeichnet. Nebst den Architekturzeugnissen belegen dies auch die Untersuchung des Archäologen Amedeo Maiuri zum traditionellen Wohnhaus von Lindos (1923) und diejenige von Hermes Balducci (1932) zum türkischen Bauerbe.[19]

Die Reverenz gegenüber der lokalen Bautradition in den italienischen Projekten rekurriert einerseits auf eine Ästhetik des Pittoresken, die den dekorativen Elementen Aufmerksamkeit schenkt. Zum andern beruht sie auf einem den Formulierungen Gustavo Giovannonis nahestehenden Verständnis von «Ambientismo». Damit ist eine integrale Form des Dialogs von Architektur mit der historischen und natürlichen Umgebung gemeint. In Zusammenhang mit dieser Vorstellung einer kontextualisierten Architektursprache artikuliert sich schon ab den zwanziger Jahren auf den Inseln eine Spielvariante sogenannter «mediterraner» Baukunst, die sich ebenfalls zwischen der stilistischen Spannweite von Art déco und Rationalismus situiert. Diese Stiloption, die einen guten Teil der architektonischen Produktion im Dodekanes kennzeichnet, antizipiert, wenn auch nicht programmatisch, die Antwort auf die Frage, die in Italien erst in den dreißiger Jahren mit Dringlichkeit formuliert werden wird, nämlich die nach einer explizit nationalen Kolonialarchitektur. Die architektonische Debatte um die «Mediterraneità», die in denselben Jahren im Mutterland ausgetragen wird, gewinnt in Bezug auf diese Frage besondere Brisanz. Schon in der Zwischenkriegszeit, in Verbindung mit Italiens Expansionsansprüchen und dem neuralgischen «Mare nostrum»-Begriff, wird eine kulturpolitische Idee von «Mediterraneità» definiert, die für die italienische Kolonialarchitektur weitgehende Folgen haben wird. Benito Mussolini wendet sich 1926 an die Matrosen der «Cavour», die vor Ostia vor Anker liegt, mit folgendem Ausspruch: «Wir sind mediterran und unser Schicksal, ohne jedwelche Nachahmung, hat und wird sich ewig auf dem Meer abspielen.»[20] Im kolonialen Kontext ist der Terminus der «Mediterraneità», wie Mia Fuller festgestellt hat, analog dem Orientbegriff von Edward Saïd zu interpretieren. Das bedeutet, dass er primär der geografischen Definition von Macht dienlich ist und sich dem politischen Geschehen entsprechend historisch wandelt. Mit der Besetzung Libyens (1911), die das Mittelmeer zum Schwerpunkt italienischer Kolonialinteressen statuiert, wird die Idee der «Mediterraneità» zum Medium eines hegemonistischen, gleichzeitig integrativen Kulturprojekts. Dieses definiert den mediterranen Raum als von der römischen Antike kolonisierten, kulturell zusammenhängenden Raum.[21]

Es ist der Architekt Carlo Enrico Rava, der 1931 in der Zeitschrift *Domus* eine nationalistisch motivierte und funktionalistisch begründete Position vertritt, welche die Frage nach einer explizit italienischen Kolonialarchitektur mit der mediterranen Stiloption beantwortet. Rava greift das politisch vorgeprägte Leitmotiv der «Mediterraneità» auf und überträgt es auf die Kolonialarchitektur.[22] In seiner Hermeneutik wird die neue italienische mediterrane Kolonialarchitektur zu einer Fortsetzung und Wiederaufnahme einer schon bestehenden Tradition: Am Beispiel von Libyen wird diese These veranschaulicht. Libyen wird dem mediterranen Kulturraum zugerechnet, das heißt der Einflusssphäre antiker römischer Zivilisation, die als Leitkultur definiert wird. Italien, als natürlicher Erbe, übernimmt diese kulturelle Führungsrolle im Mittelmeerraum, dessen Architektur auf eine eindeutig gemeinsame Abstammung zurückgeführt wird: «Es genügt, die allseits bekannten typischen Häuser von Amalfi, Ischia, Capri, beispielsweise mit den Häusern der griechischen Küsten und Inseln […] zu vergleichen und diese beiden wiederum mit den etwas einfacheren Häusern von Tripolis […], um sich der augenscheinlichen, sehr engen Verwandtschaft gewahr zu werden, welche all diese Bauten untereinander verbindet und welche uns zu ihren gemeinsamen Ursprüngen zurückführt, dem Süden: weiße Kuben und sonnenbeschienene Terrassen unter einem tiefblauen Himmel.»[23]

Auch auf den ägäischen Inseln schlägt sich die Auseinandersetzung mit dem Mediterranen auf die Bauaufgabe des Wohnhauses nieder. Dazu gehören die Recherchen der italienischen Architekten auf den Inseln: So arbeitet beispielsweise der neapolitanische Maler und Architekt Mario Paolini die Wohnarchitektur der ägäischen Inseln in ihren malerischen Qualitäten heraus. Erwähnenswert ist auch der Architekt Furio Fasolo, dessen systematischer Ansatz die verschiedenen Typologien untersucht.[24] Das formale Vokabular der «Mediterraneità» findet also im Dodekanes seine primäre Domäne im Bereich der Wohnarchitektur, wobei für die neue Planung die minimalistischen und funktionalen Vorzüge mediterraner Baulogik übernommen werden. Als Ausformulierung des «Typischen» gelangen aber auch die morphologischen Elemente zur Anwendung: die Pergola, die Loggia, die Veranda und die externe Treppenführung. Die mediterrane Ästhetik im Dodekanes laviert zwischen unterschiedlichen Architekturpositionen, findet aber in einigen formalen Kennzeichen den Zusammenhalt: in den elementaren stereometrischen Volumina sowie im weißen, glatten Verputz. In seiner sublimiertesten Form, nämlich in der Sprache des Rationalismus, wird das Mediterrane zum ausschlaggebenden Leitmotiv für die Anlage einer Neugründung, der Militärstadt von Porto Lago auf der Insel Leros.

Abb. 56: Ansicht des Dorfes Kephalos in Kos, Mario Paolini, Tusche auf Karton, 1936.

So erweist sich die «Mediterraneità» für die Inseln des Dodekanes als privilegierte Stilreferenz, als die koloniale Architekturformel par excellence, die spezifischen kulturpolitischen Erfordernissen nachzukommen vermag, indem sie einerseits das Primat italienischer Kultur bestätigt und gleichzeitig den Anschluss an die lokalen, kulturellen Gegebenheiten leistet, was der integrativen kulturpolitischen Formel des «style du protecteur» entspricht.[25]

Dem experimentellen Stilpluralismus der ersten Jahrzehnte setzt die Gouverneurszeit von De Vecchi ein Ende. Die Zeit der Ordensritter wird nun zur ausschließlichen Referenz für die italienische Architektur auf den Inseln. Nicht nur sollen die neuen Gebäude die martialischen Morphologien der johannitischen Wehrarchitektur zu neuem Leben erwecken, auch eine sogenannte Purifikationskampagne wird eingeleitet. Die nur einige Jahre zuvor entstandenen Neubauten werden mit einem Stein verkleidet, der die Bauweise der Johanniter imitiert. Es sind dabei vor allem die «exotischen» Architekturen, die De Vecchis groteskem Bereinigungswahn zum Opfer fallen. Ein prominentes Opfer ist der verspielte Orientalismus des Albergo delle Rose, der unter einem «finta pietra»-Verputz zum Verschwinden gebracht wird.

---

1 Die Auseinandersetzung mit der italienischen architektonischen und städtebaulichen Tätigkeit auf den Inseln des Dodekanes von 1912 bis 1943 beginnt mit der pionierhaften Studie von Elena Papani Dean, La dominazione italiana e l'attività urbanistica ed edilizia nel Dodecaneso, in: Storia urbana. Rivista di studi sulle trasformazioni della città e del territorio in età moderna, 3, 1979, Nr. 8 (Themenheft «Urbanistica nelle colonie. Dodecaneso, Libia ed Etiopia»), S. 3–47. Dieser folgt ein knapper Systematisierungsversuch von Antonis Antoniadis, Italian Architecture in the Dodecanese. A Preliminary Assessment, in: Journal of Architectural Education, 38, Herbst 1984, S. 18–25. Aktuellere Untersuchungen erhalten den Impuls von der bahnbrechenden Bologneser Ausstellung von 1993, wenn auch der Katalogeintrag nicht sehr reichhaltig ausfiel, Fabrizio I. Apollonio, Architettura e città nel Dodecaneso, in: Giuliano Gresleri, Pier Giorgio Massaretti, Stefano Zagnoni (Hg.), Architettura italiana d'oltremare 1870–1940. Galleria d'Arte Moderna Bologna (Ausstellungskatalog), Venedig 1993, S. 313–321. Ausführlicher sind die frühe Studie von Leonardo Ciacci, Rodi italiana 1912–1923. Come si inventa una città, Venedig 1991 und sein späterer Aufsatz, Il Dodecaneso e la costruzione di Rodi italiana, in: Monica Livadiotti, Giorgio Rocco (Hg.), La presenza italiana nel Dodecaneso tra il 1912 e il 1948. La ricerca archeologica, la conservazione, le scelte progettuali. Palazzo del Gran Maestro Rhodos (Ausstellungskatalog), Catania 1996, S. 273–284. In derselben Publikation ist auch folgender Beitrag zu vermerken: Nilos Pitsinos, Architettura e urbanistica nel Dodecaneso italiano, S. 285–364. Systematische Inventarisation und archivarische Recherche sind die Grundlage unserer Untersuchung, bis jetzt die umfangreichste: Simona Martinoli, Eliana Perotti, Architettura coloniale italiana nel Dodecaneso 1912–1943 (Popolazioni e culture italiane nel mondo), Turin 1999. Spätere Veröffentlichungen erweitern nicht wesentlich den Wissensstand: Carlo Fabrizio Carli, Bianchi villaggi dell'Egeo, in: Renato Besana, Carlo Fabrizio Carli u.a. (Hg.), Metafisica costruita. Le città di fondazione degli anni Trenta dall'Italia all'Oltremare. Dagli Archivi Storici del Touring Club Italiano e dell'Istituto Italiano per l'Africa e l'Oriente e dai fondi locali. Complesso Monumentale di San Michele a Ripa, ex Carcere di Carlo Fontana, Rom (Ausstellungskatalog), Mailand

2002, S. 250–253 und Vassilis Colonas, Italian Architecture in the Dodecanese Islands (1912–1943), Athen 2002.

2 Nicola Labanca weist darauf hin, dass auch die militärischen Vorzüge des ägäischen Archipels eher bescheiden ausfielen, vgl. Ders., Oltremare. Storia dell'espansione coloniale italiana, Bologna 2002, S. 179.

3 «Benché non sia logico pensare che l'Italia, assillata da bisogno di trovare nelle terre d'oltremare centri di produzione di materie prime e di espansione della sua popolazione crescente, dovesse chiedere al piccolo possedimento dell'Egeo queste due cose, è tuttavia lecito considerare che il suo compito era quaggiù altrettanto utile ai fini nazionali di quello che essa si era assunto nelle colonie. La nostra Italia sta qui infatti a dimostrare, a contatto di popolazioni che hanno raggiunto un grado di civiltà simile al nostro, la maturità ad assumere la funzione direttiva in ogni campo; è una specie di esame che Essa subisce sotto gli occhi altrui: dei nuovi sudditi, che dobbiamo risvegliare dal lungo letargo; dagli stranieri che, in terre vicine, si sono assunti lo stesso nostro compito.» Il Messaggero di Rodi, 19. 2. 1933, S. 14 (Übersetzung der Autorin).

4 Vgl. Labanca, Oltremare, S. 180–182, und Nicholas Doumanis, Myth and Memory in the Mediterranean. Remembering Fascism's Empire, New York 1997, S. 34–59.

5 Zu Lago vgl. Ernesto Sestan (Hg.), Dizionario storico politico italiano, Florenz 1971, S. 709; Giuseppe Miano, Florestano di Fausto. From Rhodes to Lybia, in: Environmental Design, 8, 1990, Nr. 9/10 (Sonderheft Amate sponde … Presence of Italy in the Architecture of the Islamic Mediterranean, hg. von Attilio Petruccioli, Akten des internationalen Symposiums des Environmental Design Research Center und des Dipartimento di Architettura e Analisi della Città, Università La Sapienza, Rom 1990), S. 69–70. Über die von Lago angeregten architektonischen und städtebaulichen Aktivitäten berichtet Simona Martinoli, Il governatorato di Mario Lago. Le trasformazioni architettoniche e urbanistiche, in: dies., Perotti, Architettura coloniale italiana nel Dodecaneso, S. 27–68. Eine ausführliche Darstellung von Lyauteys kolonialer Verwaltung Marokkos gibt Daniel Rivet, Lyautey et l'institution du protectorat français au Maroc 1911–1925, 3 Bde., Paris 1988.

6 Zu De Vecchi vgl. den entsprechenden Eintrag im Dizionario biografico degli italiani, hg. vom Istituto della Enciclopedia italiana, Bd. 40 (Di Fausto-Donadoni), Rom 1991, S. 522–531. Näheres zu De Vecchis Kulturpolitik in der Ägäis in Simona Martinoli, Gli anni dell'imperialismo coloniale. La politica totalitaria del governatore De Vecchi, in: dies., Perotti, Architettura coloniale italiana nel Dodecaneso, S. 57–68.

7 Mehr dazu in Simona Martinoli, Eliana Perotti, Rhodos zur Zeit der italienischen Besetzung (1912–1943). Die selektive Erinnerung und das manipulierte Denkmal, in: Adriaan Wessel Reinink (Hg.), Memory & Oblivion. Akten des 19. International Congress of the History of Art (Amsterdam 1.–7.9. 1996), Dordrecht 1999, S. 353–361.

8 Näheres dazu in der ersten Katalogsektion La ricerca archeologica a Rodi, in: Livadiotti, Rocco (Hg.), La presenza italiana nel Dodecaneso, S. 3–100 und Eliana Perotti, Il ruolo politico dell'archeologia. La penetrazione culturale, in: dies., Martinoli, Architettura coloniale italiana nel Dodecaneso, S. 69–76.

9 Vgl. dazu Mia Fuller, Preservation and Self-Absorption. Italian Colonization and the Walled City of Tripoli, Libya, in: Ruth Ben-Ghiat, Mia Fuller (Hg.), Italian Colonialism (Italian & Italian American Studies), New York 2005, S. 131–142 und Eliana Perotti, Le mura fortificate di Rodi. Strategie coloniali di appropriazione, in: Angelo Varni, Giuliano

Gresleri (Hg.), I confini perduti. Le cinte murarie cittadine europee tra storia e conservazione, Bologna 2005, S. 525–535.
10 Mehr dazu in Rodolfo Santoro, Il restauro degli edifici medievali di Rodi, in: Livadiotti, Rocco (Hg.), La presenza italiana nel Dodecaneso, S. 211–250 und Eliana Perotti, Il patrimonio medievale. Strategie d'appropriazione, in: dies., Martinoli, Architettura coloniale italiana nel Dodecaneso, S. 77–100.
11 Ausführlich dazu Marida Talamona, Città europea e città araba in Tripolitania, in: Gresleri, Massaretti, Zagnoni (Hg.), Architettura italiana d'oltremare, S. 257–277, bes. S. 260 u. 263f.
12 Vgl. Mia Fuller, Wherever You Go, There You Are. Fascist Plans for the Colonial City of Addis Ababa and the Colonizing Suburb of EUR '42. Italian Architecture and Urbanism in Libya and Ethiopia, in: Journal of Contemporary History, 31, 1996, Nr. 2 (Sonderheft The Aesthetic of Fascism), S. 397–418, hier S. 403.
13 Zu den städtebaulichen Interventionen in Rhodos vgl. Martinoli, Perotti, Architettura coloniale italiana nel Dodecaneso, S. 457–464.
14 Ausführliche Angaben zur städtebaulichen Planung in Kos vgl. Martinoli, Perotti, Architettura coloniale italiana nel Dodecaneso, S. 209–211.
15 Zur Entstehung der Neugründung Porto Lago vgl. Martinoli, Perotti, Architettura coloniale italiana nel Dodecaneso, S. 263–267.
16 Vgl. dazu die Periodisierung der «Arabisance» in der französischen Kolonialarchitektur in Francois Béguin, Arabisances. Décor architectural et tracé urbain en Afrique du Nord 1830–1950, Paris 1983.
17 Zur orientalischen Stilformel im Dodekanes vgl. Eliana Perotti, La gestione dell'eredità ottomana. L'Oriente in colonia, in: dies., Martinoli, Architettura coloniale italiana nel Dodecaneso, S. 101–118 und Dies., Paradoxe Intergrationsstrategien «orientalischer» Baustile im Kontext der italienischen Kolonialpolitik. Das Beispiel der Dodekanes-Inseln, in: Elke Huwiler, Nicole Wachter (Hg.), Integrationen des Widerläufigen. Ein Streifzug durch geistes- und kulturgeschichtliche Forschungsfelder (Kulturwissenschaft, Bd. 3), Münster 2004, S. 223–232.
18 Vgl. den Bericht des Parlamentariers Biagio Pace, La rinascita di Rodi. Gli accordi per l'Abissinia e lo Jemen. Discorso pronunciato alla Camera dei Deputati nella giornata del 30 marzo 1927, Rom 1927, S. 7f.
19 Vgl. Amedeo Maiuri, Architettura paesana a Rodi. La casa di Lindo, in: Architettura e arti decorative. Rivista d'arte e di storia, 3, 1923/24, S. 392–409 und Hermes Balducci, Architettura turca in Rodi, Mailand 1932.
20 «Noi siamo mediterranei ed il nostro destino, senza copiare alcuno, è stato e sempre sarà sul mare.» Benito Mussolini, Discorso tenuto l'8 aprile 1926, in: Scritti e discorsi di Benito Mussolini, hg. von Valentino Piccoli, Bd. 2 – La rivoluzione fascista (23.3.1919–28.10.1922), Mailand 1934, S. 315 (Übersetzung der Autorin).
21 Zur Theorie der «Mediterraneità» und ihrer kulturpolitischen und architektonischen Auslegung vgl. Cherubino Gambardella, Il sogno bianco. Architettura e «mito mediterraneo» nell'Italia degli anni '30, Neapel 1989; Mia Fuller, Mediterraneism, in: Environmental Design, 8, 1990, S. 8–9; Fabrizio Brunetti, Architetti e fascismo (Saggi e documenti di storia dell'architettura, Bd. 15), Florenz 1993, S. 203–216; Silvia Danesi, Aporie dell'architettura italiana in periodo fascista. Mediterraneità e purismo, in: Silvia Danesi,

Luciano Patetta (Hg.), Il Razionalismo e l'architettura in Italia durante il fascismo (Documenti di architettura), Venedig 1976, S. 21–28; Rolando Scarano, Antonietta Piemontese, La ricerca dell'identità mediterranea nell'architettura italiana degli anni Trenta, in: Paolo Portoghesi, Rolando Scarano (Hg.), L'architettura del Mediterraneo. Conservazione, trasformazione, innovazione, Rom 2003, S. 27–96 und Mia Fuller, Moderns Abroad. Architecture, Cities and Italian Imperialism (Architext Series), London, New York 2007, S. 105f. u. 115–120.

22 Vgl. C.[arlo] E.[nrico] Rava, IV. Specchio dell'architettura razionale. Di un'architettura coloniale moderna. Parte prima, in: Domus, 4, 1931, Nr. 41 (Mai 1931), S. 39–43 u. 89 und Ders., V. Specchio dell'architettura razionale. Di un'architettura coloniale moderna. Parte seconda, in: Domus, 4, 1931, Nr. 42 (Juni 1931), S. 32–36.

23 «Basta infatti confrontare le tipiche case di Amalfi, Ischia o Capri, che tutti concoscono, con le case, per esempio, delle coste e delle isole greche […] e poi le une e le altre con le più semplici case tripolitane […] per accorgersi dell'evidente, strettissima parentela che le lega tutte fra loro e che ci riconduce alla loro comune origine, il Sud: cubi bianchi e terrazze soleggiate, sotto un cielo azzurrissimo.» Rava, Domus, 4, 1931, Nr. 42, S. 32 (Übersetzung der Autorin).

24 Vgl. dazu Rodolfo Santoro, Appendice A. I disegni di Mario Paolini nell'Archivio della Scuola Archeologica Italiana, in: Livadiotti, Rocco (Hg.), La presenza italiana nel Dodecaneso, S. 251–260 und die Publikation von Furio Fasolo, Architetture mediterranee egee. Disegnate da Furio Fasolo Architetto, Rom 1942.

25 Ausführlicher dazu Eliana Perotti, L'ambiguità del dialogo con le testimonianze della cultura autoctona, in: dies., Martinoli, Architettura coloniale italiana nel Dodecaneso, S. 119–131.

Unterwegs zu einer imperialen Raumordnung in Italienisch-Ostafrika

Aram Mattioli

Keine Architekturschau hat den Kritikern in den letzten Jahren solche Superlative des Lobes entlockt wie die Ausstellung *Asmara, Afrikas heimliche Hauptstadt der Moderne,* die seit dem 3. Oktober 2006 nacheinander in Berlin, Frankfurt am Main, Kassel, Stuttgart und Turin zu sehen war. In Reden und Medienberichten wurde von der «schönsten Stadt auf dem afrikanischen Kontinent» geschwärmt, war gar von einer «Art Gesamtkunstwerk» und einem urbanistischen «Kleinod» die Rede, das so rasch wie möglich in die Unesco-Liste des Weltkulturerbes aufzunehmen sei. Nur der Welterbestatus und die durch ihn zu erwartenden Touristenströme könnten dieses einzigartige Bauerbe vor dem Verfall bewahren.[1] Tatsächlich hat sich in der Hauptstadt des seit 1993 unabhängigen Staates Eritrea, einem der ärmsten Länder Afrikas mit Tausenden von politischen Gefangenen, eine bemerkenswerte City aus den späten dreißiger Jahren des 20. Jahrhunderts erhalten. Trotz jahrzehntelanger Unabhängigkeitswirren birgt Asmaras Innenstadt eine der dichtesten und intaktesten Ansammlungen von Gebäuden der klassischen Moderne, auch wenn der Zahn der Zeit sichtlich an ihnen genagt hat. In gleicher Konzentration findet man ein solches Ensemble wohl nur noch in Tel Aviv, in der weißen Stadt, in welcher deutsch-jüdische Architekten von 1931 bis 1956 ein vom International Style und insbesondere den Bauhaus-Prinzipien inspiriertes Viertel mit atemberaubenden Gebäuden entwarfen.[2]

Kein Zweifel, die Bemühungen, den Architekturschatz der eritreischen Metropole ins Bewusstsein der Weltöffentlichkeit zurückzuholen, verdienen

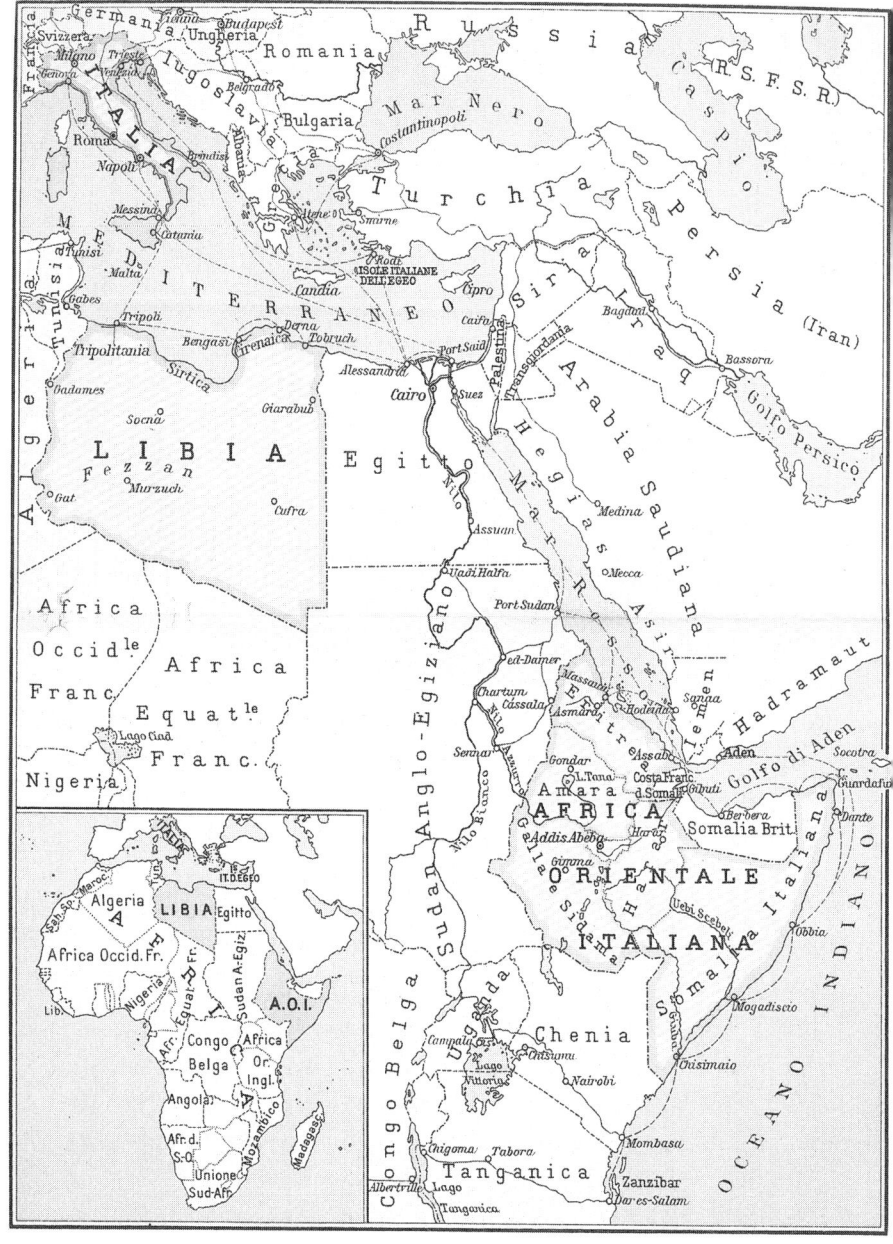

Abb. 57: Das Kolonialreich des faschistischen Italien, 1938.

Sympathie. Allerdings sticht ins Auge, dass dies bislang auf eindimensionale Weise geschah. So versuchte die Ausstellung lediglich, einen Beitrag zur Debatte über die Globalisierung moderner Architektur und ihre Rezeption außerhalb Europas zu leisten.[3] Während die von der Stiftung Bauhaus Dessau und dem eritreischen Denkmalpfleger Naigzy Gebremedhin kuratierte Wanderausstellung durch Deutschland tourte, blieb der historische Entstehungskontext von Asmaras moderner Architektur in der italienischen Kolonialzeit sträflich unterbelichtet. Wenige nur stimmten nicht in den Jubelchor ein. So warf der junge Kunsthistoriker Christian Welzbacher den Ausstellungsmachern als einer der wenigen Kritiker eine «Kapitulation vor der Geschichte»[4] vor – zu Recht, denn bei Asmara handelt es sich nicht nur um eine von Mussolinis Planstädten, die selbst auf afrikanischer Erde noch von restaurierter Macht und Größe künden sollten. Ihre Errichtung ist auch im Kontext des überaus brutal geführten Angriffs- und Eroberungskriegs gegen das Kaiserreich Abessinien zu sehen. Asmara bildete nicht nur die Hauptnachschubbasis für die Aggression von Italiens Hightech-Kriegsmaschine. Die im Hochland gelegene Stadt mit ihrem für Europäer angenehmen Klima muss auch deshalb kritischer beurteilt werden, weil sie der schwarzen Mehrheitsbevölkerung dauerhaft eine faschistische Lebensorganisation aufzwingen wollte.

Nach dem mit Giftgas und Luftbombardements geführten Abessinienkrieg, der nach der im Mai 1936 erfolgten Einnahme von Addis Abeba in eine blutige Besatzungsherrschaft mit Zehntausenden von Toten mündete, gebot Italien über das drittgrößte Kolonialreich der Welt.[5] Unter endlosem Beifall seiner Landsleute verkündete Benito Mussolini den Italienern am 9. Mai 1936 nichts weniger als das «Wiedererscheinen des Imperiums auf den schicksalhaften Hügeln Roms». «L'Italia ha finalmente il suo impero. Impero fascista … impero di pace … impero di civiltà e di umanità»[6] – redete er die Italiener in einer landesweit übertragenen Ansprache schwindlig. Im Konzert der Mächte trat das faschistische Kriegsregime fortan als zweites Imperium romanum auf, das in Ostafrika – wie einst die Römer rund um das Mittelmeer – eine «Zivilisierungsmission»[7] zu erfüllen hätte. Die Propaganda wurde nicht müde, die Italiener als selbstlose Pioniere zu zeichnen, die eine zurückgebliebene Weltgegend mit Straßen, Schulen und Spitäler beglücken und brachliegende Flächen in blühende Gärten verwandeln würden.[8]

Ostafrika als Spielwiese für Architekten und Städteplaner

Allem propagandistischen Gedröhne zum Trotz existierten im Frühsommer 1936 nur wenige Vorgaben für das faschistische «empire building» am Horn von Afrika. Mussolini gab nicht nur einer «direct rule» unter Ausschluss der alten amharischen Eliten den Vorzug, sondern ließ bald schon ein System der Rassensegregation einführen. Überdies sollte Italienisch-Ostafrika, das nun Eritrea, Äthiopien und ausgedehnte Landstriche an der Somaliküste umfasste, zur Siedlungskolonie ausgebaut werden und einem ehrgeizigen Lebensraumprojekt dienen. Immerhin hätte Africa Orientale Italiana (AOI) mit seinen sechs Gouvernements schließlich zwischen 1 und 6,5 Millionen Kolonisten aus dem Mutterland aufnehmen sollen.[9] Um einen Bevölkerungstransfer dieser Größenordnung überhaupt in Gang setzen zu können, mussten im künftigen «spazio vitale» zuallererst die verkehrs- und kommunikationstechnischen, aber auch die wirtschaftlichen und urbanistischen Voraussetzungen geschaffen werden. Das war nicht von heute auf morgen zu erreichen, schon deshalb nicht, weil es der Besatzungsmacht trotz brutalster Repression nie gelang, das ganze Territorium militärisch zu kontrollieren. Die Faschisten selber sahen ihr Lebensraumprojekt als «titanisches Unternehmen»[10], das zu einer von Italienern dominierten Siedlergesellschaft führen werde. In dieser an die amerikanischen Frontier-Territorien des 19. Jahrhunderts erinnernden Situation schlug nicht nur die Stunde der Geschäftemacher, Karrieristen und Kolonisten, sondern auch jene der Ingenieure, Architekten und Stadtplaner.

Nur eine Woche nach der Proklamation des «Impero» wandte sich mit Marcello Piacentini der einflussreichste Architekt des Regimes an den Diktator. Er schlug diesem vor, die im Rahmen des «großen Zivilisierungswerks» notwendig werdenden Bauvorhaben in einem einzigen Generalplan für die neu eroberten Gebiete zu koordinieren.[11] Niemals zuvor in der Geschichte hätte sich die Gelegenheit geboten, die architektonische und urbanistische Entwicklung eines «völlig jungfräulichen, von jeder vorgängigen Zivilisationsinitiative unberührten Territoriums» systematisch planerisch zu steuern.[12] Sich selbst als Idealbesetzung für diese Aufgabe haltend, bot Piacentini dem «Duce» selbstbewusst seine Kompetenz zusammen mit jener von zahlreichen jungen Architekten und Ingenieuren an.[13] Zwar wurde aus einem einzigen Flächen-

Roma, 16 Maggio 1936.XIV

REALE ACCADEMIA D'ITALIA

MINISTERO
17 MAG 1936
COLONIE

A S.E. IL MINISTRO DELLE COLONIE

R O M A

 Pregato da varî giovani colleghi architetti e stu_
diosi di urbanistica, mi permetto di esporre alla E.V. una
proposta che interessa, nella sua totalità, la grande ope_
ra di civilizzazione che il nostro Governo sta per iniziare
nei territori del nuovo Impero Coloniale, conquistati al
lavoro del popolo italiano dalla splendida vittoria Fascista.
 Di fronte al vastissimo compito di intraprendere
dai rpimi principi l'immane programma di lavori pubblici e
privati, di iniziative industriali, di costruzioni d'ogni
genere, che si estendono dal campo minerario a quello edi_
lizio di centri abitati e di città vere e proprie, compren_
dendo in questi limiti tutte le applicazioni della tecnica
e della civiltà, sono convinto che si debba predisporre e
coordinare lo svolgimento graduale di tutte queste attività
entro le linee di un grandissimo "piano regolatore" esteso
a tutto il territorio del nuovo Impero etiopico.
 La nostra tecnica è oggi arrivata a concepire si_
mili piani regolatori, estesi al territorio di "regioni" e
di "stati" come il naturale e necessario sviluppo della com_
plessa ed incessante evoluzione della civiltà e della tecni_
ca moderna, sulla base fondamentale della distribuzione de_
mografica e del progresso sociale: si potrebbero anche cita_

Abb. 58: Brief von Marcello Piacentini an Benito Mussolini, 16. Mai 1936.

nutzungsplan für das eroberte Riesenterritorium nichts. Doch immerhin ließ der Diktator eine «Consulta per l'edilizia e l'urbanistica» einsetzen, ein Gremium, das in der Folge die urbanistischen Aktivitäten im «Impero» überwachte und die vorgelegten Bebauungspläne evaluierte.[14] In der Annahme, dass es in Ostafrika bald schon sehr viel zu planen geben würde, rief Piacentini seine Berufskollegen in der Fachzeitschrift *Architettura* kurz darauf dazu auf, sich baukünstlerisch für den Aufbau des «Impero» zu engagieren.[15] Italiens Architekten und Stadtplaner sollten sich endgültig in politische Erfüllungsgehilfen verwandeln.

Dass Italienisch-Ostafrika eine attraktive Spielwiese für Architekten mit urbanistischen Ambitionen war, glaubte eine Zeit lang auch Le Corbusier, der vielleicht bedeutendste Baukünstler des 20. Jahrhunderts.[16] Schon nach dem Ersten Weltkrieg hatte er mit dem Plan für Aufsehen gesorgt, die Altstadt von Paris abzureißen und die Menschen stattdessen in 18 schwindelerregend hohen Wolkenkratzern einzuquartieren – glücklicherweise ohne Erfolg. Von 1932 an bemühte sich Le Corbusier gleich mehrere Male um eine Privataudienz beim «Duce». Er wollte dem starken Mann des «neuen Italien» seine urbanistischen Zukunftsvisionen erläutern, darunter auch einen Plan für die nördliche Banlieue von Rom.[17] 1934 bemühte sich der Toparchitekt dann darum, den Auftrag für die Gründungsstadt Pontinia zu erhalten – wiederum erfolglos, weil das Regime dieses Prestigeprojekt nach den Diskussionen um Sabaudia nicht einem avantgardistischen Ausländer anvertrauen wollte. Beunruhigt über Medienberichte, dass sich die Umgestaltung von Addis Abeba an der kapitalistischen Gartenstadtidee aus dem späten 19. Jahrhundert orientieren werde, arbeitete Le Corbusier im Spätsommer 1936 ungefragt einen imperialen Gegenentwurf mit den dazugehörigen Skizzen aus.

«Kolonisation», schrieb er an den italienischen Botschafter in Brasilien, der den Brief an Mussolini weiterleitete, «muss ein Nachweis von Ordnung, Kraft und modernem Geist sein.»[18] Le Corbusier riet dazu, mit dem traditionellen Gefüge von Addis Abeba auch die traditionelle Sozialstruktur der 1886 gegründeten kaiserlichen Residenzstadt zu zerschlagen. Konkret sah er für die Kapitale der Provinz Schoa eine dominante Zentralachse vor, welche die Wohnquartiere der Europäer strikt von denen der indigenen Bevölkerung trennte. Folgerichtig enthielt sein Projekt zwei Eisenbahnhöfe und zwei Busterminals – je einer für Schwarze und Weiße. Selbst für das neue Sportstadion konzipierte Le Corbusier zwei getrennte Zonen für europäische und afrikanische Besucher.[19] Diese auf einer strikten Rassensegregation basierende Grobplanung nahm keine Rücksicht auf lokale Traditionen und Begebenheiten. Dem Avantgardisten Le Corbusier ging es einzig darum, Addis Abeba zum repräsentativen Machtzentrum von Italienisch-Ostafrika zu machen.[20] Zum Glück für seine weitere Karriere zeigte ihm der Diktator erneut die kalte Schulter.

Was die Organisation des kolonialen Raums anging, unterschied sich Le Corbusiers urbanistisches Konzept für Addis Abeba jedoch nicht grundlegend von jenen seiner italienischen Kollegen.[21] Auch Mussolinis Stadtplanern war nur zu bewusst, dass der erfolgreiche Aufbau des «Impero» eine radikale Umgestaltung der überlieferten äthiopischen Raumorganisation bedingte. Das «empire building» war nicht nur mit einer restlosen «Pazifizierung» der neuen Territorien, ihrer infrastrukturellen Erschließung und kommunikativen Durchdringung gleichbedeutend. Durch eine neue faschistische Raumordnung sollte die alte soziale und räumliche Struktur der äthiopischen Gesellschaft zerstört und die Vorherrschaft der Eroberer über die indigene Bevölkerung für Jahrhunderte festgeschrieben werden.[22] Dafür mussten letztlich die «mental maps» der Afrikaner durch eine Raumrevolution unumkehrbar transformiert werden. Für eine kulturwissenschaftlich sensibilisierte Architekturgeschichte sind auf dem 1936 eingeschlagenen Weg zur künftigen Siedlungskolonie drei Themen von besonderer Bedeutung: erstens der Aufbau eines funktionstüchtigen Verkehrssystems; zweitens die symbolische Säuberung und nachhaltige Faschisierung des neuen Lebensraums und drittens die urbanistische Neugestaltung der Städte, unter denen die von Asmara bis 1941 mit Abstand am weitesten gedieh. Die nachfolgenden Abschnitte unternehmen den Versuch, diese bestenfalls erst als Einzelprobleme behandelten Themen systematisch im Gesamtzusammenhang zu diskutieren.

Die erste Infrastrukturaufgabe: der Bau eines Straßennetzes

Anders als im Europa des frühen 19. Jahrhunderts begann das Zeitalter der Bewegung und Beschleunigung in Äthiopien nicht mit der Eisenbahn,[23] sondern mit dem Bau eines ausgedehnten Straßennetzes, auf dem bald schon eine Flotte von Lastwagen, Kleintransportern, Traktoren und Bussen verkehrte. Bereits 1976 erkannte Richard Pankhurst, dass die verkehrsmäßige Erschließung des «Dachs von Afrika» durch ganzjährig befahrbare Straßen die Grundvoraussetzung für alle anderen Aktivitäten der Kolonialmacht bildete.[24] Bis zum italienischen Überfall von 1935 verfügte Äthiopien über kein überregionales Netz von Straßen. In den Provinzen des national nur schwach integrierten Riesenreiches existierten lediglich regionale Verkehrsadern, die für die Bedürfnisse einer automobilen Gesellschaft, wie sie sich in Europa nach 1930 abzuzeichnen begann, gänzlich ungeeignet waren. Dabei handelte es sich um schlecht markierte, nicht asphaltierte Pisten oder Maultierpfade, die in der Regenzeit regelmäßig unpassierbar wurden. Befahrbare Brücken und andere Kunstbauten waren im äthiopischen Hochland ebenso unbekannt wie mehrspurige Streckenführungen und Tankstellen. Von Straßen in der europäischen Bedeutung des Wortes konnte in Abessinien – von Addis Abeba einmal abgesehen – nicht die Rede sein.[25]

Schon Monate vor der Aggression, aber auch während des militärischen Vormarsches in das äthiopische Kernland legten Zehntausende von Arbeitern provisorische Straßen an, um den Aufmarsch der italienischen Kriegsmaschine überhaupt zu ermöglichen und dann den Nachschub zu sichern. Zuerst mussten wetterfeste Verbindungen von den Häfen am Roten Meer an die eritreisch-äthiopische Grenze geschaffen werden, die im Hochland rund 2500 Meter über Meer liegt. Nach dem Einmarsch ins äthiopische Kernland wurden im rückwärtigen Heeresgebiet rasch die Baubataillone tätig.[26] In hohem Arbeitstempo wurden Straßen an der Nordfront angelegt, wo das Invasionsheer den Hauptschlag führte. Zeitweise standen dafür 170 000 Bauarbeiter, darunter 120 000 Soldaten des Heeres, im Einsatz.[27] Ein rasches Vorrücken der motorisierten Kräfte wäre auch an der Südfront ohne den Einsatz von 30 000

Trassenbauern unmöglich gewesen. In keinem militärischen Konflikt zuvor spielte der Bau von Straßen eine derart zentrale strategische Rolle wie bei der Eroberung des Kaiserreichs Abessinien. Nur weil dieser zügig vorankam, gelang es den von Marschall Pietro Badoglio kommandierten motorisierten Heereseinheiten, Addis Abeba im Mai 1936 gerade noch rechtzeitig vor dem Beginn der großen Regenzeit einzunehmen.

Nach dem Fall der Hauptstadt ging der Aufbau eines leistungsfähigen Straßennetzes mit gesteigerter Intensität weiter. In seiner Funktion als Kolonialminister legte Mussolini schon am 19. Mai 1936 einen ersten Plan für ein landesweites Verkehrssystem von 2800 Kilometer Länge vor.[28] Dieser sah fünf Hauptarterien vor, die nicht nur die wichtigsten urbanen Zentren von Italienisch-Ostafrika miteinander verbanden, sondern mit Assab neben Massaua einen weiteren Hafen am Roten Meer ans Straßennetz anbanden. Gleichzeitig machte der Plan Addis Abeba zum Dreh- und Angelpunkt des künftigen Verkehrssystems. Schließlich sollten alle Wege ins «Rom von Schoa» führen. Das Bedürfnis nach einem leistungsstarken Transportsystem war derart groß, dass der Diktator Mitte September 1936 Giuseppe Cobolli Gigli, den Minister für öffentliche Arbeiten, nach Italienisch-Ostafrika beorderte, um dort den Fortgang der Arbeiten zu überwachen. Einmal in Übersee eingetroffen, erlaubte er Cobolli Gigli die Rückkehr erst dann, wenn auf breiter Basis ein Anfang gemacht sei.[29] Tatsächlich konnte der Minister erst nach sechs Monaten ins Mutterland heimkehren, wofür es in der Geschichte Italiens keinen Präzedenzfall gab.[30] Zuvor hatte er in Italienisch-Ostafrika per Flugzeug oder Auto eine Unzahl von Baustellen aufgesucht und die Arbeiter während seiner Besuche zu noch intensiveren Kraftanstrengungen für das «Impero» und den «Duce» angespornt. Es blieb nicht bei Worten allein.

Tatsächlich investierte Rom für die Infrastrukturentwicklung des neuen Lebensraums in Ostafrika Unsummen. Im Juni 1937 verabschiedete der Ministerrat einen Sechsjahresplan in der Gesamthöhe von 12 Milliarden Lire. Davon war allein die für die damalige Zeit astronomische Summe von 7,73 Milliarden für den Straßenbau vorgesehen, wohingegen für Bauten in den «Città imperiale» vorerst nur 1,892 Milliarden reserviert wurden.[31] Dieser Schlüssel belegt, wo Mussolini bei den Anfangsinvestitionen die Prioritäten setzte. Parallel zu den Hauptverkehrsadern, den von den Faschisten sogenann-

335

ten «Strade imperiali», erbauten die Eroberer ein Netz von Nebenstraßen. Die eigentliche Lebensader von Italienisch-Ostafrika führte von Addis Abeba über Dessiè nach Asmara und von der Hauptstadt des Gouvernements Eritrea hinunter zur Hafenstadt Massaua am Roten Meer. Die von den Faschisten bald «Strada della Vittoria» getaufte Achse hatte eine Länge von rund 1200 Kilometern. Sie verkürzte die Reise von Addis Abeba nach Massaua erheblich. Fortan dauerte sie nur noch zwei bis drei Tage. Zusammen mit der «Strada imperiale» von Dessiè nach Assab stellte die «Siegesstraße» die Versorgung der entstehenden Siedlungskolonie sicher.

Für die Erschließung des Riesenraums durch Straßen scheute das Regime kaum einen Aufwand. Immerhin arbeitete im Frühsommer 1937 eine ganze Armee von Bauarbeitern am Straßennetz: neben 63 530 Italienern immerhin 43 720 Eritreer und Äthiopier sowie 10 680 Jemeniten und Sudanesen. Im Sommer 1938, zwei Jahre nach Beginn der Arbeiten, waren bereits rund 3300 Kilometer des geplanten Netzes fertig gestellt, von denen immerhin 1800 Kilometer einen Asphaltbelag und 1000 Kilometer ein gewalztes Schotterbett aufwiesen. Für das Straßennetz mussten eine Riesenzahl von Baumaschinen und ungeheure Mengen von Baumaterialien (wie Holz, Eisen, Asphalt und Schotter) von den heimischen Häfen am Mittelmeer durch den gebührenpflichtigen Suez-Kanal nach Massaua, Assab oder Mogadischu verschifft werden, bevor sie auf Lastwagen umgeladen schließlich zum «Dach von Afrika» gekarrt werden konnten. Freilich sorgten die über tausende Seemeilen herbeigeschafften Materialien und das schwierige Gelände dafür, dass ein Kilometer in Äthiopien gebaute Straße das Staatsbudget um ein Vielfaches stärker belastete als ein Straßenkilometer in Italien.[32]

Einen nicht unwesentlichen Kostenfaktor stellten die italienischen Bauarbeiter dar, die im ersten Jahr des Bestehens des «Impero» stark in der Überzahl waren. Wie in Apartheidgesellschaften üblich zahlten die Baufirmen Gondrand, Puricelli, Parisi und Vaselli den farbigen Arbeitern für die gleiche Tätigkeit weit schlechtere Löhne als ihren in Italien rekrutierten Kollegen.[33] Ab Mitte 1937 nahm die Zahl der italienischen Arbeiter aus Kostengründen immer stärker ab, während die der schlecht bezahlten farbigen Arbeiter zunahm. Das Straßennetz war immer auch das Produkt von Ausbeutung menschlicher Arbeitskraft.[34] Während des forcierten Straßenbauprogramms verloren zwischen dem 1. Januar 1935 und dem 30. April 1938 immerhin 2584 Menschen ihr Leben – durch Krankheiten, Überfälle und Unglücke.[35]

Trotz aller Schwierigkeiten entstand während der ganzen Besatzungszeit ein relativ gut ausgebautes, teilweise sogar hochwertiges Streckennetz mit zahlreichen Kunstbauten. Das spektakulärste Bauwerk war der 586 Meter lange, nördlich von Addis Abeba gelegene Tunnel am Termaber-Pass, der am 5. Juni 1938 dem Verkehr übergeben wurde. Die neuen Verbindungen veränderten das Antlitz Eritreas und Äthiopiens einschneidend und dauerhaft, auch wenn bis zur Befreiung des Landes im Frühjahr 1941 nur ein Teil des geplanten Streckennetzes verwirklicht werden konnte. Unrealisiert blieb der Traum von einer «Transafricana», einer rund 6000 Kilometer langen Landverbindung, welche die Hafenstadt Bengasi am Mittelmeer durch die libysche Wüste und den zum British Empire gehörenden Sudan mit Addis Abeba in der äthiopischen Zentralprovinz Schoa und von da mit Mogadischu am Indischen Ozean verbunden hätte.[36]

Schon 1982 vertrat Angelo Del Boca die Ansicht, dass keine Kolonialmacht je zuvor so viel Mittel und Energie in ein einzelnes Infrastrukturprojekt gesteckt hat wie das faschistische Italien in die verkehrstechnische Erschließung seiner ostafrikanischen Besitzungen.[37] Im kolonialen Kontext muss man tatsächlich von einem «Extremfall staatlichen Engagements»[38] sprechen, verschlang die Eroberung und Entwicklung von 1935 bis 1940 doch jährlich rund zwanzig Prozent des gesamten italienischen Staatshaushalts.[39] Nach den Militärausgaben kamen in den Anfangsjahren des «Impero» die Kosten für den Aufbau des Straßennetzes. Auf den ersten Blick mutet diese Entscheidung eigenartig an, weil die da investierten Riesensummen im Prinzip auch für die Entwicklung des immer noch vorindustriell geprägten Mezzogiorno hätten verwendet werden können. Im Vergleich zur Infrastruktur der west- und mitteleuropäischen Industrienationen war jene in Süditalien bekanntlich stark zurückgeblieben.

Eine solche Überlegung war den faschistischen Machthabern vollkommen fremd. In ihrem megalomanen Reichsdenken gehörte Äthiopien seit der Einnahme von Addis Abeba integral zu Großitalien. Italienisch-Ostafrika sahen sie auch als «gigantisches Testfeld» für die erträumte Zukunftsgesellschaft, die im Zeichen imperialer, militaristischer, antibürgerlicher und rassistischer

Werte aufgebaut werden sollte.⁴⁰ Das Regime pumpte Riesensummen nach Ostafrika, um dort ein «paralleles, wenn auch künstliches Überseeitalien» zu schaffen, das sich von allen Zwängen befreite, wie der Historiker Alexander De Grand unlängst herausarbeitete. Eine faschistische Idealgesellschaft sollte am Horn von Afrika entstehen, ohne jene Einschränkungen und Kompromisse, die der totalitären Entfaltung des Regimes im Mutterland mit seinen kirchenfreundlichen Eliten und seinen staatsskeptischen, viel zu weichherzigen Bürgern trotz mehr als einem Jahrzehnt Faschismus entgegenstanden.⁴¹

Aus der Geschichte des europäischen «nation building» im 19. Jahrhundert hatten die faschistischen Sozialingenieure zudem gelernt, dass ein leistungsfähiges Verkehrs- und Transportsystem die entscheidende Grundbedingung für die großflächige Integration von ehemals isoliert voneinander existierenden Lokalgesellschaften war.⁴² Die Straßen erleichterten nicht nur die «Pazifizierung» des unwegsamen Hochlandes; sie bildeten auch eine zentrale Voraussetzung für die ökonomische und urbanistische Entwicklung der künftigen Siedlungskolonie. Zudem stellten sie eine conditio sine qua non für eine wirklich imperialistische Machtausübung und effektive Verwaltung dar. Neben diesen sehr konkreten Funktionen müssen die Straßen Roms in einer kulturwissenschaftlichen Perspektive immer auch als gebaute Herrschafts- und angemaßte Zivilisationszeichen⁴³ Beachtung finden. Mit dem Straßennetz versuchten die Eroberer der indigenen Bevölkerung die «Überlegenheit der italienischen Zivilisation» vor Augen zu führen. Vizekönig Rodolfo Graziani jedenfalls sah in ihnen das «erste große Monument der faschistischen Zivilisation im Impero»⁴⁴. Damit hatte der berüchtigte Vizekönig von Mussolinis Gnaden für einmal nicht so Unrecht.

Die symbolische Faschisierung des «Impero»

Ohne dass es die neuen Herren selber so genannt haben, zielte ihre Politik in Italienisch-Ostafrika auf eine siedlungsdemografisch und rassistisch motivierte Revolution der Raumordnung, ganz ähnlich wie in den Jahren nach dem «Marsch auf Rom» schon in den neu erworbenen Grenzprovinzen. Die räumliche Ordnung des von amharischen Eliten dominierten Vielvölkerreiches sollte nach faschistischen Grundsätzen umgestaltet werden. Neben rein symbolischer Politik griffen die Besatzer seit 1936 dafür auch in die überlieferten Strukturen der Siedlungszentren[45] ein. Freilich reichten die fünf Jahre der Okkupation den Eroberern nur ansatzweise aus, um in Africa Orientale Italiana eine neue Raumordnung in den Boden zu stampfen. Wie die Architektur- und Städtebaupolitik in Italien selbst bewegte sich diese in einer Dialektik von Zerstörung und radikalem Neudesign.

Kein politisches Regime kommt im öffentlichen Raum ohne Herrschaftszeichen aus. Macht muss stets coram publico visualisiert werden – und zwar in einer möglichst einheitlichen Formen- und Symbolsprache. Einiges an Energie verwendeten die italienischen Besatzer denn auch auf die Auslöschung der alten kaiserlichen Herrschaftszeichen und die symbolische Faschisierung der Raumordnung. So wurde nach der Einnahme von Addis Abeba auf allerhöchsten Befehl hin das Reiterdenkmal von Kaiser Menelik II. vom Sockel gestürzt, der 1896 als Oberbefehlshaber der abessinischen Truppen einem italienischen Expeditionskorps bei Adua eine traumatisch nachwirkende Niederlage zugefügt hatte.[46] Nicht genug damit traten die Besatzer eine Welle des Ikonoklasmus los. In der Hauptstadt schlugen Schwarzhemden mit Hämmern kaiserliche Löwen von Amtsgebäuden, überpinselten offizielle Inschriften in amharischer Sprache und zerstörten in den Ministerien Porträts von Kaiser Haile Selassie.[47] Am Arat Kilo Square rissen die neuen Herren einen Obelisken nieder. Parallel dazu zerstörten und plünderten die Besatzer so manche orthodoxe Kirche, deren Repräsentanten teilweise mit dem Widerstand sympathisierten.[48]

Um die Macht des «neuen Italien» in Szene zu setzen, wurde der berühmte goldene Löwe von Juda, der seit 1931 auch das kaiserliche Wappen von Haile Selassie zierte, als Kriegsbeute nach Rom abtransportiert. Dort wurde er im Mai 1937 auf der Piazza dei Cinquecento vor einem Denkmal der Gefallenen der Schlacht von Dogali aufgestellt – im Sinn einer symbolischen Vergeltung für eine 1887 im späteren Eritrea erlittene Niederlage.[49] Dasselbe Schicksal ereilte eine 24 Meter hohe, kunstvoll gefertigte Stele aus der antiken Königsstadt Aksum. In drei Teilen auf dem See- und Landweg nach Rom verfrachtet, wurde sie am 28. Oktober 1937 als Obelisk auf der Piazza di Porta Capena direkt gegenüber dem Kolonialministerium feierlich enthüllt, als Verbeugung vor dem «fondatore dell'impero».⁵⁰ Mit der Zerstörung respektive Entfernung alter kaiserlicher Herrschaftssymbole versuchten die Eroberer, äthiopische Kulturtraditionen zurückzudrängen, ja auszuradieren.⁵¹

Zu den «Formen der Dominanz» (Nezar AlSayyad) gehörte vor allem die systematische Faschisierung der öffentlichen Raumordnung. Freilich griff die Besatzungsmacht dafür auf ihr bereits in Italien erprobtes Zeichenarsenal zurück: auf Faschistenadler und Rutenbündel, auf die ikonografischen Versatzstücke des Mussolini-Kults (wie Porträts, stilisierte M oder DVCE-Inschriften), auf die Raum besetzende Kraft von Gefallenen-Denkmälern und steinerne Reminiszenzen an das antike Imperium. Wie schon in Bozen, Bengasi und Tripolis ließen die neuen Herren auch in Mogadischu und Addis Abeba Triumphbögen erbauen, vor denen sie – wie im antiken Rom – öffentliche Zeremonien und Massenaufmärsche zu Ehren der siegreichen Feldherrn veranstalteten.⁵² In der Nähe des Schlachtfelds von Adua errichteten sie für die Gefallenen von 1896 nicht nur ein Ehrenmal mit der Inschrift «Oggi rivendicati dalla Vittoria, 6-X-1935», sondern auf einer Hügelkuppe auch eine weit sichtbare Kolossalbüste des «Duce», der fortan persönlich über das Schicksal des «Impero» im eritreisch-äthiopischen Grenzgebiet wachte.⁵³

Überhaupt war der Diktator, der nie einen Fuß nach Italienisch-Ostafrika setzte, in diesem Teil des «Impero» symbolisch omnipräsent. Dem «fondatore dell'impero» wurde im öffentlichen Raum tausendfach die Reverenz erwiesen, durch die immergleichen Inschriften («Viva Il DUCE»; «DUCE A NOI», «Dux»), propagandistischen Losungsworte («Creddere, obbedire, combattere»), Bildnisse und Toponyme. Der Termaber-Pass, der an der «Strada della Vittoria» zwischen Addis Abeba und Asmara liegt, verwandelte sich auf diese Weise in den Mussolini-Pass. An Parteigebäuden, öffentlichen Plätzen und Weggabelungen hingen Mussolinis-Porträts aus Stoff, auf Hausmauern fand man sie auch aufgemalt. Gezwungen oder auch freiwillig nahmen Einheimische zuweilen vor diesen Götzenbildern Aufstellung und erhoben ihren rechten Arm zum «römischen Gruß».⁵⁴ Der aufs «Dach von Afrika» exportierte Personenkult beschränkte sich nicht auf den Diktator allein. In geringerem Maße kamen bei Flur- und Straßenbezeichnungen auch die «gerarchi» zum Zug. So sollten zwei Bergspitzen des Hochlandes die Namen der Marschälle Pietro Badoglio und Rodolfo Graziani erhalten.⁵⁵

Namensgeschichte ist stets auch Herrschaftsgeschichte.[56] Mit der Bezeichnung Africa Orientale Italiana beanspruchte Rom mindestens gleiche Augenhöhe mit Frankreich, das seine westafrikanischen Kolonien 1895 zur Afrique Occidentale Française (AOF) zusammengefasst hatte. Im Zentrum von Addis Abeba erhielten Plätzen den Namen Piazza Impero und Piazza del Littorio und Via Vittoria. In Addis Abeba und Asmara fehlte fortan ein Viale Mussolini nicht. In Asmara erinnerte eine ganze Reihe von Straßenzügen offen an den Eroberungskrieg: der Viale 3 Ottobre, der Viale De Bono, die Via Locatelli, der Viale Camice Nere, die Via 9 Maggio und der Corso del Re Imperatore etwa.[57] Neben den hochideologisierten Bezeichnungen führte man in den Städten auch unverdächtigere ein, die eher in die nationale Tradition Italiens als in den faschistischen Reichskult gehörten. Dabei handelte es sich zum Beispiel um Straßen, die nach Giovanni Boccaccio, Michelangelo Buonarroti, Giuseppe Garibaldi, Camillo Cavour, Francesco Crispi, Luigi Cadorna oder Giuglielmo Marconi benannt waren.[58] In der Toponomastik folgten die Eroberer ganz den aus Italien bekannten Mustern.[59] Die Welt der Eingeborenen wurde dadurch gleichsam umbenannt. Mit Hilfe der neuen Flur- und Straßennamen sollte den Unterworfenen signalisiert werden, dass ihr Territorium für immer zum Königreich Italien gehöre. Kurz, die Toponyme waren Mittel der sprachlichen Kolonisierung und der symbolischen Auslöschung der früheren Kaiserherrschaft.

Wie die schwarze Bevölkerungsmehrheit auf diese Besitzergreifung durch Namensgebung reagierte, stellt für die heutige Geschichtsforschung ein kaum zu lösendes Problem dar, weil dafür die Quellenbasis fehlt. Ciro Poggiali, der für den *Corriere della Sera* aus Ostafrika berichtete, notierte dazu immerhin eine interessante Beobachtung in seinem Tagebuch, die mindestens als Hinweis dienen kann. Es ging um die Wahrnehmung des Tunnels am Termaber-Pass, den die Besatzer vor allem deshalb in den Berg trieben, um den Eingeborenen ihre überlegenen Fähigkeiten vor Augen zu führen. Zuvor schon hatten sie eine selbst für schwere Militärfahrzeuge passierbare Straße über den Pass gebaut, die den alten Saumpfad überflüssig machte. Gefragt, was er von dem «schwarzen Loch» denn halte, gab der befragte Abessinier zur Antwort: «Habt ihr nicht schon schnelle Mittel? […] Um 10 Kilometer, zwei Wegstunden mit dem Maulesel, einen Tag zu Fuß, einzusparen, nehmt ihr folglich die

Mühe auf Euch? Warum messt ihr der Zeit nur solche Bedeutung zu, wenn wir doch sterben müssen?»[60] Dennoch ändert diese bemerkenswerte Antwort nichts daran, dass die «mental maps» der Afrikaner durch symbolische und reale Eingriffe in die Raumordnung dauerhaft verändert werden sollten. Dem nämlichen Zweck diente auch die Neugestaltung der urbanen Zentren.

Stadtplanung als Herrschaftsmittel

In der zweiten Hälfte der dreißiger Jahre entwarfen Mussolinis Städteplaner Projekte, welche die Siedlungszentren in Italienisch-Ostafrika nicht als historisch gewachsene Städte, sondern als Tabula rasa behandelten. Die Menschen Ostafrikas waren ja nur «Barbaren» ohne wirkliche Städte, richtige Häuser und Kultur.[61] Die Bedürfnisse und lokalen Traditionen der schwarzen Mehrheitsbevölkerung mussten deshalb nicht berücksichtigt werden. Bis Italien an der Seite Deutschlands in den Zweiten Weltkrieg eintrat, wurden zahlreiche Bebauungspläne in Kraft gesetzt. Nur weil die ostafrikanischen Länder bereits 1941 von alliierten Truppen befreit werden konnten, kamen sie, was ihre Umsetzung betraf, nicht über Anfänge hinaus. In diesen «piani regolatori» ging es längst nicht nur um zusätzliche Wohnsiedlungen und neue Gewerbe- und Industriezonen an den Stadträndern. Sie zielten auf nichts weniger als ein imperiales Neudesign der bestehenden Zentren. Als Ziel des Bebauungsplanes von Addis Abeba führte ein Reiseführer an, «eine neue italienische Stadt zu schaffen, die deutlich von der der Eingeborenen geschieden und die nach dem Kriterium der Monumentalität und der Grandezza konstruiert ist, welche sich für die Kapitale des italienischen Imperiums ziemen»[62].

Stadtplanung war hier ein Herrschaftsmittel und diente der Durchsetzung der neuen faschistischen Gesellschaft. Oberstes Anliegen war die Raumkontrolle: die Kontrolle der Einwohner, Verkehrsflüsse und sozialen Beziehungen.[63] Den Städten des «Impero» sollten die Konzepte von Dominanz, Ordnung und Rassensegregation eingeschrieben werden. Dafür mussten das Regierungsviertel und der Viale Mussolini stets im Zentrum liegen und die faschistischen Repräsentationsgebäude an zentralen, gut sichtbaren Lagen. In Anwendung der faschistischen Rassendoktrin wurden die von Italienern und Schwarzen

Abb. 59: Stadtplan von Addis Abeba, 1938.

bewohnten Viertel und Märkte räumlich voneinander getrennt. Nicht genug damit sahen die Stadtplaner nach «Rassen» getrennte Restaurants, Kinos, Spitäler, Kirchen, Bordelle und zuweilen gar getrennte Zufahrtswege zu den verschiedenen Funktionszonen der Städte vor.[64] Fortan hatten die Eingeborenen nur sehr restriktiv Zugang zur City, eigentlich überhaupt nur als Hausangestellte und billige Arbeitskräfte. In Addis Abeba sollten die den Afrikanern vorbehaltenen Quartiere überdies streng nach ethnischer Zugehörigkeit gegliedert werden, um damit die verschiedenen Volksgruppen gegeneinander ausspielen und besser beherrschen zu können. Der starke Zustrom von Neuankömmlingen und die Wohnungsknappheit ließen das Prinzip der ethnischen Zonierung allerdings vorerst an Grenzen stoßen.

Bei der urbanistischen Neugestaltung der Städte gingen die Besatzungsbehörden in der Regel rücksichtslos vor. Um die neue imperiale Raumordnung zu verwirklichen, zögerten sie nicht, ganze historische Stadtteile zu zerstören, genauso wie sie das in Italien nach Bedarf auch taten. Jedenfalls ließen sie in Addis Abeba ein Quartier mit Tukuls (Hütten), die in konzentrischen Kreisen angeordnet waren, dem Erdboden gleich machen.[65] Die aus Ton gebauten Strohdachhäuser waren für sie ohne historischen Wert. Mit der Zerstörung des traditionellen Quartiers wollten sie die äthiopische Gesellschaftsstruktur in ihrem Kern treffen, bauten sie die Tukuls doch in einer streng rechtwinkligen und damit besser beherrschbaren Anordnung anderswo wieder auf.[66] Wie in Italien führten die Eingriffe in die urbanen Strukturen dazu, dass Tausende von Einwohnern ihre Häuser verloren. Im Gegenzug siedelte man die Afrikaner in eigens dafür vorgesehene «Città indigene» um, die Grüngürtel von den Quartieren der Europäer abschotteten. Allein in Addis Abeba sollen von Umsiedlungen 100 000 Menschen betroffen gewesen sein, während in Mogadischu 60 000, in Asmara 45 000 und in Gondar 18 000 Afrikaner das gleiche Schicksal erlitten.[67]

Nach 1936 erlebten die Städte von Italienisch-Ostafrika einen wilden Bauboom. Innerhalb weniger Jahre schossen in ihnen eine Vielzahl von Funktionsbauten aus dem Boden: angefangen bei Wohnhäusern, Ladengeschäften, Firmensitzen, «Case del Fascio»[68] über Niederlassungen von Banken und Versicherungen bis hin zu Restaurants, Hotels, Spitälern, Kinos und Tankstellen. So stürmisch wie im auf 2350 Meter über Meer gelegenen Asmara verlief die

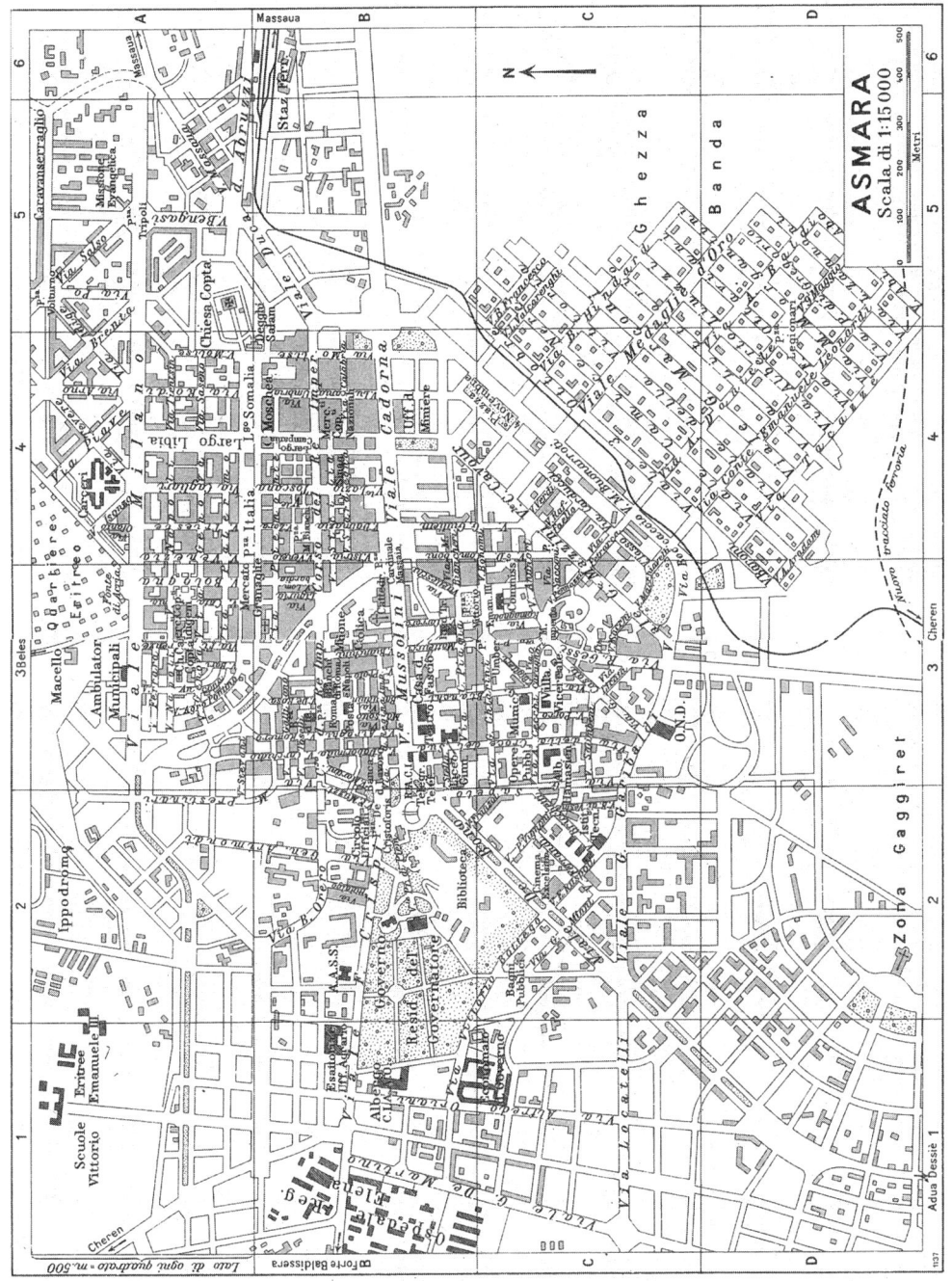

Abb. 60: Stadtplan von Asmara, 1938.

urbanistische Entwicklung aber nirgendwo sonst in Africa Orientale Italiana. Bis 1939 verwandelte sich das verschlafene Provinznest in eine pulsierende, von 98 000 Menschen bewohnte Verwaltungs- und Handelsstadt europäischen Zuschnitts. 53 000 Italiener lebten hier und 45 000 Einheimische. Rom pumpte ansehnliche Mittel in die urbanistische Umgestaltung Asmaras, das bald schon als das «am meisten fortgeschrittene Zentrum des Impero»[69], ja als «piccola Roma» galt. In einem Reiseführer stand 1938 zu lesen, Asmara präsentiere sich als «anmutigste italienische Stadt von mittlerer Bevölkerungsgröße, aber vollständig neu und voller jugendlicher Energien, die auf eine wirklich imperiale Zukunft gerichtet»[70] seien. Neben der Regierung in Rom und Stadtplaner Vittorio Cafiero hatten daran auch systemkonforme Architekten der jüngeren Generation ihren Anteil.

Schon vor dem großen Boom hatten italienische Kolonialpolitiker dafür gesorgt, dass sich in Asmara vier distinkte Zonen entwickelten: die übervölkerte «Città indigena» im Norden, die Industriezone, die gewerbliche Mischzone rund um den Markt und das grüne Villenquartier der Europäer im Süden.[71] An dieser Grundstruktur wurde nach 1936 nichts grundlegend verändert. Zügig wurde im Zentrum einzig ein urbanistisches Ensemble aus dem Boden gestampft, wie es sich im Afrika der späten dreißiger Jahre sonst nirgendwo fand. Der Katalog zur Asmara-Ausstellung spricht von der «fortschrittlichsten Stadt des Kontinents» und von einem «einzigartigen Manifest der Moderne»[72]. Tatsächlich sind hier auf einer Fläche von vier Quadratkilometern unterschiedliche Architekturstile der Moderne konzentriert, vom Art déco und Novecento bis hin zum Neofuturismus und Rationalismus.[73] Unter den rund 400 Gebäuden finden sich ein paar ästhetisch aufsehenerregende: das 1937 nach Plänen von Mario Messina erbaute Cinema Impero; die einem U-Boot gleichende Agip-Tankstelle von Carlo Marchi und Carlo Montalbetti; das Selam Hotel; die einem Flugzeug nachempfundene Fiat-Tagliero-Tankstelle von Giuseppe Pettazzi; das Warenhaus Spinelli oder die Bar Zilli etwa. Neben Repräsentationsbauten und einem Schwimmbad gibt es da einige beachtliche Wohnhäuser, Villen, Geschäftshäuser und Kinos.

Allerdings darf die in Asmara konservierte moderne Architektur nicht zu falschen Schlüssen verleiten. Die eritreische Kapitale heute als eine «mysteriöse, leicht zerbröckelnde Idealstadt der Moderne»[74] oder als ein «städtebauliches Gesamtkunstwerk»[75] zu beschreiben, ist gelinde gesagt historisch uninformiert. In der faschistischen Tabula-rasa-Urbanistik stellten Neustädte und umgestaltete «Centri storici» gebaute Allmachtsphantasien dar. Von einer «Fusion moderner europäischer Architektur mit afrikanischer Hochlandkultur»[76] zu träumen, spottet jeder Realität. In Asmara ging es nicht um eine Verschmelzung unterschiedlicher Kulturen und schon gar nicht um eine ästhetisch kreative Rezeption der europäisch geprägten Moderne durch afrikanische Baukünstler, sondern um ein imperiales und rassistisches Gesellschaftsexperiment, das sich einer modernen Formensprache bediente.

Asmara, Ausgangsort der «Strada della Vittoria» nach Addis Abeba, sollte als erste ostafrikanische Stadt zu einem Schmuckkästchen des «Impero» ausgebaut werden. Die Kolonialherren legten unterschiedliche Ellen an, indem sie etwa eine nach Rassen getrennte Infrastruktur aufbauten. Das ästhetisch ansprechende, verschwenderisch ausgestattete Cinema Impero am Viale Mussolini war für Schwarze ein Sperrbezirk. Vergnügen durften diese sich nur im hässlichen, ärmlich ausgestatteten Zweckbau des Cinema Hamasien an einer nicht asphaltierten Straße.[77] Allgemein wiesen die den Europäern vorbehaltenen Zonen weit höhere Ausbaustandards auf als jene, die in der «Città indigena» üblich waren, in der es keine asphaltierten Straßen, Wasserversorgung, Elektrizität und Kanalisation gab. Die City von Asmara lässt sich nicht losgelöst von ihrem gewalttätigen Entstehungskontext und den Funktionen betrachten, die ihr die Faschisten zudachten. Die historische Realität zeigt Asmara als eine Hauptstadt der Moderne ganz anderer Art: als stadtgewordenen Rassismus und Relikt faschistischen Reichsdenkens.

Fazit

Während des «Ventennio nero» wurden Urbanistik und Architektur systematisch für die Zwecke der Diktatur instrumentalisiert und müssen schon deshalb als politische Statements Beachtung finden. Für Italienisch-Ostafrika galt dies sogar in besonderer Weise, leitete Rom doch hier seit 1936 eine systematische Politik des «Apartheidrassismus»[78] ein. Am Horn von Afrika verwandelten sich Straßenbau und Stadtplanung in Instrumente einer totalitär inspirierten Raumkontrolle, auch wenn diese bis zum Zusammenbruch des «Impero» freilich nicht über Anfänge hinauskam. Hier diente das Bauen letztlich einem rassistischen Lebensraumprojekt: der Erschließung neu eroberter Gebiete, der forcierten Ansiedlung italienischer Kolonisten, der Errichtung von «imperial cities»[79] und der dauerhaften Niederwerfung der schwarzen Mehrheitsbevölkerung. Man muss von einer sehr machtbetonten Architektur- und Städtebaupolitik sprechen, in der die alte Welt des kaiserlichen Abessiniens nicht nur umbenannt und oberflächlich retuschiert, sondern radikal transformiert werden sollte. Im Unterschied zur Hafenstadt Tripolis, deren historische Bausubstanz im Zentrum unangetastet blieb, gingen die faschistischen Stadtplaner in Ostafrika rücksichtslos vor. Hier nahmen sie die Altstädte für sich und nur für sich in Besitz. Ein historisch sensibilisierter Umgang mit dem Thema sollte diese Tatsachen nicht ausblenden und könnte sich an dem orientieren, was Daniel Libeskind unlängst im Hinblick auf den heutigen Architekturboom in China postuliert hat: «Bauwerke sind keine autonomen, abstrakten Objekte. Sie sind Teil des Lebens, Teil eines Kontexts. Wir können das Kolosseum in Rom bewundern, weil wir es aus dem Kontext der Gladiatorenkämpfe lösen, in denen Menschen ermordet wurden. Aber wenn Sie den Kontext mit einbeziehen, denken Sie über so ein Bauwerk ein wenig anders.»[80]

---

1 Johannes Schradi, Gesamtkunstwerk Asmara. Ausstellung in Berlin zeigt klassische Moderne in Afrika, in: eins. Entwicklungspolitik, 2006, Nr. 10, abrufbar unter: www.entwicklungspolitik.org/home/10-006-04/?type=98 [1. 3. 2009]. Die erste und dritte Einschätzung stammen von der grünen Bundestagsabgeordneten Uschi Eid, der früheren parlamentarischen Staatssekretärin im Bundesministerium für wirtschaftliche Zusammenarbeit und Entwicklung, der Vergleich mit einem Gesamtkunstwerk von Omar Akbar, dem seit 1998 amtierenden Direktor der Stiftung Bauhaus Dessau.
2 Vgl. Myra Warhaftig, Sie legten den Grundstein. Leben und Wirken deutschsprachiger jüdischer Architekten in Palästina 1918–1948, Tübingen, Berlin 1996; Nitza Metzger-Szmuk, Des maisons sur le sable – Tel Aviv. Mouvement moderne et esprit Bauhaus, Paris 2004. Kritisch dazu Sharon Rotbard, White City, Black City (A Kind of Introduction), abrufbar unter: www.amaze.it/en/mast/going06/why/sharon.htm [1. 3. 2009] und Marlène Schnieper, Die Bauhausstadt feiert den eigenen Mythos, in: Tages-Anzeiger, 26. 6. 2008, S. 5.
3 So die etwas großspurige Ankündigung in der Pressemitteilung des Deutschen Architektur Zentrums (Berlin) zur Eröffnung der Asmara-Ausstellung. Abrufbar unter: www.daz.de/sixcms_4/sixcms_upload/media/2811/02_pm_asmara.pdf [1. 3. 2009].
4 Christian Welzbacher, Mit Tankstellen Afrika erobern, in: Frankfurter Allgemeine Zeitung, 17. 11. 2006, S. 40. Grundsätzliche Kritik am berauschten Blick, mit der die Architektur des

faschistischen Italiens in den letzten Jahren in Ausstellungen gefeiert wird, übt der Berliner Architektursoziologe Harald Bodenschatz, Metafisica, Futurismo, Razionalismo, Mediterraneità … Die Architektur des italienischen Faschismus und ihre unkritische Rezeption, in: Bauwelt, 98, 2007, Nr. 6, S. 8–10.

5 Näheres dazu in Angelo Del Boca, Gli Italiani in Africa orientale, Bd. 2: La conquista dell'Impero, Rom, Bari 1979; Alberto Sbacchi, Legacy of Bitterness. Ethiopia and Fascist Italy, 1935–1941, Lawrenceville, Asmara 1997; Aram Mattioli, Experimentierfeld der Gewalt. Der Abessinienkrieg und seine internationale Bedeutung 1935–1941, Zürich 2005; Giulia Brogini Künzi, Italien und der Abessinienkrieg 1935/36. Kolonialkrieg oder Totaler Krieg?, Paderborn, München 2006; Asfa-Wossen Asserate, Aram Mattioli (Hg.), Der erste faschistische Vernichtungskrieg. Die italienische Aggression gegen Äthiopien 1935–1941, Köln 2006; Angelo Del Boca (Hg.), I gas di Mussolini. Il fascismo e la guerra d'Etiopia. Prefazione di Nicola Labanca, Rom ²2007 und Matteo Dominioni, Lo sfascio dell'Impero. Gli italiani in Etiopia 1936–1941, Rom, Bari 2008.

6 Benito Mussolini, La proclamazione dell'Impero, 9 maggio 1936, in: Opera omnia di Benito Mussolini, hg. von Edoardo u. Duilio Susmel, Florenz 1951–1963, hier Bd. 27, S. 269.

7 Grundlegend dazu in einer globalhistorischen Annäherung Boris Barth, Jürgen Osterhammel (Hg.), Zivilisierungsmissionen. Imperiale Weltverbesserung seit dem 18. Jahrhundert, Konstanz 2005.

8 Ruth Ben-Ghiat, Fascist Modernities. Italy, 1922–1945, Berkeley, Los Angeles 2001, S. 126f.

9 Angelo Del Boca, Colonialismo, in: Bruno Bongiovanni, Nicola Tranfaglia (Hg.), Dizionario storico dell'Italia unita, Rom, Bari 1996, S. 169, und Nicola Labanca, Oltremare. Storia dell'espansione coloniale italiana, Bologna 2002, S. 325. Del Boca nennt eine Zahl von 2 Millionen Siedlern, Labanca verweist auf Quellen, die von 1 bis 6,5 Millionen Kolonisten sprachen.

10 So Senator Carlo Bonardi im Vorwort von Guida dell'Africa Orientale Italiana, hg. von der Consociazione Turistica Italiana, Mailand 1938, S. 5.

11 Marcello Piacentini a S. E. il Ministro delle Colonie, 16 maggio 1936, abgedruckt in: Eugenio Lo Sardo (Hg.), Divina geometria. Modelli urbani degli anni Trenta, Rom ²1997, S. 111. Piacentini sprach von einem «grandissimo piano regolatore esteso a tutto il territorio del nuovo Impero etiopico».

12 Ebd., S. 112. «Mai nella storia si è presentato un esempio che come questo suggerisca la possibilità di concepire un ‹piano regolatore›, perché mai la tecnica si è trovata così potentemente attrezzata e preparata ad affrontare un tema simile in territorio completamente vergine e privo di precedentio iniziative di civiltà, e soprattutto perché mai la fede e la volontà di un popolo come il nostro hanno avuto la fortuna di essere guidate ed esaltate da un Capo come Mussolini.»

13 Ebd.

14 Mia Fuller, Moderns Abroad. Architecture, Cities and Italian Imperialism, London, New York 2007, S. 110f.

15 Marida Talamona, Addis Abeba capitale dell'Impero, in: Storia contemporanea, 16, 1985, S. 1108.

16 Vgl. als neueste Einführung in dessen Gesamtwerk jetzt Alexander von Vegesack u.a. (Hg.), Le Corbusier – The Art of Architecture, Weil am Rhein 2007 (mit ausführlicher Bibliografie, S. 392–396).

17 Vgl. zu dessen Verhältnis zum faschistischen Italien Giorgio Ciucci, A Roma con Bottai, in: Rassegna. Problemi di architettura dell'ambiente, 2, 1980, Nr. 3, S. 66–71 sowie Ettore Janulardo, Le Corbusier et l'Italie, 2003, abrufbar unter: http://lesmemoires.free.fr/LeCorbusier/LeCorbusier.html [1. 3. 2009]. Zur Rezeption von Le Corbusier in Mussolinis Italien auch Richard A. Etlin, Modernism in Italian Architecture, 1890–1940, Cambridge 1991, S. 249–254 u. S. 377–390.

18 Le Corbusier a Sua Eccellenza Roberto Cantalupo, 19 settembre 1936, abgedruckt bei: Giuliano Gresleri, La «nuova Roma dello Scioa» e l' imporobabile architettura dell'Impero, in: ders., Pier Giorgio Massaretti, Stefano Zagnoni (Hg.), Architettura italiana d'oltremare 1870–1940. Galleria d'Arte Moderna Bologna (Ausstellungskatalog), Venedig 1993, S. 170.

19 Giorgio Ciucci, Architettura e urbanistica. Immagine mediterranea e funzione imperiale, in: Gresleri u.a. (Hg.), Architettura italiana d'oltremare 1870–1940, S. 112ff.

20 Ebd., S. 114.

21 Winfried Nerdinger sieht in Le Corbusier einen «modernen Kollaborateur des Faschismus». Vgl. Winfried Nerdinger, Modernisierung. Bauhaus. Nationalsozialismus, in: ders. (Hg.) Bauhaus-Moderne im Nationalsozialismus. Zwischen Anbiederung und Verfolgung, München 1993, S. 17. Vgl. zu dessen zeitweiliger Nähe zur extremen Rechten in Frankreich Mark Antliff, Avant-garde Fascism. The Mobilization of Myth, Art, and Culture in France, 1909–1939, Durham, London 2007, S. 111–153.

22 Interessante Beobachtungen dazu entwickelt Marco Antonsich, Signs of power: Fascist urban iconographies in Ethiopia (1930s–1940s), in: GeoJournal, 52, 2000, S. 325–338.

23 Vgl. dazu Peter Borscheid, Das Tempo-Virus. Eine Kulturgeschichte der Beschleunigung, Frankfurt am Main, New York 2004, S. 115ff.

24 Richard Pankhurst, Road-Building during the Italian Fascist Occupation of Ethiopia (1936–1941), in: Africa Quarterly, 15, 1976, S. 21.

25 Ciro Poggiali, Albori dell'Impero. L'Etiopia come è e come sarà, Mailand 1938, S. 153.

26 Pankhurst, Road-Building, S. 24–34.

27 Ebd., S.33.

28 Ebd., S. 34.

29 Ebd., S. 35.

30 Angelo Del Boca, Gli italiani in Africa Orientale, Bd. 3: La caduta dell'Impero, Rom, Bari 1982, S. 160.

31 Ebd., S. 159.

32 Ebd., S. 162f.

33 Fabienne Le Houérou, L'épopée des soldats de Mussolini en Abyssinie 1936–1938. Les «Ensablés». Préface de Pierre Milza, Paris 1994, S. 154f.; Gabriele Schneider, Mussolini in Afrika. Die faschistische Rassenpolitik in den italienischen Kolonien 1936–1941, Köln 2000, S. 218f.

34 Del Boca, Gli italiani in Africa Orientale, Bd. 3, S. 163.

35 Ebd., S. 164.

36 Ebd., 164f.

37 Ebd., S. 160. Vgl. dazu etwa auch Dirk van Laak, Imperiale Infrastruktur. Deutsche Planungen für eine Erschließung Afrikas 1880–1960, Paderborn 2004.

38 Wolfgang Reinhard, Geschichte der europäischen Expansion, Bd. 4, Stuttgart 1990, S. 111.
39 Giuseppe Maione, I costi delle imprese coloniali, in: Angelo Del Boca (Hg.), Le guerre coloniali del fascismo, Rom, Bari 1991, S. 401.
40 Alexander De Grand, Mussolini's Follies. Fascism in Its Imperial and Racist Phase, 1935–1940, in: Contemporary European History, 13, 2004, S. 138.
41 Ebd.
42 Dem Bau von Straßen und Eisenbahnlinien kam im Prozess der inneren Nationalstaatsbildung bekanntlich eine herausgehobene Rolle zu. Vgl. Eugen Weber, La fin des terroirs. La modernisation de la France rurale 1870–1914, Paris 1983, S. 285–321.
43 So Giuseppe Pini, ein ranghoher Mitarbeiter des Ministeriums für öffentliche Arbeiten, zitiert in: Marco Antonsich, Addis Abeba «caput viarium». Le strade del Duce in Abissinia, in: Limes. Rivista italiana di geopolitica, 14, 2006, S. 138.
44 Pankhurst, Road-Building, S. 40.
45 Richard Pankhurst, History of Ethiopian towns. From the mid-nineteenth century to 1935, Stuttgart 1985.
46 Angelo Del Boca, Nicola Labanca, L'impero africano del fascismo nelle fotografie dell'Istituto Luce, Rom 2002, S. 166. Weitere Beispiele für den Raub äthiopischer Kulturgüter in Richard Pankhurst, Ethiopia, the Aksum Obelisk, and the Return of Africa's Cultural Heritage, in: African Affairs, 98, 1999, S. 229–239.
47 Del Boca, Labanca, L'Impero africano, S. 166.
48 Antonsich, Signs of power, S. 331.
49 Del Boca, Labanca, L'impero africano, S. 216.
50 Ebda, S. 217. Vgl. zur endlosen Geschichte um die Rückgabe der Stele an Äthiopien zum Beispiel Ulrich Ladurner, Ein Souvenir aus dem Gaskrieg, in: Die Zeit, 6. 11. 2003, und Geneviève Lüscher, Der Stachel der Erinnerung, in: Der kleine Bund (Beilage v. Der Bund), 11. 11. 2006, S. 6.
51 Durchschaut bereits von Ciro Poggiali, Diario AOI (15 giugno 1936–4 ottobre 1937). Gli appunti segreti dell'inviato speziale del «Corriere della sera», Mailand 1971, S. 101. Vgl. in einer grundsätzlichen Annäherung Nezar AlSayyad (Hg.), Forms of Dominance. On the Architecture and Urbanism of the Colonial Enterprise, Aldershot 1992.
52 Vgl. die Beispiele in Mia Fuller, Building Power: Italy's Colonial Architecture and Urbanism, 1923–1940, in: Cultural Anthropology. Journal of the Society for Cultural Anthropology, 3, 1988, S. 455–487, hier S. 463f.; Dhiane Ghiarardo, Building New Communities. New Deal America and Fascist Italy, Princeton 1989, S. 93 u. S. 106 sowie Aram Mattioli, «Edificare per il fascismo». Macht und Architektur in Mussolinis Italien, in: Geschichte und Region / Storia e regione, 17, 2008, Nr. 1 (Faschismus und Architektur. Architettura e fascismo, hg. von Aram Mattioli u. Gerald Steinacher), S. 17–49, hier S. 29. In Centocello nahe bei Rom wurde für die Truppen von Italienisch-Ostafrika ein weiterer Triumphbogen konstruiert. Vgl. Del Boca, Labanca, L'impero africano, S. 211.
53 Del Boca, Labanca, L'impero africano; S. 100f.; Silvana Palma, L'Italia coloniale, Rom 1999, S. 115.
54 Vgl. die Umschlagsillustration des Buches von Le Houérou, L'épopée des soldats de Mussolini.
55 Guida dell'Africa Orientale Italiana, S. 205 u. S. 405.

56 Karl Schlögel, Im Raume lesen wir die Zeit. Über Zivilisationsgeschichte und Geopolitik, München, Wien 2003, S. 225–228, hier S. 227.
57 Vgl. die Stadtpläne von Asmara und Addis Abeba in Guida dell'Africa Orientale Italiana, S. 204f. u. S. 490f. Bekanntlich hatte der Krieg am 3. 10. 1935 unter dem Oberbefehl von General Emilio De Bono begonnen. Nach der Ausrufung des «Impero» wurde König Viktor Emanuel III. am 9. 5. 1936 zum «Re Imperatore» erhoben. Antonio Locatelli (1895–1936) gehörte zu den bekanntesten Kampfpiloten Italiens. Er fiel während der letzten Wochen des Abessinienkrieges.
58 Ebd.
59 Vgl. für Sabaudia Hanne Storm Ofteland, Sabaudia 1934. Materializing the Fascist, Coporate Town, Bd. 1, Oslo 2002, S. 60f., und für Bozen Gerald Steinacher, Leopold Steurer, Zwischen Duce, Negus und Hitler. Südtirol und der Abessinienkrieg, in: Asserate, Mattioli, Der erste faschistische Vernichtungskrieg, S. 91–107, hier S. 103ff.
60 Poggiali, Diario AOI, S. 207f.
61 Antonsich, Signs of power, S. 329.
62 Guida dell'Africa Orientale Italiana, S. 477 (Übersetzung des Verfassers).
63 Fuller, Building Power, S. 477.
64 Schneider, Mussolini in Afrika, S. 198f.
65 Del Boca, Labanca, L'impero africano, S. 170f.
66 Antonsich, Signs of power, S. 326f. u. S. 334.
67 Del Boca, Gli italiani in Africa Orientale, Bd. 3, S. 170.
68 Vgl. die Beispiele von Olettà, Asmara und Addis Abeba in Ghirardo, Building New Communities, S. 101; Del Boca, Labanca, L'impero africano, S. 118f.
69 Guida dell'Africa Orientale Italiana, S. 199.
70 Ebd., S. 200 (Übersetzung des Verfassers).
71 Gut erkennbar ist diese Vier-Zonenstruktur auf der Luftaufnahme in: Edward Denison, Guang Yu Ren, Naigzy Gebremedhin, Asmara. Africa's secret modernist city, London 2003, S. 46f. Näheres dazu in Schneider, Mussolini in Afrika, S. 131ff.
72 Jochen Visscher (Hg.), Asmara. The Frozen City. Deutsches Architektur-Zentrum DAZ Berlin (Buch zur Ausstellung «Asmara – Africa's Secret Modernist City»), Berlin 2006, S. 10.
73 Denison, Yu Ren, Gebremedhin, Asmara, S. 16.
74 Visscher, Asmara, S. 10.
75 So Omar Akbar, Direktor der Stiftung Bauhaus Dessau, zitiert in: Jörg Brause, Afrikas Stadt der Moderne, 19. 11. 2006, abrufbar unter: www.heise.de/tp/r4/artikel/23/23913/1.html [1. 3. 2009].
76 Denison, Yu Ren, Gebremedhin, Asmara, S. 16
77 Palma, L'Italia coloniale, S. 157.
78 Wolfgang Schieder, Faschismus als Vergangenheit. Streit der Historiker in Italien und Deutschland, in: Walter H. Pehle (Hg.), Der historische Ort des Nationalsozialismus. Annäherungen, Frankfurt am Main 1990, S. 153f.; Schneider, Mussolini in Afrika, S. 30ff; Aram Mattioli, L'apartheid nell'Italia fascista, in: I sentieri della ricerca. Rivista di storia contemporanea, 2, Dezember 2005, S. 87–108.
79 Zum Unterschied zwischen «colonial city» und «imperial city» vgl. Fuller, Moderns Abroad, S. 151ff.
80 Ich kann das Kolosseum nicht bewundern. Der Architekt Daniel Libeskind über Demokratie, Architektur und das Bauen in China, in: Süddeutsche Zeitung, 28. 5. 2008.

Faschistische Moderne in Afrika.
Auto und Architektur in Asmara

Simone Bader

Italienische Soldaten betraten die ostafrikanische Hafenstadt Massaua zum ersten Mal 1885 und eroberten von dort in den folgenden Jahren nach und nach den schmalen, direkt am Roten Meer gelegenen Landstrich.[1] Aus strategischen Gründen wurde die Hauptstadt schon bald vom Hafen ins Landesinnere verlegt.[2] Von Asmara aus, das 2350 Meter hoch gelegen ist, konnten das Gebiet besser kontrolliert und einheimische Widerstandskämpfer wirkungsvoller bekämpft werden.[3] Schon in den ersten Jahren nach der Besetzung wurden solide urbane Strukturen geschaffen, welche die kolonialen Machtverhältnisse des unterworfenen Gebietes festigten. Architektur diente gerade hier als Bollwerk gegen jegliche Rückeroberung. Herrschaftliche Regierungsgebäude, prächtige Kirchen und aufwändig gestaltete Wohnbauten wurden errichtet und hoben sich von den einfachen Behausungen, den Tukuls der einheimischen Bevölkerung ab, die zuvor das Hochland deutlich geprägt hatten. Asmara konnte sich schon vor dem Faschismus zu einem gut funktionierenden Zentrum der Kolonie entwickeln. Eine einschneidende Veränderung erlebte die Stadt aber erst Mitte der dreißiger Jahre, kurz vor dem äthiopisch-italienischen Krieg. Der Ort diente nun als militärische Basis, wodurch sich administrative und kommerzielle Strukturen erheblich ausweiteten. So stieg die Bevölkerungszahl zwischen 1932 und 1936 von 18 000 auf 98 000 Einwohner sprunghaft an.[4] Aus dem kleinen urbanen Zentrum wuchs eine größere Stadt, die den hygienischen, verkehrs- sowie sicherheitstechnischen und baulichen Bedürfnissen ihrer neuen Einwohner gerecht werden musste. Wohnbauten,

Geschäftshäuser und Freizeiteinrichtungen wurden in nur wenigen Jahren «aus dem Boden gestampft». Das waren ideale Bedingungen für jeden jungen Architekten, um sich fernab vom eigentlichen Mutterland auf einer «Spielwiese» auszutoben. In Asmara konnte eine Vielzahl rationalistischer Bauten entstehen, ein modernes Zentrum, das in seiner Größe und Ausdehnung nahezu beispiellos blieb.

«L'Italia ha finalmente il suo Impero»,[5] rief Benito Mussolini am 9. Mai 1936 vom Palazzo Venezia der jubelnden Menge zu. Mit einer rücksichtslosen militärischen Intervention hatten italienische Truppen Äthiopien binnen weniger Monate unterworfen.[6] Das von Mussolini proklamierte «Impero fascista» umfasste aber nicht nur das soeben eroberte Territorium, sondern auch die schon während der liberalen Ära besetzten Gebiete Somalia und Eritrea. Diese mussten, um dem Anspruch Mussolinis zu genügen, schnellstmöglich aus der Bedeutungslosigkeit herausgeführt und modernisiert werden. Die drei Länder wurden kurzerhand als Africa Orientale Italiana (AOI) zusammengefasst und von Italien aus kontrolliert.[7] Das Kolonialministerium in Rom leitete die politischen Beschlüsse zur Umsetzung direkt an die lokalen Gouverneure weiter. Neben der bereits bestehenden, nunmehr ausgebauten kolonialen Verwaltung etablierten sich in Asmara und andernorts tiefergehende faschistische Strukturen. Öffentliche Gebäude wie die «Casa del Fascio» (Parteigebäude), das Haus der Balilla (Jugendorganisation) oder das Haus der faschistischen Freizeiteinrichtung (Dopolavoro) gehörten zu dem feststehenden Programm, welches das politische System forderte. Aufmarschplätze, neue Straßenzüge und die stärkere Einteilung der Stadt in ethnische Zonen trugen zu einer veränderten Stadtstruktur bei, welche die faschistische Regierung für das neue Imperium verlangte. Mussolini wollte den gesamten Raum Ostafrikas durchdringen, um seine Idee einer neuen Zivilisation schleunigst umzusetzen.[8] Dies erforderte eine Erschließung der Kolonien durch Straßen, Brücken und Wege, die das Land auch ästhetisch gestalteten und in seinem Sinne prägten. Alles, was danach in dem auf diese Weise erschlossenen Raum entstand, musste sich in die strukturierenden Vorgaben einfinden.

Die Infrastruktur Ostafrikas

Nur zehn Tage nach der Ausrufung des Imperiums ordnete Mussolini die Errichtung von neuen Verkehrsstrukturen in Ostafrika an. Ein Straßennetz von 2850 Kilometern Länge sollte die gesamte Kolonie erschließen.[9] Dieses Projekt wurde im Laufe der Jahre umgesetzt und stetig erweitert.[10] Dabei ging es wohl nicht nur um eine militärische Strategie, etwa um die Guerillakriege in Äthiopien besser unterbinden zu können, sondern auch darum die nichtorganisierten Räume durch Verkehrsverbindungen zu ordnen und die unterschiedlich entwickelten Gebiete Äthiopiens, Somalias und Eritreas zu einem einheitlichen Ganzen zusammenzufügen. Das neue Imperium konnte erst auf diese Art und Weise in Funktion gesetzt werden. Der Straßenbau war mehr oder weniger wirtschaftlicher Ausgangspunkt. «Es wäre absurd, ohne die Straße an eine politische, militärische oder zivile Eingliederung in das Imperium zu denken und noch absurder, an eine angemessene wirtschaftliche Aufwertung zu glauben»,[11] bemerkte die Zeitung *L'Azione Coloniale* 1938. Zahlreiche Italiener wurden zur zügigen Umsetzung der Infrastrukturprojekte in die Kolonien gesandt. Zu Beginn des Jahres 1937 kamen circa 30 000 Arbeiter nach Ostafrika. Die Anzahl verdoppelte sich nochmals binnen weniger Monate.[12]

Dieses beachtliche Aufgebot an Menschen, dazu ein äußerst hoher finanzieller Aufwand bezeugen die große politische und wirtschaftliche Bedeutung des Projekts in der faschistischen Kolonialpolitik.[13] Dabei spielte der erhebliche symbolische Wert der Baumaßnahmen eine wesentliche Rolle. Denn die Verkehrswege – von «weißen Männern» konstruiert – sollten als asphaltierte Zeichen des Fortschritts gewertet werden: «Wäre die Straße nur ein wenig später entwickelt worden, dann wäre der gesamte evolutionäre Prozess unabänderlich in Verzug geraten»[14], schrieb der *Corriere Eritreo* in einem seiner zahlreichen Artikel über die «Straßen des Imperiums». Auf zeitgenössischen Abbildungen sieht man, wie sie sich, ähnlich einer endlosen Schlange durch karge Ebenen und gebirgige Landschaften Ostafrikas schlängeln, wo weit und breit jegliche Errungenschaften einer technischen Zivilisation fehlen. Auch das in vielen Zeitungen publizierte Kartenmaterial veranschaulichte die neu gebauten Wege, die bis in den letzten Winkel des kolonisierten Gebietes vordrangen. Das Land war damit schon einmal auf dem Papier vollständig und ohne jegliche kriegerische Auseinandersetzung eingenommen, die Straße zum avantgardistischen und propagandistischen Symbol der italienischen Landnahme avanciert. Emblematische Bedeutung besaßen auch die zahlreichen Brücken, die vom faschistischen Regime als Konstrukte der Moderne und des Fortschritts gefeiert wurden.[15] Ihre hoch aufragenden Stützen, ihre lang gestreckten Bögen und sichernden Zäune erschienen wie kühne Konstrukte im primitiven Raum. Diesen Eindruck verstärkten vor allem die technische Linienführung und das mechanisch ineinander verzahnte Fachwerk. Zusammen mit den unterschiedlichen Materialien wie Holz, Stein, Stahlbeton oder Eisen hoben sie sich wirkungsvoll von der rauen Wildnis ab. Zeitgenössische Fotografien zeigen Brücken, deren aufstrebende Bögen jeden Widerstand überwinden und so zu einem Sinnbild des Triumphes werden. «Wer heute die großartige Brücke Dogali überquert, sieht diesen stolzen Ausdruck, der in Stahlbeton gehauen ist», betonte der Journalist Italo Papin in der Kolonialzeitschrift *Africa Italiana*.[16]

Damit besaßen die Verkehrswege eine doppelte Funktion: Sie waren nicht nur die Verbindung von einem Ort zum anderen, sondern versinnbildlichten auch die Verbreitung neuer Ideen. In einem Land wie Eritrea, das den Italienern in dieser Hinsicht wie ein leeres Blatt Papier vorkam, wurde die Straße zum Medium, um ideologische, aber auch zivilisatorische Werte zu vermitteln. Welche Botschaft die Straße als Instanz darstellen sollte, zeigte sich am deutlichsten in Italien selbst, am Durchstich der Via dell'Impero durch das römische Zentrum. Die Achse, welche das Kolosseum mit dem Palazzo Venezia verbindet, trägt die ideologische Verbindung zu den Straßen in Ostafrika schon im Namen. Mussolini ließ Teile des mittelalterlichen Stadtgebiets zerstören, um römische Überreste ans Tageslicht zu bringen und die Kaiserforen in einer Sichtachse symbolisch an das faschistische Regime zu binden.[17] Ebenso wie die Via dell'Impero sollten auch die asphaltierten Wege Ostafrika an das über Fernstraßen organisierte Römische Reich anschließen. Die Zeitschrift *Gli Annali dell'Africa Italiana Orientale* meinte feierlich: «Die Tradition Roms und die […] ruhmreich vergangene Latinità wurden von Benito Mussolini in Afrika unübertroffen erneuert.»[18] Mit der Straße als Anspielung auf das römische Erbe ließ sich die faschistische Landnahme legitimieren.[19] Gleichzeitig implizierte der Rückbezug auf die Vergangenheit die «zivilisatorische Mission» des faschistischen Regimes, den Fortschritt nach Ostafrika exportieren zu wollen. Einmal mehr sollte das italienische Volk als Eroberer und Gestalter dargestellt werden. «Es ist mittlerweile unanfechtbar, dass die moderne Zivilisation nach Afrika ausschließlich über die Straße vorgedrungen ist: denn nur sie kann die komplexe Organisation liefern»[20], hieß es in den *Annali dell'Africa Italiana*.

Mit den umfangreichen Baumaßnahmen beabsichtigte Mussolini nicht zuletzt, sein Regime in propagandistischer Selbstinszenierung vor dem In- und Ausland als äußerst fortschrittlich zu präsentieren. Die kolonialen Monatszeitschriften und vor allem die zeitgenössischen Tageszeitungen, insbesondere der *Corriere dell'Impero,* berichteten beinahe täglich enthusiastisch über die in Italienisch-Ostafrika durchgeführten Projekte. Glanzvoll eröffneten die lokalen Behörden in ihren Gebieten jeden größeren Abschnitt eines neuen Verkehrswegs. Dafür wählten sie vorwiegend Hauptfeiertage der faschistischen Regierung, um auf diese Weise die urbanen Resultate unmissverständlich mit der politischen Zielsetzung zu verbinden. Dem nationalen Publikum in Eritrea und in Italien wurde eine dramaturgisch ausgefeilte Politik-Inszenierung geboten und der Export der Infrastruktur zum öffentlichen politischen Manifest Mussolinis. Die rege Bautätigkeit versprach den schnellsten und wirkungsvollsten Effekt. Damit konnte das faschistische Regime ungezähmten Tatendrang suggerieren. Bis zum Ende der italienischen Kolonisierung wurden umfangreiche Straßenbaumaßnahmen durchgeführt: 7000 Kilometer Hauptstraßen und noch einmal 1800 Kilometer sogenannte Sekundärwege wurden bis 1942 ausgebaut.[21] Dabei darf nicht vergessen werden, dass man die Materialien wie Zement, Eisen, Holz und Asphalt aus Italien importierte, wodurch sich der Preis für die Errichtung der Transport- und Kommunikationswege um das Fünfzigfache erhöhte. Zahlreiche Straßen waren allerdings schon nach wenigen Jahren nicht mehr befahrbar. Das Material stellte sich teilweise nicht nur als mangelhaft heraus, sondern war für die klimatischen Verhältnisse in Ostafrika auch völlig ungeeignet. Italo Papin erwähnte in seinem Artikel auch die 200 Arbeiter, die beim Bau der Dogalibrücke[22] ihr Leben ließen.[23] Mussolini beeilte sich, die vielen Männer, die bei Arbeitsunfällen oder an Malaria starben, als Helden im Kampf für den faschistischen Staat hochzustilisieren.

In Eritrea selbst – das schon vor der Einnahme Äthiopiens ein mehr oder weniger gut ausgebautes Straßennetz besessen hatte – wurden die Fortschritte und Veränderungen vor allem deshalb hervorgehoben, um den Unterschied zur vorherigen Regierung einmal mehr zu unterstreichen. Mitte der dreißiger Jahre ließ das faschistische Regime die infrastrukturelle Vernetzung Asmaras vollständig überarbeiten. Ausschlaggebend war zum einen, dass die Stadt als militärische Basis für den italienisch-äthiopischen Krieg diente und die Einwohnerzahl rasant anstieg. Dies führte zu beinahe chaotischen Zuständen, die eine rasche Lösung verlangten. Zum anderen erfolgten die urbanen Veränderungen im Zuge einer generellen Umgestaltung aller wichtiger Zentren in Italienisch-Ostafrika. Aus diesem Grunde wurde am 12. November 1936 eigens ein Beirat eingerichtet, der für urbanistische und architektonische Angelegenheiten zuständig war und jede Stadt des kolonisierten Gebietes noch einmal auf ihre Struktur hin prüfte.[24] Die eingesetzten Architekten und Städteplaner wurden vom Beirat direkt ernannt. So erhielt auch der italienische Urbanist Vittorio Cafiero unmittelbar aus Rom den Auftrag, Asmaras Zentrum zu überarbeiten. Cafiero ließ die Stadt stärker in ihre funktionalen Zonen unterteilen, die Straßen in Haupt- und Nebenstraßen gliedern und das gesamte Verkehrsnetz von einer Umgehungsstraße zusammenfassen. Diese führte den ankommenden Verkehr direkt in die unterschiedlichen Distrikte. Mit diesem modernen System versuchte Cafiero, der chaotischen Verkehrsverhältnisse im Zentrum Herr zu werden. Zur besseren Regulierung wurden die drei wichtigsten Verkehrsstraßen, der Viale De Bono, der Viale de Crispi und besonders der Viale Mussolini erweitert und begradigt.[25] Sie dienten fortan als Hauptadern, von denen weitere Verbindungswege abzweigten (siehe Stadtplan von Asmara, Abb. 59). Diese drei Straßen stellten die entscheidenden Anbindungen an die weitere Umgebung und somit auch an das gesamte Imperium her. Sie führten den Verkehr in das Zentrum der Stadt, aber vor allem auch aus ihm heraus nach Cheren im Norden, Decameré im Süden und Massaua im Osten. Cafiero verwirklichte damit einen durchstrukturierten Plan, welcher der Stadt ihre außerordentliche Stellung im Gefüge des gesamten kolonialen Gebietes verlieh. Sie galt als wichtiger Stützpunkt auf dem Weg von der eritreischen Küste nach Addis Abeba. Aus diesem Grunde wurde Asmara auch «Pforte des Imperiums»[26] genannt. Das Straßennetz ermöglichte größere Mobilität und ließ die

Zahl der Autos und anderer Verkehrsmittel in die Höhe schnellen. In Asmara war der Stadtverkehr 1938 an manchen Stellen so stark, dass bis zu 2100 Autos pro Stunde gezählt wurden.[27] Es hieß sogar, dass «Ende der dreißiger Jahre mehr Autos in Asmara als in Rom fuhren»[28].

Die Autoindustrie in Asmara: das Beispiel Fiat

Asmaras Straßen dienten alsbald auch ganz anderen Zwecken, beispielsweise dem sportlichen Grand Premio Eritreo. Auto- und Motorradrennen waren Sportereignisse, die in den Jahren 1937 und 1938 beinahe jedes Wochenende in der Stadt selbst oder in ihrer Umgebung stattfanden.[29] Sie wurden von der ansässigen Automobilindustrie organisiert, die für sich in Anspruch nahm, mit dieser Initiative «die Pracht der Straßen, die durch das alte Eritrea und durch das neu eroberte Land führten»[30], aufzuzeigen. Die Veranstalter gaben vor, dass sich die italienische Bevölkerung der ostafrikanischen Gebiete durch den Automobilsport angesprochen und durch das gemeinsame Sporterlebnis einander verbunden fühle. Gleichzeitig konnte der Blick auch auf einzelne Städte gelenkt werden. So wurde der erste Gran Premio Eritreo direkt im Zentrum Asmaras geplant. Darüber berichtete der *Corriere Eritreo* schon im Vorfeld enthusiastisch: «Dieser Wettbewerb der puren Geschwindigkeit wird in Asmara in der Viale Mussolini – Viale De Bono – Viale di Circonvallazione [Umgehungsstraße] über fünfzig Runden stattfinden. Eine bessere Fahrstrecke gibt es nicht, um Asmara mit diesem großartigen Sportereignis auszuzeichnen. Die Straßen sind breit, perfekt asphaltiert und geeignet für die einfache Errichtung von Tribünen […]. Eine hohe Geschwindigkeit, eine sichere Streckenführung und eine große Anteilnahme der gesamten nationalen und einheimischen Bevölkerung sind ebenfalls garantiert.»[31] Die Wettbewerbe fanden vorwiegend im Winter statt, da in dieser Jahreszeit in Italien selbst keine Rennen mehr gefahren wurden. Die Initiatoren hofften auf diese Weise, die Aufmerksamkeit der Sportbegeisterten über die Kolonien hinaus auf sich lenken zu können. Denn vor allem den Konzernen dienten diese Ereignisse als perfekte Werbetrommel: Die inhärente Bedeutung des prominenten Straßenbauprojekts konnte damit auch für die Werbekampagnen der verschiedenen Fahrzeughersteller nutzbar gemacht werden. Daher übernahm die Automobilindustrie auch keine unwesentliche Rolle bei der Gestaltung von Asmara.

Abb. 61: Die Fiat-Tagliero-Tankstelle von Giuseppe Pettazzi, erbaut 1938 (2008).

Auf dem Viale De Bono, der Straße, die in Richtung Dessiè und weiter nach Addis Abeba führt, liegt auf der linken Seite die vom Ingenieur Giuseppe Pettazzi entworfene Fiat-Tankstelle. Das Gebäude fällt in Asmara allein durch die auskragenden, sich nach außen verjüngenden Stahlbetondächer mit einer Spannbreite von dreißig Metern auf. Sie sind dem zentralen rechteckigen Baukörper rechts und links wie Tragwerke eines Flugzeuges angefügt. Der weiß verputzte, glatte, zweigeschossige Korpus entspricht ganz den Vorstellungen der italienischen modernen Bewegung, da er keinerlei Zitate aus dem traditionellen Formenvokabular besitzt.[32] Statt Säulen, Giebel oder Pilaster zieren ihn rote und blaue Aufschriften von Fiat und Tagliero. Durch die farbig gestalteten Fensterbänder, das halbrunde Vordach und den gewölbten Mittelrisalit wird die starre architektonische Form des rechteckigen Baus unterbrochen und aufgelöst. Der Dachaufsatz, der von Fahnenstangen bekrönt wird, gibt dem ansonsten stark vertikal gestalteten Gebäude auch eine horizontale Ausrichtung. Verschwunden sind die noch von Pettazzi auf einer Skizze vorgesehenen Piloti. Stattdessen tragen Strebewerke die beiden ausgestreckten Dächer. Die immense Schwere des Betons wird durch das beinahe Schweben der wuchtigen Platten aufgehoben, das dem Gebäude das Aussehen eines Flugzeuges verleiht.

Dieses Motiv war gerade in den dreißiger Jahren bei den jungen Architekten beliebt. Die Architektengruppe Figini, Pollini und BBPR nutzten das prägnante Symbol des Fortschritts für den Entwurf des Palazzo del Littorio in Rom, um damit die Moderne ihres architektonischen Konzepts zu unterstreichen. Auch für die Inszenierung von Architektur und Macht bediente man sich seiner. So zeigt das offizielle Eröffnungsfoto der neuen pontinischen Stadt Sabaudia Flugzeuge, die über die Zuschauer hinwegfliegen. Besonders wichtig war das Motiv aber vor allem für die italienischen Futuristen, die gerade dieses Verkehrsmittel wegen des Geschwindigkeitsaspekts und als ein in die Zukunft weisendes Objekt rühmten. In Filippo Tommaso Marinettis «Manifest des Futurismus» lautet die Kampfansage: «Wir erklären, dass die Welt um eine neue Schönheit bereichert ist: die Schönheit der Geschwindigkeit. […] Besingen werden wir die […] gefräßigen Bahnhöfe, die rauchende Schlangen verzehren; die Fabriken, die mit ihren sich hochwindenden Rauchfäden an den Wolken hängen; die Brücken, die wie gigantische Athleten Flüsse überspannen […] und das Gleiten der Flugzeuge, deren Propeller wie Fahnen im Winde knattern und Beifall zu klatschen scheinen wie eine begeisterte Menge.»[33] Mit dem Entwurf der Fiat-Tankstelle schien Pettazzi den Anspruch der Futuristen auf eine revolutionäre Architektursprache Jahrzehnte später einlösen zu wollen. Er wurde ihren Anforderungen mit diesem Konzept gerecht, indem er mit einer Jahrhunderte alten Bautradition vollständig brach und ein Gebäude entwarf, das der modernen Technik huldigt: dem Auto, dem Flugzeug und schließlich auch dem Stahlbeton.

Das Bauwerk als Flugobjekt entsprach aber auch ganz den Repräsentationsvorstellungen des Automobilherstellers Fiat, der selbst in Asmara eine aufwändige Tankstelle als Werbemaßnahme errichten ließ, die den Fortschritt auf dem Gebiet des Fahrzeugbaus in besonderer Weise symbolisierte. Schon Anfang des 20. Jahrhunderts galt der Industriekonzern als einer der wenigen Auftraggeber, die sich der modernen Bewegung und insbesondere dem Futurismus verschrieben hatten.[34] Der Geschäftsführer Giovanni Agnelli erteilte 1914 Giacomo Mattè Trucco den Auftrag, das neue Fiat-Werk in Turin zu planen.[35] Der damals noch unbekannte Ingenieur entwarf einen 600 Meter langen, horizontalen Stahlbetonbau, dessen Mauern aufgebrochen und von Fensterbändern ersetzt wurden. Besonders mit der Teststrecke auf dem Dach erlangte das Gebäude große Berühmtheit. «Ein neuer Ort für die neue Macht der Industrie, wo die Montagestraße wie ein Kirchenschiff [wirkt und] Automobile einem Festzug entsprechen»,[36] pries der italienische Journalist Luigi Barzani den sogenannten Lingotto. Auch der bekannte Architekturkritiker Edoardo Persico widmete dem Bauwerk einen eigenen Artikel, in dem er dem Architekten bewundernd bescheinigte, die «natürlichen Gesetze» mit seinem provokativen Entwurf in Frage gestellt zu haben. Selbst Le Corbusier kam 1926 nach Turin und war von der Ästhetik des Gebäudes ebenfalls fasziniert, waren hier doch seine architektonischen Anforderungen an das moderne Bauen erfüllt, die er in «Vers une architecture» formuliert hatte.[37]

Das Fiat-Gebäude besaß demnach schon bei den Zeitgenossen einen hohen Stellenwert. Das Auto galt in den zwanziger Jahren als eine Metapher der Moderne, die von Malern, Poeten, Architekten und Literaten für ihre Werke verwendet wurde. Seine Produktion war eng mit avantgardistischen Vorstellungen verbunden und Mattè Trucco gelang es, dieses Symbol in Turin gewissermaßen in eine architektonische Form zu bringen. Damit ließ sich der Fiat-Konzern ein Aushängeschild konzipieren, das für Fortschritt, Gestaltungskraft und Individualität stand. Die zementierte und dadurch dauerhaft erscheinende Werbebotschaft wurde aber nicht nur in Italien, sondern weltweit, so auch in Ostafrika und in Libyen verbreitet. Überall versuchten die Architekten, immer eine enge Verbindung zwischen der Kultur vor Ort und dem neuen Konsumgut zu schaffen. Raum und Produkt sollten auf diese Weise miteinander verschmelzen. Diesen Anspruch besaßen sowohl Mattè Trucco in Turin als auch Pettazzi in Asmara. Mit einer Teststrecke auf dem Dach entwarf der Turiner Ingenieur ein Gebäude, das der größten Industriestadt

Italiens eine zukunftsorientierte Entwicklung bescheinigte. In Asmara hingegen versinnbildlichte Pettazzi mit der Gestaltung der Fiat-Tankstelle in Form eines Flugzeuges den Beginn der Moderne in Afrika. Dabei ging es in beiden Fällen nicht notgedrungen um eine neue bildliche Rhetorik der modernen Fabrik.[38] Die Gebäude sollten in erster Linie den Zweck erfüllen, den Kunden die Außergewöhnlichkeit des Konzepts vor Augen zu führen und sie gleichzeitig von der Kreativität und Produktivität des Konzerns zu überzeugen. Dafür verwirklichte Fiat auch immer neue und außergewöhnliche Ideen. Beispielsweise sorgte der Konzern in Ostafrika mit seinen mobilen Werkstätten für großes Aufsehen. Ein Artikel im Corriere Eritreo vom 7. März 1937 beschreibt minuziös, wie zahlreiche Mechaniker zwei Lastwagen, die in Eritrea unterwegs waren, in kürzester Zeit zu einer Werkstatt umbauten, um vor Ort Autoschäden zu reparieren.[39] Noch bevor der neue Flugtempel in Asmara eingeweiht werden konnte, gab es schon das fahrende Pendant auf den Straßen Ostafrikas. Dabei ist ein gewisser Ehrgeiz kaum zu übersehen, neue Formen und fortschrittliche Techniken in eine Welt zu überführen, die bis dahin noch keine Industrialisierung kennengelernt hatte. Auf diese demonstrative Art und Weise konnte die Moderne der «Unmoderne» anschaulich gegenübergestellt werden.

Abb. 62: Die mobile Werkstatt von Fiat, 1939.

In diesem starken Gegensatz wurde die Dynamik des Unternehmens besonders deutlich hervorgehoben, das Selbstbewusstsein Fiats wirksamer manifestiert. Mit den eindrucksvollen Einfällen und Entwürfen wusste die Firma die öffentliche Aufmerksamkeit auf sich zu lenken und ihren Anspruch als innovativ denkender Automobilkonzern einmal mehr unter Beweis zu stellen. Galt es noch Anfang des 20. Jahrhunderts, der Welt das Automobil als Luxus- und Sportartikel zu präsentieren, so änderte sich die Einstellung spätestens 1932.[40] In diesem Jahr entwickelte Fiat den ersten Gebrauchswagen für breite Bevölkerungsschichten. Das nach der faschistischen Jugendorganisation Balilla benannte Fahrzeug wurde als preisgünstiges Transportmittel auf den Markt gebracht und wies dabei schon in seinem Namen eine enge intentionale Verbindung zum Regime auf. Die faschistische Regierung verlangte von Fiat ein volksnahes Transportmittel, das nicht mehr nur mit gut gekleideten Männern vor prächtigen Villen beworben werden konnte. Der Adressatenkreis für das neue Automobil hatte sich geändert. Das Unternehmen sprach nunmehr große Käuferschichten nicht nur in Italien, sondern auch in den Kolonien an. Dies mag einer der Gründe dafür sein, dass sich der Konzern in Ostafrika nicht mit einer einfach konzipierten Repräsentanz zufriedengab, sondern eine spektakuläre Tankstelle errichten ließ, welche die gesamte in der Kolonie lebende italienische Bevölkerung erreichte.[41] Dabei wurde das Gebäude illustrativ in einem ebenso dynamischen Licht gezeigt wie die Automobile. Es sollte gewissermaßen eine visuelle Verknüpfung entstehen zwischen Filiale und Produkt, um eine Plattform zu konstruieren, die sich hervorragend als dauerhafter Werbeträger nutzen ließ.

Mit dieser effektiven Werbemaßnahme versuchte Fiat, es den englischen und französischen Konkurrenzfirmen gleichzutun.[42] Diese lösten ihre finanziellen Probleme, die sich aus der Weltwirtschaftskrise von 1929 ergeben hatten, durch den Verkauf ihrer Produkte in den Kolonien.[43] Als marktführender Vertreter dieses Industriezweiges war Fiat Anfang der dreißiger Jahre bestrebt, seine Monopolstellung in Ostafrika auszubauen. Daher bemühte sich Giovanni Agnelli am 17. Februar 1933 bei Mussolini noch persönlich um eine Zollbefreiung seiner Waren, um so vor den ausländischen Fabrikaten einen Vorteil zu erlangen.[44] Dies scheiterte jedoch daran, dass die Konkurrenzfirmen billigere Fahrzeuge anboten, die für die Bevölkerung in Eritrea erschwinglicher waren.[45] Dennoch wurden von 1936 bis 1938 insgesamt 15 198 Automobile verschiedener italienischer Hersteller im Gesamtwert von 578 Millionen Lire und 13 719 Motorräder für 13 Millionen Lire nach Ostafrika geliefert.[46] Das machte 1936 einen Fünftel und 1937 sogar die Hälfte des gesamten Exportes der Autoindustrie Italiens aus.

Avantgardistische Architektur in Asmara

Abb. 63: Die Lancia-Repräsentanz von Carlo Marchi und Carlo Montalbetti, 1938 (heute eine Silikonfabrik, 2004).

Neben Fiat gab es aber auch andere Unternehmen, die in den dreißiger Jahren ihre Filialen in Asmara eröffnen wollten und junge Architekten damit beauftragten, ihre Repräsentanzen zu entwerfen. Zu den Auftraggebern zählten Agip, Pirelli, Bosch, Alfa Romeo, Salvati und Lancia. Selbst RACI, den führenden Automobilclub Italiens, zog es nach Asmara, um neue Mitglieder aus dem Kreis der motorisierten Einwohner zu werben.[47] Diese Unternehmen errichteten Gebäude entlang der wichtigsten Hauptverkehrsstraßen an den Zugängen zur Stadt, die durch ihre auffällige Gestaltung wie Signalbauten wirkten und Asmara mit ihrer modernen Formensprache bis heute prägen. Das zweigeschossige Geschäftshaus von Alfa Romeo etwa fällt besonders durch den vorspringenden, bordeauxroten Eingangsbereich auf. Mit seiner mächtigen Laibung beherrscht das Portal die gesamte Ästhetik des Baukörpers. Die direkt darüber folgende Fensterzone wird von zwei Fahnenstangen flankiert, die als Zeichen des Triumphs sowohl den Einzug der Autoindustrie in Ostafrika als auch die Errungenschaften der modernen Architekturbewegung im neu gewonnenen Raum zu feiern scheinen. Diesen Eindruck unterstützen die Türme, die Lancia und der italienische Automobilclub für ihre Niederlassungen konzipieren ließen. Der Turm als architektonisches Mittel diente dazu, Bauwerke wirkungsvoll von der Umgebung abzuheben und damit nachdrücklich auf das Stadtbild Einfluss zu nehmen. In Asmara fügt er sich elegant in die jeweils rationalistisch gestaltete Fassade. Diesen ist ein kraftvolles Flächenspiel mit vertikalen Fensterbändern gemein, die darüber hinaus eine dynamische Rhythmisierung durch die unterschiedlich proportionierten Baumassen erfahren. Die Reduktion der einfachen Linienführung spiegelt moderne ästhetische Ideen wider, die schon von Architekten in Mailand und Turin Anfang der zwanziger Jahre formuliert worden waren. Architektur hatte rational, auf einfache Formen reduziert zu sein und sollte auf Ornamentik vollständig verzichten.[48] Das waren die elementaren Grundsätze des «neuen Geistes», den der «Gruppo 7» in der Zeitschrift *La Rassegna Italiana* aufstellte. Durch privates Studium der Protagonisten der modernen Bewegung, allen voran Le Corbusier, Gropius, Mendelsohn, Behrens und Mies van der Rohe, versuchten die jungen Architekten einen konkreten Weg anzubieten, der sich gegen die traditionelle Linie der Akademie wandte und die neue Zeit formgebend bestimmen sollte. Mit den avantgardistischen Entwürfen wollten sie die Aufbruchstimmung nach dem Ersten Weltkrieg unterstützen und dem Aufbau einer neuen italienischen Gesellschaft Gestalt geben.[49] Der künstlerische Stil sollte die politischen, sozialen und wirtschaftlichen Absichten dieser neuen Epoche reflektieren. Der Gebrauch der einfachen, funktionsorientierten Formen durch die jungen Baukünstler in Ostafrika kann daher nur als eine Rückbesinnung auf den «neuen Geist» gesehen werden. Offensichtlich lag auch der Ehrgeiz der in Eritrea tätigen Architekten darin, der neuen Zivilisation Ausdruck zu verleihen.

Dabei verband sich das moderne Formenvokabular besonders gut mit den Ambitionen der Autoindustrie hinsichtlich rasanter Fortschrittlichkeit und kreativer Gestaltungskraft, aber auch mit der vermeintlich hohen Geschwindigkeit des progressiven Prozesses in Ostafrika. Giuseppe Pagano, einer der bekanntesten Baukünstler dieser Jahre, führte die enge Beziehung von Industrie und moderner Architektur darauf zurück, dass die Industrie eine neue Lebensform gefunden habe, welche die avantgardistische Formensprache in ihre Pflicht nahm: «Die industrielle Produktion ist eine der charakteristischsten Errungenschaften der Zivilisation. Denn die Einführung der Maschine ist ein menschliches Meisterwerk [...]. Die Fabrik wurde mit modernem Geist geschaffen und fordert eine praktische und rationale Rhetorik. Diese Ideen werden vollends im Geiste der modernen Architektur gelebt [...].»[50] Das Ziel der avantgardistischen Architekten war es, Bauwerke zu konzipieren, die primär der praktischen Zweckbestimmung dienen und darüber hinaus keinen herkömmlichen formal-ästhetischen Gestaltungsprinzipien folgen sollten. Die Einfachheit der Baukunst hatte sich an den neuen Bedingungen des Lebens zu orientieren, so wie die modernen Maschinen aus neuen Notwendigkeiten heraus geschaffen worden waren. Ihre Forderung, eine zeitgemäße Lebensart ästhetisch umzusetzen, kam der Entwicklung Eritreas sehr entgegen, die in diesen Jahren ganz im Zeichen der Geschwindigkeit stand. Nicht nur, dass Wohnbauten in zügigem Tempo hochgezogen werden mussten, auch Häfen, Straßen und Flughäfen entstanden in kürzester Zeit oder wurden erweitert und vergrößert. Asmara wuchs zu einer Stadt heran, die sich wie ganz Ostafrika an den neuen Lebensstil anpassen musste, der vom Verkehrssystem der Automobile, Flugzeuge und Schiffe geprägt wurde. Auch die von Carlo Marchi und Carlo Montalbetti entworfene blaue Agip-Tankstelle kann nur als Beitrag zu diesem Entwicklungsprozess verstanden werden. Denn mit ihren großen Bullaugen erscheint sie wie ein vorbeifahrendes Schiff im roten Sand von Eritrea und verbindet die Errungenschaften des modernen Zeitalters in einem einzigen Konzept. Die Tankstellen, Repräsentanzen und Verkehrsmittel verliehen Asmara das neue Bild von Modernität, das für die Stadt charakteristisch war und in sämtlichen Zeitungen der Zeit gefeiert wurde. Ende der dreißiger Jahre stellte der Journalist Franco Monile begeistert fest: «Das neue Asmara, Tür und Vorzimmer des Imperiums, schwindelerregend und industriell, produktiv und geschäftstüchtig, wohlriechend – heute vielleicht weniger nach Rosen und nach Nelken, die durch den Windstoß des Dieselöls verblühten. Sie waren es noch, die Asmara 1930 charakterisierten. Heute wird die Luft vielmehr von Benzin und Kohle bestimmt.»[51]

Fazit

Der ostafrikanische Raum wurde von ganz verschiedenen italienischen Initiativen geprägt, von staatlichen Interventionen, privaten Investitionen oder von der kreativen Gestaltung durch die Architekten. Ihre Interessen verschränkten sich derart, dass sie voneinander profitieren konnten. In den dreißiger Jahren entwarfen und konstruierten in Asmara völlig unbekannte Baukünstler und Ingenieure modernste Bauten für weltweit bedeutende Automobilkonzerne. Weitab vom Mutterland setzten sie avantgardistische Ideen um, die nur zehn Jahre zuvor in den großen italienischen Zentren wie Mailand, Turin und Rom formuliert worden waren. Damit trugen sie unvermittelt zur Verbreitung der Theorien einer italienischen Moderne bei, gelegentlich mehr als manch daheimgebliebener namhafter Architekt. Denn während die Baukünstler in Italien die alte Bausubstanz fortwährend berücksichtigen mussten, besaß Ostafrika in dieser Hinsicht keine bedeutende Einschränkung. Hier konnten die Architekten zahlreiche Aufträge der in den Kolonien investierenden Unternehmen nutzen, um ihre ästhetischen Vorstellungen umzusetzen. Den Auftraggebern war die avantgardistische Baukunst andererseits ein probates Mittel, um auf sich aufmerksam zu machen. Die Türme der neuen Niederlassungen von Fiat, Lancia und RACI, die neben den Campanile der Kirchen und denen der faschistischen Regierungsgebäude den Himmel von Asmara eroberten, dienten ihnen als einprägsame Werbeplattformen.

Inwieweit die faschistische Regierung die architektonische Moderne in Ostafrika für sich einzunehmen wusste, muss noch näher untersucht werden. Es ist aber nicht zu bestreiten, dass Mussolini dieses Land für seine Belange und Interessen erschließen und mit einer Infrastruktur ausgestalten ließ. Jede Veränderung im Sinne eines technischen Fortschritts wusste das Mussolini-Regime propagandistisch für sich und für die Formierung seiner Vorstellung von einer neuen faschistischen «Zivilisation» zu nutzen.[52]

---

1 Am 1. Januar 1890 wurde Eritrea von König Umberto I. offiziell zur ersten Kolonie Italiens erklärt. Ausführlicher dazu Angelo Del Boca, Gli Italiani in Africa Orientale, 4 Bde., Rom, Bari 1976–1986; Nicola Labanca, Storia dell'Italia coloniale, Mailand 1994; Rudolf Lill, Geschichte Italiens in der Neuzeit, Darmstadt 1980; Giorgio Rochat, Il colonialismo italiano, Turin 1973; Irma Taddia, L'Eritrea-Colonia, 1890–1952. Paessaggi, strutture, uomini del colonialismo, Mailand 1986.
Der Beitrag basiert auf einem noch in Arbeit befindlichen Promotionsprojekt am Kunstgeschichtlichen Seminar der Humboldt Universität zu Berlin.
2 Ferdinando Martini, Relazione sulla colonia Eritrea. Bd. 1 – Nella seduta 14 giugno 1913, Roma 1913, S. 56.
3 Tekeste Negash, Italian Colonialism in Eritrea, 1882–1941. Policies, Praxis and Impact, Stockholm 1987.
4 Irma Taddia, La memoria dell'Impero. Autobiografie d'Africa Orientale, Rom, Bari 1988, S. 45.
5 «Italien hat endlich sein Imperium.» Mussolinis Diskurs auf der Piazza Venezia am 9. Mai 1936. Benito Mussolini, Riappare l'Impero sui colli fatali di Roma, in: Mario Giordano (Hg.), L'Impero coloniale fascista, Novara 1936, S. 3. (Das und die folgenden Zitate wurden von der Verfasserin übersetzt.)
6 Nachdem sich das als Blitzkrieg geplante Unternehmen über Monate in einem zermürbenden Kleinkrieg hinzog, fasste Mussolini den Entschluss, diesen mit drastischen Mitteln zu beenden. Näheres dazu in Gabriele Schneider, Mussolini in Afrika. Die faschistische Rassenpolitik in den italienischen Kolonien 1936–1941, Köln 2000, S. 214.
7 Am 1. Juni 1936 wurde für die afrikanischen Territorien ein Grundgesetz erlassen, mit dem die bereits bestehenden Kolonien Eritrea und Somalia sowie das neu eroberte Äthiopien zu Italienisch-Ostafrika zusammengeschlossen und in zunächst fünf Regierungsbezirke mit eigener Verwaltung aufgeteilt wurden, denen jeweils ein Gouverneur vorstand. Schneider, Mussolini in Afrika, S. 146.
8 Dirk van Laak, Imperiale Infrastruktur. Deutsche Planungen für die Erschließung Afrikas 1880 bis 1960, Paderborn 2004, S. 289.
9 Giuseppe Coboldi Gigli, der Minister für öffentliche Arbeit, und der Kolonialminister, Alessandro Lessona, wurden von Mussolini sogar persönlich beauftragt, den Straßenbau vor Ort zu kontrollieren. Giuseppe Coboldi Gigli, Strade Imperiali, Mailand 1936, S. 13. Darin gibt Gigli den genauen Auftrag Mussolinis wieder: «Der ‹Duce› hat den Plan für das Straßennetz in Äthiopien bekannt gegeben […] die folgenden fundamentalen Arterien sollen sofort konstruiert werden: Om Ager–Gondar–Debra Tabor–Dessiè Km. 650, Destra Tabor: Debra Marcos–Addis Abeba Km. 500, Adigrat–Dessiè–Addis Abeba Km. 850, Assab–Dessiè Km. 500, Addis Abeba–Gimma Km. 350; Totale Km. 2.850.»

10 Näheres dazu Del Boca, Gli Italiani in Africa Orientale, Bd. 3 – La Caduta dell'Impero, Rom 1982, S. 154–173.
11 Onagro, Le vie e i mezzi di comunicazione. Tremiladuecentottantaquattro chilometri di strade, in: L'Azione Coloniale, 9. 5. 1938.
12 Stefano Maggi, Colonialismo e Comunicazioni. Le Strade ferrate dell'Africa Italiana (1887–1943), Napoli 1996, S. 219.
13 Am 21. Juni 1937 beschloss der Ministerrat, dafür die beachtliche Summe von 7 Milliarden 730 Millionen Lire bereitzustellen.
14 Corriere Eritreo, 9. 8. 1938.
15 Näheres dazu in der von der faschistischen Regierung veröffentlichten Publikation: L'Industria in A.O.I., Rom 1939.
16 Italo Papin, Porti e vie di comunicazione dal Mar Rosso Al Tigrai, in: Africa Italiana. Pubblicazione mensile dell'Istituto fascista dell'Africa Italiana, Juli/August 1939, S 31. Dogali nennt sich die Straße, die von Asmara nach Massaua führt.
17 Näheres dazu Spiro Kostof, The Emperor and the Duce. The Planning of Piazzale Augusto Imperatore in Rome, in: Herny A. Millon, Linda Nochlin (Hg.), Art and Architecture in the service of politics, Massachusetts 1978, S. 270–325.
18 Le Opere Stradali, in: Gli Annali dell'Africa Italiana, 2, 1939, Nr. 4, S. 319.
19 Van Laak, Imperiale Infrastruktur, S. 289. Van Laak weist auf die besondere Bedeutung der römischen Vergangenheit auch für Deutschland in diesen Jahren hin. Die faschistische Regierung bezog sich vor allem auf das Weltreich der Cäsaren mit den nordafrikanischen Besitzungen, aber auch auf die kolonistischen Methoden, mit denen das Imperium romanum seine Provinzen an die Zentrale Rom gebunden hatte.
20 Lector, Le strade dell'Impero, in: Gli Annali dell'Africa Italiana, Bd. 1, 1938, S. 181–203.
21 Del Boca, Gli Italiani in Africa Orientale, Bd. 3, S. 154–173.
22 In der Schlacht von Dogali in Äthiopien starben 1887 zahlreiche italienische Soldaten.
23 Papin, Porti e vie di comunicazione, in: Africa Italiana, Juli/August 1939, S. 31–34.
24 Ausführlicher dazu Mia Fuller, Moderns Abroad. Architecture, cities and Italian Imperialism, New York 2007; Giuliano Gresleri, 1936–40. Programma e strategia delle città imperiali, in: ders., Pier Giorgio Massaretti, Stefano Zagnoni (Hg.), Architettura italiana d'oltremare (1870–1940). Galleria d'Arte Moderna Bologna (Ausstellungskatalog), Venedig 1993, S. 179–202; Stefano Zagnoni, L'Eritrea delle piccole città. 1897–1936, in: ebd., S. 145–163.
25 Gresleri, 1936–40. Programma e strategia delle città imperiali, S.181.
26 Corriere Eritreo, 5. 8. 1937.
27 Franco Monile, Città eritree, in: Africa Italiana, Juli/August 1939, S. 11.
28 Sandro Raffone, Da Asmara a Massaua. Adattamenti del razionalismo italiano, in: Architetture italiane in Colonia, Rom 2005, S. 38.
29 Nicht nur in Ostafrika, sondern besonders in Libyen wurden Autorennen auf der Hochgeschwindigkeitsstrecke Mellaha ausgetragen. Der Gran Premium von Tripolis gehörte zu den bekanntesten weltweit.
30 Corriere Eritreo, 2. 6. 1937. Es gab neben den zahlreichen Auto- und Motorradrennen auch Radrennen, die eine gut ausgebaute Straße voraussetzten.

31 Turismo e Sport. Automobilistico in Eritrea per il 1937-XO, in: Corriere Eritreo, 13. 2. 1937.
32 Die moderne Bewegung Italiens entwickelte hinsichtlich der Gestaltungsregeln für die Architektur und den Städtebau ein ganz eigenes, autonomes Programm und grenzte sich damit scharf von den Baukünstlern ab, die im Italien der zwanziger und dreißiger Jahre dem Geschmack der Akademie folgten. Näheres zu Italiens Moderne, Futurismus und Rationalismus zwischen den Weltkriegen bei Luciano Caramel, Enrico Crispolti, Veit Loers (Hg.), Vanguardia italiana de entreguerras. Futurismo y razionalismo (Ausstellungskatalog), Mailand 1990; Giorgio Ciucci, Gli architetti e il fascismo. Architettura e città 1922–1944, Turin 1989; Richard A. Etlin, Modernism in Italian Architecture, 1980–1940, Cambridge 1991; Kenneth Frampton, Die Architektur der Moderne, Stuttgart 1983; Raffaello Giollo, L'architettura razionale, Bari 1972; Bruno Zevi, Storia dell'architettura moderna, Turin 1975.
33 Filippo Tommaso Marinetti, Manifest des Futurismus, in: Le Figaro, Paris, 20. 2. 1909.
34 Terry Kirk, The architecture of modern Italy, Bd. 2 – Visions of utopia, 1900–present, New York 2005, S. 57.
35 Näheres dazu Carlo Olmo, Il Lingotto 1915–1939. L'architettura, l'immagine, il lavoro, Turin 1994; Marco Pozzetto, La Fiat-Lingotto. Una architettura torinese d'avanguardia, Turin 1975; Maria Grazia Daprà Conti, Visite al Lingotto, Turin 1984.
36 Luigi Marzani zitiert nach Kirk, Architecture of modern Italy, S. 57.
37 Olmo, Il Lingotto 1915–1939, S. 15.
38 Olmo, Il Lingotto 1915–1939, S. 10.
39 In «L'industria in A.O.I.» wird die mobile Werkstatt besonders gelobt und auf einer Abbildung explizit hervorgehoben. Corriere Eritreo, 7. 3. 1937, S. 283f.
40 Valerio Castronovo, Giovanni Agnelli. Il fondatore, Turin 2003, S. 366.
41 Schneider, Mussolini in Afrika, S. 110.
42 Castronovo, Giovanni Agnelli, S. 390–393.
43 In Italien hatte sich die Lage der Industrie durch die Sanktionen zusätzlich verschärft, die der Völkerbund in Genf aufgrund der italienischen Invasion in Äthiopien verhängt hatte.
44 Castronovo, Giovanni Agnelli, S. 390. Es hat sich ein Brief an Mussolini erhalten, in dem Agnelli eine Zollbefreiung für die eigenen Produkte forderte.
45 Gerade De Bono wehrte sich vehement gegen die Konzentrierung auf eine einzige Automarke, da die Traktoren beispielsweise von ausländischen Firmen manchmal um die Hälfte billiger waren als die von Fiat.
46 L'Industria in A.O.I., in: Corriere Eritreo, 7. 3. 1937, S. 283f.
47 Dazu näher Edward Denison, Guang Yu Ren, Naigzy Gebremedhin (Hg.), Asmara. Africa's secret modernist city, London 2003.
48 Dazu näher Silvia Danesi, Luciano Patetta, Rationalismus und Architektur in Italien während des Faschismus, Venedig 1976; Ulrich Pfammatter, Moderne und Macht. «Razionalismo». Italienische Architektur 1927–1942, Braunschweig 1990.
49 Dazu ausführlicher Hanno-Walter Kruft, Der Rationalismus in der Architektur. Eine Begriffserklärung, in: Der Architekt. Zeitschrift des Bundes Deutscher Architekten BDA, 30, 1981, Nr. 4, S. 176–181.
50 Giuseppe Pagano, Architettura Industriale in Italia, in: Le Arti, 1939, Nr. 4, S. 360.

51 Monile, Città eritree, S. 14.
52 Gerne wurden im *Corriere Eritreo* immer wieder Abenteurer aus England und Frankreich zitiert, die Italienisch-Ostafrika besucht hatten und enthusiastisch über die rasanten baulichen Entwicklungen berichteten.

Zur Rezeption der italienischen Architektur im «Dritten Reich»

Christoph Cornelißen

> *«Zwei Völker haben sich gefunden. Hoffentlich für immer.»*
> (Joseph Goebbels, Tagebucheintrag vom 8. Mai 1938)

Obwohl die wechselvollen Beziehungen zwischen dem nationalsozialistisch beherrschten Deutschen Reich und dem Regime Benito Mussolinis bereits seit vielen Jahren im Mittelpunkt der historischen Forschung stehen, ist der transnationalen Architekturrezeption zwischen beiden Staaten bislang nur wenig Aufmerksamkeit geschenkt worden. Das muss Verwunderung hervorrufen, denn die Internationalität architektonischer Schulen und Stile sowie die Parallelen in der «Beeindruckungsarchitektur» der beiden Regime gehören durchaus zu den herausgehobenen Themen der neueren Architekturgeschichte.[1] Die konkreten Fragen aber, was von der – älteren und der neuen – italienischen Architektur im nationalsozialistischen Deutschland bekannt war, wer hierbei jeweils als vermittelndes Sprachrohr fungierte und welche Ergebnisse der Transfer von Ideen und Konzepten nach sich zog, fanden bisher nur selten Beachtung.[2] Einer der Gründe hierfür dürfte darin bestehen, dass eine solche Untersuchung keineswegs auf einem dichten und leicht zu rekonstruierenden wechselseitigen Austausch aufbauen kann, sondern tatsächlich auf sehr disparate Stimmen angewiesen ist, die in einem national, wenn nicht sogar nationalistisch geprägten Berufsumfeld zunächst mühselig registriert und ausgewertet werden müssen. Überdies erscheint es für manchen Experten der Architekturgeschichte fraglich, ob überhaupt von «gegenseitigen Einflüssen zwischen der italienischen und der deutschen Architektur in der Zeit des Totalitarismus» gesprochen werden könne oder ob es sich hierbei nicht lediglich um zweitrangige Erscheinungen handle.[3]

Zusätzlich erschwert wird die angestrebte Untersuchung der aufgeworfenen Fragen dadurch, dass die Stellen, auf die man in diesem Zusammenhang trifft, oft dubioser Natur sind. Hierzu gehört beispielsweise ein Eintrag aus Albert Speers *Spandauer Tagebüchern* vom 3. März 1949, demzufolge der deutsche «Führer» den «Duce» anlässlich seines Staatsbesuches im Deutschen Reich 1937 für die neue deutsche Architektur habe begeistern können. Ohnehin aber sei Mussolini davon überzeugt gewesen, dass die Entwürfe seines Staatsarchitekten Marcello Piacentini belanglos seien. Was er in München und Berlin gelernt habe, werde bei der römischen Weltausstellung 1940 zum Tragen kommen, wobei Speer rückschauend falsch datierte. Gemeint war die für das Jahr 1942 geplante Eröffnung der Weltausstellung, die sogenannte «Esposizione Universale di Roma» (EUR).[4] Als Hitler nach dem Besuch Mussolinis einige Monate später die ersten Entwürfe für die römische Weltausstellung in Augenschein nahm, so führt Speer in einem weiteren Eintrag seines Tagebuchs aus, habe er ausgerufen: «Er hat uns nicht verstanden! Eine belanglose Kopie ohne jede große Kraft. Aber vielleicht ist es besser so, wir behalten den Vorrang.»[5]

So problematisch diese Exzerpte anmuten, so vermitteln sie dennoch eine erste Ahnung davon, welche Zielrichtungen und Blickwinkel das deutsche Interesse an der Architektur im faschistischen Italien oftmals anleiteten. Offensichtlich spielte die Konkurrenz der beiden Achsenmächte eine wichtige Rolle, daneben jedoch ebenso das auf deutscher Seite machtpolitisch und ökonomisch genährte Gefühl, auf dem Gebiet der Architektur und Baupolitik den Italienern grundsätzlich überlegen zu sein. In diesem Punkt zeigten zahlreiche deutsche Architekten, Architekturkritiker sowie die Angehörigen des NS-Führungschors eine bemerkenswerte Einigkeit, wohl mehr: Einseitigkeit. Das hatte Tradition, denn auch schon in den zwanziger Jahren war die moderne Architektur Italiens in deutschen Fachkreisen wiederholt nur als das Nachholen von bereits Geläufigem eingestuft worden.[6]

Die Ausgangslage jedoch änderte sich nach dem «Marsch auf Rom», denn auch den Beobachtern im Deutschen Reich entging nunmehr nicht lange, dass in Italien eine intensive Debatte darüber ausgebrochen war, welche architektonische Stilrichtung dem neuen politischen System einen angemessenen und kraftvollen Ausdruck verleihen könne. Fast zwangsläufig rückte ab 1933 eine ähnlich lautende Frage in den Mittelpunkt sowohl der politischen als auch der fachlichen Auseinandersetzungen im NS-geführten Deutschland. Hierbei erfuhr das italienische Modell aus naheliegenden Gründen besondere Beachtung. Überdies förderte das faschistische Regime in Rom ausdrücklich eine solche Orientierung, indem es mehrere Ausstellungen im Ausland initiierte oder zumindest unterstützte, welche die Leitlinien des Städtebaus sowie ausgewählte Exponate des modernen Bauens einem breiteren Publikum bekannt machen sollten. Gleichzeitig lässt sich beobachten, dass parallel zu den national beziehungsweise nationalistisch geprägten Diskursen der Transfer von Ideen schon seit der Mitte der zwanziger Jahre deutlich zugenommen hatte. So unterrichteten die international ausgerichteten deutschen Bauzeitschriften ihre Leserschaft in ausführlicher Form als zuvor über ausgewählte Projekte des neuen Bauens in Italien, und außerdem räumten sie italienischen Experten regelmäßig die Gelegenheit ein, ihre Pläne und Konzepte einer deutschen Leserschaft zu präsentieren. Hierüber kam es zu einer grundlegenden Neubewertung der modernen italienischen Architektur. Hatte sie noch am Ende der zwanziger Jahre meist nur als ein Nachzügler der modernen Architekturwelt gegolten, setzte danach eine Höherbewertung ein, ja die Apologeten des Neuen Bauens im Deutschen Reich erklärten den italienischen Rationalismus seitdem zu einem Vorbild und Vorreiter künftiger Entwicklungen, ohne jedoch dabei auf nationaldeutsche Selbstbezüge völlig zu verzichten.

Um in dieses Dickicht aus Fremdbeobachtungen und Selbstdeutungen eine Schneise zu schlagen, sollen die bislang nur knapp skizzierten Entwicklungen hiernach in drei Schritten näher ausgeführt werden. Nach einer kurzen Problematisierung des Begriffs der «faschistischen Architektur» wird in einem zweiten Abschnitt der Frage nachgegangen, welche Objekte und Architekturepochen Italiens im «Dritten Reich» überhaupt wahrgenommen und kommentiert wurden. Erst danach soll genauer geprüft werden, was speziell von der modernen italienischen Architektur registriert und kommentiert wurde.

Hier steht also die Frage im Mittelpunkt, in welchem Maße der Stile razionalista im Deutschen Reich auf Anerkennung getroffen ist und welche Argumente dabei jeweils eine Rolle spielten. Dass hierbei meist nicht die Verschmelzung von nationalen Stilen das Ziel abgab, sondern allenfalls die Übernahme wechselseitiger Anregungen, deutet eine Bemerkung des Chefredakteurs der Ullstein-Presse, Friedrich Paulsen, aus dem Jahr 1938 an. Danach sei die gegenseitige Beobachtung von Deutschen und Italienern insbesondere im Künstlerischen schon über Jahrhunderte fruchtbar ausgefallen. Und er ergänzte: «Diese Beobachtung ist darum so überaus wichtig und aufschlussreich, weil gerade so viel Verwandtes in diesen beiden Völkern liegt, dass sie noch tauschen, das Eingetauschte verarbeiten können und jeder dabei noch so viel Eigenes hat, dass keines auf längere Zeit sich an das andere verliert».[7]

Zur Legende von *der* «faschistischen Architektur»

Dass es in der Praxis der beiden faschistischen Diktaturen keineswegs einen klaren Gegensatz zwischen einer «faschistischen Architektur» auf der einen Seite und dem modernen Bauen auf der anderen Seite gegeben hat, gehört spätestens seit den achtziger Jahren zum etablierten Kenntnisstand der historischen Forschung. So konkurrierten im faschistischen Italien über längere Zeit modernistisch und traditionalistisch ausgerichtete Architekten um die Durchsetzung ihrer Pläne, ohne dass ein eindeutiger faschistischer Baustil politisch sanktioniert zum Durchbruch kam.[8] Zwar unternahmen die Gründungsmitglieder der Architettura razionale, die sich zunächst als «Gruppo 7» konstituiert und seit 1928 als «Movimento italiano per l'architettura Razionale» (MIAR) firmiert hatten, von Anbeginn alle erdenklichen Anstrengungen, um Mussolini davon zu überzeugen, dass allein ihre Richtung für die Selbstdarstellung des Faschismus geeignet sei. Aber die Mehrzahl der offiziell geförderten Bauprojekte huldigte zunächst weiterhin einem architektonischen Traditionalismus. Der Spiritus Rector dieser Richtung war der Architekt und enge Vertraute Mussolinis, Marcello Piacentini, der den Klassizismus als unumstößliche Wertäußerung der einstmals imperialen Herrschaft Roms in das 20. Jahrhundert tradieren wollte. Seit den zwanziger Jahren verhalf er im

Bündnis mit einer Gruppe von Getreuen der Ideologie des Neoklassizismus und Monumentalismus in zahlreichen Wettbewerben, Planungen und Bauten zum Durchbruch. Angesichts dieser Entwicklung baute sich ein erheblicher Druck auf die konkurrierenden Architekturschulen in Italien auf, wovon unter anderem die Tatsache zeugt, dass sich die Vertreter der rationalistischen Strömung 1932 an der Vorbereitung der Ausstellung zum ersten Jahrzehnt der faschistischen Revolution sehr engagiert beteiligten. Jedenfalls waren die Fronten zwischen den architektonischen Schulen in Italien zu diesem Zeitpunkt durchaus noch offen.[9]

Im Verlauf der dreißiger Jahre aber richtete sich die Aufmerksamkeit des Regimes und nicht zuletzt Mussolinis vor allem auf die neuen architektonischen Richtungen. Genau das bildete den Kern der Botschaft, die er 1935 in seiner Ansprache vor den Delegierten des XIII. Internationalen Architektenkongresses in Rom zum Ausdruck bringen wollte: «Wenn ich von Architektur spreche», hieß es bei diesem Anlass, «so spreche ich natürlich von moderner Architektur. Ich gehe sogar noch weiter, ich spreche von funktioneller Architektur.»[10] Mussolinis Bekenntnis sollte keineswegs folgenlos bleiben. Bereits seit den zwanziger Jahren, vor allem aber im nachfolgenden Jahrzehnt, wurden tausende Parteihäuser, Schulen, Regierungsgebäude, Postämter, Ministerien, Gerichte, Bahnhöfe sowie Häuser für die faschistische Parteijugend in diesem Geist errichtet. Gleichzeitig beherrschen die entsprechenden Ideen die Planungen für den Aufbau neuer Städte sowie die Sanierung der Altstädte. Endgültig ab Mitte der dreißiger Jahre setzte sich im weiteren Land und in den italienischen Kolonien der von Mussolini oktroyierte Kurs durch, der zwar deutliche Zugeständnisse an die funktionelle Architektur erlaubte, im Kern aber doch klassizistische Ausdrucksweisen bevorzugte. Hierüber wollte das Regime eine Erziehung der Massen zu einem eigenständigen «italienischen Stil» erreichen, wobei über die Integration von älteren architektonischen Mustern mit der funktionalen Bauweise der vermeintliche populäre Konsens mit dem faschistischen Regime konsolidiert werden sollte.[11] Die hiervon abweichenden Bauprojekte im Stil des reinen Rationalismus, zu deren bekanntesten Beispielen das von Giuseppe Terragni konzipierte Haus der faschistischen Partei in Como zählt, blieben letztlich Ausnahmen. Darüber hinaus darf man die nahezu hegemoniale Stellung der «Scuola romana» unter der Führung Piacentinis in sämtlichen größeren Architekturwettbewerben nicht übersehen. Erneut bestätigen die Ausnahmen die Regel. So erlaubten die ausschreibenden Behörden Piacentini und seinen Gefolgsleuten fast sämtliche Stadtumbauten zu realisieren, und auch alle bedeutenden Repräsentationsbauten in Rom, Genua, Bergamo, Brescia, Bolzen und Triest, mit der Ausnahme des Bahnhofs von Florenz, gingen an die römische Schule.

Ähnlich verworren wie in Italien war die Lage im Deutschen Reich, wo sich ab 1933 hinter der Fassade einer nur scheinbar einheitlichen staatlichen Architekturpolitik eine intensive Konkurrenz verschiedener Architekturschulen einstellte.[12] Selbst Adolf Hitler, der sich bekanntlich als der erste Baumeister seines Reiches begriff, nahm keineswegs eine eindeutige Position ein. Dass er auf einer Parteitagsrede in Nürnberg im Jahr 1934 Teile der künstlerischen Moderne, darunter den italienischen Futurismus, explizit aus dem Kanon der offiziell akzeptierten Stilrichtungen ausschloss, sollte keineswegs als eine grundsätzliche Ablehnung sämtlicher modernen Tendenzen in der Architektur verstanden werden.[13] Denn eng an seiner Seite verteidigte insbesondere Baldur von Schirach das Recht der Hitlerjugend auf einen jugendlichen Stil, unter Verwendung von Glas, Stahl und Beton, und er kritisierte deswegen die bei vielen NS-Funktionären beliebte Monumentalität. Ähnlich lauteten die Argumente Robert Leys, Führer der Deutschen Arbeitsfront, als er den allgemeinen Appell an die Architekten richtete, funktional und zugleich praktisch zu bauen.[14] Ihre Gegner stammten vor allem aus dem Umfeld des seit 1927 aktiven «Kampfbundes für deutsche Kultur», der zunächst unter der Leitung Alfred Rosenbergs und in engem Schulterschluss mit dem Architekten Paul Schultze-Naumburg einen agitatorischen Feldzug gegen sämtliche modernen Kulturerscheinungen, darunter den «Dessauer Baustil», in Gang gesetzt hatte.[15]

Vor diesem Hintergrund erhielt die Reverenz an das italienische Modell im Deutschen Reich schon bald nach 1933 eine funktionale Qualität. Denn in den Auseinandersetzungen zwischen den Anhängern der modernen Bauweisen und einer modernen Stadtplanung auf der einen Seite sowie den Vertreten der «völkischen», heimatgebundenen Kultur auf der anderen Seite lag es für Erstere nicht nur aus ideologischen Gründen, sondern auch im Konkurrenzkampf mit anderen Stilrichtungen nahe, das italienische Modell zur Unterstützung ihrer eigenen Position heranzuziehen. Besonders nachdrücklich argumentierte in dieser Richtung der Kunstkritiker Wilhelm Pinder, als er am 3. August 1933 in einem Münchner Vortrag über «Die bildende Kunst im neuen Staat» die positive Rezeption des «deutschen Stils» in Italien zur Legitimation des modernen Bauens im Deutschen Reich anführte: «Italien hat zunächst versucht, zehn Jahre lang, einen faschistischen Stil, halb alt-römischen, halb renaissancemäßigen Stil zu bauen. Der Erfolg ist kläglich geblieben. Jetzt, seit fast zwei Jahren, baut der italienische Faschismus modern. Er baut den neuen europäischen Stil, der gewiss noch sehr unfertig ist […]. Dieser Stil ist besonders in Deutschland ausgebaut worden und der Italiener von heute spricht auch, ganz ehrlich, fast zum ersten Mal von einer Übernahme aus Deutschland, er spricht anerkennend und bewundernd vom ‹nuovo stile tedesco›, vom neuen deutschen Stil!»[16] Neu war nicht das Argument, die in Deutschland als «internationalistisch» oder sogar «bolschewistisch» diffamierte neue Architektur werde im Ausland als wahren Ausdruck des Deutschtums eingestuft, sondern neu war vor allem der klare Bezug auf Italien. In den nachfolgenden Jahren rückte es sogar zu einem bevorzugten Referenzmodell auf.[17]

Dass es aber in diesem Zusammenhang nicht nur um eine strategische Positionierung ging, ja, dass die deutsch-italienische Verflechtungsgeschichte auch auf dem Gebiet der Architektur weit tieferreichende Bezüge aufweist, verdeutlicht eine Eingabe Martin Elsässers, eines der Miterbauer des neuen Frankfurt. Im Schriftstück, das Elsässer 1933 an Benito Mussolini weiterleitete, kommt das Spannungsverhältnis der Moderne zum Faschismus in einer insgesamt sehr aufschlussreichen Weise zum Ausdruck: «Je natürlicher, sachlicher und gründlicher die moderne architektonische Formgebung sich aus ihren natürlichen Elementen entwickelt», meinte Elsässer, «desto überzeugender, desto echter und charakteristischer wird auch die nationale Prägung des Stils werden. Das wahrhaft faschistische Element scheint mir daran zu liegen, dass im Wesen der modernen Architektur natürliche Eigenschaften wie Wahrheit, Echtheit, Einfachheit, Ordnung Disziplin und Konsequenz liegen, lauter Eigenschaften, die auch dem Faschismus eigentümlich sind.»[18] Angesichts dieser Vorstellungen wird man von einem klaren Gegensatz zwischen Moderne und Faschismus sicherlich nicht sprechen können, sondern diesen eher in das Reich der Legende verweisen müssen.

Der deutschsprachige Diskurs über die Architektur im faschistischen Italien

Im Gegensatz zu den fortlaufenden Debatten unter Architekten, Bauingenieuren und Kunstkritikern nahmen die führenden Nationalsozialisten die Haupttendenzen der italienischen Architektur in den dreißiger Jahren nur punktuell zur Kenntnis. In seinen zahlreichen Reden zur Kulturpolitik streifte Hitler das Thema allenfalls am Rande und auch sonst finden sich aus den Reihen des NS-Führungschors nur sporadisch Verweise auf die «faschistische» Architektur Italiens. Gleichwohl ist nicht zu übersehen, dass das NS-Regime in den zeitgenössischen Kultur- und Propagandaausstellungen sowie den Weltausstellungen einen Wandel der Stile beförderte, so dass die zunächst noch über die politischen Systemgrenzen hinweg akzeptierten Stilelemente der klassischen Moderne und des Funktionalismus allmählich aufgegeben und statt dessen von staatlichen Großbauten mit einer klassizistischen und monumentalen Formensprache abgelöst wurden. Einen ersten Höhepunkt bildete hierfür die Pariser Weltausstellung von 1937, auf welcher der von Albert Speer konzipierte «Deutsche Turm» nicht nur einen Repräsentationsbau darstellte, sondern zugleich ein architektonisches Propagandainstrument bildete, dessen kraftvolle Pfeilergruppe eine bewusste Anlehnung an die Antike erkennen ließ. Von italienischen Einflüssen wird man hierbei jedoch gerade nicht sprechen können, ungeachtet der Tatsache, dass Speer anlässlich der Pariser Ausstellung mit Marcello Piacentini zusammengetroffen war. Denn weder bei diesem Anlass noch bei einem späteren Treffen der beiden in Italien zwei Jahre danach ergab sich ein produktiver Austausch zwischen den beiden Staatsarchitekten. Überhaupt maß Speer der modernen italienischen Architektur ab den zwanziger Jahren in seinen Aufzeichnungen keine große Bedeutung zu.[19]

Ganz im Gegensatz dazu übte die imperiale Architektur der Antike sowohl auf ihn als auch die weitere Führungsriege der Nationalsozialisten eine geradezu magische Anziehungskraft aus. Das zeigte sich insbesondere bei Staatsbesuchen, wofür Hitler ein gutes Beispiel abgibt. So wirkte bei seinem Rombesuch im Mai 1938 die Ansicht des Kolosseums derart stark auf ihn, dass er direkt nach seiner Rückkehr Änderungen am Entwurf zur Kongresshalle in Nürnberg veranlasste. Ein ähnliches Ergebnis rief der Empfang Mussolinis im Palazzo

Venezia hervor, denn von dort nahm Hitler die Idee mit nach Hause, die lange Flucht auf dem Weg zum Büro des «Duce», unterbrochen von zahlreichen Doppeltüren, solle in Berlin kopiert werden, um seine Besucher auch damit beeindrucken zu können.[20] Weitere Beispiele für solche Gemeinsamkeiten der Beeindruckungsarchitektur beider Regime ließen sich ergänzen. Hitler war von den italienischen Baudenkmälern der Antike enthusiasmiert, jedenfalls wenn wir den erst später aufgezeichneten «Tischgesprächen» Glauben schenken wollen. Ihnen folgend sprach er vom Zauber von Florenz, von Rom, Ravenna und Siena oder Perugia, der Schönheit der Toskana und Umbriens. Paris habe außer dem Triumphbogen nichts Großes im Stil des Kolosseums oder der Engelsburg oder auch des Vatikans. Wohl auch unter dem Eindruck eines Besuchs der zur Verherrlichung der römischen Architektur abgehaltenen Ausstellung «Mostra Augusta» meinte Hitler außerdem: «Rom [...] hat mich richtig ergriffen im Gegensatz zu Paris. Unsere Fahrt durch Italien vom 2. bis 10. Mai 1938 war schön; bei allem überholten Zeremoniell – das war noch was.»[21]

Ähnlich wie Hitler reagierte Goebbels, worüber uns seine Tagebücher informieren. In Einträgen vom 4. und 5. Mai 1938 heißt es: «Das alte Rom hat seine große Geschichte. Die fehlt uns in dieser drastischen Gestalt. Das müssen wir ersetzen durch besondere Leistungen auf dem Gebiet der monumentalen Baukunst.» Und Goebbels ergänzte: «Via Appia. Welch eine Geschichte! Und wie viel haben die Italiener uns voraus!!» Daraus zog er jedoch den nicht nur für ihn selbst bezeichnenden Schluss: «Vieles können wir gar nicht machen, vieles machen wir besser.»[22] Ähnlich selektiv beobachtete Albert Speer die Lage. So begab er sich im Oktober 1938 auf eine Reise nach Italien, auf der er ausschließlich auf den Spuren der italienischen Renaissance und der römischen Monumentalbauten der Antike wandelte. Begleitet von seiner Frau, einem Ingenieur Wilhelmi aus der Durchführungsstelle beim Generalbauinspektor und seinem engen Mitarbeiter Willibald Schelkes besuchte der erste Baumeister Hitlers zahlreiche ober- und mittelitalienische Städte, während die zeitgenössische moderne Architektur völlig unbeachtet blieb.[23] Speer zielte vielmehr darauf ab, die Masse in der klassischen italienischen Architektur persönlich in Anschauung zu nehmen. Das förderte offensichtlich in ihm den Trieb, diese noch übertrumpfen zu wollen. Jedenfalls hielt sein Reisebegleiter Schelkes fest, Speer habe beim Anblick der Peterskirche gesagt: «Die Versammlungshalle wird deutlich größer!»²⁴ Letztlich blieb somit die Wahrnehmung von Repräsentanten aus dem NS-Reich dem schon älteren Modell der Italienreise verhaftet. Albert Speer ist dafür ein geradezu typischer Repräsentant, schrieb er doch: «Hier träumte ich folglich oft von einfachen Spaziergängen in einem anmutigen Phantasieland, vielfach bei farbigen Sonnenuntergängen. Überhaupt verdrängen Natureindrücke solche der Kunst. In den Palazzo Ducale in Urbino, der einen so überwältigenden Eindruck auf mich gemacht hatte und mir sowohl der Gesamtanlage wie den verfeinerten Einzelheiten nach immer wie die Inkarnation all dessen erschienen war, was ich einst selbst zu leisten erhoffte, kehrte ich träumend zurück.»²⁵

Von derartigen Träumereien hob sich der transnationale Austausch unter den Experten beträchtlich ab, denn aus ihren Berichten ergibt sich ein durchaus vielschichtigeres Bild der Architektur Italiens. Im Hinblick darauf ist im Deutschen Reich ein wachsendes Interesse an den neueren Tendenzen der italienischen Architektur zu erkennen, wobei insbesondere die Suche des faschistischen Regimes nach einem charakteristischen Baustil immer wieder thematisiert wurde. So berichtete Werner Daniel im Jahr 1933 in der *Deutschen Bauzeitung* ausführlich von der V. Mailänder Triennale, wobei er vor allem das Volkswohnungsproblem als eine gemeinsame Herausforderung für beide Diktaturen identifizierte.²⁶ Ähnlich lautete der Tenor in kurzen Überblicken zum Bau neuer Verkehrsstraßen und Brücken, den Planungen für die zukünftige Universitätsstadt in Rom sowie zur relativ breit behandelten Debatte über den neuen Bahnhof in Florenz.

Letztlich aber war es weder allein die Moderne noch die Antike, die das Interesse der deutschen Beobachter auf sich zog. Sie waren vielmehr auf der Suche nach einem typischen «faschistischen» Baustil und genau dafür schien die Hauptstadt Italien der richtige Ort zu sein. Dass diese eben nicht nur als Stadt der Antike von Bedeutung sei, machte beispielsweise in der *Deutschen Bauzeitung* des Jahrgangs 1934 ein namentlich nicht gezeichneter Beitrag über «Rom als Weltstadt» deutlich: «Wir sehen in dieser Stadt», heißt es an dieser Stelle, «in erster Linie das Wunder eines sich immer wieder erneuernden machtpolitischen Kraftzentrums.» Da spreche uns sogar «die Totalität des städtebaulichen Organismus» an. Der Autor unterscheidet das republikanische Rom der Antike (mit seinem Machtwillen) vom kaiserlichen Rom als

Kraft ausstrahlendem Mittelpunkt der gesamten zivilisierten Welt von der Città vaticana als einem Kristallisationspunkt des päpstlichen Anspruchs. Letzterer vermittle außerdem viel über das Wesen, die Staatsauffassung und das Gemeinschaftsleben der barocken Jahrhunderte. Zwar könnten die Zeitgenossen noch nicht die Größe und Bedeutung des Faschismus für Italien werten; aber zweifelsohne spiegle sich an der Entwicklung Roms unter der Führung Mussolini schon jetzt der Aufschwung und der Gestaltungswille einer weiteren großen Epoche. Drei Visionen seien hier zum Tragen gekommen. Erstens habe der italienische Faschismus die Freilegung der bedeutsamsten antiken, mittelalterlichen und Renaissance-Baudenkmale Roms erreicht, zweitens besteche er durch die Errichtung bedeutsamer Einzelbauwerke, die sowohl stilistisch als auch formal etwas wirklich Neues bedeuteten. Und drittens gehöre die Schaffung großzügiger axialer Straßenanlagen wie in Paris unter Georges-Eugène Haussmann zu den großen Leistungen des Regimes. Konkret gemeint waren hiermit vor allem die Via dell'Impero und die Via del Mare, denn diese Achsen einer lebendigen Stadt seien «Raum gewordene Symbole des Zusammenhangs des Mussolinischen Roms mit der Vergangenheit und seiner Entfaltung in die Zukunft», wie der Autor nicht frei von Neid aus einer deutschen Perspektive berichtete.[27]

In der Zeitschrift *Städtebau* des Jahres 1938 sekundierte Friedrich Paulsen, sah er doch Rom als führendes Experiment eines städtebaulichen Wandels an, an dessen Ende die Begründung eines neuen Reiches stehen werde. Rom könne sogar als «die hohe Schule» eines solchen Bauens in einem Moment betrachtet werden, in dem beide Führer im Bauen eine hohe, ihnen obliegende Aufgabe erkannt hätten.[28] Ähnlich äußerte sich im Juli 1939 der Leiter des Deutschen Archäologischen Instituts in Rom, Gerhard Rodenwaldt, in einem Beitrag über die Via dell'Impero, war doch auch aus seiner Sicht Rom erst unter der Herrschaft der Faschisten zu einer Weltstadt geworden. Rodenwaldt konstatierte außerdem: «Die römische Kunst ist originell und uns gemäß überall dort, wo sie Ausdruck des politischen Willens und der geschichtlichen Wirklichkeit ist.» Das war in aller Vagheit das, was von vielen deutschen Beobachtern als faschistischer Stil verstanden wurde, wobei hierbei geflissentlich die gravierenden Eingriffe in die gewachsene Stadtstruktur bis hin zum Abriss ganzer Stadtviertel übergangen wurden.[29]

In Übereinstimmung mit diesen Stimmen richtete sich die Aufmerksamkeit in den Architektur- und Bauzeitschriften in auffallend starkem Maße auf die sogenannte römische Schule unter der Führung Marcello Piacentinis. So erkannte der deutsche Architekt und Architekturkritiker Alfons Leitl – er schrieb vor allem für die *Bauwelt* und *Wasmuth's Monatshefte* – die Originalität der modernen italienischen Architektur in erster Linie in ihrem Rückgriff auf die Tradition. Gemäß seines Kommentar über den italienischen Pavillon der Pariser Ausstellung 1937 beeindruckte ihn vor allem die Mischung von monumentalem Äußeren und einer absolut neuen Tendenz bei der Innenausstattung, wie sie von Piacentini und Pagano umgesetzt worden sei.[30] Da Piacentini seit den zwanziger Jahren eine Gruppe von Getreuen um sich geschart hatte, die gleichsam als seine Statthalter der Ideologie des Neoklassizismus und Monumentalismus bei zahlreichen Wettbewerben, Planungen und Bauten erfolgreich zum Durchbruch verhalfen, kann ihre starke Beachtung auch im Deutschen Reich letztlich kaum überraschen. Gleichwohl muss man sich erneut vor einseitigen Urteilen schützen, denn zehn Jahre nach dem «Marsch auf Rom» hatten sich auch die Vertreter des Rationalismus deutlich auf die «Scuola romana» zu bewegt, während es Piacentini in der Zwischenzeit verstanden hatte, sein Amt mit einer gewissen Raffinesse zu verwalten, indem er als Jurymitglied zahlreicher Architekturwettbewerbe oder auch als Architekturkritiker selbst seine Gegner gelegentlich zum Zuge kommen ließ.[31]

Dieser Sachverhalt aber ist von den Zeitgenossen im Deutschen Reich nicht immer hinreichend zur Kenntnis genommen worden. Überdies verband sich die deutsche Berichterstattung nicht selten mit einer unterschwelligen Kritik an der italienischen Architektur und Urbanistik, die sich entweder direkt oder auch indirekt in die Rolle von Nachzüglern versetzt fanden. Dem entsprach auf italienischer Seite eine ähnlich starke Distanz gegenüber neuen deutschen Entwürfen. Besonders auffallend sind in diesem Zusammenhang die Kommentare in der Rubrik «Dalle Riviste» in der Zeitschrift *Architettura*.[32] Piacentini hatte diesen Teil seiner Zeitschrift, die er fast autokratisch dominierte, dem Architekten Luigi Lenzi anvertraut, der an der technischen Hochschule in Zürich studiert hatte und sich in seinen Kommentaren sehr unbefangen durch die internationale Fachliteratur bewegte. Als er in der Ausgabe des Jahres 1934 den neuen Königsplatz von Ludwig Troost in München sowie die Kochenhof-Siedlung in Stuttgart besprach, erwähnte Lenzi recht offen den Druck, der von politischer Seite auf die deutschen Architekten ausgeübt worden sei, denn die Architekten hätten ihre eigenen Ausdrucksformen den Prinzipien der NSDAP anpassen müssen. Über die gesamten dreißiger Jahre lässt sich die Enttäuschung Lenzis über den Wandel der deutschen Architektur unter der Herrschaft der Nationalsozialismus nachvollziehen. So sprach er 1938 vom «carattere accademico» der durch Speer geschaffenen Baukomplexe für den Reichsparteitag in Nürnberg, und 1940 fand er drastische Worte für die Reichskanzlei, wie sie in Deutschland zur selben Zeit niemand gewagt hätte. Auf das Schärfste tadelte er dieses Bauwerk, das Speer in Berlin errichtet hatte: «Die überdimensionale Masse drückt sich immer nur in Zahlen, aber nie in einer künstlerischen Note aus.» Allerdings zögerte er gleichzeitig nicht, Otto Bartning und seiner im Berliner Stadtteil Charlottenburg errichteten Kirche, den in Wiesbaden errichteten öffentlichen Bädern von Franz Schuster, Edmund Fabry und Wilhelm Hürsch und den Kirchenbauten von Karl Wach und Heinrich Rosskotten seinen Respekt zu zollen. Ebenfalls positiv erwähnte er die Anlagen des deutschen Instituts für Luftfahrt in Berlin von Hermann Brenner und das neue kunsthistorische Museum in Basel von Paul Bonatz und Rudolf Christ. Die italienische Kritik von fachlicher Seite an der deutschen Architektur blieb jedoch nicht auf Lenzi beschränkt. So verwies Plinio Marconi in einer Besprechung des von Werner March in Berlin erbauten Olympiastadions auf die Ablehnung der modernen Architektur durch die Nationalsozialisten, und auch im Fall des von Speer erbauten Pavillons der Weltausstellung in Paris 1937 tadelte Marconi die «fragwürdige Einmischung» nationalsozialistischer Politiker in Sachen Kunst sowie die «lässigen Wahnvorstellungen des Ariertums».

Es gab also eine, wie hier vorläufig festgehalten werden kann, relativ offene Debatte unter den Fachleuten, die durchaus nicht frei von nationalen Selbstbezügen war, oft sogar recht kritisch ausfiel. Gleichzeitig ist in den Diskussionen zwischen den Baumeistern beiderseits der Alpen das Bemühen um einen neuen Baustil zu erkennen, welcher den spezifischen Herausforderungen der faschistischen Diktaturen gerecht werden sollte. Hierbei scheint das Interesse auf italienischer Seite an den Vorgängen im Deutschen Reich insgesamt stärker ausgefallen zu sein als umgekehrt. Jedenfalls berichtete die von Speer geleitete, aber ganz Rudolf Wolters überlassene Fachzeitschrift *Baukunst* weit weniger über die italienischen Entwicklungen als umgekehrt *Architettura* diejenigen in Deutschland kommentierte. Diese Asymmetrie blieb insgesamt kennzeichnend für den deutsch-italienischen Architekturdiskurs sowohl vor als auch nach dem Kriegsausbruch.

Die moderne «faschistische» Architektur Italiens im Fokus der deutschen Kritik

So sehr die Monumentalbauten der Antike die Faszination deutscher Beobachter auf sich zogen, so sehr lässt sich gleichzeitig nicht übersehen, dass die Zeugnisse des modernen Bauens im faschistischen Italien im Reich keineswegs unbeachtet blieben. Verschiedene Andeutungen dazu wurden bereits gemacht. Weiterhin verweist darauf ein Eintrag aus Goebbels Tagebüchern. So notierte der Reichspropagandaminister unter dem 30. Mai 1933: «Morgens nach Littoria [...] Mussolini ist ein schöpferisches Genie. Er baut eine neue Provinz. [...] Auch wir müssen bauen. Kühn und verwegen.» Überhaupt stand das Nachahmen damals noch weit oben auf der Tagesordnung, heißt es doch weiterhin bei Goebbels: «Besichtung des Dopolavoro: gigantische Feierabend Organisation; gute Idee, so etwas Ähnliches müssen wir auch machen [...]. Faschistische Ausstellung; Großer Empfang. Ein Wunderwerk die Geschichte des Faschismus. [...] Der Faschismus ist modern und volksverbunden. Das sollen wir lernen. Vor allem die Schultze-Naumburgs.»[33]

Genau dieser Anspruch löste eine fortlaufende Konkurrenz zwischen den späteren Achsenpartnern aus, die insbesondere bei den Vorbereitungen für die in Rom für das Jahr 1942 geplante Weltausstellung zum Tragen kommen sollte. Für Hitler, Goebbels und Speer oder auch Ernst Werner Maiwald, der zuvor als Leiter der Düsseldorfer Gesolei-Ausstellung fungiert hatte und dem nun das Amt des Reichsbeauftragten für die römische Weltausstellung übertragen worden war, ging es bei diesem Anlass keineswegs nur um eine Ehrensache, um einen Akt der partnerschaftlichen Achsen-Freundschaft, sondern auch um eine Demonstration der architektonischen Vormachtstellung des Deutschen Reiches. Zwar kam Speer nicht persönlich nach Rom, um die Vorbereitungen vor Ort zu besichtigen, aber zahlreiche Kommissionen und Ausschüsse der beteiligten Ministerien sowie der für das Bauwesen bekannten Verbände fuhren dorthin und erstatteten danach Bericht.[34] Es kann daher kaum überraschen, dass die Pläne und Vorarbeiten an der «E42» in der Berichterstattung der Fachblätter einen großen Anteil einnahmen. Positiv vermerkt wurde hierbei unter anderem, dass dem monumentalen Charakter des neuen Stadtteils eben nicht das Schachbrettsystem wie in Turin oder «moderner Allerweltsstädte» zugrunde gelegt worden sei.[35] Sowohl auf italienischer wie auch auf deutscher Seite war offensichtlich bei den Vorbereitungen die Vorstellung leitend, man könne der ganzen Welt das Kraftvolle des «faschistischen» Baustils eindrucksvoll vor Augen führen.

Das Interesse an modernen Bauweisen und architektonischen Lösungen im Geist des Rationalismus in Italien beschränkte sich jedoch im Deutschen Reich durchaus nicht auf das weit später und unter völlig veränderten Umständen realisierte Großprojekt der EUR. Bereits seit Anfang der dreißiger Jahre brachten die deutschen Fachzeitschriften relativ regelmäßig Nachrichten über andere staatliche und private Bauvorhaben in Italien. Förderlich hierbei wirkten verschiedene Ausstellungen, darunter eine 1933 vom Architekturmuseum der Technischen Hochschule Berlin veranstaltete Exposition zur «Faschistischen Baukunst», die unter der Schirmherrschaft des italienischen Botschafters zahlreiche neue Entwürfe aus Italien im Deutschen Reich präsentierte. Weiterhin gehörte hierzu eine 1937 in Wien abgehaltene Ausstellung zur italienischen Stadtbaukunst, welche die Sanierung der Innenstädte seit der Machterringung der Faschisten in den Mittelpunkt rückte.[36] Die Fachblätter griffen diese Gelegenheiten bereitwillig auf und berichteten folglich ausführlich über die Modernisierung des Verkehrswesens in Italien, die Sanierung der Innenstädte sowie ausgewählte architektonische Bauvorhaben. Ähnliches gilt für zahlreiche Berichte über das Projekt der Stadtneugründungen in den Pontinischen Sümpfen, wobei man in diesem Fall wohl weniger von neuem Bauen sprechen kann als vielmehr von ländlichen Zentren zur Umsiedlung einer städtischen Überbevölkerung.[37] Von der deutschen Berichterstattung wurden diese Fälle mit entsprechend ideologisch aufgemachten Kommentaren im Wesentlichen zustimmend kommentiert.[38]

Für das neue Bauen jedoch sehr viel einschlägiger als Littoria, Sabaudia und die anderen Stadtneugründungen waren schon in der zeitgenössischen Wahrnehmung die Planung und Realisierung des neuen Bahnhofs von Florenz. Die *Deutsche Bauzeitung* berichtete darüber in ihrem Jahrgang 1934 relativ ausführlich. In diesem Zusammenhang sticht ins Auge, dass sie die kontroverse Diskussion in der italienischen Öffentlichkeit über das Projekt durchaus hoch bewertete, denn mit dem Sieg des Planes der Gruppe Toscano um Giovanni Michelucci sei sogar ein doppelter moralischer Erfolg erzwungen worden; einmal, weil die moderne Architektur in Italien damit ihren bisher bedeutendsten und sichtbarsten Sieg errungen habe, und zum zweiten, weil den Siegern des Wettbewerbs auch die Ausführung übertragen worden sei; was in Italien leider oft umgangen werde.[39] Tatsächlich aber sollte der Bahnhof von Florenz als eine späte Frucht des avantgardistischen Rationalismus eher eine Ausnahme bleiben, denn auch in Italien richtete sich schon bald nach der Entscheidung der Jury eine Welle der Kritik gegen das Projekt.[40]

Gleichwohl, die Berichterstattung über das neue Bauen in Italien riss im Deutschen Reich nicht ab, sondern lässt sich zwischen 1933 und dem Kriegsausbruch als ein relativ kontinuierlicher Nachrichtenstrom rekonstruieren. So publizierte Herbert Hoffmann, Herausgeber der Zeitschrift *Moderne Bauformen* 1933 einen ausführlichen Bericht über «Die V. Triennale Mailand 1933 und das neue Bauen in Italien».[41] Hierbei handle es sich, so der Autor, um ein eindeutiges Bekenntnis des offiziellen Italien zu einer planmäßigen Erneuerung der nationalen Architektur im Sinne des neuen Bauens. Und er ergänzte: «Italien legt dieses Bekenntnis im gesunden Stolz auf seine eigenen jugendlichen Kräfte ab, zugleich aber auch im richtigen Gefühl der geistigen Verbundenheit mit allen Völkern, die so jung und zukunftsfreudig sind, dass sie ihr Teil zur Erneuerung der Baukunst der Welt beitragen wollen.» Aus diesem Grund hätten insbesondere Deutschlands Leistungen eine große Anerkennung erfahren. Freilich wusste Hoffmann kritisch zu ergänzen, dass «namentlich manche jüngere Architekten Italiens noch nicht zur Erkenntnis durchgedrungen» seien, «dass die Forderung nach Zeitgemäßheit in erster Linie durch den Grundriss, in zweiter Linie durch die Baumittel und erst in dritter Linie durch das Formale zu erfüllen sind».[42] Darin stimmte ihm ein Kommentar in der *Deutschen Allgemeinen Zeitung* zu, die ansonsten der Moderne eher aufgeschlossen gegenüberstand, hier aber kritisch anmerkte, dass der «neue faschistische Stil noch nicht rein zum Durchbruch gekommen» sei. Man vermisse auf der Ausstellung sogar das «speziell Italische und Volkhafte».[43]

Im Jahr darauf, also 1934, legte Otto Zieler in einer kritischen Besprechung der im Berlin des gleichen Jahres abgehaltenen Ausstellung *Junge faschistische Baukunst* im gleichen Sinne nach, indem er einerseits auf die Tätigkeit der technisch-organisatorischen Neuerungen der faschistischen Verwaltung auf dem Gebiet des Städtebaus hinwies und andererseits die Suche der offiziellen Architektur nach stilistischer Einheit unterstrich: «Gelingt es dem faschistischen Geist, wie ein Sauerteig das ganze Volk zu durchdringen, so wird die Einheitlichkeit der Architektur sich naturnotwendig einstellen.» Zwar kritisierte Zieler die den alten Stadtkernen willkürlich beigefügten modernen Bauten, wie sie die neuen Zentren von Brescia oder auch Mailand zeigten, und doch fand er Lob für die Ausstrahlung und das «starke Pathos» der Bauwerke von Piacentini und Angiolo Mazzoni.[44] Ähnlich äußerte sich ein Kommentar der *Deutschen Bauzeitung*: «Es ist außerordentlich lehrreich zu sehen, in welcher Weise sich Italien bemüht, den Kulturverfall der letzten Jahrzehnte, der in den romanischen Ländern und Übersee ja erheblich stärker war als bei uns, wettzumachen. Das Geschaffene ist ein Anfang, uneinheitlich, aber doch verwandt in der grundsätzlichen Haltung.»[45]

Die Nachrichten über das moderne Bauen in Italien kamen damit keineswegs an ein Ende, im Gegenteil. So berichtete Kurt Frick, Leiter des Meisterateliers für die bildenden Künste in Königsberg, im Jahrgang 1935 der *Deutschen Bauzeitung* recht ausführlich über seine Reiseeindrücke in Italien und über das Verhältnis von «Faschismus und Baukultur». Erneut blieben hierbei mahnende Worte an die italienischen Kollegen nicht aus. Zwar habe das faschistische Italien in der Baukunst zielstrebig neue Wege eingeschlagen – Frick zeigte sich insbesondere von den neuen Bauten Roms sowie der Besiedlung der Pontinischen Sümpfe angetan, und vom Bau der «Nationalen Fürsorge» sowie einer Reihe neuer Krankenhäuser und Wohlfahrtsanstalten war er geradezu begeistert –, und doch reife der «neue baukünstlerische Ausdruck eines im Aufstieg begriffenen Volkes […] nur über Geschlechterfolgen». Nur allmählich könnten daher die italienischen Architekten an das Neue heranwachsen und heranreifen.[46] Danach dauerte es allerdings bis 1938, bis sich ein Artikel des Architekten und Werkbund-Mitglieds Otto Völkers erneut gezielt und umfassend mit dem «Neuen Bauen» in Italien beschäftigte. Der Beitrag stellt sogar weit mehr als nur einen Bericht dar, denn er zielte letztlich darauf ab, die modernste Architektur zum notwendigen Ausdruck der modernsten Staatsform, der Diktatur, zu erklären. Deswegen können die starken Sympathien des Autors für die vorgestellten Beispiele der neuen Baukunst des faschistischen Italien kaum überraschen. Völkers zählte hierzu unter anderem «La Casa del Fascio» von Giuseppe Terragni in Como, die technische Fakultät von Bologna und das Gebäude der Post in Neapel, beide von Giuseppe Vaccaro, aber auch Camillo Lardis Erholungsheim für faschistische Kriegsteilnehmer und Cereghinis Mailänder Haus der Balilla.[47] Erneut machte Völkers wie zuvor auch andere Autoren darauf aufmerksam, dass das, was sich in Italien als «faschistischer Stil» etabliert habe, durchaus deutsche Wurzeln habe. Ähnlich hatte bereits Herbert Hoffmann in der *Neuen Bauform* im Jahr 1934 argumentiert. So beinträchtige der neue Bahnhof von Mailand alle Bauten in seiner Nähe, ja durch sein umfassendes Prunken sei er zur Lächerlichkeit verdammt und trage den Stempel des Unechten. Dagegen sei von Luigi Vietti im Hafen von Genua ein modernes Anlandegebäude geschaffen worden. Da, wie auch in vielen weiteren Artikeln, zielten die Argumente im Kern darauf ab, das moderne Bauen vom Vorwurf des «Baubolschewismus» zu befreien, den seine Gegner im Deutschen Reich gleichzeitig in der deutschen Öffentlichkeit lancierten.[48] Selbst aber noch 1938, im Umfeld des Staatsbesuchs von Hitler in Italien, wollten einige hochrangige Politiker der NSDAP nicht von der Vorstellung ablassen, zwischen Italien und dem Deutschen Reich gebe es nicht nur «arische Unterschiede», sondern auch gegensätzliche, miteinander nicht vereinbare Architekturauffassungen.[49]

Der fachliche Diskurs bewegte sich jedoch zu diesem Zeitpunkt in genau die gegenteilige Richtung. So erschien im gleichen Jahr ein Sonderheft der Deutschen Bauzeitung, das ausschließlich der «Baukunst des Faschismus» gewidmet war und von der Schriftleitung explizit als Versuch verstanden wurde, «dem deutsch-italienischen Kulturaustausch» zu dienen. Der Verantwortliche für dieses Heft war der Architekt Hans Henniger aus Berlin, demzufolge der italienische Faschismus einen wichtigen Impuls auf die dortige neue Baukunst ausgelöst habe, in Reaktion auf «die blutleeren Stilkopien» der klassizistischen Strömungen der ersten Nachkriegszeit. Überall gebe die neue Baukunst Italien ein neues, von Henniger hoch geschätztes Antlitz: «Von dem Fliegergeist, der Guidonia schuf, bis zu den bescheidenen Häusern der Balilla, von den Baumeistern, welche die pontinischen Städte aus dem Sumpf wachsen ließen, bis zu den Architekten, die sich der Gestaltung von Wohnungseinrichtungen widmen – überall spüren wir die gleiche ehrliche Begeisterung, den gleichen kraftvollen Schwung, mit dem der Faschismus auf allen Gebieten des Lebens eine gewaltige Umwälzung vollzogen hat.»[50] Eine weiter wohlwollende Beurteilung der Entwicklung in der italienischen Architektur der dreißiger Jahre stammte aus der Feder von Peter Behrens, der sich nach der Machtübernahme der Nationalsozialisten zunächst Diffamierungen als «Baubolschewist» ausgesetzt gesehen hatte, dann aber ab 1934 mit Speer zusammenarbeitete und seit 1936 die Leitung des Meisterateliers an der Preußischen Akademie der Künste übernahm. Behrens Berichte über die italienische Architektur wurden in der Zeitschrift *Die neue Linie* abgedruckt, wobei seine kurzen Kommentare gerade deswegen aufhorchen lassen, weil sie Grundprobleme der transnationalen Architekturdebatten thematisierten. Jedenfalls kommentierte er die moderne italienische Architektur unter den Eindrücken seines Besuchs der V. Triennale in Mailand 1933 insgesamt positiv, sah er sie doch als «Dokument für den erwachenden völkischen Geist». Überhaupt zeige sich, dass im Wandel der Zeiten «wir alle […] durch den Rationalismus hindurchmussten», denn das sei eine Notwendigkeit gewesen.[51] In der italienischen Auffassung vom «neuen Bauen» stellte Behrens darüber hinaus originelle Züge fest, die auch für Deutschland einen Anreiz abgeben könnten. An vorderster Stelle beeindruckte ihn, dass «über das Rationale hinaus ein irrationales Sehnen» fühlbar sei, denn das Italienische zeige sich bei aller Modernität in dem Zug zum Klassischen, nicht aber Antikischen. Positiv vermerkte er außerdem, dass sich die Italiener fern von der «Schalheit akademischer Internationalität hielten». Als er 1938 die Einleitung zu einem Italien gewidmeten Zeitschriftenheft verfasste, begrüßte er erneut das Wirken eines feststellbaren Gemeinschaftsgeistes, der die neue italienische Monumentalarchitektur aus seiner Sicht belebt hatte.[52]

Obwohl auch in den anderen Fachzeitschriften zahlreiche kürzere Kommentare zur neuen Architektur Italiens veröffentlicht wurden, bleibt auffällig, wie groß in der Summe die Kluft im transnationalen Diskurs zwischen den Architektenschulen beider Länder über den gesamten Zeitraum blieb. Zwar zeigten sich viele Architekten und Baumeister beiderseits der Alpen in ihrer Ablehnung der Ideen und Pläne aus dem «Zeitalter des Liberalismus» einig, aber doch fielen die deutschen Autoren in ihren Kommentaren über Italien immer wieder in ältere, zeitweilig bereits überwundene Positionen zurück. Demnach habe erst «das Dritte Reich Gelegenheit zu neuen großen Schöpfungen geboten». Symptomatisch hierfür ist eine Äußerung des Architekten Wilhelm Lotz aus dem Jahr 1938, wonach überhaupt erst mit der NS-Machtergreifung ein neues Kapitel in der Baugeschichte eingesetzt habe. Erst sie habe eine grundsätzliche Wende in der Einstellung zum Bauen eingeleitet, und daher wären erst da in Italien und Deutschland plötzlich und überall neue Formen aufgetreten.[53] Das hier zum Ausdruck kommende Gefühl der Überlegenheit, ja ein Triumphalismus behinderte in vielen Fällen eine ernsthafte und angemessene Rezeption der umfassenden Bautätigkeit im Auftrag des faschistischen Regimes in Italien.

Erst spät, im Grunde erst mehrere Jahrzehnte nach dem Zweiten Weltkrieg, ist deswegen in Deutschland überhaupt ein Bewusstsein dafür gewachsen, wie sehr die staatlichen Repräsentationsbauten südlich der Alpen, nicht zuletzt aber auch die dortige politische Alltagsarchitektur bis hin zur Verkehrsinfrastruktur ihre Struktur und Gestalt der «faschistischen» Architektur beziehungsweise Architekturpolitik verdankten. Gleichzeitig lässt sich nicht übersehen, wie sehr der transnationale Bezug auf den «stile tedesco» im Deutschen Reich während der dreißiger Jahre ein vorwiegend instrumentell eingesetztes Argument abgegeben hatte, das den Anhängern des Rationalismus im Kampf gegen seine Gegner zumindest im eigenen Land einen Freiraum bewahren sollte. Dieses Ergebnis verdankte sich weiterhin der nur schwachen Unterstützung führender NS-Politiker für das moderne Bauen, daneben den internen Auseinandersetzungen der Fachleute sowie der Konkurrenz der architektonischen Strömungen untereinander. Dass der italienisch-deutsche Ideentransfer auf dem Gebiet der Architektur und Baupolitik in den dreißiger Jahren immer wieder an seine Grenzen stieß, hatte außerdem mit der Erblast spezifischer nationaler Bautraditionen zu tun sowie zuletzt mit der Konkurrenz der beiden Regime untereinander, die bis zu ihrem Untergang nicht von der Idee eines eigenständigen Modells «faschistischer» Architektur ablassen wollten.

1 Zur allgemeinen Verflechtungsgeschichte des NS-Reiches mit dem Italien Benito Mussolinis vgl. Wolfgang Schieder, Faschistische Diktaturen. Studien zu Italien und Deutschland, Göttingen 2008, und Sven Reichhardt, Armin Nolzen (Hg.), Faschismus in Italien und Deutschland. Studien zu Transfer und Vergleich, Göttingen 2005.
2 Eine Ausnahme bildet Stefan Germer, Die italienische Hoffnung. Rolle und Rezeption der rationalistischen Architektur in Deutschland, in: ders., Achim Preiss, Giuseppe Terragni 1904–43. Moderne und Faschismus in Italien, München 1991, S. 73–103.
3 Andrzej Tomaszewski, Über die sogenannte faschistische Architektur, in: Wissenschaftliche Zeitschrift. Hochschule für Architektur und Bauwesen Weimar, 40, 1994, Nr. 1, S. 89–91. Siehe auch Marco De Michelis, Italienische Architektur in der Zeit des Faschismus, in: ebd., 29, 1983, S. 381–386; Marco Cavalatti, Architektur der zwanzig Vorkriegsjahre in Italien = faschistische Architektur, in: ebd., 40, 1994, Nr. 1, S. 55–58; Heribert Wiesemann, Bauten der Dreißiger Jahre in Rom und Umgebung. Funktions- und Bedeutungswandel, in: ebd., S. 5–11.
4 Albert Speer, Spandauer Tagebücher, Berlin 1975, S. 200.
5 Ebd., S. 200.
6 Germer, Italienische Hoffnung, S. 73f.
7 Friedrich Paulsen, Rom – Berlin, in: Städtebau. Zeitschrift der Deutschen Akademie für Städtebau, Reichs- und Landesplanung, 33, Februar 1938, S. 9–11, hier S. 11.
8 Zum Nachfolgenden vor allem Ulrich Pfammatter, Moderne und Macht. «Razionalismo». Italienische Architekten 1927–1942, Braunschweig ²1996.
9 Margrit Estermann-Juchler, Faschistische Staatsbaukunst. Zur ideologischen Funktion der öffentlichen Architektur im faschistischen Italien, Köln 1982.
10 Mussolinis Ansprache an die Delegierten des XIII. Internationalen Architektenkongresses, hier zit. nach: Deutsche Bauzeitung. Zeitschrift für nationale Baugestaltung, 69, 1935, S. 316.
11 Paolo Nicoloso, Mussolini architetto. Propaganda e paesaggio urbano nell'Italia fascista, Turin 2008, S. XV–XX.
12 Barbara Miller Lane, Architektur und Politik in Deutschland 1918–1945, S. 21. Siehe auch Helmut Frank, Welche Sprache sprechen Steine?, in: ders. (Hg.), Faschistische Architekturen. Planen und Bauen in Europa 1930 bis 1945, Hamburg 1985.
13 Adolf Hitler, Reden zur Kunst- und Kulturpolitik, 1933–1939, hg. u. kommentiert von Robert Eikmeyer, Frankfurt am Main 2004.
14 Miller Lane, Architektur, S. 179–182.
15 Alfred Rosenberg, Richtlinien deutscher Baukultur, in: Deutsche Bauzeitung, 69, 1935, S. 228f.
16 Wilhelm Pinder, Die bildende Kunst im neuen deutschen Staat, in: ders., Reden aus der Zeit, Leipzig 1934, S. 46. Vgl. dazu Marlite Halbertsma, Wilhelm Pinder und die deutsche Kunstgeschichte, Worms 1992.
17 Germer, Italienische Hoffnung, S. 76f.
18 Hier zit. nach Frank, Sprache, S. 15f. Zu den verschiedenen Varianten der Denkschrift Elsässers vgl. Germer, Italienische Hoffnung, S 102f.
19 Joachim C. Fest, Speer. Eine Biographie, Berlin 1999, S. 102f., hier zum Vorbild des Palazzo Pitti in Florenz für den von Speer entworfenen Führerpalast. Vgl. Sandro Scarroc-

chia, Die Untermauerung der Achse. Piacentini und Speer 1937–1942, Diss. Bonn 1999, S. 45–49.
20 Siehe dazu Fritz Wiedemann, Der Mann, der Feldherr werden wollte. Erlebnisse und Erfahrungen des Vorgesetzten Hitlers im 1. Weltkrieg und seines späteren persönlichen Adjutanten, Velbert 1964, S. 138f. Vgl. Alex Scobie, Hitler's state architecture. The impact of classical antiquity, University Park 1990.
21 Hitlers Tischgespräche im Führerhauptquartier. Mit bisher unbekannten Selbstzeugnissen Adolf Hitlers, Abbildungen, Augenzeugenberichten und Erläuterungen des Autors, hg. von Henry Picker, Stuttgart ³1976, 21. Juli 1941, S. 59, 112.
22 Die Tagebücher von Joseph Goebbels, hg. von Elke Fröhlich, T. 1: Aufzeichnungen 1923–1941, Bd. 5 – Dezember 1937 bis Juli 1938, München 2000, S. 286f.
23 Albert Speer, Erinnerungen, Frankfurt am Main 1989, S. 161f.
24 Nach Scarrocchia, Untermauerung, S. 72–75.
25 Speer, Spandauer Tagebücher, S. 149.
26 Werner Daniel, Die V. Mailänder Triennale, in: Deutsche Bauzeitung, 67, 1933, S. 376–380.
27 Die Weltstadt zu Rom, in: Deutsche Bauzeitung, 68, 1934, S. 518–520.
28 Paulsen, Rom – Berlin, S. 9.
29 Gerhard Rodenwaldt, Via dell'Impero, in: Die Kunst im Deutschen Reich. Illustrierte Monatsschrift für freie und angewandte Kunst, 3, Juli 1939, S. 261–264.
30 Das Folgende nach Scarrocchia, Untermauerung, S. 87.
31 Pfammatter, Moderne, S. 10.
32 Das Folgende nach Scarrocchia, Untermauerung, S. 84–89.
33 Tagebücher von Goebbels, T. 1, Bd. 2/III – Oktober 1932 bis März 1943, München 2006, S. 196–198.
34 Scarrocchia, Untermauerung, S. 52.
35 Albert Gut, Weltausstellung in Rom, in: Deutsche Bauzeitung, 74, 1940, S. 85–92, hier S. 89f. Vgl. auch Nicola Timmermann, Repräsentative «Staatsbaukunst» im faschistischen Italien und im nationalsozialistischen Deutschland. Der Einfluss der Berlin-Planung auf die EUR, Stuttgart 2001.
36 Siehe den Katalog Vincenzo Civico (Hg.), Italienische Städtebaukunst im faschistischen Regime, Rom 1937. Vgl. dazu Friedrich Paulsen, Italienischer Städtebau, in: Städtebau. Zeitschrift der Deutschen Akademie für Städtebau, Reichs- und Landesplanung, 33, März 1938, S. 17–19, hier S. 17f.
37 Karl Ernst Rimbach, Baukunst des Auslands. Die vier neuen Städte Italiens. Unterredung mit Prof. Cocezio Petrucci, in: Deutsche Bauzeitung, 70, 1936, S. 476–480; M. Schmitt, Littoria. Die Eroberung einer Provinz, in: ebd., 69, 1935, S. 1022 u. 1031f.; Der neue Bahnhof Rom-Ostia, in: ebd., 76, 1942, S. 47f.
38 Karl Ernst Rimbach, Aprilia, die vierte der pontinischen Städte. Unterredung mit Commendatore Frezzati, in: Deutsche Bauzeitung, 69, 1935, S. 317–320.
39 R., Der Neue Bahnhof von Florenz, in: Deutsche Bauzeitung, 68, 1934, S. 118ff.
40 Pfammatter, Moderne, S. 95–97.
41 Herbert Hoffmann, Die V. Triennale Mailand 1933 und das neue Bauen in Italien, in: Moderne Bauformen. Monatshefte für Architektur und Raumkunst, 26, 1933, S. 391–412.

42 Ebd., S. 394f.
43 Style Tedesco, in: Deutsche Allgemeine Zeitung vom 10. 1.1934, hier zit. nach Germer, Italienische Hoffnung, S. 82.
44 Otto Zieler, Faschistische Baukunst, in: Die Baugilde. Mitteilungen des Bundes Deutscher Architekten, 16, 1934, Nr. 3, S. 89–92.
45 Heiß, Junge faschistische Baukunst, in: Deutsche Bauzeitung, 68, 1934, Nr. 3, S. 6.
46 Kurt Frick, Faschismus und Baukultur in Italien, in: Deutsche Bauzeitung, 69, 1935, S. 935–937, hier S. 937.
47 Otto Völkers, Neues Bauen in Italien, in: Monatshefte für Baukunst und Städtebau, 22, 1938, S. 49–52. Zu den unzähligen neuen Häusern für die faschistische Jugend vgl. Rinaldo Capomolla u. a., Case del balilla. Architettura e fascismo, Mailand 2008.
48 H. Hoffmann, Luigi Vietti, Genuas Neue Hafenstation Ponte Andrea Doria, in: Moderne Bauformen, 27, 1934, S. 173f.
49 Vgl. Germer, Italienische Hoffnung, S. 91, mit Verweis auf Ernst Sander, Bauten des Führers. Bauten des Duce. in: Italien-Beobachter. Parteiamtliches Organ der Landesgruppe Italien der AO der NSDAP, Sondernummer «Führerbesuch!», 1938.
50 Hans Henniger, Die Baukunst des Faschismus, in: Deutsche Bauzeitung, 72, Juli 1938 (Sonderheft Italien), S. 194f.
51 Peter Behrens, Die Baugesinnung des Faschismus, in: Die neue Linie, November 1933, S. 11–13.
52 Ders., Neue Italienische Bauten, in: Die neue Linie, Januar 1938, S. 37f. und 114.
53 Wilhelm Lotz, Das Reichsparteitagsgelände in Nürnberg, in: Die Kunst im Dritten Reich. Illustrierte Monatsschrift für freie und angewandte Kunst, 2, 1938, S. 264.

Bildnachweis

Architektur und Städtebau in einem totalitären Gesellschaftsprojekt
Aram Mattioli
Abb. 1: Postpalast in Form eines stilisierten «M». Piazza della Vittoria, Brescia, 2008 (Foto: Aram Mattioli).
Abb. 2: Eingeschalte «Torre della Rivoluzione». Piazza della Vittoria, Brescia, 2008 (Foto: Aram Mattioli).
Abb. 3: Turmhochhaus. Piazza della Vittoria, Brescia, 2008 (Foto: Aram Mattioli).
Abb. 4: Relief an der Rednerkanzel («Arengario»). Piazza della Vittoria, Brescia, 2008 (Foto: Aram Mattioli).

Diktatorischer Städtebau in der Zwischenkriegszeit. Besonderheiten Italiens mit Blick auf das nationalsozialistische Deutschland und die Sowjetunion
Harald Bodenschatz
Abb. 5: Armando Brasini, Palast der Sowjets in Moskau, Wettbewerbsbeitrag 1931.
Abb. 6: Bericht über den Umbau von Rom in der sowjetischen Architekturzeitschrift *za rubezom* 9/1933.
Abb. 7: Wohnpalast des Istituto per le Case dei dipendenti del Governatorato an der Piazza Mazzini in Rom, publiziert anlässlich der Wohnungsbau-Ausstellung 1929 (Capitolium, 1929, S. 532).
Abb. 8: 75 Jahre Latina, Werbung für das Stadtjubiläum 2007.

Der Umbau Roms zur Metropole des Faschismus
Wolfgang Schieder

Abb. 9: Stadtplan von Rom mit markiertem Straßenkranz.

Abb. 10: Militärische Parade auf der Via dell'Impero, 1932 (*L'illustrazione italiana*).

Abb. 11: Obelisk *Mussolini dux* auf dem Foro Mussolini, Mai 1938 (Alinari Archives, Firenze).

Abb. 12: EUR-Palazzo della Civiltà Italiana, 1996 (Foto: Alberto Muciaccia).

Die Città universitaria in Rom, die Mostra d'Oltremare in Neapel und die E42. Städtebauliche Strategien im Italien des Faschismus
Vittorio Magnago Lampugnani

Abb. 13: Marcello Piacenti u.a., Città universitaria, Rom, 1932–1935, Luftbild um 1935 (*Architettura. Revista del Sindaco nazionale fascista architetti*, 14, 1935, Sonderheft *La Città universitaria*, S. 4).

Abb. 14: Marcello Canino, Plan der Mostra d'Oltremare, Neapel, 1938–1940 (aus: Uberto Siola, *La Mostra d'Oltremare e Fuorigrotta*, Neapel 1990, S. 50).

Abb. 15: Giuseppe Pagano, Marcello Piacentini, Luigi Piccinato, Ettore Rossi, Luigi Vietti, Bebauungsplan für die E42, Rom, 1937.

Abb. 16: Marcello Piacentini mit Giuseppe Pagano, Luigi Piccinato, Ettore Rossi und Luigi Vietti, Generalplan der E42 (offizielles Plakat der Ausstellung), Oktober 1939 (Maurizio Calvesi, Enrico Guidoni, Simonetta Lux, *E42 – L'Esposizione universale di Roma. Utopie e scenario del regime*. Ausstellungskatalog, Rom April/Mai 1987, Bd. 2, Urbanistica, architettura, arte e decorazione, Venedig 1987, S. 201).

Abb. 17: Ausschnitt des Modells der Piazza Imperiale und des Palazzo della Civiltà Italiana, E42, Rom, 1938 (*L'illustrazione italiana*, Nr. 51, Dezember 1938).

Die neuen Städte in den Pontinischen Sümpfen.
Zu Stein gewordene Architekturpolemik des Faschismus
Daniela Spiegel

Abb. 18: Agro Pontino, Geografischer Übersichtsplan, undatiert, ca. 1950 (Archivio Centrale dello Stato – Latina, Planbearbeitung: D. Spiegel).

Abb. 19: Littoria, Luftbild von Südwesten, Anfang 1935 (Aerofototeca, Neg. Nr. 37270).

Abb. 20: Sabaudia, Piano regolatore, Ausführungsentwurf 1934 (*Architettura*, 18, Juni 1934).

Abb. 21: Sabaudia, Luftbild von Norden, 1935 (*Architettura*, 14, November 1935).

Abb. 22: Pontinia, Luftbild von Nordosten, ca. 1936 (Claudio Galeazzi, *Pontinia*, Formia 2004).

Abb. 23: Aprilia, Piano regolatore, Wettbewerbsentwurf, 1936 (*Architettura*, 15, Mai 1936).

Abb. 24: Aprilia, Piano regolatore, Ausführungsentwurf, 1936 (*Architettura*, 17, Juli 1938).

Abb. 25: Pomezia, Piano regolatore, Ausführungsentwurf, 1937 (*Architettura*, 17, November 1938).

Autostrade. Straßenträume im faschistischen Italien, 1922–1935
Silvia Hess

Abb. 26: Wächterhäuschen (Casello) von Lainate an der Autostrada Milano–Laghi, um 1925 (Puricelli, *Autostrade. Die Autostraße Mailand–Oberitalienische Seen*, Mailand Rom 1925, S. 32).

Abb. 27: Unterführung der Autostrada Milano–Laghi bei Olgiate Olona (Puricelli, *Autostrade*, S. 22).

Abb. 28: Werbegrafik für die Autostrada Firenze–Viareggio, 1935 *(L'illustrazione toscana)*.

Abb. 29: Idealisierendes Gemälde der Autostrada Milano–Laghi, gemalt von Marcello Nizzoli, um 1925 (Puricelli, *Autostrade*, S. 6).

Ein Experiment mit der rationalistischen Architektur. Der Bahnhof Santa Maria Novella von Florenz
Jonas Briner

Abb. 30: Die Bahnhofsfassade zur Zeit des Faschismus (Fondazione Giovanni Michelucci).

Abb. 31: Mazzonis umstrittener neoklassizistischer Entwurf von 1932 (Michele Capobianco, *La nuova stazione*, S. 22).

Abb. 32: Der Bahnhof Santa Maria Novella während der Bauphase (Claudia Conforti et al., *Giovanni Michelucci 1891–1990*, S. 63).

Abb. 33: Micheluccis Padiglione Reale (Fondazione Portaluppi).

Dante und der Duce. Zu den politischen Motiven der Umgestaltung historischer Städte in der Toskana
Klaus Tragbar

Abb. 34: Siena, Ansicht mit rekonstruierten Geschlechtertürmen, Arturo Viligiardi, 1934 *(L'attività dell'amministrazione podestarile. Dall'anno V all XII E.F.* [1927–1934], Siena 1934, S. 156).

Abb. 35: Arezzo, Palazzo Cofani und Torre Faggiola, um 1905 (Fotoclub La Chimera, Arezzo, Nr. 10.214).

Abb. 36: Arezzo, Palazzo Cofani und Torre Faggiola, 2002 (Foto: Klaus Tragbar).

Abb. 37: Arezzo, Palazzo und Torre Lappoli, um 1910 (Fotoclub La Chimera, Arezzo, Nr. 31.2354).

Abb. 38: Arezzo, Palazzo und Torre Lappoli, 2002 (Foto: Klaus Tragbar).

Abb. 39: Arezzo, Wohnhaus Piaggia S. Martino, 2, Zustand vor (links) und nach dem Umbau 1934 (ASCA, Carteggio Ufficio Tecnico ante 1969, busta 166, fasc. 1).

Abb. 40: Arezzo, Giostra del Saracino auf der Piazza Grande, 1932 (Fotoclub La Chimera, Arezzo, Nr. 37.1294).

Die Totenburgen des italienischen Faschismus. Beinhäuser und politischer Gefallenenkult
Alexander de Ahsbahs / Gerald Steinacher

Abb. 41: Ossarium von Oslavia, 2006 (Foto: Alexander de Ahsbahs).

Abb. 42: Ossarium von Oslavia, Innenraum, 2006 (Foto: Alexander de Ahsbahs).

Abb. 43: Neuer Friedhof von Redipuglia, 2006 (Foto: Alexander de Ahsbahs).

Abb. 44: Ossarium in Mals am Reschenpass, 2007 (Foto: Gerald Steinacher).

Abb. 45: Der Fall Mariottini dokumentiert beispielhaft die Manipulationen beim Totengedenken (Foto: Hans Bergmeister).

Die «Città nuova» von Bozen. Eine Gegenstadt für eine Parallelgesellschaft
Harald Dunjatschik / Aram Mattioli

Abb. 46: Das Siegesdenkmal von Marcello Piacentini, erbaut 1926–1928 (Südtiroler Landesarchiv Bozen).

Abb. 47: INA-Gebäude mit «Mussolini-Bogen» am Siegesplatz (Südtiroler Landesarchiv Bozen).

Abb. 48: Mussolini-Relief mit den Symbolen seiner Macht am ehemaligen Parteigebäude, heute Finanzamt (Südtiroler Landesarchiv Bozen).

Abb. 49: Die Arbeitersiedlungen Rione Littorio (im Hintergrund) und Rione Dux (Stadtarchiv Bozen, Fotobestand ATER).

Zwischen Monumentalbauten und Kleinsiedlungen. Faschistische Siedlungspolitik in Libyen und Südtirol
Roberta Pergher

Abb. 50: Tripolis, Bogen zu Ehren des römischen Kaisers Mark Aurel, errichtet, 164 n. Chr. , 2004 (Foto: Roberta Pergher).

Abb. 51: Landwirtschaftliche Siedlung («Centro agricolo») Baracca in der Cyrenaica, besiedelt 1938, 2004 (Foto: Roberta Pergher).

Abb. 52: Von den Italienern im Zuge des Siedlungsprogramms 1938 erbauter Bauernhof in der Cyrenaika, 2004 (Foto: Roberta Pergher).

Eine koloniale Visitenkarte für Italien. Architektonische und städtebauliche Strategien auf den Inseln des Dodekanes
Eliana Perotti

Abb. 53: Akropolis von Rhodos. Der Tempel des Apollon Pythios während der Restaurationsarbeiten, 1938–1940 (*La presenza italiana nel Dodecaneso tra il 1912 e il 1948. La ricerca archeologica. La conservazione. Le scelte progettuali,* Ausstellungskatalog, Rhodos 1993, Rom 1996, hg. von Monica Livadiotti und Giorgio Rocco, Catania 1996, S. 18).

Abb. 54: Das «Foro Italico», Zentrum der Neustadt von Rhodos, Aufnahme vor 1937 (Simona Martinoli und Eliana Perotti, *Architettura coloniale italiana nel Dodecaneso 1912–1943,* Turin 1999, S. 457).

Abb. 55: Die Kathedrale San Giovanni in Rhodos, Architekt Florestano di Fausto, 1924–1925 *(L'Italia a Rodi. Italy at Rhodes. L'Italie a Rhodes,* Rom 1946, S. 80).

Abb. 56: Ansicht des Dorfes Kephalos in Kos, Mario Paolini, Tusche auf Karton, 1936 *(La presenza italiana nel Dodecaneso tra il 1912 e il 1948,* S. 253, Abb. 93).

Unterwegs zu einer imperialen Raumordnung in Italienisch-Ostafrika
Aram Mattioli

Abb. 57: Das Kolonialreich des faschistischen Italien, 1938 *(Guida dell'Africa Orientale Italiana,* Mailand 1938, Umschlag).

Abb. 58: Brief von Marcello Piacentini an Benito Mussolini, 16. Mai 1936 (Archivio Centrale dello Stato, Rom, MAI, b. 103).

Abb. 59: Stadtplan von Addis Abeba, 1938 *(Guida dell'Africa Orientale Italiana,* Mailand 1938, S. 490f.).

Abb. 60: Stadtplan von Asmara, 1938 *(Guida dell'Africa Orientale Italiana,* Mailand 1938, S. 204f.).

Faschistische Moderne in Asmara. Auto und Architektur in Asmara
Simone Bader

Abb. 61: Die Fiat-Tagliero-Tankstelle von Giuseppe Pettazzi, erbaut 1938, 2008 (Foto: Emilio Bonomini).

Abb. 62: Die mobile Werkstatt von Fiat, 1939 *(L'industria in A.O.I.,* Rom 1939).

Abb. 63: Die Lancia-Repräsentanz von Carlo Marchi und Carlo Montalbetti, 1938 (heute eine Silikonfabrik; Foto: Caterina Borelli, 2004, aus der Dokumentation *Asmara, Eritrea.*)

Autoren und Verlag haben sich bemüht, alle Inhaber von Urheberrechten ausfindig zu machen. Sollten dabei Fehler unterlaufen sein, werden diese entsprechend der Benachrichtigung in den nachfolgenden Auflagen berichtigt und die Rechtsansprüche im üblichen Rahmen abgegolten.

Autorenverzeichnis

Alexander de Ahsbahs, M. A. phil., geboren 1981. Forschungsschwerpunkt: faschistische Mythen und Kriegsdenkmäler.

Simone Bader, M. A. phil, geboren 1979, Doktorandin für Kunstgeschichte an der Humboldt Universität zu Berlin. Forschungsschwerpunkte: Architektur und Städtebau in den italienischen Kolonien und im faschistischen Italien, Ideengeschichte der modernen Architektur.

Harald Bodenschatz, Prof. Dr. rer. pol., geboren 1946, Sozialwissenschaftler und Stadtplaner, Professor für Planungs- und Architektursoziologie an der TU Berlin. Forschungsschwerpunkte: postmoderner Stadtumbau; Stadtplanungs- und Städtebaugeschichte.

Jonas Briner, Bachelor in Geschichte, geboren 1986. Forschungsinteresse: Erinnerungskulturen.

Christoph Cornelißen, Prof. Dr. phil., geboren 1958, Professor für Neuere und Neueste Geschichte an der Christian-Albrechts-Universität zu Kiel. Forschungsschwerpunkte: Geschichte Europas im 20. Jahrhundert, Erinnerungskulturen, Historiographiegeschichte.

Harald Dunajtschik, Mag. phil., geboren 1965, Studienassistent am Institut für Zeitgeschichte der Universität Innsbruck; dort u. a. Projektmitarbeiter bei den 13-bändigen Beziehungen Österreich–Israel seit 1945; Lektor für Publikationen des Instituts sowie für Autorinnen und Verlage in Deutschland, Österreich und Südtirol.

Silvia Hess, Bachelor in Geschichte, geboren 1978, Masterstudentin der Geschichte und Philosophie an der Universität Luzern.

Vittorio Magnago Lampugnani, Prof. Dr. Ing., geboren 1951, Architekt und Architekturhistoriker, Professor für Geschichte des Städtebaus an der Eidgenössischen Technischen Hochschule Zürich. Forschungsschwerpunkte: Ideengeschichte der Architektur und der Stadt, Systematik der Stadtplanung, Städtische Dichte, Dauerhaftigkeit des Gebauten.

Aram Mattioli, Prof. Dr. phil., geboren 1961, Professor für Geschichte der Neuesten Zeit an der Universität Luzern. Forschungsschwerpunkte: Geschichte von Massengewalt, Rassismus und Antisemitismus; faschistisches Italien; Architektur und Macht.

Roberta Pergher, PhD, geboren 1971, Assistant Professor für europäische Geschichte an der University of Kansas. Forschungsschwerpunkte: italienische und deutsche Zeitgeschichte, Faschismus, Kolonialismus, borderland studies, vergleichende Geschichte.

Eliana Perotti, Dr. phil., geboren 1963, Forscherin am Institut für Geschichte und Theorie der Architektur (gta) der ETH Zürich. Forschungsschwerpunkte: koloniale Architektur und Städtebau, Geschichte der Theorie des Städtebaus, Bildlichkeit von Architektur.

Wolfgang Schieder, Dr. phil., Dr. h.c. (Bologna), geboren 1935, em. Professor für Neuere und Neueste Geschichte an der Universität zu Köln. Forschungsschwerpunkte: Sozialgeschichte des 19. Jahrhunderts, Begriffsgeschichte, Religionsgeschichte, Italienische Geschichte, Geschichte des Nationalsozialismus.

Daniela Spiegel, Dr.-Ing., geboren 1973, Kunst- und Architekturhistorikerin; Wissenschaftliche Mitarbeiterin an der TU Berlin, Fachgebiet: Historische Bauforschung, Masterstudium Denkmalpflege. Forschungsschwerpunkte: Architektur und Städtebau im faschistischen Italien, Bauforschung, Denkmalpflege.

Gerald Steinacher, Dr. phil., geboren 1970, Zeithistoriker und Archivar am Südtiroler Landesarchiv, Bozen, Privatdozent am Institut für Zeitgeschichte der Universität Innsbruck und Fellow am Center for European Studies, Harvard University. Forschungsschwerpunkte: italienischer Faschismus, österreichische, deutsche und Südtiroler Zeitgeschichte, Geschichte der USA, intelligence studies, Migrationsgeschichte, Kolonialgeschichte Afrikas.

Klaus Tragbar, Prof. Dr.-Ing., geboren 1959, Professor für Baugeschichte und Architekturtheorie an der Hochschule Augsburg. Forschungsschwerpunkte: Baugeschichte des Mittelalters und des 20. Jahrhunderts mit Schwerpunkt auf dem italienischen «Movimento moderno» und der Rolle der historischen Stadt in der Moderne.

Rolf Wörsdörfer, Dr. phil., geboren 1953, Privatdozent an der Technischen Universität Darmstadt, zur Zeit Lehrbeauftragter an den Universitäten Luzern und Zürich. Forschungsschwerpunkte: Adriaraum, Migrationsgeschichte, Nationalismus.